21世纪经济管理新形态教材·物流学系列

运输管理
（第二版）

傅莉萍 ◎ 编著

清华大学出版社
北京

内 容 简 介

本书在借鉴与吸收国内外运输管理理论和最新研究成果的基础上，基于运输作业实际工作过程的逻辑主线编排教学内容，紧密结合运输管理的工作任务。本书在内容上体现了运输管理的最新实用知识与操作技术，精练地介绍了现代运输管理概述、公路货物运输、水路与管道货物运输、铁路货物运输、航空货物运输、冷链运输、物流运输决策、国际货物运输、运输成本管理、运输合同与保险及运输管理信息系统。本书系统性强，体系编排新颖、严谨，语言精练，并且每章后面均附有相关练习和案例。

本书共分11章，内容全面、结构严谨、注重理论与实践的紧密结合。本书适合作为相关专业本科生教材及研究生辅导用书，也适合作为物流工作人员培训教材，同时也可作为相关技术人员、管理人员的参考书籍。

本书封面贴有清华大学出版社防伪标签，无标签者不得销售。
版权所有，侵权必究。举报：010-62782989，beiqinquan@tup.tsinghua.edu.cn。

图书在版编目(CIP)数据

运输管理/傅莉萍编著．—2版．—北京：清华大学出版社，2020.8(2025.1重印)
21世纪经济管理新形态教材．物流学系列
ISBN 978-7-302-55843-9

Ⅰ．①运⋯ Ⅱ．①傅⋯ Ⅲ．①物流－货物运输－管理－高等学校－教材 Ⅳ．①F252

中国版本图书馆CIP数据核字(2020)第106060号

责任编辑：陆浥晨
封面设计：李伯骥
责任校对：宋玉莲
责任印制：刘 菲

出版发行：清华大学出版社
网　　址：https://www.tup.com.cn, https://www.wqxuetang.com
地　　址：北京清华大学学研大厦A座　　邮　编：100084
社 总 机：010-83470000　　邮　购：010-62786544
投稿与读者服务：010-62776969, c-service@tup.tsinghua.edu.cn
质量反馈：010-62772015, zhiliang@tup.tsinghua.edu.cn
印 装 者：三河市天利华印刷装订有限公司
经　　销：全国新华书店
开　　本：185mm×260mm　　印　张：21.75　　字　数：498千字
版　　次：2015年6月第1版　2020年8月第2版　　印　次：2025年1月第7次印刷
定　　价：59.00元

产品编号：086111-01

前言

运输是人类社会的基本活动之一,是我们每个人生活中的重要组成部分,同时,也是现代社会经济活动中不可缺少的重要内容。人类社会由散乱走向有序,由落后迈向文明,交通运输发挥了不可估量的重要作用。作为一个行业和领域,交通运输不能有片刻的停歇,更不能出现大的偏差,否则,社会将陷于瘫痪状态。今天,大到一个国家,小到我们每一个人,都已与运输紧紧相连,密不可分。运输已经渗透到人类社会生活的方方面面,在经济全球化、市场国际化发展的今天,既是极具活力的独立产业,又有物流的重要职能。由于高新技术和现代管理方法的应用,传统的运输活动在管理理念、产业组织、企业制度、业务流程、信息处理及作业方式等方面,均不能适应现代物流运输发展的需要,由此引发了对物流运输专业人才、现代管理思维及组织方式、现代技术手段等的迫切需求。

铁路运输、公路运输、水路运输和航空运输是现代社会中交通运输的主要方式。由多种运输形式共同组成的综合运输网络已成为现代经济和社会发展中不可缺少的重要组成部分,并作为国民经济的基础设施和支柱产业,在国民经济建设和社会发展中起着极其重要的作用。本书在借鉴与吸收国内外运输管理理论和最新研究成果的基础上,基于运输作业实际工作过程的逻辑主线编排教学内容。通过学习本书,学生能够认识和掌握系统的运输管理的知识和技能,学会规划运输系统,并且能应用所学知识解决运输管理中的实际问题。本课程教学重点不但要求学习者掌握运输管理的基本理论、方法和模型,而且要重点培养学习者的实践动手能力,在物流领域人才培养体系中发挥着重要的作用。本书以我国的物流市场需求为导向,定位为培养具有创新思维的应用型人才,重点培养学生分析和解决实际运输管理问题的能力,提高学生综合应用运输管理的理念、技能、方法和管理运输作业的能力。

本书力求将物流运输管理的知识体系进行整合与优化,从物流运输企业的实际出发,立足企业实际运作模式,基于物流运输业务流程对学习内容进行了重新编排,以工作过程为导向进行内容设计,将运输业务过程与工作过程相结合,使运输管理实务的内容更具有完整性,教学组织更贴近实际工作过程。本书为达到知识点全面而精准的效果,从"理论—方法—操作"等维度系统地对知识体系进行设计。本书主要内容包括:运输管理概述、公路货物运输、水路与管道货物运输、铁路货物运输、航空货物运输、冷链运输、物流运输决策、国际货物运输、运输成本管理、运输合同与保险及运输管理信息系统。本书以培养学生操作能力为主线,以工作过程为导向,在介绍模块知识点时增加难点例释,增强了知识的可读性,每章后面设计了对应的知识技能应用解决工作中实际问题的案例分析,重视技术工具的熟练使用,培养学生的实践动手能力。本书针对各章的教学要点和技能要点设计了丰富的习题,便于初学者把握学习的精髓;提供了大量不同类型物流运输管理案例、丰富的知识资料,以供读者阅读;提供丰富的实际操作训练内容,以提供给学习者练习和训练使用。教材内容直观简洁,注重理论联系实际,体现行业标准和操作规范,适应高等院校物流管理及相关专业教学需要,便于教师教学和对学生所学知识的巩固和物流实操能力的培养。

本书的具体特色如下。

(1) 强化实践性与应用性。本书不仅在各章前后分别安排导入案例、分析案例,还在理论讲解过程中穿插了大量阅读或分析案例,供学习者研读。正文中提供大量的例题,供学习者练习和巩固,每章后附有填空题、判断题、选择题、简答题,以及结合实际考查学生观察与思考能力的案例分析题,以便学生课后复习。

(2) 增加趣味性。为了便于学生对知识的掌握及扩展,本书不仅在每章前后附有教学目标、关键术语,还通过资料卡、小知识、小贴士、难点例释等形式引入了大量背景资料、常用知识,以丰富学生的知识范围。在讲解过程中,通过知识拓展的方式来加深或扩展知识,以便于学生对所学知识的掌握与应用。

(3) 确保准确性、系统性和统一性。本书取材翔实,概念定义确切,推理逻辑严密,数据可靠准确,体系清晰,结构严谨,层次分明,条理清楚,规范统一。全书名词、术语前后统一,数字、符号、图、表、公式书写统一,文字与图、表、公式配合统一。

为了便于教师安排教学进度,本书给出了专业必修课与相关专业选修课的课时建议,见下表。

课时建议 章节	必修课		选修课	
	理论课时	实验课时	理论课时	实验课时
第1章 运输管理概述	2		2	
第2章 公路货物运输	4	2	4	2
第3章 水路与管道货物运输	4	2	4	2
第4章 铁路货物运输	4	2	4	2
第5章 航空货物运输	4	2	4	2
第6章 冷链运输	4	2	2	
第7章 物流运输决策	4	2	2	
第8章 国际货物运输	4	2	4	2
第9章 运输成本管理	4	2	2	2
第10章 运输合同与保险	2	2	2	
第11章 运输管理信息系统	4	2	2	
合计	40	20	34	14
	60		48	

本书共分11章。本书吸收了国内外运输管理理论和技术的最新成果,可作为普通高

等院校物流管理、工商管理、工业工程以及相关专业的教材,也可作为企业管理人员及从事运输管理工作专业人员的参考用书。

全书由广东财经大学华商学院傅莉萍编著。在编写过程中得到出版社编辑的多方面指导和帮助,在此表示感谢!本书在编写过程中参阅了国内外许多同行的学术研究成果,参考和引用了所列参考文献中的某些内容,谨向这些文献的编著者、专家、学者们致以诚挚感谢!对由于种种原因没有列出的,在此也表示万分歉意。

由于时间紧迫,编写力量有限,加之物流科学、运输技术日新月异,本书难免有不足,恳请同行、读者给予批评和指正,以便再版时改正。

编　者

目 录

第1章 运输管理概述 1
1.1 运输基础知识 2
1.2 运输与物流的关系 7
1.3 运输管理基础 10
1.4 运输规划 18
小结 23
复习思考 24

第2章 公路货物运输 27
2.1 公路货物运输概述 27
2.2 公路货物运输作业流程 35
2.3 公路货物运输组织 44
2.4 公路运输费用管理 55
小结 60
复习思考 60

第3章 水路与管道货物运输 63
3.1 水路货物运输概述 63
3.2 水路货物运输组织 69
3.3 水路运输费用管理 82
3.4 管道运输 90
小结 93
复习思考 93

第4章 铁路货物运输 96
4.1 铁路货物运输概述 96
4.2 铁路货物运输主要作业 102
4.3 铁路特殊货物运输管理 110
4.4 铁路货运费用计算 117
小结 123

复习思考 123

第5章 航空货物运输 126

5.1 航空运输概述 126
5.2 航空运输业务流程 131
5.3 航空快递 138
5.4 航空货运费用计算 141
小结 146
复习思考 146

第6章 冷链运输 150

6.1 冷链运输概述 151
6.2 冷链运输技术 155
6.3 冷链运输组织 162
6.4 冷链运输运营与管理 176
小结 184
复习思考 184

第7章 物流运输决策 187

7.1 运输方式选择 188
7.2 运输调运决策 193
7.3 运输路线选择和优化 199
7.4 运输工具配置优化 208
小结 211
复习思考 211

第8章 国际货物运输 214

8.1 国际货物运输概述 214
8.2 大陆桥运输 217
8.3 国际多式联运 222
8.4 集装箱运输 232
小结 247
复习思考 248

第9章 运输成本管理 251

9.1 运输成本概述 251
9.2 不同运输方式成本构成及特征 255
9.3 运输成本计算方法 259

9.4 运输成本控制 ··· 268
小结 ·· 273
复习思考 ·· 273

第 10 章 运输合同与保险 ·· 277
10.1 货物运输合同 ··· 277
10.2 运输责任划分 ··· 283
10.3 运输合同纠纷处理 ··· 285
10.4 运输保险 ·· 289
小结 ·· 301
复习思考 ·· 301

第 11 章 运输管理信息系统 ·· 304
11.1 公路运输管理信息系统 ··· 304
11.2 水路运输系统 ··· 310
11.3 货运代理信息系统 ··· 316
11.4 船舶代理信息系统 ··· 324
小结 ·· 331
复习思考 ·· 331

参考文献 ··· 335

第1章

运输管理概述

【学习目标】

通过本章学习掌握运输的概念,能明确运输的范畴;理解运输的"空间效用",能分析其在具体运输活动中的表现;了解不同运输类别的特点,能分析具体运输活动;掌握运输系统的构成与特点,能分析实践中的运输系统;了解我国运输业的发展历程与发展趋势;理解影响运输合理化的因素,能分析具体运输活动中的不合理现象,并针对性地给出对策;能从不同角度区分不同的运输方式。

【本章要点】

本章主要介绍运输基本知识、运输作用、运输合理化。

韩国三星公司运输合理化之路

韩国三星公司长期以来都致力于运输合理化的不断革新。三星根据其产品特性,将配送中心划分为产地配送中心和销地配送中心。前者用于原材料的补充,后者用于存货的调整。在此基础上,对每个职能部门确定了最优工序,从而使得配送中心的数量减少、规模最优化,便于向客户提供最佳的服务。

三星公司还通过全球性物流链使产品的供应路线最优化,并设立全球物流网络上的集成订货—交货系统,从原材料采购直至交货给最终客户的整个路径都实现物流和信息流一体化,提供给客户最低的价格、高质量的服务。

为了提高运输装载效率,三星公司将重货和轻货组装在一起;对一些体大笨重、容易致损的货物进行解体运输,使之易于装卸和搬运;根据不同货物的包装形状,采取各种有效的堆码方法。

最终,三星公司在运输合理化方面的不断努力,使其运输效率不断提高,也提升了三星在客户心目中的形象。

(资料来源:http://wenku.baidu.com/view.)

思考

通过三星公司的案例,思考哪些途径有利于提高运输的合理化程度?

1.1 运输基础知识

1.1.1 运输概述

1. 运输定义

根据《中华人民共和国国家标准物流术语》GB/T 18354—2001 的定义,运输(transportation)是指用设备和工具,将物品从一地点向另一地点运送的物流活动。其中包括集货、分配、搬运、中转、装入、卸下、分散等一系列操作。运输是在不同的地域范围间(如两座城市、两个工厂间,或一个企业内的两个车间之间),以改变"物"的空间位置为目的的活动,是对"物"进行的空间位移。

2. 运输的特点

运输不同于其他产业,作为一种特殊的物质生产,它有其自身的特点。

1) 运输不生产有形的产品

运输作为一种特殊的物质生产,并不生产有形的产品,只提供无形的服务。作为运输的抽象劳动,其创造的新价值会追加到所运输货物的原有使用价值中。

2) 运输不改变运输对象的性质

运输过程不像工农业生产那样改变劳动对象的物理、化学性质和形态,而只改变运输对象(客、货)的空间位置。对旅客来说,通过运输实现了消费;对货物来说,通过运输创造了附加价值。

3) 运输对自然的依赖性很大

运输不同于工业生产,它对自然有较强的依赖性。大部分的运输活动在露天进行,风险较大。运输的场所、设施设备分布分散,流动性强,具有点多、线长、面广的特点,受自然条件的影响较为明显。

4) 运输是资本密集型产业

由于运输不生产有形产品,它不需要为原材料或零部件预付一个原始价值,运输成本仅涉及运输设施设备与运输运营成本两部分。因此,在运输成本中,固定成本所占比例相对较大,运输需要大量的投资,为资本密集型产业。

5) 运输是"第三利润"的主要源泉

一方面,运输费用在整个物流费用中占有最高的比例。运输的实现需要借助大量的动力消耗,一般社会物流费用中运输费用占接近 50% 的比例,有些产品的运输费用甚至会高于生产制造费用。

另一方面,合理运输可以节约运输费用。运输活动承担的是大跨度的空间位移任务,具有时间长、距离长、消耗大等特点。通过体制改革、技术革新、运输合理化,可以减少运输的吨千米数,从而成为"第三利润"的主要源泉。

3. 运输的方式

运输方式常见的有五种,分别是:铁路运输、公路运输、水路运输、航空运输、管道运输。这些运输方式各有特点,它们相互协调、相互配合,同时也展开竞争。运输方式的种类及特征如表 1-1 所示。

表 1-1 运输方式的种类及特征

运输方式	优　点	缺　点
铁路运输	(1) 可以满足大量货物一次性高效率运输； (2) 铁路运输网完善，可以将货物运往各地； (3) 轨道运输事故相对较少，安全性高； (4) 运输受天气影响小	(1) 近距离运输时费用较高； (2) 机动性差、装卸残损率高； (3) 投资大，建设周期长
公路运输	(1) 可以进行"门到门"的运输； (2) 适合于近距离运输，比较经济； (3) 灵活、方便，能满足不同用户的需求； (4) 汽车购置费用较低，公路建设周期较短、初始投资较低	(1) 运输量小； (2) 单位运费高于水路、铁路运费； (3) 耗能多，对环境污染较大； (4) 易发生交通事故，安全性较低
水路运输	(1) 运费低于航空运输、铁路运输和公路运输； (2) 运输量大，适合宽大、重量大的货物运输； (3) 投资少，水路通道主要是天然的	(1) 运输速度较慢； (2) 港口的装卸费用较高； (3) 航行受天气影响较大； (4) 运输的正确性和安全性较差
航空运输	(1) 运输速度快； (2) 不受地形条件的限制	(1) 运费高，货物体积、重量受限制； (2) 飞行受气候影响大； (3) 机动性、灵活性差，须与公路运输相配合； (4) 机场、飞机的造价高
管道运输	(1) 运输效率高； (2) 适合于气体、液体货物的运输； (3) 货物无须包装，占用土地少； (4) 安全，有利于环境保护	(1) 运输对象受到极大限制； (2) 灵活性差； (3) 初始的投资较大

1.1.2　运输的空间效用

运输作为物流的基础、核心模块，是使用者以一定的成本从供应商那里购买"一揽子服务"(bundle of services)，通过集货、分配、搬运、中转、装入、卸下、分散等一系列操作，将物品从一地点运送到另一地点的活动。在运输过程中，需要注意运输速度、运输包装、运输环境等因素，保证物品完好无损地出现在效用价值高的时刻。由于运输需要时间，运输因此还具有临时储存的功能。运输最基本、最重要的功能，就是实现了物品的空间位移，创造了空间效用。

1. 空间效用的概念

空间效用(place utility)，又称"场所效用"，是指通过运输实现"物"的物理性位移，消除"物"的生产与消费的位置背离，使"物"的使用价值得以实现。

对于同种"物"，由于所处空间场所不同，其使用价值的实现程度会有所差别，其效益的实现也不同。通过运输活动，将物品从效用价值低的地方转移到效用价值高的地方，充分发挥物品的潜力，使物品的使用价值得到更好的实现，实现物品的最佳效用价值。

2. 空间效用的原理

运输成本的下降创造了空间效用。如果通过运输系统的优化而降低了运输成本,则可以将市场拓展到更远的地方,而生产地不变,获得规模化的效益;同样,市场也可以出售来自更远地方生产的产品。随着运输批量增大,长途运输比短途运输成本的降低更明显,从而激励了更长距离的运输。运输距离的增加意味着产品市场范围会以更大比例增加。因此,更高效率的运输方式、更低的运输成本创造了新的空间效用。

3. 空间效用的意义

运输的空间效用使地域分工专业化、大规模生产、竞争的加剧得以实现最好的效果。

1) 地域分工专业化

任何一个地方都不可能生产所有的产品,每个地域都依据当地的资本、劳动力和原材料情况,提供能够发挥它最大优势的产品和服务,这种生产的地域分工专业化将带来"双赢"的局面。

假设大规模的生产发生在生产地,而对产品的需求分布于或近或远的其他地方。原材料需要被运输到生产地,成品也需要依赖运输系统运送到需要该产品的其他地方。因此,地域分工专业化得以充分发挥的必要条件是通过运输系统实现物资的空间位移,将在A地(最有效生产)的产品运输到B地,而将B地(最有效生产)的产品运输到A地。如果没有高效的运输网络,则规模经济的优势、生产效率和低价生产设施的效用都会受到影响。

2) 加剧市场竞争

有效的运输也使得市场竞争加剧,有助于形成充分竞争的市场环境。假设没有运输,地方企业就可以生产质量不好的产品,并且垄断市场、高价销售。运输的空间效用将会扩大产品的市场范围,迫使当地产品必须不断发展、以最有效的方式生产,否则外地的竞争者就会进入并且占领当地市场。

3) 提高土地价值

运输的空间效用可以将一定距离的地域变得更容易到达,从而提高该地区的土地价值,促进地区经济的发展。例如,有效的运输系统使得郊区与市中心的距离"缩短",郊区也因为更加容易到达而增加了价值。郊区的人们可以在城市中心工作和娱乐,然后通过有效的公共交通网络回到郊区居住,远离拥挤的城市。

1.1.3 物流运输的功能与原理

1. 物流运输的功能

1) 物品移动

物流运输的主要目的就是以最短的时间、最低的成本将物品转移到指定地点。无论是原材料、零部件、装配件、在制品、半成品,还是产成品,不管是在制造过程中被移到下一阶段,还是在流通过程中移动到终端顾客,物流运输都是必不可少的。物流运输的主要功能就是实现产品在供应链中的位移,通过改变货物的地点与位置而创造出价值,这是空间效用。物流运输还能使货物在需要的时间内到达目的地,这是时间效用。物流运输的主要功能就是以最少的时间将货物从原产地转移到目的地,完成产品的运输任务。

2) 短时储存

物流运输的另一大功能就是在运输期间对物品进行短时储存。也就是说,将运输工具(车辆、船舶、飞机、管道等)作为临时的储存设施。如果转移中的物品需要储存,而在短时间内还需重新转移,物品装货和卸货的成本也许会超过其储存在运输工具中的费用;或在仓库空间有限的情况下,可以采用将货物以迂回路径或间接路径运往目的地。尽管使用运输工具储存产品的费用可能是昂贵的,但如果从总成本或完成任务的角度来看,同时考虑装卸成本、储存能力的限制等因素,那么使用运输工具储存货物有时是合理的,甚至是必要的。

2. 物流运输的原理

1) 规模经济

运输规模经济的特点是随装运规模的增长,单位重量的运输成本将降低。例如,整车运输(即车辆满载装运)的每单位成本低于零担运输(即零散货物凑成整车)。也就是说,诸如铁路和水路等运载能力较大的运输工具,它每单位的费用要低于汽车和飞机等运载能力较小的运输工具。运输规模经济的存在是因为转移一票货物有关的固定费用(运输订单的行政管理费用、运输工具投资和装卸费用、管理及设备费用等)可以按整票货物量分摊。另外,通过规模运输还可以获得运价折扣,也使单位货物的运输成本下降。规模经济使得货物的批量运输显得合理。

2) 距离经济

距离经济是指每单位距离的运输成本随距离的增加而减少。距离经济的合理性类似于规模经济,尤其体现在运输装卸费用上的分摊。例如 800 千米的一次装运成本要低于 400 千米的两次装运成本。运输的距离经济也是指递减原理,因为费率或费用随距离的增加而减少。运输工具装卸所发生的固定费用必须分摊到每单位距离的变动费用中。运输距离越长,平均每千米支付的总费用越低。

1.1.4 物流运输系统的构成

运输管理是基于运输系统进行的一种综合管理。运输系统作为物流系统的最基本系统,是指由与运输活动相关的各种因素(如运输方式及其组合)组成的一个整体。它的构成如下。

1. 运输节点

运输节点是指以连接不同运输方式为主要职能、处于运输线路上的、承担货物的集散、运输业务的办理、运输工具的保养和维修的基地与场所。运输节点是物流节点中的一种类型,属于转运型节点。如不同运输方式之间的转运站、终点站,公路运输线路上的停车场(库)、货运站,铁道运输线路上的中间站、编组站、区段站、货运站,水运线路上的港口、码头,空运线路上的空港,管道运输线路上的管道站等,都是运输节点。

一般而言,由于运输节点处于运输线路上又以转运为主,所以,货物在运输节点上停滞的时间较短。

2. 运输线路

运输线路是供运输工具定向移动的通道,也是物流运输赖以运行的基础设施,是构成物流运输系统的最重要的要素。在现代运输系统中，主要的运输线路有公路、铁路、航线和管道。其中，铁路和公路为陆上运输线路，除了引导运输工具定向行驶外，还需承受运输工具、货物或人的质量；航线有水运航线和空运航线，主要起引导运输工具定位定向行驶的作用，运输工具、货物或人的质量由水和空气的浮力支撑；管道是一种特殊的运输线路，由于其严密的封闭性，既充当了运输工具，又起到了引导货物流动的作用。

3. 运输工具

运输工具是指在运输线路上用于载重货物并使其发生位移的各种设备装置，它们是物流运输能够进行的基础设备。运输工具根据从事运送活动的独立程度可以分为三类：①仅提供动力，不具有装载货物容器的运输工具，如铁路机车、牵引车、拖船等；②没有动力，但具有装载货物容器的从动运输工具，如车皮、挂车、驳船等；③既提供动力，又具有装载货物容器的独立运输工具，如轮船、汽车、飞机等。

管道运输的动力装置设备与载货容器的组合较为特殊，载货容器为干管，动力装置设备为泵（热）站。因此，设备总是固定在特定的空间内，不像其他运输工具那样可以凭借自身的移动带动货物移动，故可将泵（热）站视为运输工具，甚至可以连同干管都视为运输工具。

4. 运输参与者

1）货主

货主是货物的所有者，包括托运人（或委托人）和收货人，有时托运人和收货人是同一主体，有时是非同一主体。但不管是托运人托运货物，还是收货人收到货物，他们均希望在规定的时间内，在无丢失损坏且能方便获取货物运输信息的条件下，花最少的费用将货物从托运地转移到指定的收货地点。

2）承运人

承运人是指进行运输活动的承担者。承运人主要包括铁路货运公司、航运公司、民航货运公司、运输公司、储运公司、物流公司以及个体运输业者。承运人是受托运人或收货人的委托，按委托人的意愿以最低的成本完成委托人委托的运输任务，同时获得运输收入。承运人根据委托人的要求或在不影响委托人要求的前提下合理地组织运输和配送，包括选择运输方式、确定运输路线、进行配货配载等，降低运输成本，尽可能多地获得利润。

3）货运代理人

货运代理人是指根据用户要求，并为获得代理费用而招揽货物、组织运输和配送的人。货运代理人只负责把来自各用户手中的小批量货物进行合理组织，装运整合成大批量装载，然后利用承运人进行运输；送达目的地后，再把该大批量装载货物拆分成原来的小批量送往收货人。货运代理人的主要优势在于因大批量装载可以实现较低的费率而从中获取利润。货运代理人属非作业中间商，因此，被称为无船承运人。

4）运输经纪人

运输经纪人是指替托运人、收货人和承运人协调运输安排的中间商，协调的内容包括装运装载、费率谈判、结账和跟踪管理等。运输经纪人也属于非作业中间商。

5）政府

由于运输也是一种经济行业，所以政府要维持交易中的高效率水平。政府期望形成稳定而有效率的运输环境,促使经济持续增长,使产品有效地转移到全国各地市场,并以合理的成本获得产品。为此,许多政府部门比一般企业要更多地干预承运人的活动,这种干预往往采取规章制度、政策促进、拥有承运人等形式。政府通过限制承运人所能服务的市场或确定他们所能收取的价格来规范他们的行为,通过支持研究开发或提供如公路或航空交通控制系统之类的通行权来促进承运人发展。

6)公众

公众关注物流运输的可达性、费用和效果以及环境上和安全上的标准。公众按合理价格产生对商品的需求并最终确定运输需求。尽管最大限度地降低成本对于消费者来说是重要的,但与环境和安全标准有关的交易代价也需要加以考虑。尽管目前在降低污染和消费安全方面已有了重大进展,但空气污染等仍是运输面临的一个重大问题。

1.2 运输与物流的关系

1.2.1 运输与物流的区别

运输本身是物流的一个基本职能环节,是物流的组成之一,从这一点上看,物流与运输是从属关系,物流是大范畴的,而运输是小范畴的。同时,运输是物流最重要的职能之一,运输的水平决定着整体物流的可实现程度,从这一点上看,二者又是相互依赖和制约的关系。

现代物流体现了系统性、综合性和总成本控制的管理思想。它将市场经济活动中的所有供应、生产、销售、运输、库存及相关的信息流动等活动视为一个具有动态性的整体系统,它关注的是整个系统的运行效率和效益。物流的效率与效益是整个物流过程的综合反映,因此,物流的现代化水平是整个国家综合国力的重要标志之一。另外,物流突出了市场服务的理念,一切从客户的需要出发。专业物流企业通过不断提高服务水平来取得竞争优势,争得市场份额。所以,人们应从以下几方面考察物流与运输的主要区别。

1. **对"物"的控制不同**

物流的仓储、运输、配送是以企业的生产、销售计划为前提的,而运输是由客户需求决定的。由于生产的精益化、准时制等管理模式要求物流服务时间上的精确化,因此产品的实物流动快或慢、接取送达的早或晚都是由物流系统控制的。物流与运输的最大区别就在于物流中的"物"运动的全过程是由系统计划控制,而运输则是由客户需求控制(当然客户既可以是供应链系统的内部客户,也可以是外部的社会客户)。

2. **运行计划的执行与调整**

物流的作业过程是整个物流系统中各职能环节的联动,是依据整体物流计划进行,如需调整,也是整体系统各环节、各部门的共同调整,以此保证物流系统运行的协调。

运输作为物流的一个职能环节,其运行则完全服从于整体物流计划。如果运输作为一个独立的系统运行,则其运行计划服从于社会对运输的需求和运输本身所具有的运输能力及可实现的运输水平。

3. **服务范围的不同**

物流服务是对客户的"物"进行全流程的、高质量的服务,物流服务质量有标准但没有极限,它可表现在每一个作业节点上。在服务过程中,凡是客户需要的地方都应根据自身的能力,给予适度的服务,尽可能满足客户的要求。它具体可包括物流的各个职能环节如包装、储存、流通加工等。

运输服务不论是作为物流的一个环节,还是独立运营,都仅表现为对货物的运达服务,其质量标准也表现为:准时、安全。

4. 运营中营销管理的不同

从企业职能上讲,物流企业要强化营销管理,以争取客户,并逐步形成战略协作关系,以实现物流企业长期、稳定的客户群(即服务对象)。这种营销管理不着眼于一次业务或一笔合同的签订,而是为用户设计一整套最优化、最经济的产品物流方案,使客户能通过物流业务外包获得实实在在的利益。

独立的运输企业也要强化营销管理,但它只需根据客户的要求,完成送达任务,并不断提高运输服务的水平。它所考虑的只是运输环节上的实施方案,以及与其他环节的有效协调,而不需要全方位、系统的优化方案。

5. 发展战略的不同

物流的基本战略就是跟随型战略,即保持与服务对象,特别是具有战略合作伙伴关系的大客户的关系,依据服务对象的发展战略来调整自己的运营决策和发展战略,并不断提高对客户服务的水平,以保持和发展与大客户的战略协作关系。

运输则是根据整体经济(或区域经济)发展的规模或趋势,制定自己的发展战略,以促进整体服务水平提高。

1.2.2 运输与物流各环节的关系

运输不是可以触摸的实体产品,而是对使用者提供的一种服务,服务的质量依靠速度、可靠性、服务频率等指标来衡量。在整个物流系统中,运输需要与其他环节紧密配合、相互合作。

1. 运输与装卸

运输活动与装卸作业是密不可分的。一次运输往往伴随着运输前、后至少两次装卸作业。货物在运输前的装车、装船等活动是完成运输的前提条件。装卸质量的好坏对运输会产生较大影响。装卸作业的组织将会直接影响到运输活动的开展。当货物运输到目的地后,装卸成为最终完成运输任务的补充。此外,装卸还是运输方式变更的必要衔接环节,当一种运输方式与另一种运输方式实现必要变更时,如航空运输变更为公路运输、铁路运输变更为公路运输时,都离不开装卸作业。

2. 运输与储存

储存是货物在流通过程中暂时静止的状态,体现的是货物的时间价值。货物的储存量虽然取决于库存管理水平,但货物的运输活动也会影响到储存作业。当仓库中储存一定数量的货物而市场又急需该货物时,运输就成了关键。如果运输组织不善或运输工具不得力,那么就会延长货物在仓库中的储存时间,影响货物流通,增加储存费用,企业还要承担由于丧失市场机会而造成的机会成本。

3．运输与配送

在物流系统中,通常将货物大批量、长距离地从生产工厂直接送达客户或配送中心的活动称为运输(干线运输),强调货物在地区间的移动,具有单次向单一地点单独运送的特点。将货物从配送中心就近发送到客户手中的活动称为配送(末端运输),强调短距离、少量货物的运输,单次向多处客户运送。两者的区别如表1-2所示。

表1-2 运输与配送的区别

内　容	运　输	配　送
运输性质	长距离、干线	短距离、支线、区域内、末端
货物性质	少品种、大批量	多品种、小批量
运输工具	大型货车或火车、轮船、飞机	小型货车、工具车
管理重点	效率优先	服务优先
附属功能	装卸、捆包	装卸、保管、包装、分拣、流通加工、订单处理

4．运输与包装

在物流系统中,运输与包装活动互相影响、密不可分。货物包装的材料、规格、方法等都不同程度地影响着运输,而不同的运输方式、运输环境对货物的包装也有相应的要求。运输与包装活动的良好配合,在保证货物安全、提高运输实载率、降低运输成本等方面有着重要的意义。

1.2.3 运输在物流中的作用

运输是物流的主要职能之一,也是物流过程各项业务的中心活动。物流过程中的其他各项活动,如包装、装卸搬运、物流信息等,都是围绕着运输进行的。可以说,在科学技术不断进步、生产社会化和专业化程度不断提高的今天,一切物质产品的生产和消费都离不开运输。物流合理化,在很大程度上取决于运输合理化。所以,在物流的各项业务活动中,运输是关键,起着举足轻重的作用。运输工作是整体物流工作的一个重要环节,运输工作对物流的作用可以体现在以下方面。

1．运输是物流系统功能的核心

物流系统具有创造物品的时间效用、形式效用和空间效用的三大功能(或称三大效用)。时间效用主要由仓储活动来实现,形式效用由流通加工业务来实现,空间效用通过运输来实现。运输是物流系统不可缺少的功能。物流系统的三大功能是主体功能,其他功能(装卸、搬运和信息处理等)是从属功能。而主体功能中的运输功能的主导地位更加凸显出来,成为所有功能的核心。

2．运输影响着物流的其他构成因素

运输在物流过程中还影响着物流的其他环节。例如,运输方式的选择决定着装运货物的包装要求,使用不同类型的运输工具决定其配套使用的装卸搬运设备及接收和发运地(如站台、码头、机场、货栈等)的设计。又如,货物库存储备量的大小直接受运输状况的影响,发达的运输系统能比较适量、快速和可靠地补充库存,以降低基本储存水平。

3. 运输费用是物流费用中的决定因素

在物流过程中，直接耗费活劳动和物化劳动，它所支付的直接费用主要有运输费、保管费、包装费、装卸搬运费和物流过程中的损耗等。其中，运输费用所占的比重最大，是影响物流费用的一项决定性因素。

通过合理运输来降低物流费用，提高物流效率，可以说，运输是发挥物流系统整体功能的中心环节，特别在我国交通运输业正在大发展的情况下更是如此。因此，在物流的各环节中，如何搞好运输工作，开展合理运输，不仅关系到物流时间的多少，而且还会影响到物流费用的高低。不断降低物流运输费用，对于提高物流经济效益和社会效益都起着重要的作用。所谓物流是企业的"第三利润源"，其意义也在于此。

4. 运输合理化是物流系统合理化的关键

物流合理化是指在物流各子系统合理化的基础上形成的最优化物流系统的总体功能，即系统以尽可能低的成本创造更多的空间效用、时间效用、形式效用。或者从物流承担的主体来说，以最低的成本为用户提供更多优质的物流服务。运输是物流各职能的基础与核心，直接影响着物流各个子系统，只有运输合理化，才能使物流结构更加合理，总体功能更优。因此，运输合理化是物流系统合理化的关键。

1.3 运输管理基础

1.3.1 运输管理的定义与原则

1. 运输管理的定义

运输管理是基于运输系统的特征进行综合的管理。在流通经济活动中，运输涵盖两方面的内容。一方面是经营，以满足客户需求为目标，在此基础上，追求效率更高、成本最低和服务质量好，实现货物空间效用和时间效用，这是运输经济活动的中心；另一方面是管理，在一定技术水平下，为实现运输经营目标提供技术保障，即根据运输经营目标，使运输各功能要素形成高效运输系统，并使各功能活动遵照一定的作业标准。

运输管理是指在一定的环境下，按照现代化的管理思想，运用科学方法，对物流运输活动进行计划、组织、领导、控制，实现运输经营目标的过程。运输管理强调的是在公司取得物流服务的过程中，对这种移动服务的购买和控制。

作为物流系统优化的关键环节，实现运输资源价值最大化、运输合理化一直被人们广泛关注。因此，在进行物流系统设计和组织物流活动时，一项最基本的任务就是实现合理化运输。

2. 运输管理的原则

运输是实现物品位移的手段，也是物流活动的核心环节。随着物流需求高度化，多品种小批量物流成为现代物流的重要特征，因此对货物运输的质量要求越来越高。做好运输管理的工作，是保证高质量物流服务的重要环节。就物流而言，组织运输应该贯彻及时性、准确性、经济性、安全性的基本原则。

1)及时性

及时性原则是指按照商品产、供、运、销的流通规律,根据市场需要,及时发运商品,做好车、船、货的衔接,尽量缩短商品待运时间和在途时间,加速商品和资金的周转。

2)准确性

准确性原则是指商品在整个运输过程中切实防止各种运输事故的发生,做到不错、不乱、不差、交接手续清楚、责任明确、准确无误地完成商品的运输任务。

3)经济性

经济性原则是指在商品的运输过程中要采取经济合理的运输方案,合理选择运输路线和运输工具,合理利用一切运输设备,节约人力、物力、财力,减少运输费用开支,提高运输效益。

4)安全性

安全性原则是指货物在整个运输过程中不发生霉烂、残损、丢失、污染、渗漏、爆炸和燃烧等事故,保证人身、货物、设备的安全。

1.3.2 运输合理化

1. 物流运输合理化的概念

物流运输合理化是指在一定的条件下以最少的物流运作成本而获得最大的效率和效益。物流运输合理化是一个动态过程,其趋势是从合理到更加合理。具体而言,物流运输合理化是指按照商品流通规律、交通运输条件、货物合理流向、市场供需情况,走最少的路程,经最少的环节,用最少的运力,花最少的费用,以最短的时间把货物从生产地运到消费地。也就是用最少的劳动消耗,运输更多的货物,取得最佳的经济效益。

2. 物流运输合理化的影响因素

1)运输距离

在运输时,运输时间、运输货损、运费、车辆或船舶周转等运输的若干技术经济指标,都与运输距离有一定关系。运距长短是运输是否合理的一个最基本因素,缩短运输距离从宏观和微观来看都会带来好处。

2)运输环节

每增加一次运输环节,不但会增加起运的运费和总运费,还会增加运输的附属活动,如装卸、包装等,各项技术经济指标也会因此下降。所以,减少运输环节,尤其是同类运输工具的环节,对物流运输合理化有促进作用。

3)运输工具

各种运输工具都有其使用的优势领域,对运输工具进行优化选择、根据运输工具特点进行装卸运输作业、最大限度地发挥所用运输工具的作用,是物流运输合理化的重要手段。

4)运输时间

运输是物流过程中需要花费较多时间的环节,尤其是远程运输,在全部物流时间中,运输时间占绝大部分,所以,缩短运输时间对整个流通时间的缩短有决定性的作用。此外,运输时间短,有利于运输工具的加速周转,充分发挥运力的作用,有利于加快货主的资金周转,有利于提高运输线路通过能力,从而有利于物流运输合理化。

5) 运输费用

运费在全部物流费用中占很大比例,运费高低在很大程度上决定着整个物流系统的竞争能力。实际上,运输费用的降低,无论对货主还是物流经营企业,都是物流运输合理化的一个重要目标。

6) 货物密度

运输工具的运载能力,不仅受货物重量的限制,还受到货物体积的限制。因此,货物密度也是影响运输费用的一个重要因素。如果货物密度很小,虽然运输工具的载重量还有很大的富余,但其空间已经占满了,那么,用单位重量所计算的运输费用就比较高。

运输企业在核算费用的时候,会考虑货物搬上和卸离运输工具的相关费用。此时,如果货物采用了集装化技术,将大大便利装卸搬运,有利于降低整体运输费用。

7) 风险

如果由运输公司承担产品在运输途中的损毁责任,则运输费用就很高。相反,如果货主已经就运输途中的货物进行投保,则运输费用就可以相应地降低。在由运输企业承担货物损毁风险的情况下,如果产品具有易毁性、易腐性、易被偷盗性、易自燃性及易爆性等特征,则运输企业必然要求收取较高的运输费用。

1.3.3 运输合理化管理

1. 不合理运输的表现形式

1) 空驶运输

空驶运输是指运输工具不载货的运输。由于运输计划不周或者未能有效地利用运输车辆,就可能造成起程或返程空驶的现象。

2) 运能利用不充分

由于运输工具装载不合理或者运输计划不到位,可能造成运输工具的有效运能利用不充分的现象。比如,在运输过程中,由于较轻的货物未能和较重的货物搭配装载,导致在运输工具空间已经用完的情况下,运输工具的载重能力还有很大的富余。

3) 相向运输

相向运输指的是同种货物或替代性非常强的货物在同一线路或平行线路上做相对方向的运输,而发生一定程度的交错重叠的现象。相向运输的交错重叠部分,对企业而言是一种无谓的浪费。

4) 迂回运输

在迂回运输的情况下,货物本可以选择一种较近的运输路线,却绕道而行,选择了一种较远的运输路线,结果导致运输费用的不必要增加。

5) 倒流运输

倒流运输是指货物从销地流回产地或起运地的一种运输现象。这种双程运输是不必要的,是对运力的一种浪费。

6）过远运输

过远运输是指在调运物质资料时舍近求远，放弃从较近的物质资料供应地调运，而从较远的物质资料供应地调运的一种运输现象。

7）重复运输

重复运输是指本来可以直接将货物运到目的地，却在到达目的地之前将货物卸下，再重复装运送达目的地的运输方式。重复运输虽未增加运输里程，却增加了装卸搬运次数，导致装卸搬运费用和货损的增加，降低了货物流转的速度。

8）运输工具选择不当

由于对运输工具的选择不当，导致运输费用增加，或者货物运输不及时。例如，在近距离运输中选择铁路运输，由于不能形成"门到门"运输，需要增加装卸搬运环节，造成运输费用的增加。

9）超限运输

超限运输是指超过运输工具规定的长度、宽度、高度或承载重量装载货物的运输现象。超限运输容易造成货物及运输工具的损坏，甚至可能引发交通事故，危及人身安全。

2. 运输合理化的措施

所谓运输合理化，是指合理地组织物质资料的运输，以节省运力，缩短运输时间，节约运输费用，提高运输效率。企业一般可以采取以下一些措施。

1）合理设计运输网络

企业应合理地进行生产工厂及各配送中心的选址，为运输合理化打下基础。对于生产工厂的选址而言，原材料消耗大的工厂应尽可能靠近原材料的产地或重要的交通枢纽。对于产成品运输费用高的工厂而言，应尽可能靠近主要的消费地。配送中心的覆盖范围应适当，辐射半径应适中。在工厂和配送中心已经确定的情况下，企业应合理规划运输路线，实现总运输里程的最小化。

2）选择合适的运输方式

企业应根据所运货物的特点、时限要求、运输距离及企业的承受力等，在铁路、公路、水路、航空等不同的运输方式中做出选择。比如，对于某种国外生产的价值高、重量轻的精密零部件，企业为了及时满足生产的需要，采用航空运输无疑是最好的选择。同时，由于货物重量轻的原因，单位运输费用也不会很高。

3）提高运输工具的装载率

装载率是指运输工具的实际载重量乘以运输距离的乘积与核定的载重量乘以行驶里程的乘积之比。提高装载率，有助于减少运输工具的空驶以及运能利用不充分的现象。比如，实施配载运输，在以重质货物（如矿石）运输为主的情况下，同时搭载一些轻泡货物（如农副产品），在基本不减少重质货物运输的情况下，解决了轻泡货物的搭运，效果显著。再如，在装运货物时，通过利用集装化技术，以提高运输工具空间的利用率。

4）开展联合运输

不同运输方式之间的联合运输，可以实现各种运输方式的优势互补，提高整体的运输效率。

联　运

将两种以上的运输工具组合起来进行的运输,称为联运。在铁路运输、内航海运、空中运输时,常常由卡车担负着从港口到目的地或出发地到港口的两端运输。因此,我们将从出发地到最终目的地的以单一的承担者使用两种或两种以上运输工具进行的运输称为联运,由与货主订立合同的运输业者担负整个区间的运输责任。在进出口业务中所进行的联运,称为国际联运。

5) 开展流通加工

开展流通加工,可以有效地减少货物的重量或体积,更合理地开展运输。例如,将轻泡产品预先捆紧包装成规定的尺寸,再进行装车,就容易提高装载量;对水产品及肉类预先冷冻可提高车辆装载率并降低运输损耗。

6) 推进共同运输

企业内部各部门之间、各子公司或分公司之间以及不同的企业之间,通过在运输上开展合作,可以提高运输工作效率,降低运输费用。例如海尔集团实现业务流程再造,于1999年初建立物流推进本部之后,原来分属冰箱、冷柜、空调和洗衣机等事业本部的物流职能统一到物流推进本部,大幅度提高了运输效率。

7) 充分利用社会化运输力量

不同的企业都建立自己的自营车队,开展自我服务,往往不能形成规模,容易造成运力忙闲不均的现象,在旺季时运力紧张,不能满足需求;在淡季时运力富余,处于闲置状态,浪费很大。实行运输社会化,可以有效地利用各种运输工具,提高运输工具的利用效率。

1.3.4　运输质量管理

管理机构进行货运质量管理的主要任务是制定道路货物运输质量管理规章制度和办法,组织、指导、考核、监督全行业货运质量管理工作,处理货运质量纠纷,使全行业的货物运输达到安全优质、准确及时、经济方便、热情周到、完好送达。货物运输质量事故是指货物从托运方起,至承运方将货物交收货方签收为止的承运责任期内,发生的货物丢失、短少、变质、污染、损坏、误期、错运以及由于失职、借故刁难、敲诈勒索而造成的不良影响或经济损失。

1. 公路货物运输质量考核指标

1) 货运质量事故的分类

按货运质量事故造成货物损失金额不同划分,有以下几种类别。①重大事故,即货损金额在3000元以上的货运质量事故,以及经省级有关部门鉴证为珍贵、尖端、保密物品在运输过程中发生灭失、损坏的事故。②大事故,即货损金额在500~3000元的货运质量事故。③一般事故,即货损金额在50~500元的货运质量事故。④小事故,即货损金额在20~50元的货运质量事故。此外,货损金额在20元以下的货运质量事故不做事故统计上报,但企业要做内部记录和处理。

2) 货运质量考核指标

目前,我国汽车货物运输质量考核的指标主要包括以下几项。

(1) 重大货运质量事故次数。国家要求汽车运输经营户杜绝发生重大货运质量事故。

(2) 货运质量事故频率。这是指每完成百万吨公里发生货运质量事故的次数,以一车一次为计算单位,全国平均考核标准一般为每百万吨·公里 0.7 次。其计算公式为

$$货运质量事故频率 = 货运质量事故 \div 完成货运周转量$$

(3) 货损率。这是指运输统计报告期内,发生货运质量事故造成货损吨数占货运总吨数的比例。其计算公式为

$$货损率 = (货损吨数 \div 货运总吨数) \times 100\%$$

(4) 货差率。这是指运输统计报告期内,发生货运质量事故造成货差货物的吨数占货运总吨数的比例。其计算公式为

$$货差率 = (货差吨数 \div 货运总吨数) \times 100\%$$

(5) 货运质量事故赔偿率。这是指运输统计报告期内,发生货运质量事故所赔偿的金额占货运总收入金额的比例。其计算公式为

$$货运质量事故赔偿率 = (货运质量事故赔偿金额 \div 货运总收入金额) \times 100\%$$

(6) 完成运量及时率。这是指运输统计报告期内,按托运要求的时间完成的货运吨数占完成货运总吨数的比例。完成运量及时率考核标准国家暂不做统一规定,由各地根据实际情况自定标准。其计算公式为

$$完成运量及时率 = (按规定要求的时间完成吨数 \div 完成货运总吨数) \times 100\%$$

2. 水路货物运输质量考核标准

从事营业性内、外贸货物运输及相关的港口装卸、储存、驳运等作业的企业、单位和个体联户适用以下标准。

1) 水路货物运输重大事故认定标准

发生以下任何一种事故,皆为重大货运事故。①内贸货物每一运单的货物损失赔偿金额达 30 万元以上或外贸货物每一提单的货物损失赔偿金额达 250 万元以上的货运事故(一票整船货物除外)。②同一事故或同一航次内涉及一票以上的内贸货物的货物损失赔偿金额达 200 万元以上或外贸货物的货物损失赔偿金额达 500 万元以上的货运事故。发生重大货运事故,相关人员应在事故发生后两个工作日内上报行业主管部门。

2) 货物赔偿率标准

货物赔偿率不得超过 1‰。

3. 水路货运质量考核指标

水路货运质量考核指标有:无重大货运事故,货物赔偿率不得超过 1‰。

1.3.5 绿色运输管理

1. 绿色物流的产生

物流的迅猛发展给经济的发展做出了巨大贡献,但物流业的发展也给生态环境带来了一系列的问题,如运输车辆的废气、噪声、资源浪费、交通堵塞等一系列不良的影响,还有诸如货物包装物之类的问题给可持续性发展提出了严峻的挑战。为保证未来社会实现

良性循环,人们提出了可持续发展战略,即经济、社会、资源和环境保护要协调发展,在达到发展经济目标的同时,又保护好自然资源和环境,使子孙后代能够持续发展。绿色革命也正是基于可持续发展战略,对消费、生产、流通等环节提出的要求。这种绿色革命的可持续发展战略同样适用于运输活动,于是绿色运输理念应运而生。在这种情况下,便产生了绿色物流这一概念。

2. 绿色运输概念

绿色物流倡导在运输活动中采用环保技术,提高资源利用率,最大限度地降低运输活动对环境的影响。绿色运输要求在企业供应链中时时处处考虑环保与可持续发展,采取与环境和谐相处的理念去建立和管理交通运输系统。

绿色运输是指以节约能源、减少废气排放为特征的运输。其实施途径主要包括:合理选择运输工具和运输路线,克服迂回运输和重复运输,以实现节能减排的目标;改进内燃机技术和使用清洁燃料,以提高能效;防止运输过程中的泄漏,以免对局部地区造成严重的环境危害。

3. 绿色运输的实现方式

运输是物流活动中最主要的活动,但同时也是物流作业耗用资源、污染和破坏环境的重要方面。如何实现绿色运输、保证运输与社会经济和资源环境之间的和谐发展、实现运输的可持续发展模式已成为我国物流业发展的重要内容。借鉴发达国家的经验,可以从以下几个层面入手,实现我国由传统运输向绿色运输方式转变。

1) 政府层面

(1) 实施环境立法,制定绿色物流运输标准。绿色物流不可能完全依靠市场而自发实现,因此,在绿色物流的实施过程中运用法律手段进行调控是必不可少的。制定绿色物流运输标准包括下面两个内容。①最低排放标准,主要包括运输工具的废气排放标准和噪声标准。其中,尾气排放最低标准须针对不同的污染物制定,噪声标准包括运输工具的噪声标准和装卸机械的噪声标准。②交通工具技术标准,包括速度标准、安全标准、设备规格、使用的燃料标准等。

(2) 实施奖惩制度。政府对积极采用先进环保设备、清洁能源以及积极实施资源循环利用的企业实施"绿色补贴"政策或税收优惠。补贴的方式包括物价补贴、企业亏损补贴、财政贴息、税收优惠、对无污染或减少污染的设备实行加速折旧等。同时,政府应对没有很好地实施绿色物流的企业实行排污收费。

(3) 实施强有力的行政管理。政府对绿色运输的行政管理主要体现在发生源管理、交通流管理和交通量管理三个方面。发生源管理的主要措施包括根据环境法规对废气排放及车辆进行管理,禁止排放超标的车辆上路,以及对车辆的噪声进行管制。交通流管理即是通过建立环状道路、道路停车规则以及实行交通管制的高度自动化来减少交通堵塞,以提高配送效率。交通量管理即通过政府的指导作用,推动企业从自备车辆运输向社会化运输体系转化,大力发展第三方物流,以最终实现高效率的物流。

2) 企业层面

(1) 切实树立起绿色物流的理念。物流企业要切实树立起绿色物流的理念。首先,要认识到绿色运输有利于企业树立良好的公众形象和赢取公众信任,扩大企业的知名度和影响力；其次，企业通过对资源的节约利用，对运输的科学合理的规划，将极大降低物流成本，降低物流过程的环境风险成本，从而为企业拓展利润空间；最后，企业通过绿色运输还可以降低企业的原材料成本，提升客户服务价值，增强企业的竞争优势。因此，物流企业要积极配合政府的管理，遵守政府制定的关于物流运输管理的法律法规和行政规定，响应政府的引导，不断致力于运输设备的升级换代，以期在负面效应最小的情况下获得最大的企业和社会效益。

（2）积极推进运输设备的改进或改良。物流企业应主要从三个方面入手。①发展替代能源，降低能耗和污染，提高运输工具的运行速度及配送效率。②研制使用更清洁的能源、更节能的发动机。③开发尾气净化技术。在净化处理上主要是提高燃油的燃烧率、安装防污染处理设备和采取开发新型发动机。

（3）大力优化运输方式，发展多式联运。多式联运就是指从装运地到目的地的运输过程中包含两种及以上的运输方式——海、陆、空、内河等。①多式联运可以减少包装，降低运输过程中的货损、货差。②它克服了单个运输方式固有的缺陷，通过最优化运输线路的选择，各种运输方式的合理搭配，使各种运输方式扬长避短，实现了运输一体化，从而在整体上保证了运输过程的最优化和效率化，以此降低能源浪费和环境污染。③从物流渠道看，它有效地解决了由于地理、气候、基础设施建设等各种市场环境差异造成的商品在产销空间、时间上的分离，促进了产销之间紧密结合以及企业生产经营的有效运转。从美国运输企业实现绿色化的经验来看，大量采取多式联运是企业遵守国家法律和制度推行物流绿色化的有效途径。

（4）发展共同配送。共同配送是指由多个企业联合组织实施的配送活动，主要适用于某一地区的客户所需要物品数量较少而使用车辆不能满载、配送车辆利用率不高等情况。共同配送的优点在于：可以最大限度地提高人员、物资、资金、时间等资源的利用效率，取得最大化的经济效益；可以去除多余的交错运输，并取得缓解交通、保护环境等社会效益。

（5）建立信息网络。生活方式的多样化，导致人们对多品种小批量的物流需求成为趋势，这在客观上要求企业信息系统的顺畅、可靠。因此，采用和建立库存管理信息系统、配送分销系统、用户信息系统、数据交换、CPS 系统以及决策支持系统、货物跟踪系统和车辆运行管理系统等，对提高物流系统的运行效率起着关键作用。同时要更好地建立和运用企业间的信息平台，将分属于不同所有者的物流资源通过网络系统连接起来进行统一管理和调配使用，放大物流服务和货物集散空间，使物流资源得到充分利用。

3) 公众层面

公众是环境污染的最终受害者，也是绿色物流不可缺少的行为主体。作为公众，要树立起绿色物流的概念，要认识到绿色物流给环境及社会带来的好处，并积极响应政府的号召，在日常的消费活动中要将企业是否实行了绿色物流作为选择的参考依据。如果全民都树立起了绿色物流的消费概念，那么将极大地促进企业将其运输过程绿色化的进程。从而有效降低物流过程中对环境产生的污染，创造人与自然和谐的社会环境，为建设节约型社会和环境友好型社会做出贡献。

4. 推行绿色物流运输的技术措施

优化物流运输设备技术是实现绿色物流运输、节能减排、降低污染等最直接的技术方法，主要可包括以下几个方面。

（1）从运输设备制造的技术源头上改进车辆的传动系统技术，提供更强大的发动机、更低的传输损失、减少滚动阻力和空气阻力，从而提高燃油经济性，实现低排放。

（2）使用混合型动力汽车，加长整车拖挂并最大化货运空间，提高货运能力，采用排污量小的货车车型，提高其运输的经济性和环保性。

（3）利用先进技术改造汽车发动机，利用替代性、可再生性能源，如乙醇燃料、蓄电池、太阳能电池等，实现能源清洁化。

（4）调整汽车的驱动系统技术，提高能源利用率。作为汽车重要的驱动设备——轮胎对提高能源利用率有着不可忽视的作用，校正轮胎压力，这是由于汽车的滚动阻力消耗的燃料约占整车使用成本的30％。适当的胎压和轮胎尺寸能够优化滚动阻力，从而降低能源的消耗。

1.4　运 输 规 划

1.4.1　物流运输规划的特点和任务

运输规划在物流管理中具有十分重要的地位，因为运输成本要占到物流总成本的35％～50％，也就是说，运输成本占物流总成本的比重比其他物流活动大。

1．运输规划的特点

商品运输是在运输规划的指导下进行的，运输规划是商品物流规划的重要组成部分。运输规划编制科学，有利于实现商品运输的合理化，有利于企业经营，有利于提高企业经济效益。

运输业的特殊地位，决定了运输规划的特点。

（1）运输业负有节约运输费用的任务，因而不能把运输业产值作为评价其工作成绩的唯一尺度。

（2）安全、准时、减少损耗都是运输规划的目标。运输业虽不增加物质产品实体，但可以通过优质服务减少物质产品的损耗。

（3）运输计划也要留有余地，留有后备运输能力。

2．运输规划的任务

运输规划的任务，是根据物流运输的自身客观要求，安排好运输网建设，通过各种运输方式的发展与彼此协调，加强合理运输的组织工作，提高运输能力与效率。物流企业应合理组织商品运输，节约运力，降低运费，确保运输任务的完成。

1.4.2　物流运输计划

1．编制商品运输计划的基本依据

编制运输计划，要深入进行调查研究，掌握商品运输的客观规律，使编制的商品运输计划具有充分的依据。商品在空间上的位置移动，一般是根据商品的生产、分配、调拨、库存的情况决定的。运哪种商品，运多少，什么时候运，运往何地，又都决定于商品流转计划。因此商品流转计划是编制商品运输计划,特别是年度、季度计划的主要依据。

另外,要依据市场上的商品供求状况来编制,这是指导运输计划编制的重要依据。运输能力的现状、运价的有关规定、运输的季节性等,也是编制商品运输计划的重要依据。企业必须注意研究历史统计资料和前期运输计划的执行情况,并结合当前供求状况和预测计划期商品运输量的变化,这样编制的运输计划才有可靠的物质技术基础。编制运输计划要保持一定的弹性,留有适当的余地,以适应环境的突然变化。

2．编制商品运输计划的基本原则

1) 合理运输

编制运输计划,制定出合理的运输流向,选择运输时间、里程、环节、费用和安全性最佳组合的运输路线、运输工具和运输方式。

2) 先急后缓,保证重点

编制运输计划,应结合市场需要的变化、商品的特性和运力的情况,按轻重缓急对需要运输的商品进行排队,对市场急需、季节性和时效性强的商品、鲜活易腐商品等应优先安排运输计划。

3) 均衡运输

编制运输计划应根据计划期内运量与动力的情况,统筹兼顾,力争运量和运力实现平衡,避免运输任务过分集中,承运部门负荷过重,以及各种运输方式和运输工具忙闲不均现象,充分发挥现有运量的作用。

1.4.3 运输规划的程序

1．确定货运计划指标

货运计划指标主要有两个:货运量和货物周转量。

确定货运量的方法有:系数法、平衡法和比重法。

1) 系数法

系数法是在分析计划期影响运输系数的各种因素作用效果的基础上估算运输系数,据以测算计划期货运量的方法。

计算公式为

$$计划期货运量 = 计划期生产量 \times 运输系数$$

由于运输系数在一定时期内是比较稳定的,因此,用系数法计算货运量比较简便易行。

2) 平衡法

平衡法是通过编制主要货物的运输平衡表来确定货运量的方法。运输的货物种类繁多,不可能也不必要逐一编制平衡表来测算货运量。实际计划工作中货物分为14大类:煤、焦炭、石油及其制品、钢铁及其制品、金属矿石、非金属矿石、矿物建筑材料、水泥、木材、化肥及农药、粮食、棉花、盐、其他。各种货物按大类分别编制平衡表。

3) 比重法

比重法是根据某类货物在货运量中所占比重及其变化趋势,估算计划期货运量的方法。它适用于估算运输量较小但变化不大,有关的经济情况和数据又难以查清的小宗货物的货运量。货运量确定后,确定货物周转量指标的关键在于确定平均运程。

在货运量一定时,缩短平均运输距离,会减少运输损耗,降低运费,缩短运输工具的运行周转时间,提高运输效率。如果运输距离延长,通常情况下反映运输效率降低。因此,在确定货物周转量时应采取措施,消除不合理运输,缩短运输距离。

确定平均运程的方法。首先,按照合理运输的原则,根据资源分布状况和各地区、各部门、各企业的生产经营需要,正确划分物资的供应范围;其次,在此基础上,充分利用现有的运输线路和运输工具,选择合理的运输径路;最后,根据货物调运方案,确定各种货物的运输距离。

2. 选择运输路线

运输路线的选择影响到运输设备和人员的利用,正确地确定合理的运输路线可以降低运输成本,因此运输路线的确定是运输规划的一个重要领域。选择运输路线可运用运筹学中线性规划的方法,如最短路法、表上作业法、图上作业法等。

1) 线性规划法

线性规划法是在运价已知、路程已知的条件下,对 m 个商品生产地和 n 个商品销售地的商品运输建立数学模型,利用单纯形法求解,以使满足条件的总运费最小。

2) 表上作业法

表上作业法是已知各地单位运价和各产销地供需量,在表上标注出货物运出地、运入地、调运量及两地距离。然后根据就近供应原则,在表上制定商品调运方案,在表上求解使总运费最低,使运输总路程最短。初始调运方案可根据最小费用(运价)法编制,然后进行判优、调整,最后将结果填入商品调运平衡表,直到找到总运费最低的方案。

3) 图上作业法

图上作业法是将配送业务量反映在交通图上,通过对交通图初始调运方案的调整,求出最优配送车辆运行调度方法。运用这种方法时,要求交通图上没有货物对流现象,以运行路线最短、运费最低或行程利用率最高为优化目标。

3. 选择运输方式

选择适宜的运输方式,是进行运输规划的重要内容。一个现代化的物流运输体系是由铁路运输、公路运输、水路运输、航空运输及管道运输五种运输方式组成的。运输方式的选择就是按照成本、方式、距离的最佳组合而又能充分发挥各种运输方式作用的原则,统筹兼顾,权衡利弊,对运输方式做出理想的选择。

影响各种运输方式的技术经济因素主要包括运输速度、运输工具的容量及线路的运输能力、运输成本、经济里程、环境保护等。研究这些因素,有助于选择合理的运输方式,充分发挥其在物流运输系统中的优势。

1) 运输速度

物流运输的物品以什么样的速度实现它们的位移是物流运输的一个重要技术经济指标。作为运输工具,它的最高技术速度决定于通常的运输线路的交通环境下允许的安全操作速度。

一般来说,航空速度最快,铁路次之,水路最慢。但在短距离的运输中,公路运输具有灵活、快捷、方便的绝对优势。

2) 运输工具的容量及线路的运输能力

由于技术及经济的原因,各种运载工具的容量范围大不相同,即各种运输方式的运输能力是不同的。在进行货物运输时应充分考虑到这一问题,根据要运输货物的具体情况,选择合适的运输工具。

3) 运输成本

物流运输成本主要由四项内容构成:基础设施成本、转运设备成本、营运成本和作业成本。由于单项或全部成本在各种运输方式之间存在较大的差异。这就决定了各种运输方式的经济效益的不同。

4) 经济里程

经济里程是指单位物流运输距离所支付票款的多少。交通运输经济性状况一般说来受投资额、运转额以及运输速度和运输距离的影响。

不同的运输方式的运输距离与成本之间的关系存在较大的差异。例如,铁路的运输距离增加的幅度要大于成本上升的幅度,而公路则相反。从国际惯例来看,运输距离在300千米内主要选择公路运输,300~500千米内主要选择铁路运输,500千米以上则选择水路运输。

4. 确定运输工具的需要量

运输线路及运输方式确定之后,就要确定物流运输对各种运输工具的需要量。

1) 确定铁路运输车数的需要量

车数是指需要整车运输的油罐数或车皮数。车数的需要量主要取决于整车运输的物流运量和货车的平均净载量。铁路整车运输所需车数的计算,有以下两种方法。

(1) 以铁路整车物流运量除以货车标重求得。铁路整车运输的物流运量,可从前期实际资料中计算各类整车运量占铁路物流运量的百分比,再结合计划期的变动因素,确定计划期整车运输物流运量占铁路运输物流运量的百分比,然后根据已确定的计划期铁路运输物流运量,计算计划期铁路整车运输物流的运量。

所需车数的计算公式如下。

$$车数 = \frac{整车运输数量}{货车标重}$$

(2) 以历史同期的某类物流运输计划金额与铁路整车完成数据的比值,再依据计划期物流运输计划金额,来计算铁路整车车数的需要量,其计算公式如下。

$$车数 = \frac{[去年同期铁路整车完成车数 \times 计划期某类物流供应额(元)]}{去年同期物流运输实际完成金额(元)}$$

2) 确定汽车运输的需要量

凡确定由汽车运输的物流,则需要确定物流运输对于汽车的需要量。目前,在物流运输系统中,大都是自备车辆,故汽车运输计划主要由系统内制订、执行。

物流运输对汽车的需要量取决于需要由汽车运输的货物周转量和每辆汽车的年产量(吨·千米),其计算公式如下。

$$汽车需要量 = \frac{货物周转量(吨·千米)}{每辆汽车产量(吨·千米)}$$

3) 确定船舶需要量

凡确定由水路运输工具运输的物流,需要确定计划期水路物流运输对船舶的需要量。

船舶的需要量按吨位计算,物流运输对于水运工具的需要量,取决于需要水路运输的物流的货物周转量(总吨·千米)和每吨(马力)生产量。

船舶需要量计算公式如下:

$$船舶需要量=\frac{货物周转量(总吨·千米)}{船舶每吨位(马力)年产量}$$

船舶每吨位(马力)年产量=船行率×平均航行速度×载重量利用率或每马力工作效率×计划期营运天数

5. 预测运输成本

运输成本是物流成本的主要组成部分,因此,控制运输成本越来越成为降低物流成本,获得更多利润的重要途径。生产、流通企业自办运输,降低其成本是它们的目的之一。第三方物流企业作为运输的业务主体,也希望通过降低运输成本达到降低物流成本的目的,从而在价格上赢得竞争优势。

1) 运输成本的构成

运输成本通常可根据成本的特性划分为变动成本、固定成本、联合成本和公共成本四个部分。

(1) 变动成本。变动成本是指与每一次运输配送直接相关的费用,包括与承运人运输每一票货物有关的直接费用,如人力成本、燃料费用和维修保养费用等。

(2) 固定成本。固定成本包括端点站、运输设施、运输工具、信息系统的设立和购置等成本。

(3) 联合成本。联合成本是指决定提供某种特定的运输服务所发生的费用。例如,承运人决定装载一卡车的货物从 A 地运往 B 地时,卡车从 B 地返回 A 地的费用是不可避免的,这部分费用就称为"联合成本"。联合成本对运输收费有很大的影响,因为承运人索要的运价中必须包括隐含的联合成本,运价的确定一般都会考虑托运人有无适当的回程货物。

(4) 公共成本。公共成本是指承运人代表所有的托运人或某个分市场的托运人支付的费用,如端点站或管理部门之类的费用等。

2) 影响运输成本的主要因素

运输量、运输距离、运输的速率是决定运输成本的重要因素。除了这些因素之外,运输成本还与运输工具的积载能力因素、搬运方式、物品易损性以及市场因素有密切关系。

(1) 积载能力因素。积载能力因素是指由于产品的具体尺寸、形状及其对运输工具的空间利用程度的影响。例如,某些物品由于尺寸、密度、形状等比较特殊,使运输工具不能很好地积载,浪费了运输工具的空间,从而增加了运输配送成本。

(2) 搬运方式。物品在运输过程中通常要用刚性容器或承载工具进行分组形成运输单元(集装单元),以提高搬运效率,同时也能保护商品,减少货损货差,降低运输成本。

(3) 物品易损性。有些物品具有易损、易腐、易自燃、易自爆等特性,容易造成损坏风险和导致索赔事故,运输这些商品除需要特殊的运输工具和运输方式外,承运人还必须通过货物保险来预防可能发生的索赔,从而增加了运输成本。

(4)市场因素。市场因素是指物流运输的起点与终点之间相向运输的货物量是否平衡,如果不平衡,必然会出现返空的现象,这就会造成运力的浪费。

3)运输成本预测与计划

成本预测是指在正式编制成本计划之前,根据预计计划期的各种情况变化,发动群众和各部门,收集资料进行分析研究,对成本降低幅度和成本目标进行的预测。

运输成本预测,就是要确定运输成本降低的目标,即成本降低率。

常用公式如下。

目标单位成本＝单位计划收入－单位计划税金－单位期间费用－单位计划利润

$$运输成本降低率=\frac{上半年单位成本-目标单位成本}{上年平均单位成本}\times 100\%$$

单位运输成本降低额＝上年平均单位成本－目标单位成本

运输成本计划按运输成本的构成分别进行编制。

(1)工资及福利费:根据现有司助人员的人数及工资额确定。

(2)燃料费:根据计划换算周转量、车辆运用效率、油耗及燃料价格等确定。

(3)轮胎费:根据里程定额及价格确定。

(4)保修费:根据保修计划确定。

(5)大修费:根据大修计划确定。

(6)折旧费:根据固定资产规模确定。

(7)养路费:根据车辆吨位及国家有关规定确定。

(8)其他费用:根据有关定额和上年实际情况确定。

小　　结

运输是国民经济的命脉,任何跨越空间的物质实体的流动都可称为运输。在物流体系的所有动态功能中,运输功能是核心。

运输功能所实现的是物质实体由供应地点向需求地点的移动。通俗一点说,运输功能的发挥,解决了需要的东西不在身边这一问题。同样,运输功能既是对物质实体有用性得以实现的媒介,也是新的价值——某种形式的异地差值的创造过程。

从社会经济的角度讲,运输功能的发挥,缩小了物质交流的空间,扩大了社会经济活动的范围并实现在此范围内价值的平均化、合理化。运输提供产品转移和产品储存两大功能。从物流系统的观点来看,成本、速度和一致性是运输作业的三个至关重要的因素。在企业运输系统的设计中,必须精确地维持运输成本和服务质量之间的平衡。在某些情况下,运输是物流的根本活动内容,商品在流通领域的位置变化,可以使用不同的运输工具,采用不同的运输方式,应根据需要做出相应的运输决策。

运输是一个完整的系统,需要各个环节的密切配合,并且需要在生产实际中广泛地使用先进的设施、设备和科学的管理手段,保证运输过程的完整和完好。

复习思考

一、填空题

1. 运输是在不同的地域范围间（如两座城市、两个工厂间，或一个企业内的两个车间之间），以改变"（　　）"的空间位置为目的的活动，是对"（　　）"进行的（　　）。
2. 运输作为一种特殊的物质生产，并不生产（　　），只提供（　　）。作为运输的（　　），其创造的新价值会追加到所运输货物的原有使用价值中。
3. 运输方式常见的有五种，分别是（　　）、（　　）、（　　）、（　　）、（　　）。
4. （　　）是指通过运输实现"物"的物理性位移，消除"物"的生产与消费的位置背离，使"物"的使用价值得以实现。
5. 物流运输主要提供两大功能：（　　）和（　　）。

二、判断题

1. 运输服务产品是无形的。（　　）
2. 运输改变运输对象的性质。（　　）
3. 运输的场所、设施设备分布分散，流动性强，具有点多、线长、面广的特点，受自然条件的影响不明显。（　　）
4. 运输最基本、最重要的功能，就是实现了物品的空间位移，创造了空间效用。（　　）
5. 规模经济是指每单位距离的运输成本随距离的增加而减少。（　　）
6. 运输节点是指以连接不同运输方式为主要职能、处于运输线路上的、承担货物的集散、运输业务的办理、运输工具的保养和维修的基地与场所。（　　）
7. 运输站场是供运输工具定向移动的通道，也是物流运输赖以运行的基础设施，是构成物流运输系统的最重要的要素。（　　）
8. 管道运输的动力装置设备与载货容器的组合较为特殊，载货容器为干管，动力装置设备为泵（热）站。（　　）
9. 托运人是指进行运输活动的承担者。（　　）
10. 承运代理人是指根据用户要求，并为获得代理费用而招揽货物、组织运输和配送的人。（　　）

三、单项选择题

1. 公路运输主要承担的货运是（　　）。
   A. 远距离、大批量　　　　　　　B. 近距离、大批量
   C. 近距离、小批量　　　　　　　D. 远距离、小批量
2. 下列（　　）不属于运输系统构成要素。
   A. 运输经济状况　　　　　　　　B. 运输节点
   C. 货主与运输参与者　　　　　　D. 运输线路
3. 物流系统合理化的关键是（　　）。
   A. 物流系统信息整合　　　　　　B. 存储合理化
   C. 强化物流管理　　　　　　　　D. 运输合理化

4. （　　）的主要目的就是以最短的时间、最低的成本将物品转移到指定地点。
   A. 物流运输　　　　B. 物流配送　　　　C. 装卸搬运　　　　D. 流通加工
5. （　　）是指替托运人、收货人和承运人协调运输安排的中间商，协调的内容包括装运装载、费率谈判、结账和跟踪管理等。
   A. 运输承运人　　　B. 运输经纪人　　　C. 货物代理人　　　D. 货主
6. （　　）关注物流运输的可达性、费用和效果以及环境上和安全上的标准。
   A. 代理人　　　　　B. 承运人　　　　　C. 公众　　　　　　D. 经纪人
7. （　　）是指物品在物流渠道中，在各网点之间移动的活动。
   A. 运输　　　　　　B. 配送　　　　　　C. 分送　　　　　　D. 配货
8. （　　）是基于运输系统的特征进行综合的管理。
   A. 托运　　　　　　B. 绿色管理　　　　C. 运输管理　　　　D. 时间调整
9. （　　）是供运输工具定向移动的通道，也是物流运输赖以运行的基础设施，是构成物流运输系统的最重要的要素。
   A. 运输节点　　　　B. 运输网络　　　　C. 运输站场　　　　D. 运输线路
10. （　　）是指以节约能源、减少废气排放为特征的运输。
    A. 绿色运输　　　　B. 运输质量　　　　C. 运输管理　　　　D. 普通运输

四、简答题

1. 名词解释
   运输　运输管理　物流运输合理化　物流运输系统　绿色运输
2. 运输具有哪些特点？
3. 什么是空间效用？它具有什么意义？
4. 简述运输管理的内容。
5. 物流运输合理化的影响因素有哪些？
6. 简述物流运输合理化的措施。
7. 简述物流运输系统构成。
8. 简述绿色运输管理的产生。
9. 简述物流运输规划的特点。
10. 编制商品运输计划的基本原则是什么？

五、案例分析

鲜花的运输

2013年，昆明国际花卉拍卖中心的数据显示，玫瑰花整体拍卖均价为0.34元/枝，而在上海市场，非节假日玫瑰花一般是5元/枝。在市场的作用下，玫瑰等花卉将从昆明主产地涌入上海市场。这时，就需要运输服务来实现鲜花的空间位移。

玫瑰花从昆明运到外地（以上海为例），主要有三个途径：一是航空，昆明至上海的鲜花空运价为4.2元/千克；二是铁路，昆明运花到上海的铁路运价为2.5元/千克；三是邮政，昆明到上海的运输费用折合每千克接近2元。按15枝玫瑰花1千克折合，每枝玫瑰从昆明到上海的航空运价为0.28元，铁路运价为0.17元，邮政运价为0.13元。可见，运输成本占的比重比较大。另外，鲜花的损耗、包装等也会产生一定的成本。

在上海市场上,非节假日零售的玫瑰花一般是 5 元/枝,而扎好的花束价格更高,以一束中等的 9 朵普通红玫瑰来算成本,大约花朵的进价为 13 元,配花情人草 8 元,而包装纸及相关配件大约 10 元。成本最多不超过 31 元,在情人节这样的花束每束可卖到 128 元,价格翻了好几倍。

(资料来源:http://61.153.213.46:81/JGXM/UploadFiles_6315/200907/20090705152538171.doc.)

讨论

1. 对于拍卖价只有 0.34 元/枝的玫瑰花,为什么花商愿意支付 0.28 元/枝的航空费用呢?
2. 在鲜花的运输活动中,是如何体现运输的空间效用和时间效用的?
3. 为什么在昆明国际花卉拍卖中心价值 0.34 元/枝的玫瑰花,在上海市场上会以 5 元/枝的价格销售呢(鲜花本身没有变化,还有可能发生损耗)?
4. 如果航空运费提升一倍,会对鲜花市场带来怎样的影响?

第 2 章 公路货物运输

【学习目标】

通过本章学习理解公路货物运输方式,掌握公路货物运输业务流程、零担货物运输的组织形式、公路货物运费的构成、公路整车货物运输作业的流程及各个流程作业项目的内容,掌握公路零担货物运输作业的流程及各个流程作业项目的内容。

【本章要点】

本章主要介绍公路货物运输及其技术经济特性、公路货物运输业务流程、零担货物运输、公路整车货物运输、公路运输费用管理。

货物受损了,到底应该索赔多少?

广西南宁的张司机是 B 运输公司的挂靠司机,经当地一家配货站的介绍,为 A 造纸厂运送一批纸张到广州。出厂前,张司机给 A 厂打了一张单据,上面写明:"今 B 运输公司的张××从 A 造纸厂拉走一车纸张,价值 10 万元。立此为据。"并签上自己的名字。

运输途中,张司机的车被另一辆货车撞了,车上的几箱纸张掉落到路边,散落一地,大部分都被地上的积水浸湿了。事故发生后,张司机立即向交警部门报案,交警出具了交通事故责任认定书。货主得知这个消息后,赶到广州,在张司机向收货方交货时,向张司机索赔 1.8 万元的纸张损失。

货主没有为这批纸张投保货物运输损失险,而货主提供的纸张出厂发货单上标明,这批纸张的价值 7 万元。

(资料来源:马士华. 供应链管理. 第二版. 武汉:华中科技大学出版社,2016.)

思考

如何解决案例中的纠纷?

2.1 公路货物运输概述

2.1.1 公路运输的概念和特征

1. 概念

公路运输是综合运输体系的重要组成部分。公路货物运输是利用可以载货的货运汽车(包括敞车、集装箱车、厢式货车、特种运输车辆)、机动三轮货运车、人力三轮货运车、其他非机动车辆,在道路(含城市道路和城市以外的公路)上,使货物进行位移的道路运输活动。

公路运输是一种机动灵活、简捷方便的运输方式,在短途货物集散运转上,它比铁路、航空运输具有更大的优越性,尤其在实现"门到门"的运输中,其重要性更为显著。尽管其他各种运输方式各有特点和优势,但或多或少都要依赖公路运输来完成最终两端的运输任务。例如,铁路车站、水运港口码头和航空机场的货物集疏运输都离不开公路运输。在物流的运输与配送活动中,公路运输以其机动灵活的特点,发挥着重要作用,是其他运输方式不可替代的。

2. 技术经济特征

1) 技术经营性能指标好

由于工业发达国家不断采用新技术和改进汽车结构,汽车技术经济水平有很大提高,主要表现在动力性能的提高和燃料消耗的降低上。

为降低运输费用,目前世界各国普遍采用燃料经济性较好的柴油机作动力,货运运行能耗为 3.4 升/(100 吨·千米),而汽油消耗则高达 6.5 升/(100 吨·千米)。

2) 货损货差小

随着货物结构中高价值生活用品的比重增加,汽车运输能保证质量、及时送达的特性日益凸显。对于高价货物而言,汽车运价虽高,但在总成本中所占的比重小,并可以从减少货损货差、及时供应市场中得到补偿。

随着公路网的发展和建设,公路等级不断提高,混合行驶的车道越来越少,而且汽车的技术性能与安全装置也大为改善。

3) 送达快

由于公路运输灵活方便,可以实现"门到门"的直达运输,一般不需中途倒装,因而其送达快,有利于保持货物的质量和提高货物的时间价值,加速流动资金的周转。

4) 原始投资少,资金周转快

汽车购置费低,原始投资回收期短。公路运输的资本每年周转 3 次,铁路则需 3~4 年才周转一次。

5) 单位成本高,污染环境

公路运输,尤其是长途运输,单位运输成本要比铁路运输和水路运输高,相对而言对环境的污染更为严重。

3. 经营管理特征

1) 车路分离

世界各国公路的建设与养护,通常都由政府列入预算,汽车运输企业一般不直接负担其资本支出。

2) 高度灵活性

汽车行驶不受轨道限制,一般以车为基本输送单元,灵活性较高,具体表现在:空间上的灵活性、运营时间上的灵活性、载运量的灵活性、运行条件的灵活性、服务上的灵活性、运输组织方式的灵活性、公司规模的灵活性、汽车运输场站服务对象的灵活性。

3)"门到门"运输

汽车可进入市区、进入场库,既可承担全程运输任务,实现"门到门"运输,也可以辅助其他运输方式,实现"门到门"运输。

4)经营简易

若私人经营汽车运输业,可采用小规模方式,甚至一人一车也可以经营,即使经营失利,也可以转往他处或将车辆出售。

2.1.2 公路运输的分类

1. 按货物性质的不同进行分类

1)普通货物运输

普通货物运输是指不需要用特殊结构的车辆载运的货物运输,如钢材、木材、煤炭、日用工业品、矿物性建筑材料等货物的运输。

2)特种货物运输

特种货物包括长大笨重货物、贵重货物、鲜活货物、危险货物四种,在运输、保管、装卸等环节,需要采取特别措施,以保证货物完好地送达目的地。

3)轻泡货物运输

轻泡货物是指每立方米质量小于333千克的货物。其体积按最长、最宽、最高部位尺寸计算。轻泡货物的密度低、体积大、堆码重心高,运输中的稳定性差。

2. 按公路运输经营方式的不同进行分类

1)公共运输

这类企业专业经营汽车货物运输业务并以整个社会为服务对象,其经营方式有以下几种。

(1)定期定线。不论货物装载多少,在固定路线上按时间表行驶。

(2)定线不定期。在固定路线上视货载情况,派车行驶。

(3)定区不定期。在固定的区域内根据货载需要,派车行驶。

2)契约运输

这类汽车运输企业按照承托双方签订的运输契约运送货物。与之签订契约的一般都是一些大型工矿企业,常年运量较大而又较稳定。契约期限一般都比较长,短的有半年、一年,长的可达数年。按契约规定,托运人保证提供一定的货运量,承运人保证提供所需的运力。

3)自用运输

工厂、企业、机关自置汽车,专为运送自己的物资和产品,一般不对外营业。

4)汽车货运代理

这类企业本身既不掌握货源也不掌握运输工具。它们以中间人身份一面向货主揽货,一面向运输公司办理托运,借此收取手续费用和佣金。有的汽车货运代理专门从事向货主揽取零星货物,加以归纳集中成为整车货物,然后自己以托运人名义向运输公司托运,赚取零担和整车货物运费之间的差额。

3. 按照货运营运表现方式的不同进行分类

1）整车货物运输

整车货物运输是指托运人一次托运货物计费重量 3 吨以上或不足 3 吨,但其性质、体积、形状需要一辆汽车进行运输。

2）零担运输

零担运输是指托运人一次托运的货物不足整车的货物运输。

3）集装箱汽车运输

俗称集卡运输,是指采用集装箱为装货设备,使用汽车进行运输。

4）包车货运

包车货运是指采用装有出租营业标志的小型货运汽车,供货主临时雇用,并按时间、里程和规定费率收取费用的运输。

4. 按运送速度的不同进行分类

1）一般货物运输

一般货物运输是指普通速度的货物运输或称慢运。

2）快件货物运输

快件货物运输是指在规定的距离和时间内将货物运达目的地的货物运输。快件货物运输的具体要求是从货物受理日 15 时起算,300 千米运距的,要 24 小时内运达;1000 千米运距的,要 48 小时内运达;2000 千米运距的,要 72 小时内运达。

3）特快件货物运输

特快件货物运输是指应托运人要求,采取即托即运的货物运输。货物运达时间的计算,按托运人将货物交付给承运人起运的具体时刻起算,不得延误。

5. 按是否保险或保价的不同进行分类

按是否保险或保价可分为不保险(不保价)运输、保险运输和保价运输。凡保险或保价运输的货物,需要按规定缴纳保险金或保价费。保险运输由托运人向保险公司投保,也可委托承运人代办。保价运输应在货运合同上加盖"保价运输"戳记。

2.1.3　公路运输的技术装备与设施

公路运输的技术装备与设施主要由公路运输车辆、公路和货运站组成。

1. 公路运输车辆

公路运输车辆按其载运功能可以分为载货汽车、牵引车和挂车。

1）载货汽车

载货汽车是指专门用于运送货物的汽车,又称载重汽车。载货汽车按其载重量的不同可分为微型(最大载重量 0.75 吨)、轻型(载重量为 0.75~3 吨)、中型(载重量为 3~8 吨)、重型(载重量在 8 吨以上)四种。目前在我国,中型载货汽车是主要车型,数量较多。

载货汽车的车身具有以下几种形式。

(1) 敞车车身。它是载货汽车车身的主要形式之一,适用于运送各种货物。

(2) 厢式车身。可以提高货物安全性,多用于运送贵重物品。其中,自卸汽车适用于运送散装货物,如煤炭、矿石、沙子等。

（3）专用车辆。仅适用于装运某种特定的用普通货车或厢式车装运效率较低的货物。它的通用性较差，往往只能单程装运，运输成本高。例如汽车搬运车、水泥车、油罐车、混凝土搅拌车、冷藏车等。

2）牵引车和挂车

（1）牵引车。亦称拖车，是专门用以拖挂或牵引挂车的汽车。牵引车可分为全挂式和半挂式两种。

（2）挂车。本身没有发动机驱动，它是通过杆式或架式拖挂装置，由牵引车或其他的汽车牵引行驶。挂车只有与牵引车或其他汽车一起组成汽车列车方能构成一个完整的运输工具。挂车有全挂车、半挂车、轴式挂车（无车厢）以及重载挂车等类型。半挂车与半挂式牵引车一起使用，它的部分重量由牵引车的底盘承受；全挂车则由全挂式牵引车或一般汽车牵引；轴式挂车是一种单轴车辆，专用于运送长、大货物；重载挂车是大载重量的挂车，它可以全挂车，也可以是半挂车，专用于运送笨重特大货物，其载重量可达300吨。由于挂车结构简单，保养方便，而且自重小，在运输过程中使用挂车可以提高运送效率，在公路运输中应用较广。

2．公路

为行驶汽车而按照一定技术规范修建的道路（包括城市道路），称为公路。公路是一种线型构造物，是汽车运输的基础设施，由路基、路面、桥梁、涵洞、隧道、防护工程、排水设施与设备以及山区特殊构造物等基本部分组成。此外，公路还需设置交通标志、安全设施、服务设施及绿化带等。

根据道路的所处位置、交通性质和使用特色，可将其分为公路、城市道路、厂矿道路、乡镇道路及人行小路或将其分为国道、省道、县道、乡道等，其基本组成部分包括行车道、人行道、防护工程、排水设施、信号标志等。

道路根据使用任务、功能和适应的交通量分为高速公路、一级公路、二级公路、三级公路、四级公路五个等级，如表2-1所示。

表2-1 公路等级类型

等级	高速	一级	二级	三级	四级
流量/辆/天	25 000以上	15 000～30 000	3000～7500	1000～4000	双车道1500以下，单车道200以下
车型的标准	小客车	小客车	中型货车	中型货车	中型货车
出入口的控制	完全控制	部分控制	无控制	无控制	无控制
设计年限/年	20	20	15	10	10

3．公路站场

公路站场是办理公路货运业务、仓储保管、车辆保养修理以及为用户提供相关服务的场所，是汽车运输企业的生产与技术基地。公路站场一般包括货运站、停车场（库）、保修厂（站）、加油站及食宿楼等设施。

1) 货运站

公路运输货运站的主要功能包括货物的组织与承运、中转货物的保管、货物的交付、货物的装卸以及运输车辆的停放、维修等。简易的货运站点仅有供运输车辆停靠与货物装卸的场地。

公路货运站可分为汽车零担站、零担中转站、集装箱货运中转站等。通常，公路货运站比较简单，有的货运站仅有供运输车辆停靠与货物装卸的场地，而大型的货运站还设有保养场、修理厂、加油站等。零担货运站一般是按照年工作量（即零担货物吞吐量）划分等级的，年货物吞吐量在 6 万吨以上的为一级站，在 2 万～6 万吨的为二级站，在 2 万吨以下的为三级站。零担货运站应配备零担站房、仓库、货棚、装卸车场、集装箱堆场、停车场及维修车间、洗车台、材料库等生产辅助设施。集装箱货运中转站应配备拆装库、高站台、拆装箱作业区、业务（商务及调度）用房、装卸机械与车辆等。

2) 停车场（库）

停车场（库）的主要功能是停放与保管运输车辆。现代化的大型停车场还具有车辆维修、加油等功能。从建筑性质来看，停车场可以分为暖式车库、冷式车库、车棚和露天停车场等。目前，在我国露天停车场采用较为普遍，尤其是专业运输和公交车辆广泛采用。停车场内的平面布置要方便运输车辆的驶出和进行各类维护作业，多层车库或地下车库还需设有斜道或升降机等，以方便车辆出入。

2.1.4 公路货物运输车辆选择

1. 确定车辆

在确定车辆时，应该考虑以下因素。

1) 要运输的货物

货物的类型通常决定了车辆底盘和平台。重量轻且体积大的货物需要长轴距底盘和大的平台，重的货物则需要较小的轴距。

2) 业务状况

运行年里程数显示了所需的车辆耐用性要求，是长途工作或短途运输，或二者兼有；刹车、启动和稳定的行驶的情况，是否有司机在车中生活的要求，更换政策，预期寿命。这些因素都需要考虑成本和维修要求。

3) 车辆类型

根据实际需要选择单卡车或是铰接车。

4) 车身类型

产品的类型决定了使用箱式、边开厢还是平板车等不同车型。易变质的产品，尤其是食品一般要求用箱式或边开厢车型，将货物在车厢内保护起来。还有一些产品则需要具有额外冷藏设计和构造的车型。

大部分商业车辆是按订单而制造的。这要求运营管理者确定具体要求，如发动机与齿轮箱、车轴与缓冲装置、刹车与轮胎。

此外，还有可能将以上各种不同类型组合在一起，成为一个完全不同的车辆配置，来适应特殊的使用。例如，选择空气缓冲装置适用于易受震动而损坏的产品。

2．车辆重量的额定

货车有各种不同的重量额定，重要的有以下几种。

1）未装货重量

未装货重量即车辆自重，包括车身以及运营中通常使用的零部件，但不包括水、燃料、散装工具、设备以及电池等用来推进车辆的部分的重量。

2）装货重量

装货重量即单卡车和载荷的总重量，包括燃料重量、司机和乘客（如果运送的话）的重量。

3）最大限重

最大限重是车辆设计的最大重量，也是允许运营的最大限重，一般在车辆铭牌或显示牌上标明。在一些国家，可能车辆设计的运营最大限重大于法定的允许重量。

4）拖车总重

拖车总重即拖车组合的总重量，包括载荷、燃料和司机的重量。

5）组合总重

组合总重即铰接车的总重量，包括载荷、燃料和司机的重量。

6）运行车辆自重

运行车辆自重即在驾驶状态下车辆的重量，包括油、水和燃料的重量，但不包括载荷。

7）空重

空重即在驾驶状态下车辆的重量，包括司机的重量以及装货前乘客的重量。运输经理为了计算可利用的重量，必须用装货重量（或拖车总重或组合重量）减去皮重。计算结果就是货物、托盘和其他任何包装材料的总重量，拖车总重或组合总重不能超过有关的法律限制。

8）车轴重量

车轴重量是指即使总毛重低于法定最大重量，单独的车轴也可能超载。因此当计划多次卸货时，尤其要特别小心。卸下来的货物减少了毛车辆重量，但可能增加单独的车轴重量。这将导致卸货后，车轴重量超过法定限制。运输经理可以通过计划装载货物来避免车辆超载，但需要在卸货后，花费时间重新安排装载。表 2-2 表示了确定车辆的参数核对清单。

表 2-2 确定车辆的参数核对清单

最 大 化	最 小 化
货物载重（重量或立方）	车辆重量
可靠性	建造成本
服务能力	最优化
燃料效率	生产力
安全工作	花费资本

2.1.5 运输服务与车辆的获得

1. 公路运输服务的获得途径

1) 整体运输外包

运输外包是指公司向运输市场合同购买全部或部分运输生产和服务,运输外包决策的核心问题就是公司是否拥有自己的运输车辆。

许多组织发现将它们的工作外包出去更为经济,这有两个主要原因。

第一个原因就是车辆的利用率。衡量车辆利用率的一个尺度就是车辆能力使用的比例。只有当车辆每次离站时都满载,才能达到100%的使用率。送货的地点越近,越容易进行计划,从而达到完全使用。当客户地点很远,特别是远离市中心时,就很难达到这一点。

第二个原因就是一般管理成本。运输职能要有效地进行,需要仓库提供支持。仓库的数量和地点对运输成本有显著的影响。运输覆盖的地域越大,就需要越多的仓库。同样,交付时间越短,就要求有更多的仓库。当额外的仓库出现后,就需要干线长途行车来将产品从一个地点运到另一个地点。在这样的系统中,一般管理成本会很高,而且还要投入一些公司不愿承担的资本支出。

2) 部分运输外包

如果不需要外包整个运输运营,那么也许有必要部分外包。很多企业季节性运输需求变化大,解决方法之一,就是使用自己的车队处理平常的需求,必要时租赁其他的车辆满足高峰需求。

如果企业发现使用自己的运输难以到达某一特殊的地域,那么也可以以地域为基础外包部分运营。如果预期租赁车辆的成本可能稍高于完全使用自己拥有的车辆的成本,那么就存在一个使用自有车辆并结合部分外包的最优成本方案。

3) 第三方运输

第三方运输的服务现在已经发展到包括完全的配送包装。第三方运输的优点如下。

(1) 能够适应季节性需求变化。

(2) 能够进行多种货物和路线的运输。

(3) 承运人可以提供更为有效的服务。

(4) 管理车辆和司机的责任从公司管理层转移到第三方运输,这使得公司管理层能更专注于自己的领域。

(5) 减少对运输的投资。

(6) 缓和劳资关系。

由第三方运输可能导致企业对运输过程的某些环节失去控制,从而影响客户服务。企业对运输运营的控制不能够"外部化"给第三方运输,业绩反馈、客户的沟通应作为企业鲜明服务的手段并紧紧地控制在自己手里。

2. 车辆获得的基本途径

车辆获得方法有四种:购买、租用、合同租用或运营租赁、融资租赁。

1) 购买

很明显,如果购买一辆车然后闲置半年的时间,就很不经济。然而,如果车辆能够得到很好的利用,并且有效地保养,那么这样就比较便宜,从长期来看,企业应该购买而非租赁或租用。

2) 租用

租用有两种类型:短期和长期。如果一辆车被短期租用,那就意味着承租方租金相对比较高,仅需通知租约即可终止,并不受任何处罚。当企业需要额外的车辆时,例如满足季节性用车需求,则可采用短期租用方法。长期租用是指企业有长期(一般一年以上)的运输业务需求,运输业务量也较稳定时,但基于财务成本压力、资产结构限制或技术力量不足等原因未购买自有车辆,而选择长时期租用外部车辆的运输服务获得方式。

3) 合同租用或运营租赁

合同租用是长期租用的一种特殊形式,通常除了提供车辆以外,还有其他服务。一般来说,当经营者租用车辆时,提供商负责维修车辆,并且当车辆发生任何原因不能驾驶时,提供临时的更换。提供商同时也提供司机,当司机休假或生病时,更换司机。另外,合同租用的优点还包括可以减少某些管理工作,如保险、遵从当前有关劳动法规、案头工作等。

4) 融资租赁

融资租赁是承租方不需要花一笔钱支付车款而获取车辆的一种方法。在租赁安排下,车辆被租用的时期,通常是根据车辆的类型确定在 2~5 年。通常做法是融资租赁公司购买车辆,资本、利息、一般管理费用和利润加起来,分摊到租赁期。支付可以按月,也可以按季。如果承租方需要在期限届满前终止,那么就不得不向租赁公司进行支付结算,而且必须找第三方继续租赁或购买车辆。融资租赁的核心就是租赁的车辆"在"资产负债表上,并作为资产资本化。

2.2 公路货物运输作业流程

2.2.1 公路运输业务流程

公路货运作业基本流程为托运、承运、派车装货与运送、搬运装卸、到达与交付、运输统计与结算、货运事故的处理、运输变更等。主要作业流程如图 2-1 所示。

1. 托运环节

1) 对托运人的要求

货物托运是指货主(单位)委托运输企业为其运送货物,并为此办理相关手续。办理托运一般采用书面方式,先由货主填写托运单。对托运人的要求如下。

(1) 托运的货物中,不得夹带危险货物、贵重货物、鲜活货物和其他易腐货物、易污染货物、货币、有价证券以及政府禁止或限制运输的货物等。

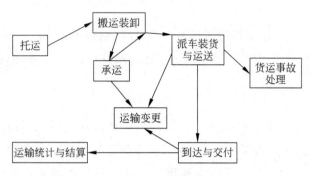

图 2-1　公路运输主要作业流程

（2）托运人应根据货物性质和运输要求，按照国家规定，正确使用运输标志和包装储运图示标志。

（3）运输途中需要饲养、照料的动物、植物、尖端精密产品、稀有珍贵物品、文物、军械弹药、有价证券、重要票证和货币等，托运人必须派人押运（其他情况是否派人押运，由承托双方根据实际情况约定）。

（4）依据托运单，货主负责将准备好的货物向运输单位按时按期提交，并按规定的方式支付运费，运输单位则应负责及时将货物安全运送到托运方指定的卸货地点，交给收货人。

2）订立合同

进行货物运输首先要订立合同。汽车货物运输合同可采用书面形式、口头形式和其他形式。书面形式合同种类分为货物运输合同和公路货物托运单。汽车货物运输合同由承运人和托运人本着平等、自愿、公平、诚实、信用的原则签订。

货物运输合同主要包含以下内容：托运人、收货人和承运人的名称、地址、电话、邮政编码，货物名称、性质、质量、数量、体积，装货地点、卸货地点、运距，货物的包装方式，承运日期和运到期限，运输质量，装卸责任，货物价值，是否保价、保险，运输费用的结算方式，违约责任，解决争议的方法。

3）填写公路货物托运单

托运一般采用书面方式，先由货主填写托运单（公路汽车零担货物托运单）。托运单是货主（托运方）与运输单位（承运方）之间签订的货运合同。由货主填写托运单经运输单位审核并由双方签章后，具有法律效力。托运单确定了承运方与托运方在货物运输过程中的权利、义务和责任，是货主托运货物的原始凭证，也是运输单位承运货物的原始依据。根据托运单，货主负责向运输单位按时提交准备好的货物，并按规定的方式支付运费；运输单位应负责及时派车将货物安全运送到托运方指定的卸货地点交给收货人。

2．承运

货物承运是指承运方对托运的货物进行审核、检查、登记等受理运输业务的工作过程。货物承运自运输单位在托运单上加盖承运章，返还托运人提交托运单的托运回执联开始。承运方应及时派人验货，即对货物实际情况、数量、重量、包装、标志以及装货现场等进行查验。

承运,表明运输单位接受了托运人的委托,开始承担了运输责任。承运人具备承运条件的,不得拒绝承运。返还给托运人运单的托运回执联,具有协议书或运输合同的性质,受到法律保护与约束。

货物承运并已装车完毕,承运人应立即填制汽车运输货票。运输货票是向托运人核收运费的收据、凭证,也是收货人收到货物的证明。运输货票由各省、自治区、直辖市交通主管部门按照交通部规定的内容与格式统一印制。

办理承运业务时应注意的事项包括以下几项。

(1) 货物承运后,承运人对货物运输的全过程负责(有随车押运人员的除外),必须适时检查,妥善保管,注意防火、防潮、防腐、防丢失,发现情况及时采取措施。有特殊要求的货物,必须遵守商定的事项。

(2) 承运中的一项重要条款是运输期限。通常由托、承运双方按下列规定共同商定。

① 托运人负责装卸的,运输期限从货物装载完毕开始至车辆到达指定卸货地点止。

② 承运人负责装卸的,运输期限从商定装车时间开始至货物运到指定地点卸载完毕止。

③ 零担货物运输期限从托运人货物交给承运人开始,至货物运到抵达站发出货物的领取通知为止。

(3) 承运人对托运人提出的下列各项要求,装卸货物的距离超过规定,需增加作业量的,可按规定核收费用,并在返还的托运回执中注明:因道路或货场不具备车辆通过条件、笨重货物的移位作业、代办货物的中转作业、其他与运输相关的业务。

3. 派车装货与运送环节

(1) 首先由运输单位的调度人员根据承运货物情况和运输车辆情况编制车辆日运行作业计划,全面平衡运力运量及优化车辆运行组织,据此再填发行车路单,具体派车去装货地点装货。货物装车时,驾驶员要负责点件交接,保证货物完好无损和计量准确。

(2) 车辆装货后,业务人员应根据货物托运单及发货单位的发货清单填制运输货票。运输货票是承运的主要凭证,是一种具有财务性质的票据。它在起票站点是向托运人核收运费、缴纳税款的依据,在运达站点则是与收货人办理货物交付的凭证,而在运输单位内部又是清算运输费用、统计有关运输指标的依据。起票后,驾驶员按调度人员签发的行车路单运送货物。

(3) 起运前,运输路线发生变化必须通知托运人,并按最后确定的路线运输。承运人未按约定的路线运输而增加的运输费用,托运人或收货人可以拒绝支付。

(4) 车辆在运送货物过程中,一方面,调度人员应做好线路车辆运行管理工作,掌握各运输车辆工作进度,及时处理车辆运输过程中临时出现的各类问题,保证车辆日运行作业计划的充分实施;另一方面,驾驶人员应及时做好运货途中的行车检查,既要保持货物完好无损、无漏失,又要保持车辆技术状况良好。

4．搬运装卸环节

搬运装卸是指货物运输起讫两端利用人力或机械将货物装上、卸下车辆，并搬运到一定位置的作业。人力搬运距离不超过 200 米，机械搬运不超过 400 米（站、场作业区内货物搬运除外）。

（1）承运人应根据承运货物的需要，按货物的不同特性，提供技术状况良好、经济适用的车辆，并能满足所运货物重量的要求。使用的车辆、容器应做到外观整洁，车体、容器内干净无污染物、残留物。承运特种货物的车辆和集装箱运输车辆，需配备符合运输要求的特殊装置或专用设备。

（2）装卸人员应对车厢进行清扫，发现车辆、容器、设备未达到装货要求，应立即通知承运人或托运人。货物在搬运装卸中，承运人应当认真核对装车的货物名称、重量、件数是否与运单上记载相符，包装是否完好。货物包装轻度破损，托运人坚持要装车起运的，应征得承运人的同意，承托双方需做好记录并签章后，方可运输。由此而产生的损失由托运人负责。搬运装卸作业应当轻装轻卸、堆码整齐，并清点数量，防止货物混杂、撒漏、破损。严禁有毒、易污染物品与食品混装，危险货物与普通货物混装。对性质不相抵触的货物，可以拼装、分卸。搬运装卸过程中，发现货物包装破损，搬运装卸人员应及时通知托运人或承运人，并做好记录。

（3）货物搬运装卸由承运人还是托运人承担，可在货运合同中约定。承运人或托运人承担货物搬运装卸后，委托站场经营人、搬运装卸经营者进行货物搬运装卸作业的，应签订货物搬运装卸合同。搬运装卸危险货物应按交通部《汽车危险货物运输、装卸作业规程》进行作业。

（4）搬运装卸作业完成后，货物需绑扎苫盖篷布的，搬运装卸人员必须将篷布苫盖严密并绑扎牢固。承、托运人或委托站场经营人、搬运装卸人员应编制有关清单，做好交接记录，并按有关规定施加封志和外贴有关标志。

5．到达与交付环节

货物在到达站发生的各项货运作业统称为到达作业。到达作业主要包括货运票据的交接、货物卸车、保管和交付等内容。

（1）车辆装运货物抵达卸车地点后，收货人或车站货运员应组织卸车。卸车时，对卸下货物的品名、件数、包装和货物状态等应做必要的检查。

（2）货物交付是到达作业最重要的内容，对包装货物要"件交件收"，点件清楚；对散装货物，尽可能做到"磅交磅收"，计重准确；施封货物如集装箱，则应凭铅封点交。收货人如果发现货损货差，则应按有关规定编制记录并申报处理。收货人可在记录或货票上签署意见，但无权拒收货物。交货完毕后，应由收货人在货票收货回单上签字盖章，公路运送人的责任即告终止。经签收的货票应回交驾驶员，并附路单带回车队存查并作为统计依据。卸车时如果发现没有运送票据、包装破损、货物变质损坏，则应将货物另行暂存，待货卸完后与收货人、驾驶员按有关规定予以处理。

（3）承运人对于运达到站而无人接收的货物，一方面要妥善保管货物，另一方面应积极查找货主。超过发出领货通知一定时间（现行规定为 30 天）仍无人接收的货物，按国家《关于港口、车站无法交付货物的处理办法》办理。鲜活和不易保管的货物，报经有关主管部门批准,可不受规定时间的限制,提前处理。

6. 运输统计与结算

(1) 运输统计是指对已完成的运输任务依据行车路单及运输货票进行有关运输工作指标统计,生成有关统计报表,供运输管理与决策使用。

(2) 运输结算,对运输单位内部,是指对驾驶员完成运输任务所应得的工资(包括基本工资与附加工资)收入进行定期结算;对运输单位外部,是指对货主(托运人)进行运杂费结算。

运杂费,包括运费与杂费两项费用。运费指按单位运输量的运输价格(即收费标准)及所完成的运输任务数量(运输量)计算的运输费用。杂费是指除运费以外所发生的其他费用,主要包括调车费、延滞费、装货落空损失费、车辆货物处置费、装卸费、道路通行费、保管费及变更运输费等。

7. 货运事故的处理

货物在承运责任期内,因装卸、运送、保管、交付等作业过程中所发生的货物损坏、变质、误期及数量差错而造成经济损失的,称为货运事故,也称商务事故。

货运事故发生后应努力做好以下工作。

(1) 查明原因、落实责任,事故损失由责任方按有关规定计价赔偿。

(2) 承运与托运双方都应积极采取补救措施,力争减少损失和防止损失继续扩大并做好货运事故记录。

(3) 如果承托双方对事故处理有争议,应及时提请交通运输主管部门或运输经济合同管理机关调解处理。

8. 运输变更情况的处理

货物托运人向汽车货物运输经营者托运货物后,由于各种事前未能预料的原因,托运方需要改变拟运货物的名称、数量、起运地点和运达地点、运输时间、发货人和收货人等事项或承运方拟改变承运车型、路线、时间、方案、内容的,可以向对方提出运输变更或解除。提出的方式是填写运输变更申请书或提出信函、电报等书面形式。承托双方在一般情况下,应尽量满足对方的要求,给予变更、解除,但提出方要因此赔偿对方的损失。

一般情况下,发生下列情况之一者,允许变更和解除。

(1) 由于不可抗力使运输合同无法履行。

(2) 由于合同当事人一方的原因,在合同约定的期限内确实无法履行运输合同。

(3) 合同当事人违约,使合同的履行成为不可能或不必要。

(4) 经合同当事人双方协商同意解除或变更,但承运人提出解除运输合同的,应退还已收的运费。

运输变更事项根据具体情况可分别做如下处理。

(1) 货物尚未起运前,变更运输货物名称、数量、起讫地点、收货人等,承运方应即允许,如果货物已经装车,可卸下改装,装卸费用由托运人负担。

(2) 变更运输日期、车辆种类和运行路线时,应经承托双方协商一致。

(3) 货物已经起运,在时间允许的条件下,可变更运达地点和收货人。如果已经运达原指定地点,在尚未卸货交接前,可变更收货人。

(4) 因托运人申请运输变更所发生的各种运输费用(如改变车型、改变运行路线、改变卸交货物地点等发生的费用差额)由托运人负担。

(5) 货物起运前,托运人可办理取消托运,起运后不可办理取消托运。因取消托运所发生的费用,由托运人负担。货物受理托运后,承运方提出取消承运,由此所发生的费用由承运方负担。

货物运输过程中,因不可抗力造成道路阻塞导致运输阻滞,承运人应及时与托运人联系,协商处理,发生的货物装卸、接运和保管费用按以下规定处理。

(1) 派车接运时,货物装卸、接运费用由托运人负担,承运人收取已完成运输里程部分运费,退回未完成里程部分运费。

(2) 回运时(返回原发运地点),收取已完成运输里程的运费,回程运费免收。

(3) 应托运人要求绕道行驶或改变运达地点时收取实际运输里程的运费。

(4) 货物在受阻处卸存,存放承运人仓库时,可免费保管5天,在非承运人仓库存放保管费用由托运人负担。

2.2.2 公路货运类型管理

1. 普通货物运输

普通货物运输形式包括用各种普通卡车、翻斗车、拖挂车在专线或非专线上向社会提供的货物运输服务。

普通货物运输的特点是向全社会提供服务,讲究社会效益;运输各种货物,讲究经济效益,追求利润;保证送货准确,交易平等,收费合理。

普通货物运输形式是营业范围最为广泛的货运方式。它机动灵活,运输的货物品种繁多,凡是能用普通卡车运输的商品都可以采用此种方式运输。它包括专线、非专线普通杂货运输、合同运输、专业杂货运输和联合包裹运输配送等。

2. 专业货运

为提高汽车运输业和货运车辆工作的经济指标,实现规模化运输,保证为用户送达货物的数量和质量,同时为满足某些特殊货物运输的需要,如满足建设、环卫、生活服务、消防、医疗等的需求和提高运输危险品的安全可靠性,需要采用专业货运方式。

专业货运一般都使用专门设计的运输工具和自卸汽车、零担专车、集装箱车、水泥散装车、保温车和冷冻车等专用汽车。它与普通杂货运输的主要区别在于除专门运输某种货物外,专业货运的车辆远离企业通常行驶的路线,驾驶员更多地靠自己寻找加油站、维修厂和停车场,许多专业运输卡车上都装有睡铺。

(1) 分类。按照货物种类的不同,专业货运可划分为日用品运输、大件机械设备运输、石油产品运输、农产品运输、易燃易爆危险品运输、冷藏运输和零担商品运输等。

(2) 专业货运的优点。与一般货运车辆比较,货运专用车辆具有八个方面的优点。

① 在运输轻泡货物的情况下(如陶瓷、棉絮及其他轻泡货物),能充分地利用汽车的运输能力。

② 在高等级公路运输多种货物时,分门别类能提高运输车辆的载重量利用系数,且

便于交通安全管理、收费和养护管理。

③ 在运输构架(预制件)、板件、长件和不能分离的建筑材料时,可以降低运价和提高建设项目施工速度。

④ 能最大限度地保护货物的性质和质量,以达到安全可靠运送货物的目的,最大限度地减少货物的毁坏和浪费,保持货物的使用价值。

⑤ 在发货地点和接货地点最能有效地实现装卸机械化。

⑥ 在使用自身装卸工具的情况下,缩短汽车装卸货物的停留时间。

⑦ 能最大限度地满足国家标准对货运车辆和道路运行管理的规定。

⑧ 提高对服务团体、企业和居民的供应能力等。

3. 货运方式的选择

货运管理的主要职责之一是进行运输方式和运输工具的选择。

对于公路货运应考虑货物特点、车辆型号及性质、起讫点服务约束条件和运输价格等。它包括以下内容。

(1) 服务变量问题。它包括所有可从运输中取得的利益,要决定每次货运中哪些变量是基本的或是主要的。

(2) 服务可能性。服务可能性的关键因素是货物种类、性质、体积和重量等问题。

(3) 装卸难度。有些运输企业有时会拒绝某些货主的货运要求,这是因为起点或终点站没有配备相应装卸货物的设备。有些货主需要将一种货物运往不同地点的同时,对货运设备、运载物尺寸也会有特殊要求。

(4) 专用设备。有些超规格货物(如过宽、过重、过长、过高等)常需要专门货车运送;还有一些易腐烂、易收缩、易生锈、易碎、易动、易裂、易变色、易灼烧、易吸味、易干枯、易融化、易穿孔、易划破或易膨胀的货物,也需要专门设备运输和包装;此外,较贵重货物和机密文件档案也需要专门车辆运输。

(5) 可靠性指标。运输可靠性是指按时发货、到货、安全、无遗失,能顺利地解决仓库存储、搬运等问题。

① 送达速度。有些货物对时间的要求非常强,必须迅速送达目的地。例如,紧急的订货运输、急救药物、人体器官、临近期限的投标合同的物资、新鲜蔬菜和水果等,此时,货运速度是绝对重要的选择变量。

② 跟踪和控制货物按时无损地到达指定地点。某些贵重和紧急货物,必须得到货运状态的信息,需要采取货运实时跟踪,要及时给货主提供在运输中的状态变化情况。

(6) 机动灵活性。运输设备随叫随到,而不必受时间和其他约束,这是与可靠性和速度紧密相关的服务变量。它要考虑服务方式、时间保证和货主的意图等。

(7) 价格变量。价格变量一般指单位路程、单位重量所需要支付的费用,用元/(吨·千米)或台班费(即每天 8 小时收多少钱)计算。在决定货运价格时,应对所包括的项目和其他附加费进行精确测算,考虑在货物运输时所需要的各种包装费用和垫料费。此外,还应考虑可能承担货物损失的风险。

(8) 保险。保险包括货主的货物是否保险和运输工具是否保险及其金额数量等。

(9) 总成本估算。总成本估算包括货物自身价值、运费、经销准备费、附加费和销售费等全部费用。

2.2.3 公路运输的单证管理

1. 公路运输的单证概述

托运单是货主（托运方）与运输方（承运方）之间关于货物运输所签订的契约，它由托运方填写约定事项，再由运输单位审核承诺。经过运输单位审核并由双方签订后的托运单，具有法律效力。托运单确定了承运方与托运方在货物运输中的权利、义务和责任，是货主托运货物的原始凭证，也是运输单位承运货物的原始凭证。

2. 公路运输的单证内容

托运单由托运人填写，托运单的统一格式在《汽车货物运输规则》中有规定，具体填写运单的内容要求如下：

(1) 准确标明托运人和收货人的名称（姓名）和地址（住所）、电话、邮政编码。

(2) 准确标明货物的名称、性质、件数、重量、体积以及包装方式。

(3) 准确标明运单中的其他有关事项。

(4) 一张运单托运的货物，必须是同一托运人、收货人。

(5) 危险货物与普通货物以及性质相互抵触的货物不能用同一张运单。

(6) 托运人要求自行装卸的货物，经承运人确认后，在运单内注明。

(7) 应使用钢笔或圆珠笔填写，字迹清楚，内容准确，需要更改时，必须在更改处签字盖章。

(8) 已签订定期运输合同或一次性运输合同的，托运单由承运人按规定填写，但托运单的托运人签字盖章处应填写合同序号。

3. 填写托运单注意事项

(1) 托运的货物品种不能在一张运单内逐一填写的，应填写货物清单。

(2) 托运货物的名称、性质、件数、质量、体积、包装方式等，应与运单记载的内容相符。

(3) 按照国家有关部门规定需办理准运或审批、检验等手续的货物，托运人托运时应该将准运证或审批文件提交承运人，并随货同行。托运人委托承运人向收货人代递有关文件时，应在运单中注明文件名称和份数。

(4) 托运货物的包装，应当按照承托双方约定的方式包装。对包装方式没有约定或者约定不明确的，可以协议补充；不能达成补充协议的，按照通用的方式包装，没有适用方式的，应在足以保证运输、搬运装卸作业安全和货物完好的原则下进行包装；依法应当执行特殊包装标准的，按照规定执行。

(5) 托运特种货物，托运人应在运单中注明运输条件和特约事项。托运需冷藏保温的货物，托运人应提出货物的冷藏温度和在一定时间内的保持温度要求；托运鲜活货物，应提供最长运输期限及途中管理、照料事宜的说明书；托运危险货物，按交通部《汽车危险货物运输规则》办理；托运集装箱运输的货物，按交通部《集装箱汽车运输规则》办理；托运大型特型笨重物件，应提供货物的性质、重量、外廓尺寸及对运输要求的说明书，承运前承运方托运方双方应先查看货物和运输现场条件,需排障时由托运人负责或委托承运人办理,运输方案商定后办理运输手续。

(6)需派人押运的货物,托运人在办理货物托运手续时,应在运单上注明押运人员姓名及必要的情况。

2.2.4 公路运输主要的单证

1. 货票

货票是一种财务性质的票据,是根据货物托运单填记的。发货人办理货物托运时,应按规定向车站交纳运杂费,并领取承运凭证,即货票。

货票上明确了货物的装卸地点,发货人与收货人姓名和地址、货物名称、包装、件数和质量,计费里程与计费质量,运费与杂费等。在发运站,它是向发货人核收运费的依据;在到达站,它是与收货人办理货物交付的凭证之一。此外,货票也是企业统计完成货运量,核算营收、计算有关货运指标的原始凭证。

2. 行车路单

(1)行车路单是整车货物运输条件下营运车辆据以从事运输生产的凭证,是整车货物运输生产中一项最重要的原始记录。它是企业调度机构代表企业签发给汽车驾驶员进行生产的指令。行车路单除具有工作指令、原始记录的作用之外,还在各专业公路货物运输企业之间的有关费用结算、免费服务等方面起着"有价证券"的作用。

计划统计部门负责行车路单的印制、发放,对行车路单所包含的内容进行设计和规定填写要求,再将印制好的行车路单发给各车队统计员,由车队统计员负责保管。如果是使用固定车号行车路单,则由车队统计员按车号定量分发给同号单车。行车路单由车队调度员签发,车辆完成任务回到车队后交车队调度员审核。经审核无误的行车路单,才能交车队统计员复核、统计,记入统计台账,计算运输工作量及运行消耗和各项经济技术指标。

(2)行车路单的格式。

行车路单的格式如表 2-3 所示。

表 2-3 行 车 路 单

承运车辆: No.10000006543

起点	发车时间	终点	到达时间	货物名称	包装	件数	运量/吨	行驶里程/千米		
								总行程	重驶行程	空驶行程
合计	重驶行程/千米		运量/吨		周转量/(吨·千米)			备注		

路单签发人: 路单回收人:

2.3 公路货物运输组织

2.3.1 普通货物运输

货物运输组织方法直接影响到货物运输速度与运输费用。在各种运输方式竞争激烈的环境下,做好货物运输组织工作显得尤为重要。货物运输组织方法应在掌握一定货源的基础上,根据货物结构的不同,合理调配和使用车辆,做到车种适合货种,标重配合货重。

1. 行车组织方法

公路货物运输行车组织方法常采用直达行驶法和分段行驶法两种。

直达行驶法是指每辆汽车装运货物由起点经过全线直达终点,卸货后再装货或空车返回,即货物中间不换车。由于其特点是车辆在路线上运行时间较长,因此驾驶员的工作制度可以根据具体情况采取单人驾驶制、双人驾驶制、换班驾驶制等方式。

分段行驶法是指将货物运输路线全线适当分成若干段(即区段),每一区段均有固定的车辆工作,在区段的衔接点,货物由前一个区段的车辆转交给下一个区段的车辆接运,每个区段的车辆不出本区段工作。为了缩短装卸货交接时间,在条件允许时,也可采取甩挂运输。

2. 甩挂运输组织

甩挂运输是为了解决短途运输中因装卸能力不足,避免车辆装卸作业停歇时间过长而发展起来的,也称为甩挂装卸,是指汽车列车(一辆牵引车与一辆或一辆以上挂车的组合)在运输过程中,根据不同的装卸和运行条件,由载货汽车或牵引车按照一定的计划,相应地更换拖带挂车继续行驶的一种运行方式。这种组织方式的特点是:利用汽车列车的行驶时间来完成甩下挂车的装卸作业,使原来整个汽车列车的装卸时间缩短为主车装卸时间和甩挂作业时间,从而加速车辆周转速度,提高运输效率。甩挂运输既保留了直达行驶法的优点,又克服了分段行驶法转运时装卸时间长的缺点,使得车辆载重量和时间利用均能得到充分的发挥,具有较佳的经济效益。

2.3.2 零担货物运输组织

1. 汽车零担货物运输组织形式

1) 定期零担货运班车

定期零担货运班车是指采用定运输线路、定沿线停靠点、定开车班期、定班次、定车型"五定"的组织管理方法开行的零担货运班车。这种方式的优点是便于管理,便于固定货主,便于有计划地调配货源。

定期零担货运班车,按其接送速度和运送范围又分为以下两种。

(1) 定期一站到达快件零担班车,是采用一车装运一个到站的快件零担或中转零担的直达班车,也可称为"整车零担"(整零)。其优点是适于季节性商品和贵重商品的调运,有利于加快商品周转,保障市场供应,减少资金占用,提高社会经济效益。

(2) 定期普通零担班车,是采用沿线收发零担货物的定期班车,也可称为"沿途零担"(沿零)。其优点是服务面广,适应性强,有利于开发城乡零担货物运输。

上述两种定期零担班车,按运行区域又分别有跨省(跨区)定期零担班车、公铁(公水)联运定期零担班车、区内(县内)定期区间零担班车。这些区域性零担班车的发展,逐步形成了一定范围的零担运输网,对于加速货物流通、促进商品生产的发展起着十分重要的作用。

2) 不定期零担货物运输

不定期零担货物运输主要是指在农村、山区的短途区间,采用"现场组货,集零为整,一车多主,根据需要,灵活运送"的不定期组运方法。这种方式的优点是适应农贸集市、行商走贩、小商户临时货源调配等的需要,有利于开发山区经济,促进城乡交流。

2. 零担货物资源组织

零担货物资源组织工作,始于资源调查,止于货物受理托运,是为寻找、落实货源而进行的一些组织工作。

1) 零担货物货源市场调查

零担货物运输是货物运输的一个组成部分,其市场调查的内容、方式、方法基本相同,主要是进行货流起讫点调查。

2) 零担货源组织方法

(1) 实行合同运输。合同运输是公路运输部门行之有效的货源组织方式,它具有以下优点。

① 逐步稳定一定数量的货源。

② 有利于合理安排运输。

③ 有利于加强企业责任感,提高运输服务质量。

④ 有利于简化运输手续,减少费用支出。

⑤ 有利于改进产、运、销的关系,优化资源配置。

(2) 设立零担货运代办站(点)。零担货物具有零星、分散、品种多、批量小、流向广的特点,零担货物运输企业可以自行独立设置货运代办站(点),也可以与其他社会部门或企业联合设立零担货运代办站(点)。这样,既可以加大零担货运站点的密度,又可以有效利用社会资源,减少企业成本,弥补企业在发展中资金、人力的不足。在设立零担货运代办站(点)时,一定要经过广泛的社会调查,了解货源情况。

(3) 委托社会相关企业代理零担货运业务。零担货运企业可以委托货物联运公司、日杂百货打包公司、邮局等单位代理零担货运受理业务,利用这些单位的既有设施及其社会关系网络,取得相对稳定货源。这些单位在代理零担货运业务时一般向托运人收取一定的业务手续费或向零担货运企业收取劳务费。例如上海长途汽车运输公司与上海市100多家小集体和个体打包公司建立业务来往,利用这些打包公司在各大百货公司、日杂商店的关系,承接外地零星商品的托运业务,既扩大了这些商店的营业额,方便了购物者,又扩大了自己的零担货源,实行了企业效益与社会效益的双赢。

(4) 聘请货运信息联络员,建立货源情报网络。在有较稳定零担货源的物资单位聘请货运信息联络员,可以随时掌握货源信息,以零带整,组织整车货源。

(5) 设立电话受理业务。
(6) 设立网上接单业务。

3. 零担货物运输车辆的组织

1) 分类

零担车是指装运零担货物的车辆，按照发送时间的不同可分为固定式和非固定式两类。

(1) 固定式零担车。固定式零担车通常称为汽车零担货物班车，这种班车一般是以营业范围内零担货物流量、流向以及货主的实际要求为基础组织运行。运输车辆主要以厢式专车为主，实行定车、定期、定线、定时运行。

(2) 非固定式零担车。非固定式零担车是指按照货流的具体情况，临时组织而成的一种零担车，通常在新开辟零担货运线路或季节性零担货物线路上使用。

2) 零担运行方式

货运班车主要采取以下几种方式运行。

(1) 直达式零担班车，直达式零担班车是指在起运站将各个发货人托运的同一到站且性质适宜配载的零担货物，同车装运后直接送达目的地的一种货运班车。

(2) 中转式零担班车，是指在起运站将各个发货人托运的同一线路、不同到达站且性质允许配装的各种零担货物，同车装运至规定中转站，卸后复装，重新组成新的零担班车运往目的地的一种货运班车。

(3) 沿途式零担班车，是指在起运站将各个发货人托运同一线路不同到达站，且性质允许配装的各种零担货物，同车装卸后，在沿途各计划停靠站卸下或装上零担货物再继续前进，直到最后终点站的一种货运班车。

在上述三种零担班车运行模式中，以直达式零担班车经济性最好，是零担班车的基本形式，它具有以下四个特点。

(1) 避免了不必要的换装作业，节省了中转费用，减轻了中转站的作业负担。

(2) 减少了在途时间，提高了零担货物的运送速度，有利于加速车辆周转和物资调拨。

(3) 减少了货物在中转站作业，有利于运输安全和货物完好，减少事故，确保质量。

(4) 在仓库内集结待运时间少，充分发挥仓库货位的利用程度。

2.3.3 零担货运业务流程

1. 受理托运

受理托运是指零担货物承运人根据营业范围内的线路、站点、距离、中转车站、各车站的装卸能力、货物的性质及受运限制等业务规则和有关规定接受托运零担货物，办理托运手续。受理托运时，必须由托运人认真填写托运单，承运人审核无误后方可承运。

在受理托运时，可根据受理零担货物数量、运距以及车站作业能力采取不同的制度。

(1) 随时受理制。这种受理制度对托运日期无具体规定，在营业时间内，发货人均可将货物送到托运站办理托运，为货主提供了很大的方便性。但是这种受理不能事先组织货源，缺乏计划性，因此，货物在库时间长，设备利用率低。在实际操作中，随时受理制主要被作业量小的货运站、急运货物货运站,以及始发量小、中转量大的中转货运站采用。

(2) 预先审批制。预先审批制要求发货人事先向货运站提出申请,车站再根据各个发货方向及站别的运量,结合站内设备和作业能力加以平衡,分别指定日期进货集结,组成零担班车。

(3) 日历承运制。日历承运制是指货运站根据零担货物流量和流向规律,编写承运日期表,事先公布,发货人则按规定日期来站办理托运手续。

2. 核对运单

承运人在接到托运单后应进行认真审核,检查各项内容是否正确,如确认无误,则在运单上签章,表示接受托运。

审核运单的具体要求如下。

(1) 检查核对托运单的各栏有无涂改,对涂改不清的应重新填写。

(2) 审核到站与收货人地址是否相符,以免误运。

(3) 对货物的品名和属性进行鉴别,注意区别普通零担货物与笨重零担货物,同时注意它的长、宽、高能否适应零担货物的装载及起运站、中转站、到达站的装卸能力等。

(4) 对一批货物多种包装的应认真核对,详细记载,以免错提错交。

(5) 对托运人在声明事项栏内单写的内容应特别注意货主的要求是否符合有关规定,能否承运。

(6) 核对货物品名、件数和包装标志,是否与托运单相符。

(7) 注意是否夹带限制运输货物或危险货物,做到清点件数,防止发生差错。

(8) 对长大、笨重的零担货物要区别终点站,长大件不超过零担货运班车车厢的长度和高度,中途站长大件不超过零担货运班车后门宽度和高度,笨重零担货物不超过发站和到站的自有或委托装卸能力。

(9) 单件货物重量,一般在人力搬运装卸的条件下,以不超过 40 千克为宜。笨重零担货物应按起运、中转、到达站的起重装卸能力受理。

3. 检查货物包装

货物包装是货物在运输、装卸、仓储、中转过程中保护货物质量必须具备的物质条件。货物包装的优劣,直接关系到运输质量和货物自身的安全,这就必须按货物的特性和要求进行包装,要达到零担货运关于货物包装的规定。承运方如发现应包装的货物没有包装或应有内包装而只有外包装的,应请货主重新包装。对包装不良或无包装但不影响装卸及行车安全的货物,经车站同意可予受理,但应请货主在托运单中注明包装不良状况及损坏免责事项。对使用旧包装的货物,应请货主清除旧标志、旧标签。

检查货物包装虽然是一项十分琐碎的工作,但却是较为重要的工作。如果在接受货物时检查疏忽,就会使原来已经残破短少或变质的货物进入运送过程,不仅加剧货物的损坏程度,也不能保证承运期间的安全,而且会转化为运输部门的责任事故,影响企业信誉,造成不应有的损失。检查货物包装时要按看、听、闻、摇的要求做。

(1) 看:包装是否符合相关规定要求,有无破损、异迹;笨重货物外包装上面是否用醒目标记标明重心点和机械装卸作业的起吊位置。

(2) 听:有无异声。

(3) 闻：有无不正常的气味。

(4) 摇：包装内的衬垫是否充实，货物在包装内是否晃动。

4. 过磅量方、检货司磅

1) 过磅量方

货物重量是正确装载、凭以核算运费和发生事故后正确处理赔偿费用的重要依据，因此必须随票过磅（量方），以保证货物重量的准确无误。

货物重量分实际重量、计费重量和标定重量。

实际重量：货物的实际重量是根据货物过磅后（包括包装在内）的毛重来确定的。

计费重量：可分为不折算重量和折算重量，不折算重量就是货物的实际重量，折算重量是根据体积折算的重量。

标定重量：是对特定的货物所规定的统一计费标准。

同一托运人一次托运轻浮和实重两种货物至同一到站者，可以合并称重或合并量方折重计费（能拼装者例外）。过磅或量方后，承运方应将重量或体积填入托运单内。一张托运单的货物分批过磅、量方时，承运方应将每批重量和长、宽、高体积尺寸记在托运单内，以备查考，然后将总重量和总体积填入托运单并告货主。

零担货物在过磅量方后，司磅、收货人员应在托运单上签字证明并指定货位将货物搬入仓库，然后在托运单上签注货位号，加盖承运日期戳，将托运单留存一份备查，另一份交还货主持其向财务核算部门付款开票。

2) 检货司磅

以杠杆式台秤、地秤过秤，使用前应进行检查。

(1) 摆放平稳，四角着实，台板保持灵活。

(2) 将游砣移至零点时，横梁保持平衡。

(3) 标尺与增砣的比率必须一致。

(4) 地秤的台板与秤枢间必须保持平衡、灵活。

往衡器上放置或取下货件时，须关闭制动器。货物过秤时不准触动调整砣、砣盘，禁止以其他物品代替增砣。

5. 扣（贴）标签、标志

零担标签、标志是建立货物本身与其运输票据间的联系，是标明货物本身性质，也是理货、装卸、中转和交付货物的重要识别凭证。标签的各栏必须认真详细填写，在每件货物的两端或正侧两面明显处各扣（贴）一张。

6. 货物入库

1) 零担货物仓库

零担货物仓库要具备良好的通风、防潮、防火能力，要有一定的灯光设备，要具备安全保卫能力。一般情况下，仓库或货栅应设置在站台上，以便提高装卸效率。货物站台可以分为直线型和阶梯，直线型又分为一列式和双列式。

2) 零担货物入库步骤

第一步：验收入库。

(1) 未办理托运手续的货物，一律不准进入仓库。

(2) 认真核对运单、货物,坚持照单验收入库。

(3) 货物必须按流向堆码在指定的货位上。

(4) 一批货物不要堆放两处,库内要做到层次分明,留有通道,互不搭肩,标签向外,箭头向上。

(5) 露天堆放的货物要注意下垫上盖。

第二步:经常检查仓库四周,不可将有碍货物安全的物品堆放在仓库周围,保持仓库内外整洁。

第三步:货物在仓库待运期间,要经常进行检视核对,以票对货,票票不漏。

7. 货物配载装车

1) 零担货物配载装车的原则

(1) 中转先运、急件先运、先托先运。

(2) 尽量采用直达式。必须中转的货物,要合理安排流向。

(3) 充分利用车辆载货量和容积。

(4) 严格执行货物混装限制的规定。

(5) 加强预报中途各站的待运量,并尽可能使同站装卸的货物在质量及体积上相适应。

2) 装车的准备工作

(1) 按车辆容载量和货物形状、性质进行合理配载,填制货物交接单。

填单时应按货物先远后近、先重后轻、先大后小、先方后圆的顺序填写,以便按顺序装车,对不同到达站和中转站的货物要分单填制。

(2) 将整理后各种随货单证分附于交接清单后面。

(3) 按单核对货物堆放位置,做好装车标记。

3) 装车

(1) 检查零担车车体、车门、车窗是否良好,车内是否干净。

(2) 将贵重物品放在防压、防撞的位置以保证运输安全。

(3) 装车完毕后要复查货位,以免错装、漏装。

(4) 驾驶员(或随车理货员)清点随车单证并签章确认。

(5) 检查车辆关锁及捆扎情况。

8. 卸车交货

零担货物交货时的注意事项如下。

(1) 不能以白条、信用交付货物。

(2) 在交付货物时,收货人应持有货物运单和有关证明文件。

(3) 在凭电话通知交付时,除应有收货人的货物运单外,还要有货运站认可的提货经办人在货物运单上的签字。

如果收货人委托他人提货,则应有收货人向车站提供的盖有与收货人名称相同的印章的委托书,经车站认可后,由代提货人在货物运单上签章交付。

2.3.4 整车货物运输组织

1. 整车货物的受理托运

(1) 托运人签填托运单。发货人托运货物时,应向起运地车站办理托运手续,并填写货物托运单(或称运单)作为书面申请。整车货物的托运单一般由托运人填写,也可以委托他人填写。

(2) 托运单是托运人与运输企业之间的契约,是发货人托运货物的原始依据,也是车站承运货物的原始凭证。它明确规定了承托双方在货物运输过程中的权利、义务和责任。整车货物托运单的填写应填明收货单位全称或收货人姓名、地址、电话、行驶路线、运距、货物名称、标志、包装件数和质量等。

(3) 车站接到发货人提供的货物托运单后,应进行认真审查。货运员还应根据货物托运单的记载内容,认真验收货物,并应注意检查货物的品名、质量、件数、包装和货物标记等是否正确齐全,按规定应附的证明文件和单据是否齐全、发货人声明栏填记内容是否符合规定等,确定运输里程和运价费率,约定运杂费结算方法。

托运人填写的托运单,必须逐日顺号收齐,按月装订成册,妥善保管备查,一般留存1~2年。托运单的表格式样见表2-4。

表 2-4 公路汽车货物运输托运单

年　月　日　星期　第　号

托运人:		地址:		电话:		装货地点:			
收货人:		地址:		电话:		卸货地点:			
货物名称	货物性质	包装或规格	件数	实际重量	计费重量	计费里程	运费结算方式	货物核实记录	
约定事项:			运输记录	日期	装运车号		待运吨数	附记	

托运人:　　　　　站长:　　　　　经办人:

托运单的填写份数,一般为一式四份,一份交托运人作为托运凭证,三份交承运单位:一份受托部门存查,一份交财务部门凭以收款和结算运费,一份交调度部门作为派车依据。

(4) 填写托运单的注意事项。

① 填写本单必须详细、清楚和真实。由托运人填写的各栏,若因填写不实造成错运或其他事故,概由托运人负责。

② 托运单每单以运到同一目的地交同一收货人为限。托运两种或两种以上货物时,应在托运单内按货物种类分别填写。

③ 托运长大、笨重货物、危险货物和鲜活易腐货物时,应将货物性质记入"货物性质"栏内。

④ 除"货规"规定外,托运人如有特约事宜经双方商定填入"约定事项"栏内。

⑤ 托运人托运的货物,应按规定包装完整、标志清楚,并做好交运前的准备工作,按托运单商定运输日期交运。

2. 托运单内容的审核和认定

货运员在收到托运人的运单后,要对托运单的内容进行审核,主要审核以下几个方面。

(1) 审核货物的详细情况(名称、体积、重量、有关运输要求)以及根据具体情况确定是否受理。通常有下列情况的,承运人不予以受理。

① 法律禁止流通的物品或各级政府部门指令不予运输的物品。

② 属于国家统管的货物或经各级政府部门列入管理的货物,必须取得准运证明方可出运。

③ 禁运的危险货物。

④ 未取得卫生检疫合格证明的动、植物。

⑤ 未取得准运证明的超长、超高、超宽货物。

⑥ 需要托运人押运而托运人不能押运的货物。

(2) 检查有关运输凭证:货物托运应向运输部门提供的证明文件和随货同行的有关票据单据,如动、植物检疫合格证,超限运输许可证等。

(3) 审核货物有无特殊要求,如运输期限、押运人数或和托运方议定的有关事项。

(4) 确定货物运输里程和运杂费。

(5) 托运编号及分送。

托运单认定后,编制托运单的号码,并将结算通知交货主。

3. 验货

(1) 运单上的货物是否已处于待运状态。

(2) 装运的货物数量、发运日期有无变更。

(3) 货物的包装是否符合运输要求。

(4) 装卸场地的机械设备、通行能力是否完好。

4. 货物的监装

在车辆到达厂家出货地点后,司乘和接货人员会同出货负责人一起根据出货清单,对货物包装、数量和重量等进行清点和核实,核对无误后进行装车环节服务。

(1) 车辆到达装货点,监装员要根据运单填写的内容和发货人联系并确定交货办法。一般情况下,散装货物根据体积换算标准确定装载量,件杂货以件计算。

(2) 货物装车前,监装员检查货物包装有无破损、渗漏、污染等情况。监装员如果发现不适合装车情况,应及时和发货人商议。如果发货人自愿承担由此引起的货损,则应在运单上做批注和加盖印章,以明确责任。

(3) 装车完毕后,应清查货位,检查有无错装、漏装。装车后要与发货人核对实际装车件数,确认无误后,办理交接签收手续。

5. 调度员调度车辆

在接到出货信息后,联络配送车辆。如有完成任务的空载车辆,则就近驶往出货地点;如附近车辆不便接货,调度将会调派合适车辆立即到出货地点。

(1) 发布调度命令。

(2) 登记调度命令。

(3) 交付调度命令。

6. 押运

(1) 熟悉路基情况,例如是柏油路还是水泥路,道路宽度如何,有多少个"之"字形急转弯和多少个桥梁,沿途要穿过多少个闹市区等。还要注意雨雪天对道路造成的危害。

(2) 向当地派出所详细了解近几年的沿途盗窃活动、当地车匪路霸活动等社会治安情况。

(3) 拟定预案。在接到执行押运命令之后,保卫部门应迅速拟定预案,预案内容包括运送时间、地点、路线、执行押运任务的负责人和遇异常情况所采取的措施等。

7. 总结汇报

当押运任务完成后,要认真总结,吸取经验和教训,并将有关情况向领导汇报。

8. 货物交付

(1) 清点监卸。

(2) 检查货票是否相符。

(3) 收货人开具作业证明,签收。

(4) 发现货物缺失,应做记录,开具证明。

(5) 处理货运事故。

2.3.5 整车货物运输结算

1. 货票与运杂费核算

货票是一种财务性质的票据,是根据货物托运单据填制的。公路货物运输货票内载明了货物装卸地点、发收货人姓名和地址、货物名称、包装、件数和质量、计费里程和计费质量、运费与杂费等事项。在出发站,它是向发货人核收运费的收费依据;在到达站,它是与收货人办理货物交付的凭证之一。此外,货票也是企业统计完成货运量、核算营运收入及计算有关货运工作指标的原始凭证。

发货人办理货物托运时,应按规定向车站交纳运杂费,并领取相应的货票。始发站在货物托运单和货票上加盖承运日期之时即算承运,承运标志着企业对发货人托运的货物开始承担运送义务和相应的责任。

整车货物一般直接卸在收货人仓库或货场内,并由收货人自理。收货人确认所卸货物与货票上无误后,在货票上签收,货物交付完毕。

货主向运输部门支付托运货物的基本费用叫运费,公路货物运输部门向货主收取除运费以外的其他费用称为杂费,运费和杂费总称为运杂费。

一般情况下,运杂费的核算可按如图 2-2 所示的程序进行。

图中第四步的公式是

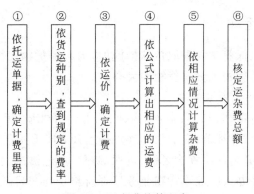

图 2-2 运杂费核算程序

$$F = W \cdot L \cdot P$$

式中,F 代表运费(元),W 代表计费质量(吨),L 代表计费里程(千米),P 代表运价 [元/(吨·千米)]。

2. 行车路单的管理

行车路单是整车货物运输营运中车辆据以从事运输生产的凭证,是整车货物运输生产中一项最重要的原始记录,它是企业调度机构代表企业签发给汽车驾驶员进行生产的指令。当前,不少省(自治区)所使用的行车路单还是省(自治区)各专业公路货物运输企业加注燃料、进行修理或紧急救援、供应住宿的依据。因此,行车路单除具有原始记录、工作指令的作用之外,还在各专业公路货物运输企业之间结算有关费用、免费服务等方面起着"有价证券"的作用。所以,对行车路单的管理,是整车货物运输企业生产管理和经济管理中一项非常重要的工作。

行车路单的使用程序如下。首先,由计划统计部门负责行车路单的印制、发放,对路单所包含的内容进行设计并规定填写要求;其次,将印制好的行车路单(分固定车号使用的或不固定车号使用的)发给各车队统计人员,按车号定量分发给同号单车;再次,行车路单由车队调度员签发给执行运输业务的车辆;最后,等车辆完成任务归队后,由车队调度员将审核无误的行程路单交车队统计员进行复核、统计,计算运输工作量及运行消耗等各项经济技术指标。

行车路单的管理必须坚持做到以下几个方面。①路单必须严格按顺序号使用,要采取有效措施防止空白路单的丢失。②每一运次(或每一工作日)归队后必须将完成运输任务的路单交回,不允许积压、拒交。③行车路单内各项记录必须按要求填准、填全,车队调度员对交回的路单各项记录负初审责任。④企业规定的路单使用程序、管理方法必须严格执行。

对路单的管理工作是整车货物运输企业一项重要的日常工作,路单管理制度执行的好坏还在于人。因此整车货物运输企业的各级领导应加强责任心,企业各级负责人都应严格执行企业公布的路单管理制度,对各级业务员职责范围内的工作应大力支持,同时,不断听取群众的合理化建议,改革管理工作中的薄弱环节,切实地做好路单管理工作。

2.3.6 特种货物运输

货物在运输、装卸、保管中需采取特殊措施的,为特种货物。特种货物一般可分为危险货物、超限货物、鲜活货物和贵重货物四大类。

1. 危险货物运输

由于危险货物具有爆炸、易燃、毒害、腐蚀、放射性等性质,因此在受理托运、仓储保管、货物装卸、运送、交付等环节,应加强管理。托运人只能委托有危险货物运输资质的运输企业承运,在托运时必须说明货物名称、特性、防护方法、形态、包装、单件重量等情况,还要提供资质证书及经办人的危险货物业务培训合格证与身份证。托运剧毒化学品,应出具目的地公安部门办理的通行证。

2. 超限货物运输

1) 超限货物运输概念

超限货物运输是公路运输中的特定概念,指使用非常规的超重型汽车列车载运外形尺寸和重量超过常规车辆装载规定的大型物件(简称为大件)的公路运输。大件是指符合下列条件之一的货物。

(1) 货物外形尺寸,长度在 14 米以上或宽度在 3.5 米以上或高度在 3 米以上的货物。

(2) 重量在 20 吨以上的单体货物或不可解体的成组(捆)货物。

2) 公路运输超限货物类型

根据我国公路运输主管部门现行规定,公路运输超限货物按其外形尺寸和重量分成四级,如表 2-5 所示。

超限货物重量指货物的毛重,即货物的净重加上包装和支撑材料后的总重,它是配备运输车辆的重要依据,一般以生产厂家提供的货物技术资料标明的重量为参考数据。

表 2-5 超限货物分级

级别	重量/吨	长度/米	宽度/米	高度/米
一	40~(100)	14~(20)	3.5~(4)	3~(3.5)
二	100~(180)	20~(25)	4~(4.5)	3.5~(4)
三	180~(300)	5~(40)	4.5~(5.5)	4~(5)
四	300 以上	40 以上	5.5 以上	5 以上

注:(1) 括号内数表示该项参数不包括括号内的数值。

(2) 货物的重量和外廓尺寸,有一项达到表列参数,即为该级别的超限货物,货物同时在外廓尺寸和重量达到两种以上等级时,按高限级别确定超限等级。

3) 公路超限货物运输的特殊性

与普通公路货物运输相比较,公路超限货物运输具有以下特殊性。

(1) 大件货物要用超重型挂车作载体,用超重型牵引车牵引。这种超重型车组(即汽车列车)是非常规的特种车组,车组装上大件货物后,其重量和外形尺寸大幅超过普通汽车列车和国际集装箱汽车。因此,超重型挂车和牵引车都用高强度钢材和大负荷轮胎制成,价格昂贵,而且要求行驶平稳,安全可靠。

（2）运载大件货物的超重型车组要求通行的道路有足够的宽度和净空、良好的道路线形，桥涵要有足够的承载能力。有时还要分段封闭交通，让超重型车组单独通过。这些要求在一般道路上往往难以满足，必须事先进行察勘，运输前采取必要的工程措施，运输中采取一定的组织技术措施，超重型车组才能顺利通行。这就牵涉公路管理、公安交通、电信电力、绿地树木等专管部门，必须得到这些部门的同意、支持和配合，采取相应措施，大件货物运输才能进行。

（3）大件货物运输必须确保安全，万无一失。大型设备都是涉及国家经济建设的关键设备，稍有闪失，后果不堪设想。为此大件货物运输要有严密的质量保证体系，任何一个环节都要求有专职人员检查，按规定要求严格执行，未经检查合格，不得运行。所以，安全质量第一的要求，既是大件货物运输的指导思想，也是大件货物运输的行动指南。

公路大件货物运输要求严、责任重，所运大件价值高、运输难度大，牵涉面广，所以受到我国政府各级领导、各级政府有关部门、单位和企业的高度重视。

4）超限货物运输组织工作要点

根据公路超限货物的特点，其组织工作环节主要包括托运、理货、验道、制定运输方案、签订运输合同、线路运输工作组织，以及运输统计与结算等项。在办理托运时，应由大型物件托运人（单位）向已取得大型物件运输经营资格的运输业户或其代理人办理托运，托运人必须在托运单上如实填写大型物件的名称、规格、件数、件重、起运日期、收发货人详细地址及运输过程中的注意事项，应提供货物重心位置的资料并在货件上标明重心位置。凡未按上述要求办理托运或托运单填写不明确，由此发生运输事故，由托运人承担全部责任。

3. 鲜活货物运输

鲜活货物是指在运输过程中，需要采取相应的保鲜活措施，并须在规定期限内运抵目的地的货物。鲜活货物一般具有季节性较强、运输责任性较大、运送时间比较紧迫等特点。良好的运输组织工作对保证鲜活货物的质量十分重要。汽车运输部门应按鲜活货物的运送规律，提前做好各方面的准备工作，如事先做好货源摸底和核实工作，妥善安排好运力，保证及时运输。托运鲜活货物时，发货人应保证提供质量新鲜、包装容器符合要求、热状态符合规定的货物，并在托运单上注明最长的运达期限。

4. 贵重货物运输

贵重货物指的是价格昂贵、运输责任重大的货物。因此，装车时应进行严格清查，查包装是否完整，货物的品名、重量、件数和货单是否相等；装卸时，怕震的贵重货物要轻拿轻放，不要压挤。贵重物品应当用坚固、严密的包装箱包装，外加"井"字形铁箍，接缝处必须有封志。贵重物品需派责任心强的驾驶员运送，要有托运方委派的专门押送人员跟车，交付贵重货物要做到交接手续齐全，责任明确。

2.4 公路运输费用管理

2.4.1 计费重量

公路运输费用包括运费和其他费用。运费是指公路承运人在运输货物时依照所运货物的种类、重量、运送距离而收取的费用,它是公路货物运输费用的重要组成部分。其他费用也称杂费,主要是指包括装卸费在内的公路货物运输中产生的相关费用。

在计算公路货物运输费用时,需要考虑货物的计费重量。公路货物运输计费重量规定如下。

1. 一般货物

无论整批、零担,计费重量均按毛重计算。

(1)整批货物运输以吨为单位,1吨以下计至100千克。尾数不足100千克,四舍五入。

(2)零担货物运输以千克为单位,起码计费重量为1千克。重量在1千克以上、尾数不足1千克的,四舍五入。

2. 轻泡货物

每立方米重量不足333千克的货物为轻泡货物。

(1)整批轻泡货物的高度、长度、宽度以不超过有关道路交通安全规定为限记吨位计算重量。

(2)零担轻泡货物以货物包装最长、最宽、最高部位尺寸计算体积,按每立方米折合为333千克计算重量。

(3)包车运输,按车辆的标记吨位计算重量。

(4)散装货物,如沙、矿石、木材等,其体积按有关单位统一规定的重量换算标准计算重量。

(5)集装箱运输,以箱作为计量单位,不按箱内货物实际重量计算。

2.4.2 计费里程和单位

1. 计费里程

(1)货物运输的营运里程,按交通部和各省、自治区、直辖市交通行政主管部门核定、颁发的《营运里程图》执行。《营运里程图》未核定的里程由承、托双方共同测定或经协商按车辆实际运行里程计算。

(2)出入境汽车货物运输的境内计费里程以交通主管部门核定的里程为准,境外里程按毗邻国(地区)交通主管部门或有权认定部门核定的里程为准。未核定里程的,由承、托双方协商或按车辆实际运行里程计算。

(3)货物运输的计费里程,按装货地点至卸货地点的实际载货的营运里程计算。货物运输计费里程以千米为单位,尾数不足1千米的,进整为1千米。

(4)因自然灾害造成道路中断,车辆需绕道行驶的,按实际行驶里程计算。

(5)市区里程按当地交通主管部门确定的市区平均营运里程计算。当地交通主管部门未确定的,由承、托双方协商确定。

(6)计时包车货运计费时间,以小时为单位,起码计费时间为4小时;使用时间超过4小时,按实际包用时间计算。整日包车,每日按8小时计算;使用时间超过8小时,按实际使用时间计算。时间尾数不足0.5小时舍去,达到0.5小时进整为1小时。

2. 计价单位

境内公路货物运输计价以元为单位,运费尾数不足1元时,四舍五入。

(1) 整批货物运输：元/(吨·千米)。
(2) 零担货物运输：元/(千克·千米)。
(3) 集装箱运输：元/(箱·千米)。
(4) 包车运输：元/(吨位·小时)。
(5) 出入境货物运输，涉及其他国家货币时在无法按统一汇率折算的情况下，可使用其他自由货币作为运价单位。

2.4.3　公路货物运输运价分类

1. 货物基本运价的概念

1) 整批货物基本运价

整批货物基本运价是指一整批普通货物在等级公路上运输的每吨·千米运价。在计算整批货物运输运费的同时，按货物重量加收吨次费。

2) 零担货物基本运价

零担货物基本运价是指零担普通货物在等级公路上运输的每千克·千米运价。

全国汽车货物基本运价平均按 0.27 元/(吨·千米)控制。华东、中南、华北地区省份货物基本运价可按 0.26~0.27 元/(吨·千米)安排，东北、西北、西南地区省份按 0.28~0.29 元/(吨·千米)安排。对少数边远、山区和运输成本较高的省、自治区，执行本地区基本运价高限尚有困难的，可适当提高，但不得超过 0.30 元/(吨·千米)。

3) 包车运价

计时包车货运计费时间以小时为单位，起码计费时间为 4 小时；使用时间超过 4 小时，按实际包用时间计算。整日包车，每日按 8 小时计算；使用时间超过 8 小时，按实际使用时间计算。时间尾数不足 0.5 小时舍去，达到 0.5 小时进整为 1 小时。包车运输以元/(吨位·小时)为计费单位。

2. 确定货物基本运价

1) 普通货物

普通货物运价实行分等计价，以一等货物为基础，二等货物加成 15%，三等货物加成 30%。

2) 特种货物运价

(1) 一级长大笨重货物在整批货物基本运价的基础上加成 40%~60%。
(2) 二级长大笨重货物在整批货物基本运价的基础上加成 60%~80%。

普通车运输特种货物，执行特种货物运价。使用罐车、冷藏车及其他具有特殊构造和专门用途的专用车运输专项货物时，在整车货物基本运价的基础上加成 30%。特种车辆运价和特种货物运价两个价目不准同时加成使用。

3) 危险货物运价

(1) 一级危险货物在整批(零担)货物基本运价的基础上加成 60%~80%。
(2) 二级危险货物在整批(零担)货物基本运价的基础上加成 40%~60%。

4) 贵重、鲜活货物运价

贵重、鲜活货物在整批(零担)货物基本运价的基础上加成 40%~60%。

5) 快运货物运价

快运货物运价按计价类别在相应运价的基础上加成计算。

6) 集装箱运价

(1) 标准集装箱运价。标准集装箱重箱运价按照不同规格箱型的基本运价执行。标准集装箱空箱运价在标准集装箱重箱运价的基础上减成计算。

(2) 非标准集装箱运价。非标准集装箱重箱运价按照不同规格的箱型,在标准集装箱基本运价的基础上加成计算。非标准集装箱空箱运价在非标准集装箱重箱运价的基础上减成计算。

(3) 特种集装箱运价。特种集装箱运价在箱型基本运价的基础上按装载不同特种货物的加成幅度加成计算。

7) 包车运价

包车运价按照不同的包用车辆分别制定。

8) 非等级公路货物运价

非等级公路货物运价在整批(零担)货物基本运价的基础上,加成10%～20%。

9) 出入境汽车货物运价

出入境汽车货物运价,按双边或多边出入境汽车运输协定,由两国或多国政府主管机关协商确定。

2.4.4 货物运输其他费用

公路货物运输其他费用包括装卸费、调车费、装货(箱)落空损失费、道路阻塞停运费、车辆处置费、运输变更手续费、车辆通行费、货物检验费、报关手续费、集装箱租箱费及取箱、送箱费等。

1. 调车费

(1) 应托运人要求,车辆调往外省、自治区、直辖市或调离驻地临时外出驻点参加营运,调车往返空驶者,可按全程往返空驶里程、车辆标记吨位和调出省基本运价的50%计收调车费。在调车过程中,由托运人组织货物的运输收入,应在调车费内扣除。

(2) 经承托双方共同协商,可以核减或核免调车费。

(3) 经铁路、水路调车,按汽车在装卸船、装卸火车前后行驶里程计收调车费。在火车、在船期间包括车辆装卸及待装待卸时,每天按8小时、车辆标记吨位和调出省计时包车运价的40%计收调车延滞费。

2. 延滞费

(1) 发生下列情况,应按计时运价的40%核收延滞费。

① 因托运人或收货人责任引起的超过装卸时间定额、装卸落空、等装待卸、途中停滞和等待检疫的时间。

② 应托运人要求运输特种或专项货物需要对车辆设备改装、拆卸和清理延误的时间。因托运人或收货人造成不能及时装箱、卸箱、掏箱、拆箱和冷藏箱预冷等业务,使车辆在现场或途中停滞的时间。

延误时间从等待或停滞时间开始计算,不足1小时者,免收延滞费;超过1小时及以上者,0.5小时为单位递进计收,不足0.5小时进整为0.5小时。车辆改装、拆卸和清理延误的时间,从车辆进厂(场)起计算,以0.5小时为单位递进计算,不足0.5小时进整为0.5小时。

(2) 由于托运人或收、发货人责任造成的车辆在国外停留延滞时间(夜间住宿时间除外),收延滞费。延滞时间以小时为单位,不足1小时进整为1小时。延滞费按计时包车运价的60%~80%核收。

(3) 在执行合同运输时,因承运人责任引起货物运输期限延误,应根据合同规定,按延滞费标准,由承运人向托运人支付违约金。

(4) 装货落空损失费。应托运人要求,车辆开至约定地点装货(箱)落空造成的往返空驶里程,按其运价的50%计收装货(箱)落空损失费。

(5) 道路阻塞停运费。汽车货物在运输过程中,如果发生自然灾害等不可抗力造成的道路阻滞,无法完成全程运输,需要就近卸存、接运时,卸存、接运费用由托运人负担。已完运程收取运费,未完运程不收运费。托运人要求回运,回程运费减半。应托运人要求绕道行驶或改变到达地点时,运费按实际行驶里程核收。

(6) 车辆处置费。应托运人要求,运输特种货物、非标准箱等需要对车辆改装、拆卸和清理所发生的工料费用,均由托运人负担。

(7) 车辆通行费。车辆通过收费公路、渡口、桥梁和隧道等发生的收费,均由托运人负担。其费用由承运人按当地有关部门规定的标准代收代付。

(8) 运输变更手续费。托运人要求取消或变更货物托运手续,应核收变更手续费。因变更运输,承运人已发生的有关费用,应由托运人负担。

3. 汽车货物运输杂费的结算

(1) 货物运杂费在货物托运、起运时一次结清,也可按合同采用预付费用的方式,随运随结或运后结清。托运人或者收货人不支付运费、保管费以及其他运输费用的,承运人对相应的运输货物享有留置权,但当事人另有约定的除外。

(2) 运费尾数以元为单位,不足1元时四舍五入。

(3) 货物在运输过程中因不可抗力灭失未收取运费的,承运人不得要求托运人支付运费;已收取运费的,托运人可以要求返还。

4. 收款办法

运杂费的收款办法主要有以下几种。

(1) 预收费用方式,是指托运人在货物运输之前将运杂费预付给承运人,在结算时多退少补。

(2) 采用现金结算方式,是指按每次实际发生的运杂费总额向托运人收取现金。

(3) 托收结算方式,是指承运人先垫付运杂费,定期凭运单回执汇总所有费用总额,通过银行向托运人托收运费。

2.4.5 公路货物运输运费计算

1. 整批货物运费计算公式

整批货物运费＝吨次费×计费重量＋整批货物运价×计费重量
×计费里程＋货物运输其他费用

吨次费是指在计算整批货物运输费用的同时,按货物重量加收的费用。

2. 零担货物运费计算公式

零担货物运费＝计费重量×计费里程×零担货物运价＋货物运输其他费用

3. 集装箱运费计算公式

重(空)集装箱运费＝重(空)箱运价×计费箱数×计费里程＋箱次费×计费箱数＋货物运输其他费用

箱次费是指在计算汽车集装箱运输费用的同时,按不同箱型分别收取的费用。

4. 包车运费计算公式

包车运费＝包车运价×包用车辆吨位×计费时间＋货物运输其他费用

小　结

公路货物运输是指利用车或其他运输工具通过公路进行运送货物的业务活动。公路货物运输业务是指公路货物运输从受理到交付全过程中的经营活动和业务管理工作。公路运输的技术经济特征是技术经营性能指标好,货损货差小,安全性、舒适性不断提高,送达快,原始投资少,资金周转快、回收期短,单位运输成本较高,且污染环境。公路运输的基础设施主要包括汽车、公路和车站。

在市场经济条件下,公路运输的主要方式有整车运输、零担运输、集装箱运输、包车运输四种形式,其中零担货物运输是公路运输最主要的运输形式。公路货运作业基本流程为备运、托运、承运、到达交货、运输统计与结算等,其运送费用包括运费和其他费用。

复 习 思 考

一、填空题

1. 公路运输是一种(　　)、(　　)的运输方式,在短途货物集散运转上,它比铁路、航空运输具有更大的优越性,尤其在实现"(　　)"的运输中,其重要性更为显著。
2. 为降低运输费用,目前世界各国普遍采用燃料经济性较好的柴油机作动力,货运运行能耗为(　　),而汽油消耗则高达(　　)。
3. 公路货运企业每收入1美元仅需投资(　　),而铁路则需(　　)。
4. (　　)运输是指不需要用特殊结构的车辆载运的货物运输。
5. 轻泡货物运输是指每立方米密度小于(　　)的货物运输。

二、判断题

1. 公路运输不能实现门到门服务。(　　)
2. 零担货物运输是指托运人一次托运货物计费重量3吨以上或不足3吨,但其性质、体积、形状需要一辆汽车进行运输。(　　)
3. 零担运输是指托运人一次托运的货物不足整车的货物运输。(　　)
4. 普通货物运输是指在规定的距离和时间内将货物运达目的地的货物运输。(　　)
5. 快件货物运输是指应托运人要求,采取即托即运的。(　　)

6. 拖车总重即拖车组合的总重量,不包括载荷、燃料和司机的重量。(　　)
7. 车轴重量是指即使总毛重低于法定最大重量,单独的车轴也可能超载。(　　)
8. 普通货运一般都使用专门设计的运输工具和自卸汽车、零担专车、集装箱车、水泥散装车、保温车和冷冻车等专用汽车。(　　)
9. 服务可能性的关键因素是货物种类、性质、体积和重量等问题。(　　)
10. 货票是一种财务性质的票据,是根据货物托运单填记的。(　　)

三、单项选择题

1. 只能直接运至到站,不得经中转站中转的零担货物是(　　)。
   A. 普零货物　　　B. 危零货物　　　C. 笨零货物　　　D. 鲜零货物
2. 固定式零担车是指车辆运行采取(　　)的一种零担车。
   A. 定线路　　　　B. 不定班期　　　C. 不定车辆　　　D. 不定时间
3. 公路零担货物运输业务托运受理制度包括(　　)。
   A. 定时受理制　　B. 随时受理制　　C. 事后审批制　　D. 定点受理制
4. 车辆获得方法有四种:购买、(　　)、合同租用或运营租赁、融资租赁。
   A. 借用　　　　　B. 合并　　　　　C. 租用　　　　　D. 其他
5. 特种货物主要包括超限货物、危险货物、(　　)、贵重货物。
   A. 普通货物　　　B. 农产品　　　　C. 化妆品　　　　D. 鲜活货物
6. 按托运批量大小可分为整车运输、(　　)、集装箱运输和包车运输。
   A. 分散运输　　　B. 零担运输　　　C. 单边运输　　　D. 短途运输
7. 单件重量,一般在人力搬运装卸的条件下,以不超过(　　)为宜,笨重零担货物应按起运、中转、到达站的起重装卸能力受理。
   A. 40千克　　　　B. 50千克　　　　C. 60千克　　　　D. 70千克
8. 运输(　　)是指按时发货、到货、安全、无遗失,能顺利地解决仓库存储、搬运等问题。
   A. 可达性　　　　B. 可靠性　　　　C. 安全性　　　　D. 时间性
9. (　　)是整车货物运输条件下营运车辆据以从事运输生产的凭证,是整车货物运输生产中一项最重要的原始记录。
   A. 货票　　　　　B. 发票　　　　　C. 行车路单　　　D. 运输单
10. (　　)零担车是指按照货流的具体情况,临时组织而成的一种零担车,通常在新开辟零担货运线路或季节性零担货物线路上使用。
    A. 固定式　　　　B. 非固定式　　　C. 定线　　　　　D. 定时

四、简答题

1. 名词解释

   公路运输　　零担运输　　甩挂运输　　公路超限货物运输
2. 公路货物运输如何分类?
3. 简述公路货物运输基本方式。
4. 试述公路零担车分类及零担货运的作业程序。
5. 与普通公路货物运输相比较,公路超限货物运输具有哪些特殊性?应该如何组织？

6. 公路货运方式包括哪两类？在选择时应该考虑哪些主要影响因素？
7. 公路货物运输业务基本流程包括哪些？
8. 业务员在接受货物承运时应注意哪些问题？
9. 简述零担货运业务流程。
10. 零担货物运输车辆的组织形式具体是哪几种？

五、案例分析

JEI 承运公司

在年度股东大会上，JEI 承运公司的琼·贝尔林（Jean Beierlein）与公司的工会会员观点分歧很大。一段时间以来，公司一直与工会磋商有关运营灵活性的问题。因为根据工会协议，JEI 承运公司不能任意从事联运，也就是说，目前，只有在起始地或者关键中转站没有司机的情况下，公司才能采取联合运输。而对公司来说，由于近年来多种运输方式团体的出现，运输业内的竞争越来越激烈。

在许多情况下，没有工会的公司抢占了原先 JEI 承运公司占领的市场，因为没有工会的承运公司运输服务更加灵活。因此，这些公司的市场份额越来越大。

联合运输的运用给承运人带来更多的使用各种运输工具的机会，因此，它们能更好地为消费者服务。在货车运输业中，通常选择联合运输的是铁路运输。此外，JEI 承运公司希望对雇员试行交替分次轮班制度。

工会不允许公司在整个长途运输中联运超过 28%，因此公司缺乏灵活性和竞争力。工会因为害怕工会成员失业而不想让公司参与联运。自从放松管制以来，在货车运输业已经失去了 40 多万个工会工作。

公司想保持竞争力，摆脱不利地位，但由于工会限制联运，JEI 承运公司的竞争对手就处于有利地位，并且吸引了 JEI 公司的众多客户。货车运输业这些年来竞争越来越激烈，许多公司都运用联运作为竞争手段来吸引和保持客户，同时降低成本。

讨论

1. 你有什么建议，能够同时提高公司灵活性和保障工会员工不失业？
2. 如果工会仍旧限制使用联运，JEI 承运公司应该采用什么战略来保持竞争力？
3. 你认为拥有工会对 JEI 承运公司而言，是利还是弊？为什么？

（资料来源：张理，刘志萍. 物流运输管理[M]. 北京：清华大学出版社，2012.）

第 3 章 水路与管道货物运输

【学习目标】
通过本章学习了解：水路运输的概念及类型，船舶和港口的基本知识，租船经纪人。掌握：班轮运输的货运程序及单证，租船运输的方式及特点，租船运输的货运程序。

【本章要点】
本章主要介绍水路货物运输种类及其技术经济特性、班轮运输、租船运输、水路运输费用管理。

租船合同与提单

某进口商进口一批纸浆，由一租船人与船东签订航次租船合同承运，并由租船人作为承运人签发了以进口商为收货人的提单。租船合同与所签发的提单在滞期费方面的规定不同，前者规定候泊时间作为装卸时间，后者则无此规定。船舶到卸货港后，候泊近一个月，靠泊卸货后又因接收货物的设备不足将船舶移泊锚地候卸近一个月。船东依租船合同向租船人收取了全部滞期费。

（资料来源：http://www.svtcc.net/Jpkc/wljc.）

思考
租船人应以租船合同为依据还是以提单为依据向收货人索取滞期费？

3.1 水路货物运输概述

3.1.1 水路货物运输的概念及其类型

1. 水路货物运输的概念

水路货物运输是指利用船舶、排筏和其他浮运工具，在江、河、湖泊、人工水道以及海洋上运送货物的一种运输方式。

2. 水路货物运输的类型

水路货物运输按其航行的区域，大体上可划分为远洋运输、沿海运输和内河运输三种类型。

1) 远洋运输

远洋运输通常是指除沿海运输以外所有的海上运输,在实际工作中又有"远洋"和"近洋"之分。前者是指我国与其他国家或地区之间,经过一个或几个大洋的海上运输,如我国至非洲、欧洲、美洲、大洋洲等地区的运输;后者是指我国与其他国家或地区间,只经过沿海或太平洋(或印度洋)的部分水域的海上运输,如我国至朝鲜半岛、日本及东南亚各国的运输。这种区分主要以船舶航程的长短和周转的快慢为依据。

2) 沿海运输

沿海运输是指利用船舶在我国沿海区域各港口之间的运输。其范围包括:自辽宁的鸭绿江口起,至广西壮族自治区的北仑河口止的大陆沿海,以及我国所属的诸岛屿沿海及其与大陆间的全部水域内的运输。

3) 内河运输

内河运输是指利用船舶、排筏和其他浮运工具,在江、河、湖泊、水库及人工水道上从事的运输。航行于内河的船舶除客货轮、货轮、推(拖)轮、驳船以外,还有一定数量的木帆船、水泥船、机帆船。

3.1.2 水路运输的特点

1. 技术经济特性

1) 运输能力大

在海上运输中,目前世界上最大的超巨型油船载重量 55 万吨以上,集装箱船箱位已达 5000~6000TEU(TEU 是英文 Twenty-feet Equivalent Unit 的缩写,是以长度为 20 英尺的集装箱为国际计量单位),矿石船载重量达 35 万吨。海上运输利用天然航道,若条件许可,可随时改造为最有利的航线。

在内河运输中,美国最大顶推船队运载能力达到 5 万~6 万吨。我国顶推船队的运载能力已达 3 万吨,相当于铁路列车的 6~10 倍。在运输条件良好的航道,通过能力几乎不受限制。例如长江干流的上游航道,其单向年通过能力为 3300 万吨,而在宜昌以下的长江中下游,其通过能力则为上游的 10 倍以上。

2) 能源消耗低

在相同距离的条件下,运输 1 吨货物,水运(尤其是海运)所消耗的能源最少。内河航运的能源消耗仅为铁路运输的 1/2、公路运输的 1/10。

3) 单位运输成本低

水运的运输成本约为铁路运输的 1/25~1/20,公路运输的 1/100。因此,水运(尤其是海运)是最低廉的运输方式,适用于运输费用负担能力较弱的原材料及大宗物资的运输。

4) 续航能力大

一艘商船出航,所携带的燃料、粮食及淡水,可历时数十日,绝非其他任何运输工具可比。商船还具有独立生活的各种设备,如发电、制造淡水、储藏大量粮食的粮舱、油槽等。

5）受气候和商港限制,且可及性低

气候对水路运输的限制较多。例如商船航行海上,遇暴风需及时躲避,遇大雾需按避碰章程办理,以防损害。另外,港湾水深或装卸设备的缺乏,可能限制商船的入港、作业。再者,水路运输的可及性不高,往往需要地面运输系统的配合才能完成客、货运输过程。

6）劳动生产率高

由于船舶运载量大,配备船员少,因而其劳动生产率较高。一艘20万吨的油船一般只需配备40名船员,平均每人运送货物5000吨。

7）航速低

由于大型船舶体积大,水流阻力也大,因此航速一般较低。低速行驶所需克服的阻力小,能够节约燃料,而航速增大所需克服的阻力将直线上升。例如,航速从5千米/小时增加到30千米/小时,所受的阻力将增大35倍。因此,一般船舶行驶速度为30千米/小时左右,冷藏船可达40千米/小时,集装箱船可达40～60千米/小时。

2．经营管理特性

水路运输的经营具有国际性,易受国际政治、经济、法律及外汇的影响,其经营特性如下。

1）投资额巨大且回收期长

海运公司定造或购买船舶需巨额资金,如新造一艘大型集装箱船,若运能为3500TEU,其造价一般为5000万～6000万美元。船舶是其固定资产,折旧期一般长达20年。就投资分析而言,用于固定资产之比例较其他企业高,且船舶没有移作其他用途的可能。

2）国际化经营且竞争激烈

海洋运输经营具有国际性,船舶航行于公海,需争取各国货载的运送。目前世界船吨严重过剩,同行业间竞争激烈。同时,水路运输还面临与其他运输方式之间的竞争。

3）兴衰循环,运费收入不稳

海运市场的周期性循环对运费高低的影响很大。如果世界经济景气,货物运输需求增加,则运费上扬,进而刺激造船业发展。一旦船舶吨位增加,又逢世界经济趋于低迷,则立即反映于海运市场,运费必定趋于下跌,使得造船业萎缩,海运公司甚至不得不将船舶拆解以期吨位减少,运费回升。如此变化的结果,致使运费收入很不稳定。

4）舱位无法储存

海运服务,难以像一般企业一样随意减产或增产,即海上运输无法将货物及旅客舱位储存。如定期班轮开航而客货运量不能满载,剩余舱位即是损失;反之,如超过客货载量,亦无法预储舱位超载容量。

5）须尊重国际法律

海运企业经营属世界性商务活动。除各国的海运法规外,对于国际公约与国际惯例须予以尊重,以适应国际海运市场。其主要包括:国内法,如我国的对外国籍船舶管理规则,美国的海上货物运送条例、海运法等;国际公约,如联合国海上货物运送公约等;国际惯例,如国际商会联运单证统一规则等。

3.1.3 水路运输的设施设备

水路运输的主要技术设施设备包括：船舶、航道、港口及通信、导航等。

1. 船舶

船舶可按用途、航行区域、航行状态、推进方式、动力装置和船体材料及船体数目等进行分类。按用途分类可分为军舰、民用船舶。在民用船舶中，运送货物与旅客的船舶称为运输船，以载运货物为主要业务者称之为货船。在当今世界商队船中有95％以上为货船。

造船技术的进步，使得货船在性能、设备方面日益得以改进，并因各种特殊货物而制造出各种专用船舶。现代货船因所载货物种类不同，行驶航线不同，其构造、性能、速率、设备亦有较大不同，可分为下列几种。

1）杂货船

货船有干货船和液货船之分。杂货船属于干货船的一种，它是装载一般包装、袋装、箱装和桶装的普通货物船。杂货船在运输船中占有较大的比重。万吨杂货船一般都是双层甲板船，有4～6个货舱，每个货舱的甲板上有货舱口，多数杂货船货舱口上装有起重设备。近年来发展了一种多用途的干货船，它既可运载一般的包装杂货，又可装运散货和集装箱货等。这种货船比装运单一货物的一般杂货船适应性大、运输效率高。

2）散装货船

凡专供装运无包装货物的船舶称为散装货船，为不定期航业的主要船舶。运输的货物品种单一，多为无须特别设备的农产品或工业原料，如谷物、矿砂、煤炭、水泥、糖、盐等。散装货船的货源充足，装载量大，价值低廉，运费负担能力较低，通常有定向性或季节性流动。这类船舶舱口大，舱内无中层甲板，有永久性或半永久性的隔舱板，船上一般有抓斗或升降斗或真空传送机之类的装卸设备。

3）集装箱船

集装箱船是用于载运集装箱的专用货运船舶。集装箱船在结构与船型上与杂货船明显不同，它船型尖瘦，航速高，一般在20～37节；舱口尺寸大，舱口宽度约占船宽的70％～80％，便于装卸；机舱及上层建筑位于船尾，以便有更多的甲板和货舱面积用于堆放集装箱，主甲板之下的船舱内一般可堆码3～9层集装箱，而主甲板之上则可堆码2～4层集装箱；船上一般不设装卸设备，而由码头上的专用机械设备操作，以提高装卸效率。集装箱船的船舷是双层船壳，用以平衡大舱口对抗扭强度的不利影响，以及通过压载调整船舶的重心高度以确保船舶具有足够的稳定性。

集装箱船具有装卸效率高、航行速度快、经济效益好等优点，因而得以迅速发展。按载箱数量，集装箱船可分为第一代、第二代、第三代等，其载箱数大致分别为1000TEU、2000TEU及3000TEU。1996年春季竣工的Rehina Maersk号集装箱船，最多可装载8000 TEU。德国船级社开发的巴拿马型集装箱船总长398米，宽54.2米，型深27.7米，容量可达14 000TEU。

集装箱船按装载情况分为全集装箱船、半集装箱船和兼用集装箱船三种。

4）油轮

凡以散装方式运输原油或燃料的专用船舶统称为油轮。它是近年货船专业发展最快的船舶。油船上层建筑和机舱设在艉部，上甲板纵中部位布置纵通全船的输油管和步桥。石油分别装在各个密封的油舱内，油船在装卸石油时是用油泵和输油管输送的，因此它不需要起货吊杆和起货机，甲板上也不需要大的货舱开口。油轮都不直接靠港口，而是在港外利用管道等系统装卸油类，装卸速度快，一般20万吨原油可在24小时内装毕或卸毕。

此外，还有少数散装植物油、化工液货等的船舶，这些船和油船一起被统称为液体货船。

5）冷藏船

冷藏船是专门运输鲜活易腐货物的船舶。例如，装运新鲜的鸡、鸭、鱼、肉、蛋、水果、蔬菜和冷冻食品等。冷冻船一般在其货舱内装有调节空气温度与湿度的冷藏机器及设备，货舱舱壁及甲板、舱盖等均加装隔热材料以保持舱内温度。专用的冷藏船航速较高，船的吨位不大，通常在数百吨到数千吨。

6）滚装船

滚装船是专门装运以载货车辆为货物单元的运输船舶。载货车辆从岸上通过滚装船的跳板开到船上，到港后再从船上经跳板开到岸上。

7）驳船

驳船是指本身没有自航能力，需要拖船或顶推船带动运行的货船。驳船的特点是载货量大、吃水浅、设备简单，船上通常不设置装卸货物的起货设备。驳船与拖船或推船组成驳船船队，可以航行在狭窄水道和浅水航道，并可按运输货物的种类而随时编组，适应内河运输的需要。

8）载驳船

载驳船又称母子船，由一大型机动载驳船（称为母船）运载一批相同规格的驳船（称为子船）进行运输。驳船实际上是货运单元，在其中可装载各种货物。当母船到达港口锚地时，不必靠码头，驳船直接从母船上卸下，再由拖船或推船运往目的地，而母船则可以装载另一批驳船继续航行。其优点是：由于货物单元是驳船，装卸可以在港域内外任意地点进行，无须使用码头，不受水深限制，可缩短母船的停泊时间，不受码头拥挤影响，装卸效率高，适宜进行江海联运。

9）拖船和推船

拖船和推船是专门用于拖曳或顶推其他船舶、驳船队、木排或浮动建筑物的机动船。其本身不载旅客和货物，是一种多用途的工作船，被称为水上的"火车头"。

拖船多为单甲板船，且尺度较小，船型短而宽。船上除了有一般的航行设备外，在拖船的后部还装有专门的拖曳设备。衡量拖船能力大小是以主机的功率和拖力来表示，功率越大，拖船的拖曳能力越强。目前，我国干线运输拖船的功率达1470千瓦（2000马力）。

推船也称推轮，一般呈方形，装有顶推架，用缆绳或机械钩合装置连接驳船，顶推设备和连接装置装于推船首部。为便于驾驶，推船驾驶台较高。目前，我国长江干线上常见的推船型式为1808千瓦(2640马力)。

2. 航道及港口

1) 航道

航道是以组织水路运输为目的所规定或设置的船舶航行通道。航道包括天然航道、人工运河、进出港航道以及保证航行安全的航行标志系统和现代通信导航设备系统。海上航道的地理、水文情况都反映在海图上,海图是船舶航行的依据。

内河航道大部分是利用天然水道加上引航的航标设施构成的。内河航道与海上航道相比,其通行条件是有很大差别的,反映出不同的通航水深(如各航区水深不同)、不同的通行时间(如有的区段不能夜行)和不同的通行方式(如单向或双向过船)等。

人工航道是指由人工开凿、主要用于船舶通航的河流,又称运河。著名的国际通航运河主要有苏伊士运河、巴拿马运河和基尔运河。我国有世界上最古老、最长的人工运河——京杭大运河,全长1794千米,流经北京、天津、河北、山东、江苏、浙江等省市,从内陆将海河、黄河、淮河、长江、钱塘江五大水系沟通,是我国南北水运的大动脉。

2) 港口

港口是水运生产的一个重要环节。船舶的装卸、补给、修理工作和船员的休整等都要在港口进行。港口既是水运货物的集散地,又是水陆运输的衔接点。

港口位于江、河、湖、海沿岸,具有一定设施和条件,是供船舶进行作业性的及在恶劣气象条件下的靠泊、旅客上下、货物装卸和生活物料供应等作业的地方。它的范围包括水域和陆域两部分,一般设有航道、港池、锚地、码头、仓库货场、后方运输设备、修理设备(包括修理船舶)和必要的管理、服务机构等。

3.1.4 水路运输的经营方式

1. 自营方式

轮船公司本身购买或建造船舶,自行经营航线业务。通常是规模较大的海运公司,才有能力自营。

2. 租船营运方式

公司本身并无船舶,而以租船的方式,自船东处取得船吨,从事货物船运或转租营运。

3. 委托经营方式

小型轮船公司将船舶委托大轮船公司或有经验的代理人代为营运。通常付给代理费、货运佣金或给付代营费作为受委托人的报酬,而盈亏仍由船东自行负责。

4. 联合营运方式

各轮船公司在某一航线组织海运联盟,采取联合营运,同一航线或数条航线的所有货运公平分配装运,或运费收入公平分配,但各公司仍保持其独立性。

5. 自运方式

大规模的生产企业,为运送本身的货物,而自行购船或租船自行营运。

6. 船务代理方式

以船东或租船人的名义代办客货招揽、船务处理、装卸货物及进出口手续等,以收取佣金或手续费为报酬的业务为船务代理。

7. 航业经纪方式

航业经纪代办各项业务,以收取佣金为报酬,但其经营范围较广,包括船舶买卖、代理船方或货方洽办租船业务、从事海事案件的处理等。

3.2 水路货物运输组织

3.2.1 内河货物运输组织

内河运输是使用船舶在陆地内的江、河、湖泊等水道进行运输的一种方式,主要使用中小型船舶。内河货物运输要以《中华人民共和国合同法》《危险化学品安全管理条例》和《国内水路货物运输规则》等为依据。内河货物运输与远洋运输组织相似,所不同的是国内货物运输不需报关。

水运主要承担大数量、长距离的运输,是在干线运输中起主力作用的运输形式。在内河及沿海,水运也常作为补充及衔接大批量干线运输任务的方式。

3.2.2 内河货物运输业务流程

1. 询价与报价

询价与报价是水路运输作业的第一环节。当托运人需要运输货物时,向承运人询问运输的基本情况和运输价格的行为称为询价。为保证能够得到低价优质的运输服务,托运人可以向多家承运人询价,了解多家承运人所提供的运输服务和运输价格的基本情况。

承运人在接到托运人的询价后,向托运人发出的关于运输时间、数量、运输价格和其他运输条件的回答称为报价。

询价与报价的形式可以采用书面形式,如信件、传真、电子邮件,也可以采用电话等口头形式。

2. 货物的托运

当托运人与承运人对运输的价格达成一致时,托运人就可以向承运人提出具体的托运请求。托运通常采用书面形式,如合同书、格式合同、货物运单等。当采用合同书时,需要承托双方就合同的内容进行商定,但采用格式合同或货物运单时,则表明托运人已接受其中所标明的各项规定和条件。托运时,托运人向承运人提交托运单证,托运单证中要注明运输货物的名称、数量、包装方式、识别标志、货物运输时限、运到时限或运期、起运港、到达港、收货人等运输事项,见表3-1。

3. 费用支付

托运人按照约定向承运人支付运费。如果约定装运港船上交货,运费由收货人支付,则应当在运输单证中载明,并在货物交付时向收货人收取。如收货人约定指定目的地交货,托运人应交纳货物运输保险费、装运港口作业费等项费用。

表 3-1 水路货物运单

| | | | | | | | 本运单经承托双方签章后,具有合同效力,承运人与托运人、收货人之间的权利、义务关系和责任界限均按《国内水路货物运输规则》及运杂费的有关规定办理。 |

交接清单号码　　　　　　月　　日
　　　　　　　　运单号码

船名		航次		起运港		到达港					
托运人	全称				收货人	全称			到达时期承运人章		收货人章
	地址电话					地址电话					
	银行账号					银行账号					
发货符号	货名	件数	包装	价值	托运人确定		计费重量		等级	费单	金额	应收费用		
					重量/吨	体积(长、宽、高)/立方米	重量/吨	体积/立方米项目				项目	费率	金额
												运费		
												装船费		
合计														
特约事项	运到期限(或约定)				托运人(公章)　月　日				合计		
					承运日期起运港承运人章				核算员		
									复核员		

4. 托运人向承运人交货

承托双方在订立运输合同后,托运人应尽快准备好货物,在规定时间、规定地点交付给承运人。在交货之前托运人应根据托运合同或有关水运货物包装的要求,在保证货物运输、中转、装卸搬运安全的原则之上,对货物进行包装,并在货物包装上粘贴必要的运输标志、指示标志等货运标志。承运人在接收货物前要对货物进行验收,验收时要根据运输合同检查货物的品名、数量、件数、重量、体积等是否与运输合同一致,如一致则可接受货物。承运人接受货物后,货物的风险和责任由承运人来承担。

5. 货物配积载

承托双方在订立运输合同后,要安排船舶对所承运货物进行运输,此过程中最重要的就是对船舶的配积载,制作货物清单和货物交接单。

船舶配载是为船舶的某一具体航次选配货物,即承运人按照托运人提出的货物托运要求和计划,将相同航线和相同装船期限的货物安排给同一艘船舶运输,并编制一张船舶配载图就是船舶配载。它所解决的是某一艘船舶应该"装什么"的问题。

船舶积载是指对货物在船上的配置和堆装方式做出合理的安排,由载货船舶的大副或船长,在货物配载的基础上确定货物在各舱各层配装的品种、数量与堆码的方法与工艺,并编制一张积载图。它所解决的是船舶配载的货物应该"如何装"的问题。

6. 装船作业

(1) 装船前,承运人应将船舱清扫干净,准备好垫隔物料,港口经营人应准备好保障安全质量的防护措施。

(2) 承运人与港口经营人在船边进行货物交接。对于按件承运的货物,港口经营人应为承运人创造计数的条件。工班作业结束后,承运人和港口经营人应办清当班交接手续。

(3) 除承运人和港口经营人双方另有协议外,装船时应做到大票分隔、小票集中,每一大票货物应按单装船,一票一清,同一收货人的几票货物应集中在一起装船。每一大票货物或每一收货人的货物,装船开始及终了时,承运人应指导港口作业工人做好垫隔工作。

(4) 装船作业时,承运人应派人看舱,指导港口作业人员按计划积载图的装货顺序、部位装舱,堆码整齐。如发现货物残损、包装不符合标准要求或破裂、标志不清等情况,承运人应编制货运记录。如发现港口经营人装舱混乱,或擅自变更计划积载图的装货顺序和部位,船方应即提出停装或翻舱。港口经营人应翻舱整理,在特殊情况下,不能翻舱整理时,应编制货运记录。

(5) 装船作业时,港口经营人要严格遵守操作规程和货运质量标准,合理使用装卸工具,轻搬轻放,做到破包不装船、重不压轻、木箱不压纸箱、箭头向上、堆码整齐。散装货物应按承运人要求平舱。

(6) 港口经营人应在每一票货物装完时,检查库场、舱口、作业线路有无漏装、掉件,发现漏装及时补装,发现掉件及时拣归原批。港口经营人对装船中洒漏的地脚货物,属于散装货物要随时收集进舱归位;属于袋装货物应扫集整理、灌包,并通知承运人安排舱位,分别堆放,同时在货物交接清单内注明灌包地脚货物的件数。

(7) 货物装船时,如发生实装数量与运单记载不符,承运人与港口经营人应编制货运记录。港口经营人事后发现货物漏装,应另行办理托运手续,费用由责任方承担,并在运单特约事项中注明原承运船舶的船名、航次、原运单号码、原发货件数、重量等。

(8) 装船完毕,通过港口库场装船的货物,由承运人和港口经营人在货物交接清单上签章;船边直接装船的货物,由承运人和托运人在货物交接清单上签章。未办妥交接手续,船舶不得开航。

(9) 承运人在接收到托运人递交的托运单后,需要对托运单进行审核,检查托运单所填内容是否符合事实、是否填写完整和符合要求。托运单如符合要求,则可接受进行承运;如托运单不符合要求或存在问题和疑问,就应要求托运人进行解释。对于托运人的不合理要求,承运人可提出修改意见;对无法办到的托运事项,承运人可以拒绝或要求托运人改变要求;对于违反国家法律或损害国家和他人及公共利益的要求,承运人要坚决拒绝。承托双方对于运输单证内容协商一致后,承运人签署托运单证,运输合同即告成立,对于特殊托运要求与特别协定可记录在特约事项栏中。

7. 卸船作业

(1) 承运人应及时向港口经营人提供卸船资料,对船边直取的货物,应该事先通知收货人做好接运提货的准备工作。港口经营人根据承运人提供的资料,根据与作业委托人签订的作业合同,安排好泊位、库场、机械、工具、劳力,编制卸船计划。

(2) 船舶到港后,承运人应及时将有关货运单证交给港口经营人,并详细介绍装舱积载情况、卸船注意事项和安全措施。港口经营人应由专人负责与承运人办理联系工作,详细核对各项单证,如单证不齐、内容不一致或有其他需要了解的事项,应向承运人查询清楚。

(3) 承运人应派人指导卸货。港口作业人员应接受承运人指导,按实际积载顺序、运单、标志卸船。整批货物,应做到一票一清。几票集中装船的零星货物,应做到集中卸船。承运人发现港口经营人混卸或违章操作,应予以制止,制止不听的应编制在货运记录中。

(4) 卸船时,如在船上发现货物残损、包装破裂、松钉、包装内有碎声、分票不清、标志不清、装舱混乱以及积载不当等情况,港口经营人应及时与承运人联系,检查确认,编制货运记录证明,不得拒卸或原船带回。

(5) 卸船时,港口经营人应按规定的操作规程、质量标准操作,合理使用装卸机具,在货物堆码、报关标准、理货计数等方面创造条件,使交接双方易于计数交接,做到理货数字一班一清、一票一清、全船数字清。每一张运单或一个收货人的货物卸完后,应由库场员复点核实。

(6) 承运人和港口经营人在卸船作业中,应随时检查舱内、舱面、作业线路有无漏卸货物或掉件,港口经营人应将漏卸、掉件和地脚货物按票及时收集归原批。卸船结束,港口经营人应将舱内、甲板、码头、作业线路、机具、库场的地脚货物清扫干净。

(7) 货物卸进港区库场,由承运人与港口经营人在船边进行交接。收货人船边直取货物,由承运人与收货人进行交接。卸船完毕,承运人和港口经营人或者承运人和收货人应在货物交接清单上签字盖章。未办妥交接手续,船舶不得离港。

8. 货物的领取

收货人接到到货通知办理提货手续,提交取货单证、检查验收货物、支付费用。

1) 提交取货单证

(1) 收货人接到到货通知后,应当及时提货。接到到货通知后满60天,收货人不提取或托运人也没有来人处理货物时,承运人可将该批货物作为无法交付货物处理。

(2) 收货人应向承运人提交证明收货人单位或者经办人身份的有关证件及由托运人转寄的运单提货联或有效提货凭证,供承运人审核。

(3) 如果货物先到,而提货单未到或单证丢失的,收货人还需提供银行的保函。

2) 检查验收货物

收货人提取货物时,应当按照运输单证核对货物是否相符,检查包装是否受损、货物有无灭失等情况。发现货物损坏、灭失时,交接双方应当编制货运记录;确认不是承运人责任的,应编制普通记录。

收货人在提取货物时没有提出货物的数量和质量异议时,视为承运人已经按照运单的记载交付货物。

3) 支付费用

(1) 托运人或收货人按照约定在提货时支付运费,并须付清滞期费、包装整修费、加固费用以及其他中途垫款等。

(2) 因货物损坏、灭失或者迟延交付所造成的损害,收货人有权向承运人索赔;承运人可依据有关法规、规定进行抗辩。托运人或者收货人不支付运费、保管费以及其他费用时,承运人对相应的运输货物享有留置权,但另有约定的除外。

(3) 查验货物无误并交清所有费用后,收货人在运单提货联上签收,取走货物。

3.2.3 海洋货物运输组织

1. 我国主要近洋航线

(1) 港澳线:到我国香港、澳门地区。

(2) 新马线:到新加坡、马来西亚的巴生港、槟城和马六甲等港口。

(3) 暹罗湾线,又称为越南、柬埔寨、泰国线:到越南海防、柬埔寨的磅逊和泰国的曼谷等港口。

(4) 科伦坡、孟加拉湾线:到斯里兰卡的科伦坡和缅甸的仰光,孟加拉国的吉大港和印度东海岸的加尔各答等港口。

(5) 菲律宾线:到菲律宾的马尼拉港。

(6) 印度尼西亚线:到爪哇岛的雅加达、三宝垄等港口。

(7) 澳大利亚、新西兰线:到澳大利亚的悉尼、墨尔本、布里斯班和新西兰的奥克兰、惠灵顿。

(8) 巴布亚、新几内亚线:到巴布亚、新几内亚的莱城、莫尔兹比港等港口。

(9) 日本线:到日本九州岛的门司和本州岛神户、大阪、名古屋、横滨和川崎等港口。

(10) 韩国线:到釜山、仁川等港口。

(11) 波斯湾线:又称阿拉伯湾线,到巴基斯坦的卡拉奇,伊朗的阿巴斯、霍拉姆沙赫尔,伊拉克的巴士拉,科威特的科威特港,沙特阿拉伯的达曼等港口。

2. 我国主要远洋航线

(1) 地中海线:到地中海东部黎巴嫩的贝鲁特、的黎波里,以色列的海法、阿什杜德,叙利亚的拉塔基亚,地中海南部埃及的塞得港、亚历山大,突尼斯的突尼斯,阿尔及利亚的阿尔及尔、奥兰,地中海北部意大利的热那亚,法国的马赛,西班牙的巴塞罗那和塞浦路斯的利马索尔等港口。

(2) 西北欧线:到比利时的安特卫普,荷兰的鹿特丹,德国的汉堡、不来梅,法国的勒弗尔,英国的伦敦、利物浦,丹麦的哥本哈根,挪威的奥斯陆,瑞典的斯德哥尔摩和哥德堡,芬兰的赫尔辛基等港口。

(3) 美国加拿大线:到加拿大西海岸港口温哥华,美国西岸港口西雅图、波特兰、旧金山、洛杉矶,加拿大东岸港口蒙特利尔、多伦多,美国东岸港口纽约、波士顿、费城、巴尔的摩、波特兰和美国墨西哥湾港口的莫比尔、新奥尔良、休斯敦等港口。美国墨西哥湾各港口也属美国东海岸航线。

（4）南美洲西岸线：到秘鲁的卡亚俄，智利的阿里卡、伊基克、瓦尔帕莱索、安托法加斯塔等港口。

国际海上运输的经营方式主要分为班轮运输和租船运输两种。

3.2.4 班轮运输

1. 概念

班轮运输又称定期船运输，它是指固定船舶按照公布的船期表在固定航线和固定港口间运行的运输组织形式。

从事班轮运输的船舶称为班轮。所谓班轮(liner)，是指按预定的时间、在固定的航线上以既定的港口顺序经常地从事航线上各港口之间往返载货的船舶。

随着经济的发展，班轮运输由最初的杂货船运输发展到现在的以集装箱船为主，杂货船运输为辅，其经营方式和货运程序也有所变化，但仍然保持了其原有的优点和特点。

2. 常见的部分班轮所属公司及其简称

中国远洋运输（集团）总公司［China Ocean Shipping（Group）Company］——中远(COSCO)。

中国海运集团总公司(China Shipping Container Lines Co.,Ltd.)——中海。

中外运集装箱运输有限公司(Sinotrans Container Lines Co.,Ltd.)——中外运。

日本邮船有限公司(NIPPON YUSEN KAISHA)——日本邮船(NYK)。

商船三井（中国）有限公司(Mitsui O.S.K. Lines(China) Co.,Ltd.)——大阪三井(MOSK)。

马士基海陆(Maersk Sealand)——马士基海陆(Maersk)。

铁行渣华（中国）船务有限公司［P&O Nedlloyd(China) Ltd.］——P&O Nedlloyd。

法国达飞轮船（中国）有限公司［CMA CGM(China) Ltd.］——达飞(CMA)。

3.2.5 班轮运输货运程序

1. 揽货与订舱

揽货就是揽集货载，即从货主那里争取货源的行为。船运公司为使自己所经营的班轮运输船舶能在载重和舱容上得到充分利用，以期获得最好的经济效益，通常都会采取一些措施来招揽顾客。例如，可以就自己经营的班轮航线、船舶挂靠的港口及其到、发港口时间制定船期表，并做广告宣传或者在各挂靠港设立分支机构等。揽货工作的好坏直接影响到班轮船公司的经营效益。

订舱是指货物托运人或其代理人向承运人（即船公司或其代理）申请货物运输，承运人对这种申请给予承诺的行为。班轮运输不同于租船运输，承运人与托运人之间不需要签订运输合同，而是以口头或传真的形式进行预约。只要承运人对这种预约给予承诺，并做出舱位安排，即表明承托双方已建立了有关货物运输的关系。

2. 接受托运申请

货主或其代理向船公司提出订舱申请后,船公司首先考虑其航线、港口、船舶、运输条件等能否满足托运人的要求,然后再决定是否接受托运申请。

3. 接货

传统的件杂货不仅种类繁多、性质各异、包装形态多样,而且货物又分属不同的货主。如果每个货主都将自己的货物送到船边,势必造成装货现场的混乱。为提高装货效率、加速船舶周转、减少货损,在杂货班轮运输中,对于普通货物的交接装船,通常采用由船公司在各装货港指定装船代理人,由装船代理人在各装货港的指定地点(通常是码头仓库)接受托运人送来的货物,办理交接手续后,将货物集中整理,并按货物的性质、包装、目的港及卸货次序进行适当的分类后进行装船,即所谓的"仓库收货,集中装船"。对于特殊货物,如危险品、冷冻货、贵重货、重大件货等,通常采取由托运人将货物直接送至船边,交接装船的方式,即采取现装或直接装船的方式。

仓库在收到托运人的货物后,应注意认真检查货物的包装和质量,核对货物的数量,无误后即可签署场站收据给托运人。至此,承运人与托运人之间的货物交接即已结束。

4. 换取提单

托运人可凭经过签署的场站收据,向船公司或其代理换取提单,然后去银行结汇。

5. 装船

船舶到港前,船公司和码头计划室对本航次需要装运的货物制作装船计划,待船舶到港后,将货物从仓库运至船边,按照装船计划装船。

如果船舶系靠在浮筒或锚地作业,船公司或其代理人则需要用自己的或租用的驳船将货物从仓库驳运至船边再装船。

6. 海上运输

海上承运人对装船的货物负有安全运输、保管、照料的责任,并依据货物运输提单条款划分与托运人之间的责任、权利、义务。

7. 卸船

船公司在卸货港的代理人根据船舶发来的到港电报,一方面要编制有关单证,约定装卸公司,等待船舶进港后卸货;另一方面还要把船舶预定到港的时间通知收货人,以便收货人做好接收货物的准备工作。

与装船时一样,如果各个收货人都同时到船边接收货物,同样会使卸货现场十分混乱,所以卸货一般采用"集中卸货,仓库交付"的方式。

8. 交付货物

在实际业务中,交付货物的过程是,收货人将注明已经接收了船公司交付的货物并将签章的提单交给船公司在卸货港的代理人,经代理人审核无误后,签发提货单交给收货人,然后收货人凭提货单前往码头仓库提取货物,并与卸货代理人办理交接手续。

交付货物时,除了要求收货人必须交出提单外,还必须要求收货人付清运费和其他应付的费用,如船公司或其代理人垫付的保管费、搬运费及共同海损分摊和海滩救助费等。如果收货人没有付清上述费用,船公司有权根据提单上的留置权条款的规定暂不交付货物,直到收货人付清各项应付的费用后才交付货物。如果收货人拒绝支付应付的各项费用而使货物无法交付时,船公司可以经卸货港所在地法院批准,对卸下的货物进行拍卖,以卖得的货款抵偿应向收货人收取的费用。

3.2.6　货物交付方式

1. 船边交付货物

船边交货又称"现提",是指收货人以提单在船公司卸货港的代理人处换取提货单后,凭提货单直接到码头船边提取货物,并办理交接手续的方式。收货人要求船边提货必须事先征得船公司或其代理人的同意。

2. 选港交付货物

选港交付货物是指货物在装船时尚未确定卸货港,待船舶开航后再由货主选定对自己最方便或最有利的卸货港,并在这个港口卸货和交付货物。在这种情况下,提单上的卸货港一栏内必须注明两个或两个以上的卸货港的名称,如"选择神户/横滨""选择伦敦/鹿特丹/汉堡"。而且,货物的卸货港也只能在提单上所写明的港口中选择。

货主托运选港货难免会给积载工作造成困难,因此,船公司对选港货要加收一定的附加费用。货物托运人应在办理货物托运时提出申请,而且还必须在船舶自装货港开船后,到达第一个选卸港前的一定时间以前(通常为 24 小时或 48 小时),把已决定的卸货港通知船公司及被选定卸货港船公司的代理人;否则,船长有权在任何一个选卸货港将货物卸下,并认为船公司已履行了对货物的运送责任。

3. 变更卸货港交付货物

变更卸货港交付货物是指在提单上所记载的卸货港以外的其他港口卸货和交付货物。如果收货人认为,将货物改在提单上所载明的卸货港以外的其他港口卸货并交付对其更为方便有利时,可以向船公司提出变更卸货港的申请。船公司接到收货人提出变更卸货港的申请后,必须根据船舶的积载情况,考虑在装卸上能否实现这种变更,比如是否会发生严重的翻船、倒载情况,在变更的卸货港所规定的停泊时间能否来得及将货物卸下,能否会延误船舶的开航时间等,之后才能决定是否同意收货人的这种变更申请。

因变更卸货港交付货物与一般情况下货物的交付不同,收货人在办理收货手续时,必须向船公司或变更后的卸货港的船公司代理人交出全套正本提单之后才能办理提货手续,这是与正常情况下的提货手续和货主选择卸货港交付货物的提货手续不相同的地方。

4. 凭保证书交付货物

在班轮运输中,有时因提单邮寄延误而出现提单到达的时间迟于船舶到港的时间的情况。这种情况的产生是由于提单失窃,或者是当船舶到港时作为用汇的跟单票据的提单虽已到达进口地银行,但是因为汇票的兑现期限的关系,收货人暂时还拿不到提单。在这些情况下,收货人无法交出提单来换取提货单提取货物,此时,常由收货人开具保证书,以保证书交换提货单,然后持提货单提取货物。

保证书的内容一般包括:收货人保证在收到提单后立即向船公司或它的代理人交回这一提单,承担应由收货人支付的运费及其费用的责任;对因未提交提单而提取货物所产生的一切损失均承担责任并表明对于上述保证内容由有关银行与收货人一起负连带责任。

如果提单已遗失,致使这种解除保证无法实现,则应根据该国的法律规定,经过公告的形式宣布该提单失效,或经法院的免除效力的判决才能做到解除保证。

3.2.7 班轮运输主要单证

在班轮运输中,为了方便货物的交接,区分货方与船方之间的责任,需要用到许多单证。

在这些单证中,有些是受国际公约和各国国内法的约束,有些是按港口的规定和航运习惯编制的。尽管这些单证种类繁多,但主要单证是基本一致的,并能在国际航运中通用。常用单证有以下几种。

1. 托运单

托运单(booking note,B/N)是承运人或其代理人在接受托运人或货物托运人的订舱时,根据托运人的口头或书面申请货物托运的情况,据以安排货物运输而制定的单证。托运单一经承运人确认,便作为承托双方订舱的凭证。

2. 装货单

装货单是由托运人按照订舱单的内容填制,交船公司或其代理人签章后,据以要求船公司将承运货物装船的凭证。

装货联单一般由三联组成。第一联为留底联,用于缮制其他货运单证。第二联是装货单(shipping order,S/O)。第三联是收货单(mate's receipt,M/R),又称大副收据,是船方接受货物装船后签发给托运人的收据。

3. 装货清单

装货清单(loading list,L/L)是本航次船舶待装货物的汇总,装货清单由船公司或其代理人根据装货单的留底联制作,制作的要求是将待装货物按目的港和货物性质归类,按照挂靠港顺序排列,编制出一张总表。

装货清单是船舶大副编制船舶积载图的主要依据。这份单证是否正确,对积载的正确、合理具有十分重要的影响。

4. 载货清单

载货清单(manifest,M/F)是本航次全船实际载运货物的汇总清单,它反映船舶实际载货情况。载货清单由船公司的代理人根据大副收据或提单编制,编好后再送交船长签字确认,编制的要求是将所装货物按照卸货港顺序分票列明。

5. 装箱单

装箱单是在载运集装箱货物时使用的单证。装箱单上应详细记载集装箱和货物的名称、数量等内容,每个载货的集装箱都要制作这样的单据,它是根据已装进集装箱内的货物制作的。不论是货主自己装箱,还是由集装箱货运站负责装箱,集装箱装箱单都是记载每个集装箱内所装货物情况的唯一单据。

6. 码头收据

码头收据(dock receipt)又称场站收据、港站收据。码头收据一般都由托运人或其代理人根据公司已制定的格式填制,并跟随货物一起运至某装箱码头用场或码头仓库,由接收货物的人在收据上签字后交还给托运人,证明托运的货物已收到。接受货物的人在签署场站收据时,应仔细审核收据上所记载的内容与运来的货物实际情况是否相一致。如货物的实际情况与收据记载的内容不一致,则必须修改。如发现货物或箱子有损伤情况,则一定要在收据的备注栏内批注货物或箱子的实际情况。码头收据的签署,不仅表明承运人已收到货物,而且也明确表示承运人对收到的货物已经开始负有责任。

7. 提单

传统件杂货运输的货运提单是在货物实际装船完毕后经船方在收货单上签署,表明货物已装船,托运人凭经船方签署的收货单(大副收据)去船公司或其代理公司换取已装船提单。

集装箱提单则是以码头收据换取,它同传统杂件货船舱运输下签发的提单不同,是一张收货待运提单。所以,在大多数情况下,船公司根据托运人的要求在提单上注明具体的装船日期和船名后,该收货待运提单也便具有了与已装船提单同样的性质。

8. 货物残损单和货物溢短单

货物残损单和货物溢短单,是我国港口在卸货时使用的,作为卸货交接证明的单证。

货物残损单是在卸货完毕后,由理货组长根据现场理货人员在卸货过程中发现货物的各种残损情况,包括货物的破损、水湿、水浸、汗湿、油渍、污损等,记录汇总编制而成的,是货物残损情况的证明。

货物溢短单是在货物缺货时,对每票货物所卸下的数量与载货清单上所记载的数量进行核对,如果有不相符(发生溢卸或短卸货)的情况,待船舶卸货完毕、理清数字后,由理货组长汇总编制,它表明货物溢出或短缺的情况。

9. 提货单

提货单(delivery order,D/O)是收货人或代理人据以向现场(码头、仓库或船边)提取货物的凭证。

虽然收货人或其代理人提取货物是以正本提单为交换条件,但在实际业务中采用的办法是由收货人或其代理人先向船公司在卸货港的代理人交出正本提单,再由船公司的代理人签发一份提货单给收货人或其代理人,然后再到码头仓库或船边提取货物。

船公司或其代理人在签发提货单时,首先要认真核对提单和其他单证的内容是否相同,然后才详细地将船名、货物名称、件数、质量、包装标志、提单号、收货人名称等记载在提货单上,并由船公司或其代理人签字交给收货人到现场退货。若同意收货人在船边提货,亦应在提货单上注明。

提货单性质与提单完全不同,它只不过是船公司或其代理人指令仓库或装卸公司向收货人交付货物的凭证而已,不具备流通或其他作用。为了慎重起见,一般都在提货单上记有"禁止流通"字样。

对集装箱货物,提取货物采用的是船公司签发的港口设备交接单(equipment interchange receipt)。

3.2.8 租船运输业务

租船运输又称不定期船运输。它与定期船运输不同,船舶没有预定的船期表、航线、港口,船舶按租船人和船东双方签订的租船合同规定的条款行事。也就是说,根据协议,船东将船舶出租给租船人使用,以完成特定的货运任务,并按商定的运价收取运费。

租船运输方式主要有下列六种。

1. **航次租船**

航次租船又称租船,是指由船舶所有人负责提供一艘船舶在指定的港口之间进行一个航次或几个航次运输指定货物的租船。航次租船是租船市场上最活跃,且对运费水平的波动最为敏感的一种租船方式。在国际现货市场上成交的绝大多数货物(主要包括液体散货和干散货两大类)都是通过航次租船方式运输的。航次租船的租期取决于航次运输任务是否完成。由于航次租船并不规定完成一个航次或几个航次所需的时间,因此船舶所有人对完成一个航次所需的时间是最为关心的,他特别希望缩短船舶在港停泊时间。因为承租人与船舶所有人对船舶的装卸速度又是对立的,所以在签订租船合同时,承租双方还须约定船舶的装卸速度以及装卸时间的计算方法,并相应地规定延滞费和速遣费的标准和计算方法。

航次租船的特点主要表现在以下几个方面。

(1) 船舶的营运调度由船舶所有人负责,船舶的燃料费、物料费、修理费、港口费、淡水费等营运费用也由船舶所有人负担。

(2) 船舶所有人负责配备船员,负担船员的工资、伙食费。

(3) 航次租船的租金通常称为运费,运费按货物的数量及双方商定的费率计收。

(4) 在租船合同中需要订明货物的装、卸费由船舶所有人或承租人负担。在租船合同中需要定明可用于装、卸时间的计算方法,并规定延滞费和速遣费的标准及计算方法。

2. **航次期租船**

航次期租船又称日租租船,它是一种以完成一个航次运输为目的,但租金按完成航次所使用的日数和约定的日租金率计算的租船。在装货港和卸货港的条件较差或者航线的航行条件较差,难以掌握一个航次所需时间的情况下,这种租船方式对船舶所有人比较有利。因为采用这种租船方式可以使船舶所有人避免难以预测的情况而使航次时间延长所造成的船期损失。

3. **定期租船**

定期租船又称期租船,是指由船舶所有人按照租船合同的约定,将一艘特定的船舶在约定的期间交给承租人使用的租船。这种租船方式不以完成航次数为依据,而以约定使用的一段时间为限。在这个期限内,承租人可以利用船舶的运载能力来安排运输货物;也可以用以从事船运输,以补充暂时的运力不足;还可以以航次租船方式承揽第三者的货物,以取得运费收入;当然,承租人还可以在租期内将船舶转租,以谋取租金差额的收益。关于租期的长短,完全由船舶所有人和承租人根据实际需要洽商而定。

定期租船的主要特点如下。

(1) 船长由船舶所有人任命,船员也由船舶所有人配备,并负担他们的工资和给养。但船长应听从承租人的指挥,否则承租人有权要求船舶所有人予以撤换。

(2) 船舶的营运调度由承租人负责,并负担船舶的燃料费、港口费、货物装卸费、运河通行费等与营运有关的费用。船舶所有人则负担船舶的折旧费、维修保养费、船用物料费、润滑油费、船舶保险费等船舶维持费。

（3）租金按船舶的载重能力、租期长短及商定的租金率计算。

（4）租船合同中定有关于交船和还船，以及停租的规定。

（5）较长期的定期租船合同中常订有"自动递增条款"以保护船舶所有人，避免在租期中因部分费用上涨而使船舶所有人的赢利减少或发生亏损。由于租金一经确定，通常在租期内不再变动，因此如果合同中订有"自动递增条款"，在规定的费用上涨时，按约定租金即可按相应的比例提高。

4．光船租船

光船租船又称船壳租船。这种租船不具有承揽运输性质，它只相当于一种财产租赁。光船租船是指在租期内船舶所有人只提供一艘空船给承租人使用，而配备船员、供应给养、船舶的营运管理以及一切固定或变动的营运费用都由承租人负担。也就是说，船舶所有人在租期内除了收取租金外，不再承担任何责任和费用。因此，一些不愿经营船舶运输业务，或者缺乏经营管理船舶经验的船舶所有人也可将自己的船舶以光船租船的方式出租。虽然这样的出租利润不高，但船舶所有人可以取得固定的租金收入，对回收投资是有保证的。

光船租船的特点如下。

（1）船舶所有人只提供一艘空船。

（2）全部船员由承租人配备并听从承租人的指挥。

（3）承租人负责船舶的经营及营运调度工作，并承担在租期内的时间损失，即承租人不能停租。

（4）除船舶的资本费用外，承租人承担船舶的全部固定的及变动的费用。

（5）租金按船舶的装载能力、租期及商定的租金率计算。

5．光船租购

光船租购合同是光船租赁合同的一种特殊形式，是指船舶出租人向承租人提供不配备船员的船舶，在约定的期间内，由承租人占有和使用，并在约定期间届满时将船舶所有权转移给承租人，而由承租人支付租购费的合同。光船租购实际上相当于分期付款购买船舶，船东在收到全部付款前对船舶拥有正式的所有权，租船人支付每期租金相当于分期付款，租期结束船价全部付清，船舶就属于租船人所有。当然光船租购的租金率要比光船租赁的租金率高，这是因为光船租购下，租期届满时承租人无须将船舶交还船东，船东要在租期内收回船舶的成本和利润。光船租购合同所要达到的目的是买卖船舶，光船租购是实现船舶买卖的途径，因此光船租购具有船舶融资租赁的性质。在多数情况下，光船租购相比较传统的贷款购买船舶是更为经济的一种融资方式。光船租购一般租期相对较长，承租人负担租赁物的维修、保养、保险及纳税费用。出租人拥有租赁物的所有权，承租人拥有使用权。原则上不得中途解约，租期届满时承租人有购买、续租的优先权。

6．包运租船

包运租船又称运量合同。包运租船是指船舶所有人以一定的运力，在确定的港口之间，按事先约定的时间、航次周期，每航次以较均等的运量，完成全部货运量的租船方式。

包运租船区别于其他租船方式的特点有以下几个。

(1) 包运租船合同中不确定船舶的船名及国籍,仅规定船舶的船级、船龄和船舶的技术规范等。船舶所有人只需比照这些要求提供能够完成合同规定每航次货运量的运力即可,这对船舶所有人在调度和安排船舶方面是十分灵活、方便的。

(2) 租期的长短取决于货物的总量及船舶航次周期所需的时间。

(3) 船舶所承运的货物主要是运量特别大的干散货或液体散装货物,承租人往往是业务量大和实力强的综合性工矿企业、贸易机构、生产加工集团或大石油公司。

(4) 船舶航次中所产生的时间延误的损失风险由船舶所有人承担,而对于船舶在港装卸货物期间所产生的延误,则通过合同中订有"延滞条款"的办法来处理,通常是由承租人承担船舶在港的时间损失。

(5) 运费按船舶实际装运货物的数量及商定的费率计收,通常按航次结算。

从上述特点可见,包运租船在很大程度上具有"连续航次租船"的基本特点。

3.2.9 租船程序

1. 询价

询价又称询盘,通常是指承租人根据自己对货物运输的需要或对船舶的特殊要求通过租船经纪人在租船市场上要求租用船舶。询价主要以电报或电传等书面形式提出。承租人所期望条件的内容一般应包括:需要承运的货物种类、数量,装货港和卸货港,装运期限,租船方式或期限,期望的运价(租金)水平以及所需船舶的详细说明等。询价也可以由船舶所有人为承揽货载而首先通过租船经纪人向租船市场发出。由船舶所有人发出的询价内容应包括出租船舶的船名、国籍、船型、船舶的散装和包装容积、可供租用的时间、希望承揽的货物种类等。

2. 报价

报价又称发盘,当船舶所有人从船舶经纪人那里得到承租人的询价后,经过成本估算或者比较其他的询价条件,通过租船经纪人向承租人提出自己所能提供的船舶情况和运费率或租金率。报价的主要内容,除对询价的内容做出答复和提出要求外,最主要的是关于租金(运价)的水平和选定的租船合同范本及对范本条款的修改、补充条款。报价有硬性报价和条件报价之分。硬性报价是报价条件不可改变的报价。询价人必须在有限期内对报价人的报价做出接受订租的答复,超过有效期,这一报价即告失效。与此相反,条件报价是可以改变报价条件的报价。

3. 还价

还价又称还盘。在条件报价的情况下,承租人与船舶所有人之间对报价条件中不能接受的条件提出修改或增删的内容,或提出自己的条件称为还价。还价意味着询价人对报价人报价的拒绝和新的报价开始。因此,船东对租船人的还价可能全部接受,也可能接受部分还价,对不同意部分提出再还价或新报价。这种对还价条件做出答复或再次做出新的报价称为反还价或称反还盘。

4. 报实盘

在一笔租船交易中,经过多次还价与反还价,如果双方对租船合同条款的意见一致,一方可以以报实盘的方式要求对方做出是否成交的决定。报实盘时,提出一方要列举租船合同中的必要条款,将双方已经同意的条款和尚未最后确定的条件在实盘中加以确定。同时,提出一方还要在实盘中规定有效期限,要求对方答复是否接受实盘,并在规定的有效期限内做出答复。若对方在有效期限内未做出答复,所报实盘即告失效。同样,在有效期内,报实盘的一方对报出的实盘是不能撤销或修改的,也不能同时向其他第三方报实盘。

5. 接受订租

接受订租又称受盘,指一方当事人对实盘所列条件在有效期内明确表示承诺。至此,租船合同即告成立。原则上,接受订租是租船程序的最后阶段。接受订租后,一项租船洽商即告结束。

6. 签署订租确认书

接受订租是租船程序的最后阶段,一项租船业务即告成交。通常的做法是,当事人之间还要签署一份"订租确认书"。订租确认书无统一格式,但其内容应详细列出船舶所有人和承租人在洽租过程中双方承诺的主要条款。订租确认书一式两份,经当事人双方签署后,各保存一份备查。

7. 签订租船合同

正式的租船合同实际是合同已经成立后才开始编制的。双方签署的订租确认书实质就是一份供双方履行的简式的租船合同。签署订租确认书后,船东按照已达成协议的内容编制正式的租船合同,通过租船经纪人送交承租人审核。如果租船人对编制的合同没有什么异议,就可签字。

3.3 水路运输费用管理

3.3.1 班轮运价的概述

1. 运价与运费的概念

运价是承运单位货物付出的运输劳动的价格。运价就是运输产品价格的货币表现,表现为运输单位产品的价格。海上运输价格,简称海运运价。

运费是承运人根据运输契约完成货物运输后从托运人处收取的报酬。

运费与运价的关系是:运费等于运价与运量之积。

$$F = R \cdot Q$$

其中:F——运费,R——运价,Q——运量。

运输距离的长短决定着运价的变化率,单位距离的运价率(如吨海里运价率)一般随距离增加而递减,而且,近距离降得快,远距离降得慢,超过一定距离不再降低。这是由于单位距离运输成本随着运距的延长而逐渐降低。

2. 班轮运价特点

(1)班轮运输的运价水平较高。班轮运输的特点决定了从事班轮经营的船舶的技术性能较好、船龄较低、船速较高。为满足各种货物的装运要求,船舱及货物运输设备就要齐全,所以,船舶的造价也高。

班轮运输是按公布的船期表中的时间和挂靠港口次序派遣船舶的,有时难以保证在每一挂靠港口开航时都能使船舶达到满舱满载。为开展揽货业务,保证船舶装载率和整个班轮经营业务的顺利进行,船公司通常需要在航线的各挂靠港口委托代理或设置揽货机构。这就增加了营运管理费用。

无论船舶是否满载,船舶的港口使用费,如吨税、引航费、拖轮费、停泊费、系解缆费等营运可变费用仍然存在。

以上所有这些因素,使得班轮运输的单位成本较高。按照成本定价原则,承运人从收取的运费中要能够补偿较高的运输成本,并取得合理利润,所以班轮运价就被确定在一个较高的水平上。

(2) 货物对运费的负担能力较强。班轮运输的货物一般以制成品或半成品为主,基本上无初级原材料,通常为高附加值货物。因为其运费负担能力较强,班轮运费占商品价值的比例仍较小,所以,较高的班轮运价符合负担能力定价原则,是托运人所能接受的。

(3) 班轮运价在时间上相对稳定。班轮运输服务一般不以特定的客户为对象,无论班期、航线、挂靠港口、运价等均是以货物的普遍运输需求为依据制定的。所以,班轮运价一般是根据平均运输成本、运力与需求的供给关系、市场竞争形势以及定价的基本原则等多种因素,对可能承运的各类货物分别制定运价并用运价本的形式公布。

为了应对航运市场的风险,班轮公司一般将偏高确定运价,或针对某些特殊情况采用加收附加费的办法。

(4) 班轮运价是一种垄断价格。很长一段时期内,国际海上班轮运输中的班轮运输航线都是由班轮公会所控制。班轮公会在运价和其他营运活动方面所做出的各种规定比较严格,对会员公司具有强有力的约束。通常,公会都拥有统一的班轮运价,各会员公司按统一的运价计收运费,或制定最低运价标准。目前,班轮公会的势力已被大幅削弱。

(5) 班轮运价的制定结合采用运输成本定价和负担能力定价原则。货物负担运费能力定价原则虽然对班轮运输的货物普遍适用,但无区别地按统一标准使用这一原则来确定运价,也有失合理性。所以,在使运费的总收入足以补偿运输成本的基础上,再按货物的不同价值来确定不同的运价,即采用等级运价是比较合理的。各个班轮公司制定并公布的运价都反映出这种原则。

3.3.2 水路运费的构成

水路运费包括基本运费和附加运费两部分。基本运费是对任何一种托运货物计收的运费;附加运费则是根据货物种类或不同的服务内容,视不同情况而加收的运费。附加运费可以按每一计费吨加收,也可按基本运费的一定比例计收。

1. 基本运费

基本运费(basic freight)是指对运输每批货物所应收取的最基本的运费,是整个运费的主要构成部分。它根据基本运价(basic freight rate)和计费吨计算得出。基本运价按航线上基本港口之间的运价给出,是计算基本运费的基础。基本运价的确定主要反映了成本定价原则,确定费率的主要因素是各种成本支出,主要包括船舶的折旧或租金、燃油、修理费、港口使用费、管理费、职工工资等。各种突发因素产生的额外费用通过附加费形式收取。集装箱运输的大量后期费用,如空箱的调拨、堆存等费用,也应该包括在基本运价中,但如何量化比较困难,所以基本成本较难准确控制。同时,市场供求关系也是影响费率的一大主要因素。

基本运价有多种形式,如普通货物运价、个别商品运价、等级运价、协议运价、集装箱运价等。根据货物特性等所确定的特别运价包括军工物资运价、高价货运价、冷藏运价、危险品运价、甲板货运价和小包裹运价等。

2．附加费

由于基本运费是根据一个平均水平制定的,且相对保持稳定性,而实际上在运输中由于船舶、货物、港口及其他种种原因,会使承运人在运输中增加一定的营运支出或损失。为了补偿这部分损失,只能采取另外收取追加费用的方法来弥补,这部分不同类型的费用就是附加费。

1) 由货物特性衍生的附加费。

(1) 超重附加费(heavy additional),指单件货物的毛重达到或超过规定的重量时,所征收的附加运费(规定重量的标准通常在单件货物3吨或5吨)。超重货物在装卸作业中需使用重型吊机,要对其专门进行加固绑扎,因此多支出吊机使用费及人工、材料费,需征收此项费用予以弥补。超重附加费通常按重量来计收,重量越大,超重附加费率越高,如表3-2所示。货物一旦超重,征收的超重附加费是按整个货物的全部重量来征收的,而非只征收超过规定重量的部分。如果超重货物需要转船,则每转船一次加收超重附加费一次。一般而言,货物超重均按货物的重量吨来征收附加费,但也有按尺码吨及重量吨各自的超重附加费费率分别计算后择大征收的。

表 3-2 超重附加费计费标准

货物重量/吨	价格/(美元/吨)	货物重量/吨	价格/(美元/吨)
5～6	9	12～14	23
6～8	12	14～15	26
8～10	16	16～18	28
10～12	20	18～20	31
		20吨以上另议	

(2) 超长附加费(long length additional)。一件货物的长度超过运价表中规定的长度即为超长货。一般规定为9米,如超过则按每米加收超长附加费。超长附加费计费标准见表3-3。如一件货物既超重又超长,则按高者计收。如超长货物需转船,则每转一次,加收一次超长附加费。这类货物在托运时,如有条件最好能拆装,将一大件拆装为几小件便可节省运费。如不能拆装,应在托运时在托运单上注明货物尺码以及其他应注意

的事项，以便承运人在装卸时加以注意，以防造成货损。

表 3-3　超长附加费计费标准

货物长度/米	价格/(美元/运费吨)	货物长度/米	价格/(美元/运费吨)
9～12	4	15～18	8
12～15	6	18米以上另议	

（3）超大件附加费（bulky additional），是指单件货物的体积超过规定的数量时（如 6 立方米）所加收的附加运费。一件货物超长、超重、超大件三种情形同时存在则应在分别计算了上述三种附加费后采取按择大计收或按全部加总计收这两种形式。

2）由运输及港口原因衍生的附加费

（1）直航附加费（direct additional or direct surcharge），是指托运人要求承运人将一些货物不经过转船而直接从装货港运抵航线上某非基本港口时，船公司为此而增收的附加费。即当运往非基本港的货物达到一定的货量，船公司可安排直航该港口而不转船时所加收的附加费。

通常船公司都做出规定，托运人交运一些货物至非基本港口必须每航次达到或超过一定数量时（如 1000 运费吨），才同意托运人提出的直航要求，并按各航线规定加收直航附加费。

一般直航附加费要比转船附加费低，有些港口还可以免收直航附加费。直航运输比转船运输时间短，又能减少中转作业环节，减少货损货差，货主在一般情况下通常愿意选择此项运输。

有些船公司还规定非基本港口货载每航次货量达到一定数量时（如 1000 运费吨）不论船舶直航与否，均按直航计收运费，并按各航线规定加收直航附加费。

（2）转船附加费，是指运往非基本港口的货物，必须在中途某一基本港换装另一船舶才能运至目的地而加收的附加运费。

货物在中途转船时发生的换装费、仓储费和二程船的运费均包含在转船附加费中，通常这些费用由船公司以基本运费的一定百分比来确定，其盈亏由船公司自理。

（3）港口附加费。船方由于港口设备条件差、装卸效率低、速度慢（如船舶进出闸门）或费用高而向货主收取的附加费叫港口附加费。港口附加费随着港口装卸效率及其他条件的变化而随时变化。

3）临时性附加费

承运人常因偶发事件的出现而临时增收附加费，通过这种方法来补偿意外情况出现而增加的开支。临时性附加费的特点是一旦意外情况消除后，此项附加费也取消征收，等待再次出现时才会重新征收。

（1）燃油附加费。在燃油价格上涨时，轮船公司便按基本运价的一定百分比加收附加费，或按每一运费吨加收。增收燃油附加费后原定运价不变。

（2）货币贬值附加费，简称币值附加费，是指船方按运价表中的运价征收的运费，因货币贬值的原因造成面额相同而实际价值减少，为弥补贬值后的损失而增收的附加费。

货币贬值附加费是在1967年世界金融危机后出现的一种附加费,随危机的消除,船公司曾一度取消此项附加费,但也有船公司在随后又征收此项附加费。该附加费与燃油附加费一样均会因国际金融市场的变化而临时增加或取消。

货币贬值附加费一般用百分比表示,基本运费和附加费均要加收。因从价运费是按货值的百分比计算,一般货值已考虑了贬值因素,所以不再加收该项附加费。船公司可在同一航线的其中某一单航线单独征收此项附加费。

(3) 港口拥挤附加费。有些港口由于压港压船,以致停泊时间较长,一般按基本运价收取附加费。通常此项费用较大,遇有这种费用,卖方应设法由买方负担。

(4) 绕航附加费,是指因某一段正常航线受战争影响、运河关闭或航道受阻塞等意外情况发生,迫使船舶绕道航行,延长运输距离而增收的附加运费。绕航附加费是一种临时性的附加费,一旦意外情况消除船舶恢复正常航线航行,该项附加费自行取消。

(5) 选择卸货附加费,是指由于贸易的原因,货物在托运时,托运人尚不确定具体的卸货地点,要求在预先指定的两个或两个以上的卸货地点中进行选择,待船舶起航后再做选定。这样就会使这些货物在舱内的积载增加困难,甚至会造成舱容的浪费,因此需要增收附加费。

(6) 变更卸货附加费,是指由于贸易的原因,货物无法在原定的提单上记录的卸货港口卸货而临时改在航线上其他基本港口卸货而增收的附加费。变更卸货会造成船方翻舱等额外损失费用,因此加收此费用。

3.3.3 班轮运费的计费标准

班轮运费的计费标准(freight basis)指的是计费时使用的单位。班轮运费的计费标准通常有货物的重量、尺码或价值等几种基本标准。

1. 重量吨

重量吨(weight tonnage,W/T 或 W)指按货物的毛重计算运费的标准,适用于货物积载因数小于船舶载货容积系数的重货。按国际惯例,凡1吨货物的积载因数小于1.133立方米或40立方英尺均为重货,如重金属、建筑材料、矿产品等。

重量吨的计量单位统一为公吨。

有关计量单位的换算

1 公吨 = 0.9842 长吨 = 1.1023 短吨

1 长吨 = 1.016 公吨

1 短吨 = 0.9072 公吨

2. 尺码吨或容积吨

尺码吨或容积吨(measurement tonnage,M/T 或 M)指货物按其尺码或体积计算运费的标准,适用于货物积载因数大于船舶载货容积系数的轻泡货。由于轻泡货物的重量不大,但占用舱容过多,若按重量吨计算运费不尽合理,因此尺码吨与重量吨是并重的两种基本计算标准。

尺码吨的计量单位统一为立方米。某些国家运输木材时也有按"板尺"(board foot)和"霍普斯尺"计算运费(12 板尺 = 0.785 霍普斯尺 = 1 立方英尺)。

有关计量换算

1 立方米＝35.3148 立方英尺

1 立方英尺＝0.0283 立方米

(1) 从价运费。从价运费指按百分比(如 2‰～5‰)收取运费。所谓高价货物,在运价本中明确为金、银、有价证券、货币、宝石、钻石、艺术品、贵金属、书画、手工艺品等。船方对此类货物应尽特别保管照料之责,并在灭失损坏时给予高出一般责任限制的赔偿,又因其价值昂贵,不宜使用重量吨或体积吨为计量单位。

(2) 按件运费。按件运费是指以货物的实体个数或件数为单位计算标准,适用于某些既非贵重物品,又不便测量体积和重量的货物。例如车辆以每"辆"计算,活牲畜按每"头"计收,集装箱运输中以每"标准箱"为单位计收。

(3) 起码运费。起码运费是指一批货物运费的收取最低额。对于所运小于 1 立方米或 1 吨的货物,其某些运输劳务与运量大的货物相同,故船公司规定了最低运费标准。若货物小于此标准均按 1 立方米或 1 吨征收运费。有些船公司还规定最低运费等级,在货物费率本中常规定每提单的起码运费额。货物若按起码运费征收,仍要加收转船附加费、燃油附加费等。

3.3.4 杂费计算

1. 班轮运价表

虽然各船公司的运价表形式由于航线数量及其他的特殊情况而不尽相同,但内容上大同小异,一般由以下几个部分构成。

(1) 说明和有关规定(notes and conditions)。这一部分通常由说明与规则(分别规定杂货与集装箱运输)及港口规定组成。说明和规定部分,规定了运价表的适用范围、运费计算方法、支付方法、计价币值、单位、船货双方责任、权利、义务,各种货物运输的特殊规定和各种运输形式,如直航、转航、选择或变更卸货港口等办法和规定。

船公司在综合运价表中会特别规定杂货、托盘、集装箱运输承运条款和有关基本运费和附加费的计算方法。

说明和有关规定是提单条款的组成部分,也是船货双方共同遵守的规则。对运价及运输过程中发生异议、分歧和纠纷时,"说明和有关规定"同样被视为处理问题的依据。

港口规定和条款(port regulations and clauses),引述了国外有关港口的规定和习惯做法。这些港口的规定和习惯做法并不是船公司规定的,而是由有关港口当局或政府规定的,船舶不论行驶到哪个港口卸货,船货双方都必须遵守那里的规定和习惯做法。为避免引起争议和麻烦,班轮公司将这些常去港口的有关规定和习惯做法印在运价表内用来约束有关当事人。

(2) 商品分级表附录。商品分级表部分标列了各种货物的名称及其运费计算等级和计费标准,每一种商品的名称是按英文字母的顺序排列的,如表 3-4 所示。由于商品种类繁多,加之新产品不断出现,任何一个运价表都不能将所有商品开列无遗,为此运价表内都有一项"未列名货物"。一般"未列名货物"的运价偏高,至少近于平均运价水平,大多数船公司定为 20 级中的 12 级左右。"未列名货物"有一个总称,另外对某大类货物往往也有一个未列名货物品种,如"未列名粮谷""未列名合金"等。由于商品分级表中未列出全部商品名称,一般情况下,可按商品分级表中性质相近的商品确定等级。

表 3-4　商品分级表(节选)

商品名称	COMMODITY	等级(CLASS) W/M
手推车	barrow	8
未列名货物	cargo N. O. E	12
陶管及配件	earthen pipe & fittings	6
羽绒及制品	feather dow & products	15
各种麻纱、线	hemp, yarn twine all kind	7
光学仪器	instrument, optical	13
保险柜	iron cash cases	10
海蜇皮	jelly fish	10
锡铂	joss tin foies	11
皮革制品	leather & leather good	12
机械及零件	machinery & parts	10
金属铬	chrome metal	10
镍及镍材	nickel & nickel materia	12
各种缝纫针	needles & all kinds	10

商品附录是商品列名的补充。有些商品的列名和运价是以货类集合名称标列的。为明确每种集合名称的大类具体包括哪些商品,便制定了商品附录作为商品列名的附录部分,如化工品、文具、小五金、工具、饲料等都另有附录。

(3)航线费率表。该表规定了各航线的基本运价及各类附加费,如果是综合运价本,则一般分为杂货与集装箱运输两大部分。

2．运费计算的基本步骤

运费的计算在航运实务中并不是一件困难的事情,但却是一项具体而又细致的工作,稍有差错就将会给航运企业带来不应有的损失。因此,要做到准确无误地计算运费,通常都应遵照一定的基本步骤进行,尤其是对第一次从事运费计算工作的人员来说更应如此。

(1)根据装货单留底联(或托运单)查明所运商品的装货和目的地所属的航线。注意目的地或卸货是否属于航线上的基本港口、是否需要转船或要求直达,如果是选卸货港口时,选卸货港口有几个。

(2)根据商品的名称,了解其特性、包装式样,如是否属于超重或超长货件或冷藏货物。若托运人所提供的商品重量、尺码、使用的计量单位与运价规定的计量单位不相符时,还要先对计量单位按规定的换算率进行换算。

(3)根据商品的名称,从商品分级表中查出所属的等级,并确定其应采用的计算标准。如果属于未列名商品,则参照性质相近商品的等级及计算标准,并做出记录以便在实践中进一步验证,为日后做出是否需要更正所属等级或应在商品分级表内补充列名依据积累资料。

(4) 查找所属航线等级费率表,找出该等级商品的基本费率。

(5) 查出各项应收附加费的计费办法及费率。

(6) 列式进行具体计算。

$$班轮运费 = 基本运费 + 附加费$$

【难点例释 3-1】 某货轮从上海装运 10 吨共 33.44 立方米茶叶到伦敦,要求直航,计算全程应收的运费是多少?

【解】

第一步,从题目中知该票商品的运输航线属中国/欧洲、地中海航线,并从航线费率表得知,伦敦是该航线的非基本港口。

第二步,查商品分级表得知,茶叶属 8 级,计算标准 W/M。

第三步,查中国/欧洲、地中海航线等级费率表得知,8 级商品的基本费率为 $90.00 (F/T)。

第四步,查中国/欧洲、地中海航线附加费率表得知,伦敦直航附加费率为基本运费的 35%,伦敦的港口附加费率为 $7.00(F/T)。

因为茶叶的容积吨大于重量吨,所以应按容积吨 33.44 立方米计收运费,全程应收运费为

$$F = 90.00 \times 33.44 + 90.00 \times 33.44 \times 35\% + 7.00 \times 33.44 = 4297.04\ \$$$

【难点例释 3-2】 某货轮从广州装载 1000 立方英尺烟花运往欧洲港口,卸货鹿特丹/汉堡,计算应收的运费是多少?

【解】

第一步,从题目中得知该票商品的运输航线属中国/欧洲、地中海航线,卸货港口均为航线上的基本港口。

第二步,查商品分级表得知,烟花属 17 级,其计算标准为 M。

第三步,查中国/欧洲、地中海航线等级费率表得知 17 级商品的基本费率为 $130.00 (F/T)。

第四步,根据费率表中关于杂货运输规定及说明中规定 3 个以内选的附加费率为每运费吨加收 $4.00(F/T)。

第五步,计算单位换算结果

$$1000\ 立方英尺 = 28.317\ 立方米$$

应收运费为

$$F = (130.00 + 4.00) \times 28.317 = 3794.48\ \$$$

3. **杂货班轮运费计算**

班轮费用由基本运费和各类附加费构成,在计算基本费用和各种附加费用时应结合所使用的运价本的特点,按运价表的有关规定,查找相应的资料进行结算。其步骤如下。

(1) 弄清楚运价表中有关规定说明,有无区别于其他航运公司的特别规定,说明规定中条款对运费计算的影响等。

(2) 确定货物运输情况。首先查明所运货物的装卸港口所属的航线、确认港口情况。是否存在直航、转航、有无选卸等情况。

(3) 查明货物特性。根据货物特性先从商品分级表中查找货物等级、确定计算标准,并了解是否存在超长、超重或冷藏货物等情况。

(4) 查找各类费率。根据上述资料在相应的航线费率表中查找基本费率,根据实际情况查找附加费。

(5) 列式计算。计算公式为

班轮运费总额＝基本运费＋各项费用

3.4 管道运输

3.4.1 管道运输概述

1. 概念

管道运输是利用地下管道将原油、天然气、成品油、矿浆、煤浆等货物从生产地运送到消费地的一种运输方式。我国1958年在新疆建成从克拉玛依到独山子的第一条原油管道,全长147千米。2004年10月完工的西气东输工程一线西起新疆塔里木轮南油田,东至上海市白鹤镇,该工程管线全长约4000千米。2008年2月22日,西气东输工程二线开工建设,管道主干线和8条支干线全长8700多千米,与中亚天然气管道实现对接后,总长度将超过1万千米,成为世界上距离最长、等级最高的天然气输送管道。

2. 管道运输特征

用车、船、飞机等运输货物时是驱动装运货物的运输工具将货物运送至目的地,而用管道运输货物时,管道是静止的,它通过输送设备(如泵、压缩机等)驱动货物,使之通过管道流向目的地。因此,管道运输具有以下特征。

1) 技术经济特征

(1) 运量大。一条管径为720毫米的管道每年可以运送易凝高黏原油2000多万吨,一条管径1200毫米的原油管道年输油量可达1亿吨。

(2) 占用土地少。管道埋于地下,除泵站、首末站占用一些土地外,占地很少。管道可从河流、湖泊、铁路、公路下部穿过,也可以翻越高山、横穿沙漠,一般不受地形与坡度的限制,易取捷径,因而既可缩短运输里程,也节省了大量土地。

(3) 运营费用低。管道输送流体能源,主要依靠间隔为60～70千米设置的增压站提供压力能量,设备比较简单,易于就地自动化和进行集中遥控,运营费用较低。沿线不产生噪声,漏失污染少,有利于环境保护。

(4) 运输费用低,安全可靠。输送每吨·千米轻质原油的能耗只有铁路的1/17～1/12,成品油运费仅为铁路的1/6～1/3,接近于海运,且无须装卸、包装,无空车回程问题。易燃的油、气密闭于管道中,既可减少挥发损耗,又较其他运输方式安全,且系统机械故障率低。

2) 经营管理特征

(1) 生产与运输一体化。管道运输属专用运输,其生产与运销融为一体,如炼油厂的生产产品可经管道直接运送到消费者手中。

(2) 上门服务。管道运输的导管可从工厂经干线、支线,直接运至用户,中间不需要任何间接的搬运,可做到上门服务。

(3) 便于管理。管道运输是在液体类货物运输中最具高度专业化的运输企业,需要装设专门的管道及相关设施。便于运输管理,易于远程监控,维修量小,劳动生产率高。

(4) 作业自动化。管道运输的要素是利用引力及机械力,因此其作业过程的操作均需实现自动化。

(5) 运营灵活性较差。管道运输不如其他运输方式灵活,承运的货物比较单一,货源减少时不能改变路线,当运输量降低较多并超出其合理运行范围时,优越性就难以发挥。

3. 管道运输适用的主要作业

管道运输是随着石油工业的产生而产生和发展的。它是一种特殊的运输方式,与普通货物的运输形态完全不同。根据管道运输的特点,管道运输主要担负单向、定点、量大的流体状货物(如石油、油气、煤浆、某些化学制品原料等)的运输。

为了增加运量、加速周转,现代管道管径和泵功率都有很大的增加,管道里程越来越长,最长达数千千米。现代管道不仅可以输送原油、各种石油成品、化学品、天然气等液体和气体物品,而且可以输送矿砂、碎煤浆等。另外,在管道中利用容器包装运送固态货物(如粮食、砂石、邮件等),也具有良好的发展前景。

3.4.2 管道运输系统的分类

1. 按输送物品分类

运输管道按所输送的物品不同而分为原油管道、成品油管道、天然气管道和固体料浆管道。前两类常统称为油品管道或输油管道。

1) 原油管道

原油运输是自油田将原油输给炼油厂,或输给转运原油的港口或铁路车站,具有输量大、运距长、收油点和交油点少的运输特点,适用于管道输送。世界上85%以上的原油是采用管道输送的。

原油一般采用分离管道输送方法,即同一管道固定运输一种货物。分离管道输送适用于单种货物运量大、运距长、流向固定的货物。

2) 成品油管道

成品油管道输送汽油、煤油、柴油、航空煤油和燃料油,以及从油气中分离出来的液化石油气等成品油(油品)。运输管道负责将炼油厂生产的大宗成品油输送到各大城镇附近的成品油库,然后用油罐汽车转运给城镇的加油站或用户,具有批量多、交油点多的运输特点。因此,起点段管径大,输油量大;经多处交油分输以后,输油量减少,管径亦随之变小,从而形成成品油管道多级变径的特点。

每种成品油在商业上有多种牌号,常采用顺序管道输送,即在同一条管道中按一定顺序输送多种油品,相互之间采用一定的方式进行隔离,到终端后再采用一定方式进行分离。

3) 天然气管道

输送天然气和油田伴生气的管道,包括集气管道、输气干线和供配气管道。就长距离运输而言,输气管道是指高压、大口径的输气干线。这种输气管道约占全世界管道总长的一半。

4) 固体料浆管道

固体料浆管道是20世纪50年代中期发展起来的,到70年代初已建成能输送大量煤炭料浆的管道。其输送方法是将固体粉碎,掺水制成浆液,再用泵按液体管道输送工艺进行输送。固体料浆管道需要消耗大量的水资源,而且运输终端又要将水进行分离和净化,这将提高管道运输的成本和技术难度。

2. 按用途分类

1) 集输管道

集输管道(或集气管道)是指从油(气)田井口装置经集油(气)站到起点压力站的管道,主要用于收集从地层中开采出来的未经处理的原油(天然气)。

2) 输油(气)管道

以输气管道为例,它是指从气源的气体处理厂或起点压气站到各大城市的配气中心、大型用户或储气库的管道,以及气源之间相互连通的管道,输送经过处理符合管道输送质量标准的天然气,是整个输气系统的主体部分。

3) 配油(气)管道

对于油品管道来说,它是指在炼油厂、油库和用户之间的管道;对于输气管道来说,是指从城市调压计量站到用户支线的管道。此类管道压力低、分支多、管网稠密、管径小,除大量使用钢管外,低压配气管道也可用塑料管或其他材质的管道。

3.4.3 管道运输系统的设施设备

管道运输系统与其他运输系统最主要的差别在于:管道运输系统中,运输工具固定,不需要凭借运输工具的移动来完成运输任务。管道运输系统的基本设施包括管道、储存库、压力站(泵站)和控制系统中心。

1. 管道

管道是管道运输系统中最主要的部分,它的制造材料可以是金属、混凝土或塑胶,完全依据输送的货物种类及输送过程中所要承受的压力大小而决定。

2. 储存库

管道两端须建造足够容纳其所承载货物的储存槽。如果运输距离很长,有必要在整条线路上加设若干个储存槽,以保证运输的弹性,加强对运量的控制和管理。

3. 加压站

货物经由管道必须靠压力来推动,加压站就是管道运输动力的来源。通常气体的输送动力来源靠压缩机来提供,这类加压站彼此的设置距离一般为80~160千米。液体的输送动力来源则是靠泵提供,这类的加压站设置距离为30~160千米。

4. 控制系统中心

控制系统中心指对管道运输的过程进行控制和管理的机构和设备设施,任务就是控制运量、调整泵站压力、货物计量、运输过程的协调等。管道运输虽具有高度自动化,但良好的控制中心配合现代的监测器及熟练的管理与维护人员,随时检测、监视管道运输设备的运转情况,可以防止意外事故发生时所造成的漏损及危害。

小　　结

本章介绍了水路货运方式的特点作用,水路货运业务的组织管理以及水路货运业务所涉及的基本理论和实务操作程序、水路业务流程、水路运价与运费的计算、水路货运单的缮制,以及管道运输的特点、种类和发展趋势。

复 习 思 考

一、填空题

1. 水路货物运输按其航行的区域,大体上可划分为(　　　)、(　　　)和(　　　)三种类型。
2. (　　　)是指利用船舶在我国沿海区域各港口之间的运输。其范围包括:(　　　)至(　　　)以及我国所属的诸岛屿沿海及其与大陆间的全部水域内的运输。
3. (　　　)是指利用船舶、排筏和其他浮运工具,在江、河、湖泊、水库及人工水道上从事的运输。
4. 在内河运输中,美国最大顶推船队运载能力达到(　　　)吨。我国顶推船队的运载能力已达(　　　)吨,相当于铁路列车的6~10倍。
5. 内河航运的能源消耗仅为铁路运输的(　　　)、公路运输的(　　　)。

二、判断题

1. 水运的运输成本约为铁路运输的1/60~1/45,公路运输的1/100。(　　　)
2. 一艘20万吨的油船一般只需配备60名船员,平均每人运送货物5000吨。(　　　)
3. 海运市场的周期性循环对运费高低的影响很大。(　　　)
4. 水路运输的主要技术设施设备包括:船舶、航道、港口。(　　　)
5. 散货船属于干货船的一种,它是装载一般包装、袋装、箱装和桶装的普通货物船。(　　　)
6. 集装箱船在结构与船型上与杂货船明显不同,它船型尖瘦,航速高,一般在20~37节。(　　　)
7. 集装箱船是专门运输鲜活易腐货物的船舶。(　　　)
8. 驳船是专门装运以载货车辆为货物单元的运输船舶。载货车辆从岸上通过滚装船的跳板开到船上,到港后再从船上经跳板开到岸上。(　　　)
9. 航道是以组织水路运输为目的所规定或设置的船舶航行通道。(　　　)
10. 装货单是由托运人按照订舱单的内容填制,交船公司或其代理人签章后,据以要求船公司将承运货物装船的凭证。(　　　)

三、单项选择题

1. 万吨杂货船一般都是（　　）甲板船，有 4～6 个货舱，每个货舱的甲板上有货舱口，多数杂货船货舱口上装有起重设备。
   A. 单层　　　　　B. 双层　　　　　C. 三层　　　　　D. 四层
2. 德国船级社(GL)开发的巴拿马型集装箱船总长 398 米，宽 54.2 米，型深 27.7 米，容量可达（　　）TEU。
   A. 14 000　　　　B. 15 000　　　　C. 16 000　　　　D. 17 000
3. （　　）是指本身没有自航能力，需要拖船或顶推船带动运行的货船。
   A. 冷藏船　　　　B. 滚装船　　　　C. 驳船　　　　　D. 载驳船
4. 著名的国际通航运河主要有苏伊士运河、巴拿马运河和（　　）运河。
   A. 基尔　　　　　B. 好望角　　　　C. 巴西　　　　　D. 其他
5. 船舶的装卸、补给、修理工作和船员的休整等都要在（　　）进行。
   A. 码头　　　　　B. 港口　　　　　C. 库场　　　　　D. 避风港
6. 承运人与港口经营人在（　　）进行货物交接。
   A. 码头　　　　　B. 港口　　　　　C. 船边　　　　　D. 岸边
7. 货物装船时，如发生实装数量与运单记载不符时，（　　）编制货运记录。
   A. 承运人与托运人　　　　　　　B. 托运人与港口经营人
   C. 承运人与经纪人　　　　　　　D. 承运人与港口经营人
8. （　　）属于近洋航线之一。
   A. 新马线　　　　B. 地中海线　　　C. 西北欧线　　　D. 南美洲西岸
9. （　　）又称定期船运输，它是指固定船舶按照公布的船期表在固定航线和固定港口间运行的运输组织形式。
   A. 租船运输　　　B. 零担运输　　　C. 班轮运输　　　D. 整箱运输
10. （　　）港交付货物是指在提单上所记载的卸货港以外的其他港口卸货和交付货物。
    A. 船边交货　　　B. 选港交货　　　C. 保证书交货　　D. 变更卸货

四、简答题

1. 名词解释
   水路运输　海洋运输　内河运输　沿海运输
2. 什么是散装货船？
3. 什么是载驳船？
4. 试述水路运输的经营方式。
5. 如何办理内河货物的托运及领取手续？
6. 租船运输有什么特点？租船方式有哪几种？
7. 简述租船运输与班轮运输的区别。
8. 简述内河运输的特点。
9. 班轮运价特点、运费的计费标准是什么？
10. 简述杂货班轮运费计算步骤。

五、案例分析

古巴将加强海运

据悉,古巴交通部正专心研究各个机构的货运情况,以便减少燃料和其他资源的消耗。交通部主张尽量使用铁路和沿海航运,既快捷,又比公路运输节省资源。

根据古巴统计局公布的数字,在所有的运输方式中,公路运输占79.2%,铁路运输占18.9%,海运方式不到1.9%。

交通部分管海运的副部长Lazaro Machado Martinez在古巴举行的泛美海军工程学院大会(IPIN)时,指出古巴正在利用手中有限的资金修理沿海航运船舶和拖船,这些船舶和拖船船龄都长达25~30年,对古巴经济做出了很大贡献。造成目前海运短缺现象的主要原因是在特殊时期投入的财政资金不足,以及多年来的原材料短缺。当前,重新建立海运就需要大量的资金投入。

所有的船舶维修工作由国营企业Astilleros公司负责,这家公司拥有专业人员。因为设施不够先进,需要较长时间来完成修理工作。

交通部副部长同时指出政府目前正在进行港口设施现代化的建设。古巴的主要货运港口已经确定为:哈瓦那港、努埃维塔斯港、圣地亚哥港、西恩富格斯港,建设所需资金和材料已经到位。

讨论

1. 古巴为什么要加强海运?
2. 海运有哪些技术特征?
3. 发展海运有哪些硬件支持?

(资料来源:http://roll.sohu.com/20120525/n344045743.shtml.)

第 4 章 铁路货物运输

【学习目标】

通过本章学习,了解铁路运输发展现状与特点,掌握铁路运输的业务流程、铁路货物各种运输形式的交接责任和义务、铁路运输货物运费的构成、铁路货物运输运费的计算、铁路货物作业的流程及各个流程作业项目的内容。

【本章要点】

本章主要介绍铁路货物运输及其技术经济特性、铁路货物作业的流程管理、特殊货物运输、铁路货物运输运费的计算。

铁路运输合同案例

山西省大同市某公司与内蒙古自治区某公司通过函件订立了一个买卖合同。货物采取铁路运输的方式,而内蒙古公司作为卖方将到达栏内的"大同县站"写成"大同站"。因此导致货物运错了车站,造成了双方的合同纠纷。

思考

1. 该批货物被错发到站的原因是什么?
2. 如收货人追究逾期违约,应如何计算逾期违约金?

4.1 铁路货物运输概述

4.1.1 铁路货物运输的概念及特征

1. 铁路货物运输的概念

铁路货物运输是指利用机车、车辆等技术设备沿铺设轨道运行的运输方式。铁路货物运输按照一批货物的重量、体积、性质或形状等因素,可以分为整车运输、零担运输和集装箱运输三种。

2. 铁路货物运输的特征

1) 技术经济特征

(1) 适应性强。铁路几乎可在任何需要的地方修建,可全年全天候不停业地运营,受地理和气候条件的限制少,具有较好的连续性,且适合于长短途旅客和各类不同重量与体积货物的双向运输。

(2) 运输能力大。铁路的运输能力一般是指一年内某一线路所能通过的最大货运量(万吨/年)。大秦铁路上运行的万吨级重载单元列车,平均每 14 分钟开行一列。运输繁忙时,一天开行 90 多对,最多达 108 对列车。每天运送煤炭超过百万吨,高峰时每秒煤炭流量近 12 吨,年运量 3 亿吨。

(3) 安全性好。随着先进技术的发展和采用,铁路运输的安全程度越来越高。特别是近 20 年来,许多国家铁路广泛采用了电子计算机和自动控制等高新技术,有效地防止了列车冲突事故,减轻了行车事故的损害程度。在各种运输方式中,铁路运输的单位客、货周转量发生的事故率最低。

(4) 能耗小。铁路运输轮轨之间的摩擦阻力小于汽车车辆和地面之间的摩擦阻力,铁路机车车辆单位功率所能牵引的质量约比汽车高 10 倍。因而,铁路单位运量能耗要比汽车运输少得多,约为公路的 1/10、民航的 1/13。

(5) 环境污染小。考虑到社会经济与自然环境之间的平衡,对空气和地表的污染较为明显的是汽车运输,而喷气式飞机、超音速飞机的噪声污染则更为严重。相比之下,铁路运输对环境和生态平衡的影响程度较小,特别是电气化铁路的影响更小。

(6) 运输成本较低。一般来说,铁路的单位运输成本要比公路运输和航空运输低得多,有的甚至比内河航运还低。而且运距越长、运量越大,其单位成本越低。

(7) 资本密集且固定资产庞大。铁路投资大多属于固定设备的沉没成本,其固定资产比例较其他运输方式高,投资风险也就比较高。

(8) 设备庞大不易维修。铁路的运输过程必须依赖所有设施协同配合。由于整个运输体系十分庞大,因此不易达到完善的维修,且战争时极易招致破坏。

(9) 有效使用土地。铁路运输以由客、货车组成的列车为基本运输单元,可占用少量的土地进行大量的运输。在相同运量下,高速铁路的用地只有 4 车道的高速公路用地的 1/6~1/4。

2) 经营管理特征

(1) 车路一体。一般来说,铁路的线路与车辆同属铁路运输企业。因此,铁路建设投资相当庞大,须自行购地、铺设铁路线路和站场,购置机车车辆与车站设备,远非其他运输方式那样单纯,而且铁路设施的保养与维护费用也相当巨大。

(2) 以列车为基本输送单元。铁路运输组织的基本输送单元为由若干客车或货车连挂而成的车列及机车组成的旅客列车或货物列车。因此,可大大提高铁路的运输能力,可构成大运输量的运输通道。

(3) 铁路具有优越的外部导引技术。铁路运输最初采用凸出的钢轨与轮缘,这种外部引导技术有两方面的优点。一是自然控制。铁路因钢轨而享有专用路权,钢轨的导引技术使列车可自然而然地被控制。二是自动操作。对铁路来说,车轮的导向只有一个变数(方向),而公路车辆要两个变数(方向及转弯),航空器要三个变数(方向、上下及转弯)。因此,导引技术促进了铁路运输自动化的发展。

(4) 铁路运输设备不能移转。铁路运输设备不仅用途专一,而且不能移转。一旦停业,其所耗资金均不能转让或回收,从而成为巨大的沉没成本。

(5)营运缺乏弹性。铁路运输很难随货源或客源所在地而变更营运路线,在营运上缺乏弹性,容易产生空车回送现象,从而造成营运成本的增加。

4.1.2 铁路货物运输的分类

1. 按铁路运输形式不同分类

根据托运人托运货物的数量、体积、形状等条件,铁路货物运输的形式可分为三种:整车、零担和集装箱运输。

(1)整车运输是指货物的重量、体积或形状需要以一辆或一辆以上的货车进行装运。

(2)零担运输是指一批货物的重量、体积或形状不够整车运输条件时的运输。按零担托运的货物还需要具备两个条件:一是单件货物的体积最小不得小于 0.02 立方米(单件货物重量在 10 千克以上的除外),二是每批货物的件数不得超过 300 件。

(3)集装箱运输是指不会损坏箱体,能装入箱内货物的运输。符合集装箱运输条件的货物都可按集装箱运输办理。

2. 按运送条件不同分类

1)普通货物

普通货物系指在铁路运送过程中,按一般条件办理的货物,如煤、粮食、木材、钢材、矿建材料等。

2)特殊货物

按特殊条件办理的货物系指由于货物的性质、体积、状态等在运输过程中需要使用特别的专辆装运或需要采取特殊的运输条件和措施,才能保证货物完整和行车安全的货物,具体分为以下三类。

(1)超重和超限的货物,是指一件货物的长度,超过用以装运的平车的长度,需要使用游车或跨装而又不超限的货物。

(2)超重货物,是指一件货物装车后,其重量不是均匀地分布在车辆的底板上,而是集中在底板的一小部分上的货物。

(3)超限货物,是指一件货物装车后,车辆在平直的线路上停留时,货物的高度和宽度有任何一部分超过机车车辆限界的;或者货车行经半径为 300 米的铁路线路曲线时,货物的内侧或外侧的计算宽度超过机车车辆限界的,以及超过特定区段的装载限界的货物。

3)危险货物

凡具有爆炸、易燃、毒害、腐蚀、放射性等特性,在运输、装卸和储存保管过程中,容易造成人身伤亡和财产毁损而需要采取制冷、加温、保温、通风、上水等特殊措施,以防止腐烂变质或病残死亡的货物,都是危险货物。

4)鲜活货物

鲜活货物分为易腐货物和活动物两大类。托运人托运的鲜活货物必须品质新鲜、无残缺。托运人要有能力保证货物运输安全的包装,使用的车辆和装载方法要适应货物性质,并根据需要采取预冷、加冰、上水、押运等措施,以保证货物的质量状态完好。

4.1.3 铁路货物运输的技术装备和设施

1. 铁路机车

铁路车辆本身没有动力装置,必须把许多车辆连接在一起编成一列,由机车牵引才能运行。所以,机车是铁路车辆的基本动力。铁路上使用的机车种类很多,按照机车原动力,可分为蒸汽机车、内燃机车和电力机车三种。

1) 蒸汽机车

蒸汽机车是以蒸汽为原动力的机车。其优点是结构比较简单,制造成本低,使用年限长,驾驶和维修技术较易掌握,对燃料的要求不高。其缺点首先是热效率太低,总效率一般只有5%~7%,使机车的功率和速度的进一步提高受到了限制。其次是煤炭的消耗量大。再次,在运输中会产生大量的煤烟,污染环境。最后是机车乘务员的工作环境差。因此,在现代铁路运输中,随着铁路运量的增加和行车速度的提高,蒸汽机车已不适应现代运输的要求。我国于1989年停止生产蒸汽机车,在牵引动力改革中逐步对蒸汽机车予以淘汰。

2) 内燃机车

内燃机车是以内燃机为原动力的机车。与蒸汽机车相比,它的热效率高,一般可以达到20%~30%。内燃机车是一次加入燃料后,长时间持续工作,特别适用于在缺水或水质不良地区运行;便于多机牵引,乘务员的工作环境较好。但缺点是机车构造复杂,制造、维修和运营费用都较大,对环境有较大的污染。

3) 电力机车

电力机车是从铁路沿线的接触网获取电能产生牵引动力的机车,所以电力机车是非自带能源的机车。它的热效率比蒸汽机车高一倍以上。它的优点还有启动快、速度高、善于爬坡,可以制成大功率机车,运输能力大,运营费用低,如果利用水力发电更为经济,不污染环境,工作环境好,运行中噪声也小,便于多机牵引。但电气化铁路需要建设一套完整的供电系统,在基建投资上要比采用内燃机车和蒸汽机车大得多。从世界各国铁路牵引动力的发展来看,电力机车被公认为最有发展前途的一种机车,它在运营上有良好的经济效果。

2. 铁路车辆

铁路车辆的分类如表4-1所示。

表4-1 铁路车辆的分类

按照用途/车型划分	通用货车	棚车	棚车车体由端墙、侧墙、棚顶、地板、门窗等部分组成,用于运送比较贵重和怕潮湿的货物
		敞车	敞车仅有端、侧墙和地板,主要用于不怕湿损的散货或带包装的货物。敞车是一种通用性较大的货车,它的灵活性较强
		平车	大部分平车只有一平底板,供装运特殊重型货物,因而也称作长大货物车
	专用货车	保温车	目前,我国以成列或成组使用的机械保温车为多,车内装有制冷设备,可以自动控制车内的温度。一般用于运送新鲜蔬菜、鱼、肉等易腐的货物
		罐车	其车体为圆筒形,罐体上设有装卸口,为保证液体货物运送时的安全,还设有空气包和安全阀等设备。罐车主要用于运送液化石油气、汽油、硫酸、酒精等液态货物或散装水泥等
		家畜车	家畜车是主要运送活家禽、家畜等的专用车。车内有给水、饲料的储运装置,还有押运人乘坐的设施

续表

按载重分	我国的货车可分为 20 吨以下、25～40 吨、50 吨、60 吨、65 吨、75 吨、90 吨等各种不同的车辆。为适应我国货物运量大的客观需要,有利于多装快运和降低货运成本,我国目前以制造 60 吨车为主	
按轴数分	车辆分为四轴车、六轴车和多轴车等。我国铁路以四轴车为主	
按制作材料分	钢骨车	其车底架及梁柱等主要受力部分用钢材,其他部分用木材制成,因而自重轻,成本低
	全钢车	此种车坚固耐用,检修费用低,适合于高速运行

铁路车皮的外形尺寸、载重、容积如表 4-2 所示。

表 4-2 铁路车皮的外形尺寸、载重、容积对照表

车型	型号	外形尺寸/米			重/吨	容积/立方米
		长	宽	高		
行包(X)	P65、P64	15.4	2.8	3.1	40(限 30)	135
棚车(P)	P64	15.4	2.8	2.7	58	116
	P64	15.4	2.8	3.1	58	135
	P62		2.8	2.8	60	120
	P62	15.4	2.8	2.7	60	116
敞车(C)	C64	12.5	2.8		61	73.3
	C62	12.5	2.9		60	71.6
	C64	12.5	2.9		61	73.3
平板车		12.5	3.0			

3．车辆标记

一般常见的标记主要有以下几种。

(1) 路徽。凡中国铁路总公司所属车辆均有人民铁道的路徽。

(2) 车号。它是识别车辆的最基本的标记。车号包括型号和号码。型号又有基本型号和辅助型号两种。

① 基本型号代表车辆种类,用汉语拼音字母表示。我国部分货车的种类及其基本型号如表 4-3 所示。

② 辅助型号表示车辆的构造型式,它以阿拉伯数字和英文字母组合而成。例如,P64A,表示结构为 64A 型的棚车。

③ 号码一般编在车辆的基本型号和辅助型号之后。车辆号码是按车种和载重分别依次编号。

表 4-3　部分货车基本型号表

顺序	车种	基本型号	顺序	车种	基本型号
1	棚车	P	7	保温车	B
2	敞车	C	8	集装箱专用车	X
3	平车	N	9	家畜车	J
4	砂石车	A	10	罐车	G
5	煤车	M	11	水泥车	U
6	矿石车	K	12	长大货物车	D

（3）配属标记。对固定配属的车辆，应标上所属铁路局和车辆段的简称，如"京局京段"表示北京铁路局北京车辆段的配属车。

（4）载重即车辆允许的最大装载重量，它以吨为单位。

（5）自重即车辆本身的重量，它以吨为单位。

（6）容积。它是指货车（平车除外）可供装载货物的容积，它以立方米为单位。

（7）特殊标记。它是根据货车的构造及设备情况，在车辆上涂挂各种特殊的标记。例如，"MC"表示可以用于国际联运的货车，"人"表示具有车窗、床托可用以输送人员的棚车，"古"表示具有拴马环或其他拴马装置的货车，可以运送马匹。

（8）车辆全长及换算长度。车辆全长是指车辆两端钩舌内侧的距离，以米为单位。在实际业务中，习惯上将车辆的长度换算成车辆的辆数，即用全长除以 11 米所得的商表示车辆的换算长度。换算长度＝车辆全长（米）/11（米）。

4．列车

按计划把若干节车辆编组在一起并挂上机车，便形成一列列车。铁路货物列车一般载重 3000～5000 吨，载重在 5000 吨以上的列车称为重载列车。

5．**铁路线路与信号设备**

1）线路

铁路线路是支撑列车重量、引导列车前进的基础，主要由路基、桥梁、隧道和轨道组成。

2）铁路信号设备

信号设备是信号、联锁、闭塞等设备的总称，用于向行车人员传达有关机车车辆运行条件、行车设备状态，以及行车有关指示和命令等信息。它的主要功能是保证列车运行安全与调车工作安全。信号技术发展和先进设备的广泛采用，提高了铁路运输能力，降低了运输成本并促进了铁路现代化。

6．**铁路车站及枢纽**

1）车站

车站是铁路运输的基本生产单位，它集中了运输有关的各项技术设备，并参与整个运输过程的各个作业环节。车站按技术作业性质可分为中间站、区段站、编组站,按业务性质可分为客运站、货运站、客货运站,按等级可分为特等站、1~5等站。

在车站内除与区间直接连通的正线外,还有供于接发列车用的到发线、供于解体和编组列车用的调车线和牵出线、供于货物装卸作业的货物线、为保证安全而设置的安全线、避难线以及供于其他作业的线路,如机车走行线、存车线、检修线等。

2)铁路枢纽

铁路枢纽是在铁路网点或铁路网端,由各种铁路线路、专业车站以及其他为运输服务的设备组成的技术设备总称。

铁路枢纽是客货流从一条铁路线转运到另一条铁路线的中转地区,也是城市、工业区客货到发和联运的地区。它除办理与各种车站有关的作业外,在货物运转方面,还办理各方向间的无调中转和改编列车的转线以及枢纽地区车流交换的小运转列车作业。此外,铁路枢纽还要提供列车动力,进行机车车辆的检修等作业。

4.1.4 铁路货物运输服务的特点

铁路货物运输最大的特点是适合长距离的大宗货物的集中运输,并且以集中整列为最佳,整车运输次之。

1. 铁路货物运输的优点

铁路货物运输的优点是运载量较大、速度快、连续性强、远距离运输费用低(经济里程在200千米以上),一般不受气候因素影响,准时性较强,安全系数较大,是营运最可靠的运输方式。

2. 铁路货物运输的缺点

铁路货物运输也有其缺点,如资本密集、固定资产庞大、设备不易维修等。对于运输管理来说,其缺点主要表现在以下两方面。

1)营运缺乏弹性

铁路运输受线路、货站限制不够灵活机动。同时,因铁路运输受运行时刻、配车、编列或中途编组等因素的影响,不能适应用户的紧急需要。

2)货损较高

铁路运输可能因为列车行驶时的震动及货物装卸不当,容易造成所承载货物的损坏,而且运输过程需要多次中转,也容易导致货物损坏、遗失。

4.2 铁路货物运输主要作业

4.2.1 铁路货物的托运与受理环节

1. 托运与受理

1)托运

托运人向承运人提出货物运单和运输要求,称为货物的托运。托运人向承运人交运货物,应该向车站按批填写货物运单一份。

2) 受理

车站对托运人填写的货物运单,经过审查符合运输要求,在货物运单上签上货物搬入或装车日期后,即为受理。

2. 进货与验货

1) 进货

托运人凭车站签证后的货物运单,按指定日期将货物搬入货场指定的货位即为进货。托运人进货时,应根据货物运单核对是否符合签证上的搬入日期、品名与现货是否相符。货物经检查无误后,方准搬入货场。

2) 验货

进货验收是为了保证货物的运输安全与完整,划清承运人与托运人之间的责任,防止因检查疏忽使不符合运输要求的货物进入运输过程而造成或扩大货物的损失。

检查的内容主要有以下几项:货物的名称、件数是否与货物运单的记载相符,货物的状态是否良好,货物的运输包装和标记及加固材料是否符合规定(托运人托运货物时,应根据货物的性质、重量、运输种类、运输距离、气候以及货车装载等条件,使用符合运输要求,便于装卸和保证货物安全的运输包装),货物的标记(货签)是否齐全、正确,货物上的旧标记是否撤换或抹消,整车货物所需要的货车装备物品或加固材料是否齐备。

3. 点货物的件数、重量

按整车运输的货物,原则上按件数和重量承运,但有些非成件货物或一批货物数量较多且规格不同,在承运、装卸、交接和交付时,点件费时、费力,只能按重量承运,不再计算件数。托运人组织装车,到站由收货人组织卸车的货物,按托运人在货物运单上填记的件数承运。

货物的重量,不仅是承运人与托运人、收货人之间交接货物和铁路计算运费的依据,而且与货车载重量的利用和列车运行的安全都有很大的关系,同时也影响铁路运营指标。因此,货物重量的确定必须准确。

4. 货票

整车货物装车后(零担货物过秤完成后,集装箱货物装箱后),货运员将签收的运单移交货运室填制货票,核收运杂费。

货票是铁路运营的主要票据之一,是一种财务性质的票据。货票是铁路部门运输统计、财务管理、货流货物分析的原始信息,也是运输指挥作业必不可少的基础依据。对外,在发站是向托运人核收运输费用的收款收据。在到站是与收货人办理交付手续的一种凭证。对内,则是清算运输费用,统计铁路所完成的工作量、运输收入以及有关货运工作指标的根据。在车站,货票具有货物运输合同运单副本的性质,是处理货运事故、向收货人支付运到逾期违约金和补退运杂费的依据;在运输过程中,货票又是货物运输凭证,它跟随货物一直到达目的站。货票见表4-4。

表 4-4 货 票

号码　　　　　　　　　××铁路局(铁路集团公司)　　　　　　　　A000000
运单号码　　　　　　　　　　　货　票　　　　　　　　　　　　甲联发站

发站	专用线名称（代码）		车种车号			货车称重	
到站(局)	专用线名称（代码）		装车	费别	金额	费别	金额
经由			施封或篷布号码				
运价里程			运到期限				
托运人	名称		经办人	电话			
	地址			邮编			
	取货地址	里程	联系人	电话			
收运人	名称		经办人	电话			
	地址			邮编			
	送货地址	里程	联系人	电话			
服务内容				费用合计			

货物名称	品名代码	件数	包装	保价金额	托运人填报重量（千克）	承运人确定重量（千克）	计费重量	运价号	运价率	集装箱箱型	集装箱箱号	集装箱施封号

货票票面上所记载的内容基本上包括了关于货物的流向、货物名称、数重量、计费等信息。根据运单填制的货票，印有固定号码，为四联复写式票据。

如下：

甲联——发站存查。

乙联——发站—发局。

丙联——承运及收款凭证：发站—托运人。

丁联——运输凭证：发站—到站存查。由发站随货物递交到站，到站由收货人签章交付，作为完成运输合同的唯一依据。

4.2.2　铁路货物的承运与装车环节

1. 承运环节

1) 承运前的保管

托运人将货物搬入车站，验收完毕后，一般不能立即装车，需在货场内存放，这就产生了承运前保管的问题。整车货物，发站实行承运前保管的，从收货完毕填发收货凭证起，即负责承运保管责任。零担货物和集装箱运输的货物，车站从收货完毕时即负有保管责任。

2) 承运

零担和集装箱运输的货物由发站接收完毕，整车货物装车完毕发站在货物运单上加盖车站日期戳时起，即为承运。承运是货物运输合同的成立，从承运起承运人与托运人双方就要分别履行运输合同的权利、义务和责任。因此，承运意味着铁路负责运输的开始，是承运人与托运人划分责任的时间界线。同时，承运标志着货物正式进入运输过程。

2. 装卸车作业环节

1) 承运人装卸的范围

货物装车或卸车的组织工作，在车站公共装卸场所以内由承运人负责。有些货物虽在车站公共装卸场所内进行装卸作业，由于在装卸作业中需要特殊的技术、设备或工具，仍由托运人或收货人负责组织。

2) 托运人、收货人装卸的范围

除车站公共装卸场所以外进行的装卸作业，由托运人、收货人负责。此外，前述由于货物性质特殊，在车站公共场所装卸也由托运人、收货人负责。其负责的情况有：罐车运输的货物，冻结的易腐货物，装容器的活动物、蜜蜂、鱼苗等，一件重量超过1吨的放射性同位素，用人力装卸带有动力的机械和车辆。

其他货物由于性质特殊，经托运人或收货人要求，并经承运人同意，也可由托运人或收货人组织装车或卸车。例如，放射性物品、尖端保密物资、特别贵重的展览品、工艺品等。货物的装卸不论由谁负责，都应在保证安全的条件下，积极组织快装、快卸，昼夜不断地作业，以缩短货车停留时间，加速货物运输。

托运人装车或收货人卸车的货车，车站应在货车调到前，将调到时间通知托运人或收货人。托运人或收货人在装卸作业完成后，应将装车完成或卸车完成的时间通知车站。

托运人、收货人负责装卸的货物，超过规定的装卸车时间标准或规定的停留时间标准，承运人将向托运人或收货人核收规定的货车使用费。

3) 装车作业要点

(1) 货物重量应均匀分布在车地板上，不得超重、偏重和集重。

(2) 装载应认真做到轻拿轻放、大不压小、重不压轻，堆码稳妥、紧密、捆绑牢固，在运输中不发生移动、滚动、倒塌或坠落等情况。

(3) 使用敞车装载怕湿货物时，应堆码成屋脊形，苫盖好篷布，并用绳索捆绑牢固。

(4) 使用棚车装载货物时，装在车门口的货物，应与车门保持适当距离，以防挤住车门或湿损货物。

(5) 使用罐车及敞车、平车装运货物时，应各按其规定办理。

4) 装车前的检查

为保证装车工作质量，使装车工作顺利进行，装车前应做好以下"三检"工作。

(1) 检查运单，即检查运单的填记内容是否符合运输要求，有无漏填和错填。

(2) 检查待装货物，即根据运单所填记的内容核对那些待装货物的品名、件数、包装，检查标志、标签和货物状态是否符合要求。集装箱还需检查箱体、箱号和封印。

（3）检查货车，即检查货车的技术状态和卫生状态。其主要检查内容有：货车是否符合使用条件、货车状态是否良好。主要检查车体(包括透光检查)、车门、车窗、盖、阀是否完整良好，车内是否干净，是否被污染。装载食品、药品、活动物和有押运人员乘坐时，还应检查车内有无恶臭异味。货车"定检"是否过期，有无扣修通知、货车洗刷回送标签或通行限制。

5) 监装工作

装卸工作前货运员应向装卸工组详细说明货物的品名、性质，布置装卸作业安全注意事项和需要准备的消防器材及安全防护用品，装卸剧毒品应通知相关部门到场监护。装卸作业时要轻拿轻放，堆码整齐牢固，防止倒塌。要严格按照规定的安全作业事项操作，严禁货物倒放、卧装(特殊容器除外)，包装破损的货物不准装车。

装车后需要施封、苫盖篷布的货车由装车单位进行施封与苫盖篷布。卸完车后应关闭好车门、车窗、盖、阀，整理好货车装备物品和加固材料。

6) 装车后检查

为保证正确运送货物和行车安全，装车后还需要检查下列内容。

（1）检查车辆装载。主要检查有无超重、偏重、超限现象，装载是否稳妥，捆绑是否牢固，施封是否符合要求，标示牌插挂是否正确。对装载货物的敞车，还要检查车门插销、底开门搭扣和篷布苫盖、捆绑情况。

（2）检查运单。检查运单有无误填和漏填，车种、车号和运单记载是否相符。

（3）检查货位。检查货位有无误装或漏装的情况。

4.2.3 货物途中作业

1. 货运合同的变更

（1）变更到站。货物已经装车挂运，托运人或收货人可按批向货物所在的中途站或到站提出变更到站。为保证液化气体运输安全，液化气体罐车不允许进行运输变更或重新起票办理新到站。

（2）变更收货人。货物已经装车挂运，托运人或收货人可按批向货物所在的中途站或到站提出变更收货人。

2. 货运合同变更的限制

铁路是按计划运输货物的，货运合同变更必然会给铁路运输工作的正常秩序带来一定的影响。所以，对于下列情况承运人不受理货运合同的变更：违反国家法律、行政法规，违反物资流向，违反运输限制，变更到站后的货物运到期限大于允许运输期限，变更一批货物中的一部分，第二次变更到站的货物。

3. 货物合同变更的处理

托运人或收货人要求变更的，应提出领货凭证和货物运输变更要求书，如表4-5所示。提不出领货凭证时应提供其他有效的证明文件，并在货物运输变更要求书内注明。提出领货凭证是为了防止托运人要求铁路办理变更而原收货人又持领货凭证向铁路要求交付货物的矛盾。

表 4-5　货物运输变更要求书

		受理变更顺序号		第　号	
提出变更单位名称		印章		年　月　日	
变更事项					
原票据记载事项	运单号码	发站	到站	托运人	收货人	办理种别
	车种车号	货物名称		件数	重量	承运日期
	记事					
承运人记载事项					经办人	

4. 货运合同的解除

整车货物和大型集装箱在承运后挂运前、零担和其他型集装箱货物在承运后装车前，托运人可向发站提出取消托运，经承运人同意，货运合同即告解除。

解除合同，发站退还全部运费与押运人员乘车费。但特种车使用费和冷藏车回送费不退。此外，托运还应按规定支付变更手续费、保管费等费用。

5. 运输阻碍的处理

因不可抗力的原因致使行车中断，货物运输发生阻碍时，铁路局对已承运的货物，可指示绕路运输，或者在必要时先将货物卸下妥善保管，待恢复运输时再行装车继续运输。因货物性质特殊绕路运输或卸下再装，可能造成货物损失（如危险货物发生燃烧、爆炸或动物死亡、易腐货物腐烂等）时，车站应联系托运人或收货人，请其在要求的时间内提出处理办法。超过要求时间未接到答复或因等候答复使货物造成损失时，比照无法交付货物处理，所得剩余价款（缴纳装卸、保管、运输、清扫、洗刷除污费后）通知托运人领取。

4.2.4　货物的到达领取环节

1. 卸车作业

1）卸车前检查

为使卸车作业顺利进行，防止误卸和确认货物在运输过程中的完整状态，便于划分责任，在卸车前应认真做好三方面的检查工作。

（1）检查货位。主要检查货位能否容纳下待卸的货物，货位的清洁状态，相邻货位上的货物与卸下货物性质有无抵触。

（2）检查运输票据。主要检查运输票据记载的到站与货物实际到站是否相符，了解待卸货物的情况。

（3）检查现车。主要检查车辆状态是否良好、货物装载状态有无异状、施封是否有效、车内货物与运输票据是否相符、是否存在可能影响货物安全和车辆异状的因素等。

2）卸车后的检查

（1）检查运输票据。主要检查票据上记载的货位与实际堆放货位是否相符。

(2) 检查货物。主要检查货物件数与运单记载是否相符、堆码是否符合要求、卸后货物安全距离是否符合规定。

(3) 检查卸后空车。主要检查车内货物是否卸净和是否清扫干净,门、窗、端侧板是否关闭严密,标示牌是否撤除。

2. 货物领取

1) 货物的暂存

对到达的货物,收货人有义务及时将货物搬出,铁路局也有义务提供一定的免费保管期间,以便收货人安排搬运车辆,办理仓储手续。免费保管时间规定为:由承运人组织卸车的货物,收货人应于承运人发出催领通知的次日(不能实行催领通知或会同收货人卸车的货物为卸车的次日)起算,2 天(铁路局规定 1 天的为 1 天)内将货物搬出,不收取保管费。超过此期限未将货物搬出,对其超过的时间核收货物暂存费。

2) 票据交付

收货人持领货凭证和规定的证件到货运室办理货物领取手续,在支付费用和在货票丁联盖章(或签字)后,留下领货凭证,在运单和货票上加盖到站交付日期戳,然后将运单交给收货人,凭此领取货物。如收货人在办理货物领取手续时领货凭证未到或丢失时,机关、企业、团体应提出本单位的证明文件,个人应提出本人居民身份证、工作证(或户口簿)或服务所在单位(或居住单位)出具的证明文件。

货物在运输途中发生的费用(如包装整修费、托运人责任的整理或换装费、货物变更手续费等)和到站发生的杂费,在到站应由收货人支付。

3) 现货交付

现货交付即承运人向收货人点交货物。收货人持货运室交回的运单到货物存放地点领取货物。货运员向收货人点交货物完毕后,在运单上加盖"货物交讫"戳记,并记明交付完毕的时间,然后将运单交还给收货人。收货人凭此将货物搬出货场。

在实行整车货物承运前保管的车站,货物交付完毕后,收货人不能在当日将货物全批搬出车站时,对其剩余部分,按件数和重量承运的货物,可按件数点交车站负责保管;只按重量承运的货物,可向车站声明。

收货人持加盖"货物交讫"的运单将货物搬出货场,门卫对搬出的货物应认真检查品名、简述、交付日期与运单记载是否相符,经确认无误后放行。

4.2.5 铁路货物运单与流转

1. 货物运单

铁路货物运单由两部分组成,即货物运单和领货凭证,见表 4-6 所示;铁路货物运单背面如表 4-7 所示。

2. 运单的种类

(1) 现付运单,黑色印刷。

(2) 到付或后付运单,红色印刷。

(3) 快运货物运单,也为黑色印刷,仅将票据名称的"货物运单"改印为"快运货物运单"字样。

表 4-6 铁路货物运单正面

				××铁路局						承运人/托运人装车	
货物约定于 年 月 日交接				货 物 运 单						承运人/托运人施封	
货位											
号码				托运人→发站→到站→收货人							
运到期限 日				运单号:					货票号:		

发站	北京西	专用线名称			专用线代码		车种车号	
到站(局)	南京(上)	专用线名称			专用线代码			
托运人	名称						货车标重	
	地址				邮编			
	经办人姓名		经办人电话		Email		货车施封号码	
收货人	名称							
	地址				邮编		货车篷布号码	
	经办人姓名		经办人电话		Email			
选择服务	□门到门运输: □门到站运输: □站到门运输: □站到站运输: □保价运输 □仓储	□上门装车 □上门装车 □装载加固材料 □装载加固材料		□上门卸车 □上门卸车	取货地址 取货联系人 送货地址 送货联系人		电话 电话	

货物名称	件数	包装	集装箱箱型	集装箱箱号	集装箱施封号	货物价格	托运人填报重量(千克)	承运人确定重量(千克)
合计								

托运人记载事项		承运人记载事项	
托运人盖章或签字	发站承运日期戳	承运货运员签章	到站交付日期戳	交付货运员签章
	年 月 日		年 月 日	年 月 日

注:本单不作为收款凭证,托运人签约须知和收货人领货凭证须知见领货凭证背面。托运人自备运单的认为已确认签约须知内容。

表 4-7 铁路货物运单背面

收货人领货须知	托运人须知
1. 收货人接到托运人寄交的领货凭证后应及时到站联系领取货物 2. 收货人领取货物已超过免费暂存期限时,应按规定支付货物暂存费 3. 收货人在到站领取货物,如遇货物未到时,应要求到站在本证前面加盖车站日期戳	1. 托运人持本货物运单向铁路托运货物,证明并确认和愿意遵守货物运输的有关规定 2. 货物运单所记载的货物名称、重量与货物的实际完全相符,托运人对其真实性负责 3. 货物的内容、品质和价值是托运人提供的,承运人在接收和承运货物时并未全部核对 4. 托运人应及时将领货凭证寄交收货人,凭以联系到站领取货物

(4)剧毒品专用运单,样式与现付运单一样,只是用黄色印刷,所以又称为黄色运单,并有剧毒品的标志图形(骷髅图案)。

3. 运单与领货凭证传递过程
(1) 运单：托运人→发站→到站→收货人。
(2) 领货凭证：托运人→发站→托运人→收货人→到站。

4.3 铁路特殊货物运输管理

4.3.1 鲜活货物运输概述

1. 鲜活货物定义

鲜活易腐货物是指在运输中需要采取特殊措施（冷藏、保温、加温等），以防止腐烂变质或病残死亡的货物。

2. 鲜活货物分类

鲜活货物分为易腐货物和活动物两大类，其中占比最大的是易腐货物。

(1) 易腐货物是指在一般条件下保管和运输时极易受到外界气温及湿度影响而腐坏变质的货物。

易腐货物主要包括肉、鱼、蛋、奶、鲜水果、鲜蔬菜、鲜活植物等。按其温度状态（热状态）又分为：冻结货物、冷却货物和未冷却货物。

① 冻结货物。冻结货物是指用冷冻保藏货物时，将货物内所含水大部分冻结成冰，其温度范围约为 $-18℃\sim-8℃$ 的货物。

② 冷却货物。这是指用人工或天然降温的方法将货物的温度降低到某一指定的较低度数，但不低于货物液汁的冰点。对大多数易腐货物来说，冷却的温度范围为 $0℃\sim4℃$。

③ 未冷却货物。未冷却货物是指未经过冷冻加工处理的生鲜货物，如采收后即提交运输的鲜水果、蔬菜等。

(2) 活动物主要包括禽、畜、蜜蜂、活鱼、鱼苗等。

3. 运输特点

(1) 季节性强、货源波动性大。例如水果、蔬菜大量上市的季节，沿海渔场的鱼汛期等，都会影响货源、运量，使其大幅度地变化。

(2) 时效性强。大部分鲜活易腐货物极易变质，要求以最短的时间、最快的速度运到。

(3) 运输过程需要特殊照顾。如牲畜、家禽、蜜蜂、花木秧苗等的运输，需配备专用车辆和设备，并由专人沿途进行饲养、浇水、降温、通风等。

(4) 按一批托运的规定如下。

① 不同热状态的易腐货物不能按一批托运。

② 按一批托运的整车易腐货物，一般限运同一品名。不同品名的易腐货物，如在冷藏车内保持或要求的温度上限（或下限）差别不超过 3℃ 时，允许拼装在同一冷藏车内按一批托运。

4.3.2 易腐货物运输要求

1. 温度要求

食品预冷到适宜的储藏温度是易腐食品在低温运输之前要进行的预处理过程。将生鲜、易腐货物在冷藏运输工具内进行预冷,存在许多缺点:预冷成本成倍上升,运输工具所提供的制冷能力有限,不能用来降低产品的温度,只能有效地平衡环境传入的热负荷,维持产品的温度不超过所要求保持的最高温度。

因此,易腐货物在运输前应当采用专门的冷却设备和冻结设备,将温度降低到最佳储藏温度以下,然后进行冷藏运输,有利于保持储运货物的质量。

2．湿度要求

运输过程中,用能透过蒸汽的保护膜包装的或表面上并无任何保护膜包装的货物。其表面不但有热量散发出来,同时还有水分向外蒸发,造成失水干燥。例如,水果、蔬菜中水分蒸发会导致其失去新鲜的外观,出现明显的萎蔫现象,影响其柔嫩性和抗病性。肉类食品除导致重量减轻外,表面还会出现收缩硬化,形成干燥膜,肉色也会发生变化。鸡蛋会因水分蒸发造成气室增大、重量减轻、蛋品品质下降。

因此,只有控制车厢内的相对强度大于货物的水分活度才是合理的,相对湿度过高或过低对货物的质量及其稳定性都是不利的。在运输过程中,含水量少、水分活度低的干燥货物可在相对湿度低的车厢环境中储存,以防止吸附水分;含水量充足、水分活度高的新鲜货物应在相对湿度较大的车厢环境中储存,以防止水分散失。

3．运转工具的要求

运输工具的质量直接影响到冷藏运输质量,也就直接影响到冷藏货物的质量,因而运输工具是冷藏运输环节中最重要的设施。对于不同的运输方式,有不同的运输工具,但都应该满足以下几个方面的要求。

1) 设有冷源

运输工具上应当具有适当的冷源,比如干冰、冰盐混合物、碎冰、液氮或机械制冷系统等,能产生并维持一定的低温环境,保持货物的品温,利用冷源冷量来平衡外界传入的热量和货物车身散出的热量。

2) 具有良好的隔热性能

冷藏运输工具应当具有良好的隔热性能,这样能够有效地减少外界传入的热量,同时保持机械制冷所产生的冷源,避免车内温度的波动和防止设备过早老化。

车辆或集装箱的隔热外侧应采用反射性材料,并应保持其表面清洁,以降低对辐射热的吸收。车辆或集装箱的整个使用期间应避免箱体结构部分的损坏,特别是箱体的边和角,要保持隔热层的气密性,并且应该对砖藏门的密封条、跨式制冷剂组的密封、排水耐和其他孔洞等进行检查。

3) 具有温度检测和控制设备

运输工具的货物间必须具有温度检测和控制设备,温度检测仪必须能准确并连续地记录货物间内的温度。温度控制器的精度要求为±0.25%,保证满足易腐货物在运输过程中的冷藏工艺要求,防止货物温度过分波动。

4) 车厢应当卫生并能保证货物安全

车厢内有可能接触货物的所有内壁必须采用对货物味道和气味无影响的安全材料。箱体内壁包括顶板和地板要光滑、防腐蚀、不受清洁剂影响,不渗透不腐烂,便于清洁和消毒。

箱体内壁不应有凸出部分,箱内设备不应有尖角和褶皱,以便于清除脏物和水分。在使用中,车辆和集装箱内碎渣屑应及时清扫干净,防止产生异味污染货物并阻碍空气循环。

4.3.3 鲜活易腐货物的承运条件运输组织

1. 鲜活易腐货物的承运条件

1)货物运单的填写

除按普通货物要求填写外,应注意以下几点。

(1)托运人托运易腐货物,应在货物运单"货物名称"栏内填记货物的名称,并注明品类顺序号及热状态。

(2)托运人应在"托运人记载事项"栏注明要求使用的车种,加冰、制冷、加温的具体要求,以及易腐货物容许运送期限。易腐货物容许运送期限是根据货物的品种、成熟程度、热状态,在规定的运送条件下能保持货物质量的最长运输时间。易腐货物容许运送期限,要大于规定运到期限3天,否则承运人不能承运。

(3)途中需要加冰的冷藏车,承运人应在货物运单"经由"栏内依次填记应加冰的各加冰所的站名;绕路运输时,同样应依次填记绕路运输经由的各加冰所的站名。

(4)发站应在货物运单、货票、票据封套和列车编组顺序表内分别填记。

2)按一批托运的规定

不同热状态的易腐货物,不得按一批托运。按一批托运的整车易腐货物,一般限于同一品名。不同品名的易腐货物,如在冷藏车内保持或要求的温度的上限(或下限)差别不超过3℃时,允许拼装在同一冷藏车内按一批托运。此时,托运人应在货物运单"托运人记载事项"栏内记明车内保持温度(或途中加冰掺盐)按品名××的规定办理。

2. 鲜活易腐货物的运输组织

良好的运输组织工作对保证鲜活易腐货物的质量十分重要。如前所述,鲜活易腐货物的运输有其独特性,这就要求承运人掌握这些特点,根据其运输规律,适当安排运力,保证及时运输。鲜活易腐货物运输组织过程如下。

(1)发货人托运鲜活易腐货物前,应根据货物不同特性,做好相应的包装。托运时须向承运方提出货物最长的运到期限、某一种货物运输的具体温度及特殊要求,提交卫生检疫等有关证明,并在托运单上注明。

(2)承运鲜活易腐货物时,应由货运员对托运货物的质量、包装和温度进行认真的检查,要求质量新鲜、包装达到要求、温度符合规定。对已有腐烂变质象征的货物,应加以适当处理,对不符合规定质量的货物不予承运。

(3)运输部门在接受承运的同时,应根据货物的种类、运送季节、运送距离和运送地方确定相应的运输服务方法,及时地安排适宜车辆予以装运。

(4)鲜活易腐货物装车前,货运员必须认真检查车辆及设备的完好状态,应注意清洗和消毒,适当风干后才能装车。装车时应根据不同货物的特点,确定其装载方法。例如,冷冻货物需保持货物内部蓄积的冷量,可紧密堆码;水果、蔬菜等需要通风散热的货物,必须在货件之间保留一定的空隙;怕压的货物必须在车内加隔板,分层装载。

(5)鲜活易腐货物的运送途中,应由托运方指派押运人沿途照料。承运方对押送人员应交代安全注意事项,并提供工作和生活上的便利条件。炎热天气运送时,应尽量利用早晚行驶。运送牲畜、蜜蜂等货物时,应注意通风、散热,尽力避免货物在运送中的掉膘或死亡。

鲜活易腐货物的运量在物流运输中所占的比例虽然不大,但它对于满足人民生活的需要及农业、食品工业和对外贸易发展关系很大,所以加强鲜活易腐货物的运输组织工作、提高它们的运输质量是承运方的一项重要任务。

4.3.4 阔大货物运输

阔大货物是超限货物、超长货物和集重货物的总称。阔大货物具有长、大、重的特点,多属国民经济发展需要的大型设备。阔大货物外形复杂、体积庞大、价格昂贵,对运送条件要求高,经由铁路运输时,不仅要严格挑选车辆,而且必须遵守阔大货物的装载加固技术条件。

1. 货物装载的基本技术条件

货物装载因受到车辆的技术规格、铁路限界和运行条件等因素的影响,要求必须对装在货车上的货物在重量、高度、宽度、长度和重心位置等方面加以限制,以确保货物、车辆的完整和列车运行的安全,经济合理地利用货车载重力。

(1) 装载货物的重量,不得超过货车容许载重量,并应合理地分布在车地板上,不得偏重。

(2) 货物装载的宽度与高度,除超限货物外,不得超过机车车辆限界和特定区段装载限制。

(3) 当一件货物宽度等于或小于车底板宽度时,突出货车端梁长度不得超过 300 毫米;大于车底板宽度时,突出货车端梁长度不得超过 200 毫米。超过时必须使用游车。

(4) 货物重心的投影,一般应位于车地板纵、横中心线的交叉点上。特殊情况下必须位移时,横向位移不得超过 100 毫米,超过时要采取配重措施;纵向位移时,每个车辆转向架所承受的货物重量一般不得超过货车容许载重量的 1/2,且两转向架承受重量之差不得大于 10 吨。

(5) 自钢轨面起重车的重心高一般不得超过 2000 毫米。重车重心高超过 2000 毫米时,可采取配重措施,以降低重车重心高度,否则应限速运行。

2. 超长、集重货物装载

1) 超长、集重货物概念

一车负重,突出车端,需要使用游车或跨装运输的货物,称为超长货物。重量大于所装车辆负重面长度的最大容许载重量的货物,称为集重货物。

货车负重面长度是指货车地板负担货物重量的长度。货物支重面长度是指支承货物重量的货物底面的长度。

2) 装载方法

超长货物的装载方法有两种:一种是一车负重加挂游车装运,另一种是两车(或加挂游车)跨装运送。避免集重装载的方法有三种:在货物底部加横垫木,在货物底部加纵横垫木,使货物重心偏移。

4.3.5 超限货物运输

1. 超限货物定义

一件货物装车后,在平直线路上停留时,货物的高度或宽度有任何部位超过机车车辆限界或特定区段装载限界者,均为超限货物。在平直线路上停留虽不超限,但行经半径为300米的曲线线路时,货物的内侧或外侧的计算宽度仍然超限的,亦为超限货物。

2. 超限货物的种类

超限货物根据其超限部位,以线路中心线为标准,按装车站最初挂运列车的运行方向,分为左侧超限和右侧超限。两侧宽度均超出机车车辆限界时,称两侧超限。两侧超限又分为对称超限和非对称超限。

超限货物根据超限部位在高度方向的位置不同,又可分为以下三种。

(1) 上部超限——由轨面起高度超过3600毫米有任何部位的超限。

(2) 上中部超限——在高度自1250毫米至3600毫米之间有任何部位的超限。

(3) 下部超限——在高度自150毫米至未满1250毫米之间有任何部位的超限。

3. 超限货物的等级

划分超限货物等级的目的是为了说明超限货物的超限程度,因而确定超限货物的运送条件。同时,超限等级也是发站核收超限货物运费的依据。

超限货物按其超限的程度划分为一级超限、二级超限和超级超限。

4. 超限货物运输组织

(1) 托运。托运超限货物时托运人除应根据批准的要车计划向车站提供货物运单外,还应该向车站提交以下资料:①托运超限货物说明书;②货物外形的三视图,并以"+"号标明重心的位置;③自轮运转的超限货物,应有自重、轴数、轴距、固定轴距、长度、转向架中心销间距离,制动机形式,以及限制条件;④必要时,应附有计划装载、加固计算根据的图样和说明。

(2) 请示。发站受理超限货物时,应对发货人提供的有关技术资料进行认真审查,必要时组织有关部门共同研究,对货物进行装车前的测量,并根据下列规定以文电向上级请示装运办法。

① 到站为自局管内的各级超限货物,应向铁路局请示。

② 到站为跨及三局的超限货物或各局间运输的一、二级超限货物,应向铁路局请示。

③ 到站为跨及四局以上及通过电气化区段的超级超限货物,其装后的高度超过5150毫米和装后的高度虽在5000~5150毫米,但其左侧或右侧宽度超过750毫米的超限货物均应报送铁路局,由局审核后向中国铁路总公司请示。

(3) 装车。车站接到上级指示装运办法的文电后,应严格按照指示文电内容装车。

① 装车前准备工作。应严格按照指示文电的内容选择车辆;检查车辆车体是否完好,定检修是否过期,是否适合加固,并通知车辆部门检查车辆的技术状态;检查加固材料及加固装置是否符合加固方案要求;选择平直线路作为超限货物装车线;车辆调妥后安放止轮器防止车辆移动,然后按照计划装载方案在车地板和货件上标画装车标志,并准

备好装车工具。

② 组织装车。超限货物一般应使用起重机装车。装车时,货运、装卸人员都应注意起吊位置是否合适,方法是否恰当,尤其是起吊和落下时要平稳,不能用力过猛,以免因起升的过程中索具脱落或货物包装的底架折断等造成不良后果。使用两台起重机共同装一件货物时,更应互相配合得当,将货物按计划的装载方案装在车上。

③ 装车后工作。货物装车后加固前,应根据超限货物装车后的实际装载状态测量各超限部位尺寸,并检查是否与批示文电内容相符,如果超出文电批示尺寸应尽最大努力使之符合文电内容,否则应重新请示。车站会同工务、车辆等部门人员,将复测后各超限部位尺寸以及运输有关事项填入"超限货物运输记录"内。各部门有关人员确认上述记录内容与实际情况完全相符时,各方分别在记录上签章。该记录一式两份,甲页发站存查,乙页随货运票据送达到站,并作为途中检查交接之用。

为了便于运送途中有关人员检查超限货物是否发生移动,应以不褪色的油质颜料在车底板上按货物外形轮廓的主要部分标画易于判别货物是否移动的检查线。在货物两侧明显处,以油质颜料书写或刷印"×级超限"字样。书写困难时,亦可挂牌表示。对二级以上的超限货物,应安插"禁止溜放"标示牌。在车牌、运单上注明"超限货物"字样,限速运行时应注明"限速××公里"字样。

4.3.6 铁路危险货物运输

1. 危险货物的定义

在铁路运输中,凡具有爆炸、易燃、毒害、腐蚀、放射性等特性,在运输、装卸和储存保管过程中,容易造成人身伤亡和财产毁损而需要特别防护的货物,均属危险货物。

2. 危险货物的判定

为了经济、便利地完成运输任务,要求正确地判断危险货物。若把危险货物混同于普通货物运输,就降低了运输条件,易于酿成事故,造成损失;若把普通货物误认为是危险货物,也会增加不必要的手续和措施,从严了运输条件,延误货物的运送,影响运输效率。具体判定方法如下。

(1) 在《危险货物品名表》(GB 12268)列载的品名,均按危险货物运输,如氢氧化钠、硫酸等。

(2) 在《危险货物运输规则参考资料》(简称《危参》)中列载的品名,可按普通条件运输(另行规定除外),如虫胶酸、四氯苯二甲酸等。

(3) 在《危险货物品名表》和《危参》中均未列载的品名,按新产品运输条件的办理程序运输。

3. 危险货物的分类

按照危险货物的主要危险性和运输要求分为九类。

第1类:爆炸品。

第2类:气体。

第3类:易燃液体。

第4类:易燃固体、易于自燃的物质、遇水放出易燃气体的物质。

第 5 类：氧化性物质和有机过氧化物。

第 6 类：毒性物质和感染性物质。

第 7 类：放射性物质。

第 8 类：腐蚀性物质。

第 9 类：杂项危险物质和物品。

4.3.7 危险货物运输组织

由于危险货物具有爆炸、易燃、腐蚀、毒害、放射性等特性，容易造成事故，为了确保运输安全，在组织危险货物运输过程中除了应满足一般运输条件之外，还必须根据货物的危险性，在承运、包装、配装、装卸、保管、交付等环节加强组织，采取相应的运输条件。

1. 托运受理

（1）运输资质管理。铁路危险货物运输实行托运人资质认证制度，办理铁路危险货物运输的托运人，应具备企业法人资格。在办理托运前，托运人必须取得"铁路危险货物托运人资质证书"，在办理时，应向承运人出具该资质证书，经确认后方可受理。同样，只有具备相应的货运设备设施且能办理危险货物运输的车站方可受理托运该类货物的运输要求。

（2）一批办理条件。性质或消防方法相互抵触，以及配装号或类项不同的危险货物不能按一批托运，也不得混装在同一包装内。

（3）运单的填写。托运危险货物应在货物运单的"货物名称"栏内填写危险货物的品名和编号，并在运单的右上方，用红色戳记标明货物的类项名称。托运爆炸品时，托运人应提供《铁路危险货物品名表》内规定的许可运输证明（公安机关的运输证明应该是收货单位所在县市公安部门签发的爆炸品运输证），同时在"托运人记载事项"栏内注明名称和号码。托运放射性物品或放射性物品的空容器时，应提供铁路卫生防疫部门核查签发的"铁路运输放射性物品包装件表面污染及辐射水平检查证明书"或"铁路运输放射性物品空容器检查证明书"一式两份，一份随货物运单交收货人，另一份留发站存查。

（4）包装标志要求。为了防止被包装的危险货物发生化学反应，保持相对稳定状态，便于储运，危险货物的运输包装和内包装应按《铁路危险货物品名表》和《铁路危险货物运输管理规则》附件3"铁路危险货物包装表"的规定确定包装方法。

为了保证运输安全、指导作业，每件货物包装上应该牢固清晰地标明危险货物包装标志和包装储运图示标志，并有与货物运单相同的危险货物品名。

（5）新产品的托运要求。托运货物在我国《铁路危险货物品名表》未列载的危险货物时，托运人在托运前向发站提出经县级以上（不包括县）主管部门审查同意的"危险货物运输技术说明书"，铁路部门以此确定运输条件组织试运。爆炸品、氧化剂和有机过氧化物、剧毒品由铁路局批准。

2. 装卸和运输

（1）车辆的使用。危险货物限使用棚车（包括毒品专用车）装运，《铁路危险货物品名表》有特殊规定的除外。整车发送的毒害品和放射性矿石、矿砂必须使用毒品专用车。爆炸品（爆炸品保险箱除外）、氯酸钠、氯酸钾、黄磷和铁桶包装的一级易燃液体应使用木底棚车装运。

（2）装卸作业。装卸前，应对车辆和仓库进行必要的通风和检查。车内、仓库必须清扫干净。装卸危险货物严禁使用明火灯具照明。照明灯具应具有防爆性能，装卸作业使用的机具应能防止产生火花。作业前应了解货物品名、性质，明了装卸作业安全注意事项和需准备的消防器材及安全防护用品。作业时要轻拿轻放，堆码整齐牢固，防止倒塌，要严格按规定的安全作业事项操作，严禁货物倒放、卧装（钢瓶及特殊容器除外）。破损的包装件不准装车。在同一车配装数种危险货物时，应符合《危险货物配装表》的规定。放射性物品与其他危险货物不能同车配装。

（3）押运。整车运输的爆炸品、液化气体罐车运输，托运人应派人押运。押运人员应熟悉货物性质，掌握押运人须知的有关规定，随带必要的工具、备品和防护用品，保证全程押运。

3. 洗刷除污

（1）装过危险品的货车（包括毒品车），卸货后必须清扫干净。

（2）对装过剧毒品的货车（包括毒品车）及受到危险货物污染，有刺激异臭气味或危险货物撒漏的货车（包括苫盖篷布及有关用具），必须进行洗刷除污。

（3）对装过放射性矿石、矿砂及受到放射性污染的货车，需由收货单位彻底清洗除污。车辆经铁路防疫部门检测后，污染水平低于《铁路危险货物运输管理规则》规定的1/50时，方能使用。

4.4 铁路货运费用计算

4.4.1 货物运到期限与运到逾期费计算

1. 货物运到期限

铁路在现有技术设备条件和运输工作组织水平的基础上，根据货物运输种类和运输条件将货物由发站运至到站而规定的最长运输限定天数，称为货物运到期限。

2. 货物运到期限的计算

货物运到期限按日计算。起码日数为3天，即计算出的运到期限不足3天时，按3天计算。运到期限由下述三部分组成，若运到期限用 T 表示，则

$$T = 货物发送期间 + 货物运输期间 + \sum 特殊作业时间$$

货物发送期间为1天。货物发送期间是指车站完成货物发送作业的时间，包括发站从货物承运到挂出的时间。

货物运输期间，每250运价千米或其未满为1天，按快运办理的整车货物每500运价千米或其未满为1天。货物运输期间是货物在途中的运输天数。

特殊作业时间，是为某些货物在运输途中进行专项作业所规定的时间，具体规定如下。

① 需要中途加冰的货物，每加冰1次，另加1天；

② 运价里程超过250千米的零担货物和1吨、5吨型集装箱另加2天，超过1000千米加3天；

③ 一件货物重量超过2吨、体积超过3立方米或长度超过9米的零担货物，另加2天；

④ 整车分卸货物,每增加一个分卸站,另加 1 天。

对于上述四项特殊作业时间应分别计算,当一批货物同时具备几项时,应累计相加计算。

【难点例释 4-1】 南昌站承运到郑州站零担货物一件,重 3000 千克,计算运到期限。已知运价里程为 1300 千米。

【解】

货物发送期间:1 天。

货物运输期间:$1300/250 = 5.2$,即 6 天。

运价里程超过 1000 千米的零担货物另加 3 天,一件货物超过 2000 千克的零担货物另加 2 天,则 $\sum$ 特殊作业时间为 $3+2=5$(天)。

所以这批货物的运到期限为

$T =$ 货物发送期间 + 货物运输期间 + $\sum$ 特殊作业时间 $= 1+6+5 = 12$(天)。

3. 货物运到逾期的计算与违约金的支付

货物的运到逾期是指货物的实际运到天数超过规定的运到期限时,即为运到逾期。货物的实际运输天数是指从起算时间到终止时间的这段时间。

1)起算时间

从承运人承运货物的次日(凡指定装车日期的,为指定装车日的次日)起算。

2)终止时间

到站由承运人组织卸车的货物,到卸车完了时止;由收货人组织卸车的货物,货车调到卸车地点或货车交接地点时止。

若货物运到逾期,不论收货人是否因此受到损害,铁路均应向收货人支付违约金。违约金是根据逾期天数和运到期限天数,按承运人所收运费的百分比进行支付。具体计算公式见表 4-8。

表 4-8 逾期违约金的计算表

逾期的总天数占规定运到期限总天数的比例	违约金金额
不超过 10% 时	运费的 5%
超过 10%,但不超过 30% 时	运费的 10%
超过 30%,但不超过 50% 时	运费的 15%
超过 50% 时	运费的 20%

快运货物运到逾期,除按规定退还快运费外,货物运输期间按 250 运价千米或其未满为 1 天,计算运到期限仍超过时,还应按上述规定,向收货人支付违约金。超限货物、限速运行的货物、免费运输的货物以及货物全部灭失时,若运到逾期,承运人不支付违约金。

从承运人发出催领通知的次日起(不能实行催领通知或会同收货人卸车的货物为卸车的次日起),如果收货人于 2 天内未将货物搬出,即失去要求承运人支付违约金的权利。

货物在运输过程中,由于不可抗力(如风灾、水灾、雹灾、地震等),托运人的责任致使货物在途中发生换装、整理,托运人或收货人要求运输变更,运输的活动物在途中上水以及其他非承运人的责任,造成的滞留时间应从实际运到天数中扣除。

4.4.2 铁路货物运价种类

铁路货物运输费用是对铁路运输企业所提供的各项生产服务消耗的补偿,包括运行费用、车站费用、服务费用和额外占用铁路设备的费用等。铁路货物运输费用由铁路运输企业使用货票和铁路运输杂费收据进行核收。

1. 按货物运输种类分

(1) 整车货物运价,是铁路对整车运输的货物所规定的运价,由按货物类别的每吨的发到基价和每吨·千米的运行基价组成。保温车货物运价,是整车货物运价的组成部分,是为用保温车运输的货物所规定的运价。

(2) 零担货物运价,是铁路对按零担运输的货物所规定的运价,由按货物类别的每10千克的发到基价和每10千克·千米的运行基价组成。

(3) 集装箱货物运价,是铁路对按集装箱运输的货物所规定的运价,由每箱的发到基价和每箱·千米的运行基价组成。

铁路货物运价表见表4-9。

表4-9 铁路货物运价表

办理类别	运价号	发到基价		运行基价	
		单位	标准	单位	标准
整车	1	元/吨	4.60	元/(吨·千米)	0.0210
	2	元/吨	5.20	元/(吨·千米)	0.0239
	3	元/吨	6.00	元/(吨·千米)	0.0273
	4	元/吨	6.80	元/(吨·千米)	0.0311
	5	元/吨	7.60	元/(吨·千米)	0.0348
	6	元/吨	8.50	元/(吨·千米)	0.0390
	7	元/吨	9.60	元/(吨·千米)	0.0437
	8	元/吨	10.7	元/(吨·千米)	0.0490
	9			元/(轴·千米)	0.1500
	冰保	元/吨	8.30	元/(10千克·千米)	0.0455
	机保	元/吨	9.80	元/(10千克·千米)	0.0675
零担	21	元/10千克	0.085	元/(10千克·千米)	0.000 350
	22	元/10千克	0.101	元/(10千克·千米)	0.000 420
	23	元/10千克	0.122	元/(10千克·千米)	0.000 504
	24	元/10千克	0.146	元/(10千克·千米)	0.000 605
集装箱	1吨箱	元/箱	7.00	元/(箱·千米)	0.0318
	5、6吨箱	元/箱	55.20	元/(箱·千米)	0.2438
	10吨箱	元/箱	85.30	元/(箱·千米)	0.3768
	20英尺箱	元/箱	149.50	元/(箱·千米)	0.6603
	40英尺箱	元/箱	292.30	元/(箱·千米)	1.2909

我国现行铁路货物运价是将运价设立为若干个运价号,即实行分号运价制。整车货物运价为9个号(1~9号),保温车货物运价可按冰保车和机保车两类来确定,相当于两个运价号,零担货物运价分为4个号(21~24号),集装箱货物按箱型不同进行确定。一般来说,运价号越大,运价越高。表4-10是常见货物品名及运价号。

表4-10 常见货物品名及运价号

货物品名	运价号	货物品名	运价号	货物品名	运价号
煤	4	洗精煤	5	水泥	5
化肥	2	粮食	2	食用盐	1
钢材	5	渣油	7	汽柴油	7
原油	7	铝锭	5	硅铁	5

2. 按适用范围分

(1)普通运价,是铁路在全路正式营业线上都适用的统一运价,是货物运价的基本形式。

(2)特定运价,是铁路对普通运价的补充。它是在一定的发到站、一定的方向或一定的条件下规定的特殊运价,是国家在一定时期内对某些货物运输所采取的优惠价格和限制措施。特定运价既可以高于普通运价,也可以低于普通运价。

(3)国际联运运价,是铁路对国际联运货物所规定的运价。联运运价包括过境运输和国内段运输两部分。过境运输费用按《国际货协统一过境运价规程》的规定办理,国内段运输费用适用《铁路货物运价规则》的一般规定。

4.4.3 铁路货物运输费用计算

1. 铁路货物运价的核算程序

(1)根据运单上填写的发站和到站,按《货物运价里程表》计算发站至到站的运价里程。运价里程是指按《货物运价里程表》的规定计算出来的两个车站间的里程。一般按照最短路径计算,不包括专用线及货物支线的里程,但应将国境站至国境线的里程计算在内。

所谓最短路径,是指发站至到站间运价里程最小的通过路线。最短路径运价里程的计算方法如下。

① 发站和到站在同一线上。用到站到本线起点站的里程减去发站到本线起点站的里程或用发站到本线终点站的里程减去到站到本线终点站的里程,即可求得两站间的运价里程。

② 发站和到站不在同一线上。此时确定货物运价里程时,应首先参照货物运价里程表和货物运价里程最短路径示意图,查明发站和到站的最短路径,再按不同方法求得两站间的里程。

③ 绕路运价里程计算方法。在下列情况下,发站在货物运价单注明运价里程按绕路路径计算。

a. 因货物性质(如鲜活货物、超限货物)必须绕路运输时。

b. 因自然灾害经政府指示或其他不是由于铁路责任,托运人要求绕路运输。

c. 因最短路径运输能力不足,由中国铁路总公司指定计费路径的整车货物绕路运输。

d. 已承运后的货物发生绕路运输时,仍按货物运单内记载的路径计算运费。

(2) 整车、零担货物根据运单上填写的货物名称和运输种别查找《铁路货物运输品名分类与代码表》和《铁路货物运输品名检查表》,确定出适用的运价号。

如果是列名内的货物,先查《铁路货物运输品名检查表》查出该品名的拼音码、代码和运价号。《铁路货物运输品名分类与代码表》和《铁路货物运输品名检查表》中有具体名称时,按具体名称判定类别和运价号,不属该具体名称的不能对照。《铁路货物运输品名分类与代码表》和《铁路货物运输品名检查表》中无该具体名称时,则按概括名称判定类别和运价号。

(3) 当货物的运价号确定后,整车、零担货物按货物适用的运价号,集装箱货物根据箱运费计算办法如下。

$$整车货物每吨运价=基价1+基价2×运价千米$$

$$零担货物每10千克运价=基价1+基价2×运价千米$$

$$集装箱货物每箱运价=基价1+基价2×运价千米$$

(4) 根据运输种别、货物名称、货物重量与体积确定计费重量。

2. 运费计算

(1) 运费计算公式

执行统一运价营业线的运费计算公式

整车货物运费=每吨运价×计费重量(按重量计费)=每轴运价×轴数(按轴数计费)

其中

$$每吨运价=发到基价+运行基价×运价里程$$

$$每轴运价=运行基价×运价里程$$

$$零担货物运费=10千克运价×计费重量$$

其中

$$10千克运价=发到基价+运行基价×运价里程$$

$$集装箱运费=每箱运价×箱数$$

其中

$$每箱运价=发到基价+运行基价×运价里程$$

(2) 加收运费计算

在铁路运输中有的线需加收运费,因此运费由两部分组成。

① 按《铁路货物运价规则》规定的运价率核收的运费。

② 加收运费的运价率。

计算时,先将这两部分的运价率相加以后,再乘以货物的计费重量,即

$$发到运费=发到基价×计费重量(或箱数)$$

$$运行运费=(运行基价+加收运价率)×运价里程×计费重量$$

3)尾数处理

计算出的每批货物的运费尾数不足1角时,按四舍五入处理。

3. 整车货物的运费

整车货物除下列情况外,均按货车标记载重量计算运费。计费时,以吨为单位,吨以下四舍五入。如果货物重量超过标重时,按货物重量计费。

(1) 使用矿石车、平车、砂石车,经铁路局批准装运《铁路货物运输品名分类与代码表》"01、0310、04、06、081"和"14"类货物按40吨计费,超过时按货物重量计费。

(2) 使用自备冷藏车装运货物时按60吨计费,使用标重低于50吨的自备罐车装运货物时按50吨计费。

(3) 标重不足30吨的家畜车,计费重量按30吨计费。

(4) 车辆换长超过1.5米的货车(D型长大货车除外),本条未明定计费重量的,按其超过部分以每米(不足1米的部分不计)折合5吨与60吨相加之和计费。

(5) 铁路配发计费重量高的货车代替托运人要求计费重量低的货车,如果托运人无货加装,按托运人原要求车的计费重量计费。例如,托运人在某站托运化工机械设备一套,货物重量为15.7吨,托运人要求用40吨敞车装运,经调度命令确认以一辆50吨敞车代用,托运人无货加装,则其计费重量按40吨计算。如果有货物加装,如加装5吨,则加装后按50吨标重计费。

4. 零担货物的运费

(1) 计费重量。零担货物的计费重量以10千克为单位,不足10千克进为10千克,具体分三种情况计算重量。

① 按规定计费重量计费。零担货物有规定计费重量的货物,按规定计费重量计费。

② 按货物重量计费。

③ 按货物重量和折合重量择大计费。

为保持零担货物运价与整车货物运价之间合理的比价关系,避免货物运输中发生运费倒挂、化整为零的现象,除前述两项特殊规定外,凡不足300千克/立方米的轻浮零担货物均按其体积折合重量与货物重量择大确定计费重量。

$$折合重量 = 300 \times 体积(千克)$$

货物长、宽、高的计算单位为米,小数点后取两位小数(以下四舍五入)。体积的计算单位为立方米,保留两位小数,第三位小数四舍五入。

例:某站发送一批零担货物,重225千克,体积为0.82立方米,在确定计费重量时,其折合重量 = $300 \times 0.82 = 246$ 千克。因此计费重量应为246千克。

5. 计算其他费用

铁路货物运输费用包括货物作业过程中实际发生的各种杂费。铁路货运杂费是铁路运输的货物自承运至交付的全过程中,铁路运输企业向托运人、收货人提供的辅助作业、劳务以及托运人或收货人额外占用铁路设备,使用用具、备品等所发生的费用,简称货运杂费。

货运杂费分为货运营运杂费、延期使用运输设备、违约及委托服务杂费和租(占)用运输设备杂费三大类,每类都有各自的项目和费率。各项杂费按从杂费费率表中查出的费率与规定的计算单位相乘进行计算。各项杂费凡不满一个计算单位,均按一个计算单位计算(另有规定者除外)。

一批货物除运费、杂费外,还可能发生铁路建设基金、电气化附加费、加价运费(在统一运价的基础上再加收一部分运价)和其他代收款(如印花税)等费用。这些费用在计算时,发生几项计算几项。

每项运费、杂费的尾数不足1角时,四舍五入处理。

小　　结

铁路货物运输是指利用火车通过铁路进行运送货物的业务活动,铁路货物运输业务是指铁路货物运输从受理到交付全过程中的经营活动和业务管理工作。铁路货物运输种类按我国铁路技术条件,分为整车、零担、集装箱三种。整车货物运输的基本条件是,一批货物的重量、体积、状态需要以一辆以上货车运送的,应按整车办理。零担货物运输的基本条件是,按货物的重量、体积、状态不需要以一辆单独货车运送,而且允许和其他货物配装的,可以按零担办理。集装箱货物运输的基本条件是,凡能装入集装箱,并且不对集装箱造成损坏和污染的及可按集装箱运输的危险货物均可按集装箱办理。

铁路货物运价是由中国铁路总公司拟定,报国务院批准的。计算铁路运费的程序是:①算出发站至到站的运输里程;②正确查出所运输货物的运价号;③货物适用的发到基价加上运行基价与货物的运价里程相乘之积,与货物的计费重量相乘,得出的就是铁路货物运费。

复 习 思 考

一、填空题

1. 铁路技术经济特征有(　　)、(　　)、(　　)、(　　)、(　　)、(　　)、(　　)、(　　)、(　　)。
2. 铁路经营管理特征有(　　)、(　　)、(　　)、(　　)、(　　)。
3. 铁路上使用的机车种类很多,按照机车原动力,可分为(　　)、(　　)和(　　)三种。
4. (　　)是从铁路沿线的接触网获取电能产生牵引动力的机车,所以是非自带能源的机车。
5. 铁路货物列车一般载重(　　),载重在(　　)以上的称为重载列车。

二、判断题

1. 零担运输是指货物的重量、体积或形状需要以一辆或一辆以上的货车进行装运。(　　)
2. 整车运输是指不会损坏箱体,能装入箱内货物的运输。(　　)
3. 超重货物,是指一件货物装车后,其重量不是均匀地分布在车辆的底板上,而是集中在底板的一个小部分上的货物。(　　)

4. 路徽是识别车辆的最基本的标记。（　　）
5. 对固定配属的车辆，应标上所属铁路局和车辆段的简称，如"京局京段"表示北京铁路局北京车辆段的配属车。（　　）
6. 铁路线路是支撑列车重量、引导列车前进的基础，主要由路基、桥梁、隧道和轨道组成。（　　）
7. 车站是在铁路网点或铁路网端，由各种铁路线路、专业车站以及其他为运输服务的设备组成的技术设备总称。（　　）
8. 特定运价，是铁路在全路正式营业线上都适用的统一运价，是货物运价的基本形式。（　　）
9. 整车货物运费＝每吨运价×计费重量（按重量计费）。（　　）
10. 零担货物运费＝10千克运价×计费重量。（　　）

三、单项选择题

1. 信号设备是信号、（　　）、闭塞等设备的总称。
   A. 站台　　　　　B. 节点　　　　　C. 道岔　　　　　D. 联锁
2. （　　）是铁路运输的基本生产单位，它集中了运输有关的各项技术设备，并参与整个运输过程的各个作业环节。
   A. 车站　　　　　B. 码头　　　　　C. 枢纽　　　　　D. 节点
3. 铁路货物运输的经济里程为（　　）千米以上。
   A. 100　　　　　B. 200　　　　　C. 300　　　　　D. 400
4. （　　）运价，是铁路对按零担运输的货物所规定的运价，由按货物类别的每10千克的发到基价和每10千克/千米的运行基价组成。
   A. 整车货物　　　B. 零担货物　　　C. 集装箱　　　　D. 其他
5. （　　）货物每箱运价＝基价1＋基价2×运价千米。
   A. 整车　　　　　B. 零担　　　　　C. 集装箱　　　　D. 其他
6. （　　）运费＝每箱运价×箱数。
   A. 整车　　　　　B. 零担　　　　　C. 集装箱　　　　D. 其他
7. （　　）货物除下列情况外，均按货车标记载重量计算运费。计费时，以吨为单位，吨以下四舍五入。如果货物重量超过标重时，按货物重量计费。
   A. 整车　　　　　B. 零担　　　　　C. 集装箱　　　　D. 其他
8. 使用自备冷藏车装运货物时按（　　）计费，使用标重低于50吨的自备罐车装运货物时按50吨计费。
   A. 50吨　　　　　B. 60吨　　　　　C. 70吨　　　　　D. 80吨
9. 为保持零担货物运价与整车货物运价之间合理的比价关系，避免货物运输中发生运费倒挂、化整为零的现象，除前述两项特殊规定外，凡不足（　　）的轻浮零担货物均按其体积折合重量与货物重量择大确定计费重量。
   A. 300千克/立方米　　　　　　　　　B. 400千克/立方米
   C. 500千克/立方米　　　　　　　　　D. 600千克/立方米
10. （　　）分为货运营运杂费、延期使用运输设备、违约及委托服务杂费和租/占用运输设备杂费三大类,每类都有各自的项目和费率。

A. 服务费　　　　B. 装卸费费　　　　C. 托运费　　　　D. 货运杂费

四、简答题

1. 名词解释

   铁路运输　整车运输　零担运输　集装箱运输　货票

2. 铁路运输的技术经济特征有哪些?

3. 鲜活货物运输有何特点?

4. 超限货物的种类有哪些?

5. 如何判定危险货物?

6. 危险货物分为几类?

7. 简述铁路运输的三种常用方式。

8. 铁路货物运输在货物发送时要做哪些工作?

9. 铁路运费有哪些项目?

10. 简述铁路货物运费的构成及其计算方法。

五、案例分析

CBN 铁路运输公司

　　CBN 铁路运输公司的总裁约翰·斯派查尔斯凯(John Spychalski)一直关心着一个在公司中存在了约 20 年的问题,即公司使用的机车不十分可靠。使用以前的方法处理这个问题,也一直没有改善这些机车的可靠性。1995—1997 年,公司购买了 155 辆新的机车,并修复了一个 CBN 修理车间,但这个车间一直没有效率。斯派查尔斯凯估计该车间每年应该完成 300 次大修,但实际上,它平均每年只完成了 160 次大修。

　　公司在提供设备等顾客服务方面也一直很糟糕。CBN 公司的设备利用率平均只有 87%~88%,而其他公司的设备利用率达到 90% 以上。铁路行业业务的增加,使其尽可能减少机车的维修。CBN 公司的平均故障时间很低,只有 45 天,而其他公司达到了 75 天。这些因素使 CBN 公司的服务质量不高。

　　对于设备问题,斯派查尔斯凯仔细考虑了从外边租借 135 辆机车的可能性,租期从 90 天到 5 年,另外,还包括 CBN 公司现有的 496 辆机车的维修,但是,CBN 公司只负责提供劳动力。租约要求生产者按每列车实际运营的英里数收取维修费用。公司希望这个协议的期限平均是 15 年。

　　根据公司副总裁约翰·托姆西克(Jim Thomchick)估计,由于公司不必支付一些零件和材料的费用,大约每年可以节约 500 万美元。机车问题存在于整个 CBN 公司中,对顾客的服务延迟已经上升到了 5 天。斯派查尔斯凯和托姆西克认为,这种租借安排可以解决公司的问题。

(资料来源: http://roll.sohu.com/20120525/n344045743.shtml。)

讨论

1. 按实际运营的英里数收取维修费用的租约有什么潜在的好处和缺陷?

2. 在租期内,机车的问题仍然存在,该怎么处理?

3. 你认为租借机车是 CBN 公司最好的解决方法吗?请解释原因。

第 5 章

航空货物运输

【学习目标】

通过本章学习,了解航空运输服务的特点,航空运输的主要技术装备与设施,国际航空货物运费。掌握航空运输的概念和业务类型,国际航空货物运输当事人,国际航空货物运输进出口流程,国际航空运输单证,国际航空货物运单的基本概念、种类。

【本章要点】

本章主要介绍航空货物运输及其技术经济特性、航空货物运输作业的流程管理、特殊货物运输、航空货物运输运费的计算。

一票从上海运往泰国的整套流水线机器,货运单号777—89783442,由于机器比较庞大,用了6个箱子,每件重60公斤。整套机器价值USD6000,无申明价值,在终点站接货时,发现一个箱子开裂,经检验,这个箱子的机器已完全受损,其他5个箱子完好。

(资料来源:https://wenku.baidu.com/view/35a56ce24afe04a1b071defd.html.)

思考

航空公司应如何赔偿?

5.1 航空运输概述

5.1.1 航空运输的特点

航空运输是指使用航空器运送人员、行李、货物和邮件的一种运输方式。航空运输是科技含量高而密集的运输产业,它的发展加快了世界经济全球化、一体化的进程,也使得国际物流活动越来越便捷。

由于航空运输具有快速、机动的特点,可以为旅客节省大量时间,为货主加速资金周转。因此,在客运和进出口贸易中,尤其是在贵重物品、精密仪器、鲜活物资等运输方面,航空运输起着越来越大的作用。

1. 技术经济特征

1)高科技性

航空运输系统的每个部门都涉及高科技领域,航空运输的主要工具——飞机,更是先进科学技术的结晶。航空运输的发展反映了一个国家科学技术和国民经济的总体水平。

2) 高速性

高速性是航空运输最明显的特征。现代喷气式飞机的速度一般在 900 千米/时左右，比火车快 5~10 倍，比海轮快 20~25 倍。

3) 高机动灵活性

航空运输不受地形地貌、山川河流的限制，只要有机场并有航路设施保证，即可开辟航线。直升机的机动性更大。

4) 安全可靠性

随着科学技术的发展，空中飞机不如地面交通安全的错误认识正在逐渐被消除。空难事故大幅下降，货物安全、旅客安全和舒适性都大幅提高。

5) 建设周期短

一般来说，修建机场比修建铁路和公路的周期短、投资少，若经营好，投资回收也快。

6) 运输成本高

在各种交通运输方式中，航空的单位货物运输成本最高。

2. 经营管理特征

1) 飞行距离远

现代飞机已实现了超音速，适于超长距离的快速运输。飞机的飞行距离（即"航程"）是衡量飞机续航性能的重要指标。航程是指飞机起飞后在不进行空中加油的情况下，耗尽其本身携带的可用燃料时，所能飞行的最远距离。远程飞机的航程为 11 000 千米左右。

2) 航空公司与机场分离

航空公司购置飞机进行航空运输的运营。机场向航空公司收取起降费、停场费、服务保障费等费用并由地方政府管理。中国民用航空局履行国务院确定的监管职责。

3) 适用范围广

飞机，尤其是直升机，不但可为客、货运输提供服务，而且还可为邮政、农业、渔业、林业、救援、工程、警务、气象、旅游及军事等方面提供方便。

4) 国际性

航空运输具有跨国服务的特征，须考虑提供国际化服务与合作关系。国际民航组织制定了各种法规、条例、公约来统一和协调各国航空公司的飞行活动和运营活动。

3. 航空货物运输服务的功能

航空货物运输的上述特点，使得它主要担负以下功能。

(1) 鲜活易腐等特种货物，以及价值较高或紧急物资的运输。

(2) 邮政运输。

5.1.2 航空货物运输的主要技术装备与设施

航空货物运输的主要技术装备与设施包括飞机、航空港（机场）、飞机航线、通信设备及导航设备。

1. 飞机

飞机是航空货物运输的运输工具。由于飞机是通过高速造成与空气之间的相对运动而产生空气动力为支托并使飞机在空中飞行的，因此，为了确保飞行安全、起飞和着陆安全，飞机的重量是其主要的技术指标。每次飞行前，应严格根据限制条件控制飞机装载重量。同时，飞机重量也是确定跑道长度、道面结构及厚度的重要设计参数。飞机的重量包括以下几项。

（1）基本重量又称不变重量，是飞机的基本飞行空机重量，由空机重量、附加设备重量、空勤人员及其随带物品（用具）重量、服务设备及供应的重量、其他按规定应计算在基本重量之内的重量组成。

（2）最大起飞重量，是指飞机根据其结构强度、发动机功率、刹车效能等因素确定的飞机在起飞线加大马力起飞滑跑时限制的全部重量，其数值由飞机设计制造时确定。

（3）最大滑行重量，是指飞机在滑行时限定的全部重量，其数值大于最大起飞重量。两者的差额就是滑行过程中的用油重量，这部分燃油必须在起飞前用完。

（4）最大无燃油重量，是指除燃油以外所允许的最大飞机重量。它由飞机的基本重量和业务载重量组成。

（5）燃油重量，是指航段飞行耗油量和备用量，但不包括地面开车和滑行的油量，故又称起飞油量。

（6）最大着陆重量，是指飞机在着陆时，根据其起落装置与机体结构所能承受的冲击荷载限定的最大飞机重量。

（7）最大业务载重量，是指航空营运限定的最大客货重量，包括旅客、行李、货物、邮件等的重量。

2. 航空港

航空港是航空运输的重要设施，是指民用航空运输交通网络中使用的飞机场及其附属设施。与一般飞机场比较，航空港的规模更大，设施更为完善。航空港体系主要包括飞机活动区和地面工作区两部分，而航站楼则是两个区域的分界线。

航空运输使用的机场多由政府部门筹资建造，航空公司使用机场要支付使用费，停放飞机要支付租金。

在机场，航空公司要完成对乘客、货物和飞机的各项服务。对乘客要完成检票、登机和下机，行李的集中和分发。货物要由专门的飞机运到终点机场或等待汽车发送。对飞机的服务包括加油，乘客、货物及行李的上下机，食物供应以及维修工作。大型航空公司的飞机维护工作在特定的机场进行。

随着航空公司的运营日趋复杂，某些机场要发展成为航行中心（枢纽）。从人口较少的外围地区来的航班集中到该中心，然后由接运航班运送到其他地方。总之，中心机场的作用有些类似于汽车运输业的客货转运站。

3. 飞机航线

飞机航线是航空运输的线路，是由空管部门设定的飞机由一个机场飞抵另一个机场的通道。飞机航线分为非固定航线和固定航线。非固定航线、航路是用于临时性的航空运输或通用航空运行，在航路和固定航线以外的飞行线路。

航空运输体系除了上述基本组成部分外,还有商务运行、机务维护、航空供应、油料供应、地面辅助处保障系统等。

1) 世界上最繁忙的国际货运航空线路

(1) 西欧—北美间的北大西洋航空线。该航线主要连接巴黎、伦敦、法兰克福、纽约、芝加哥、蒙特利尔等航空枢纽。

(2) 西欧—中东—远东的航空线。该航线连接西欧各主要机场至中国香港、北京、东京等机场,并途经雅典、开罗、德黑兰、卡拉奇、新德里、曼谷、新加坡等重要航空站。

(3) 远东—北美间的北太平洋航空线。这是北京、中国香港、东京等机场经北太平洋上空至北美西海岸的温哥华、西雅图、旧金山、洛杉矶等机场的航空线,并可延伸至北美东海岸的机场。太平洋中部的火奴鲁鲁是该航线的主要中继加油站。

此外,还有北美—南美、西欧—南美、西欧—非洲、西欧—东南亚—澳新、远东—澳新、北美—澳新等重要的国际航空线。

2) 我国的国际贸易航空货运线和机场

在我国,国际贸易航空线目前主要在北京、上海、天津、沈阳、大连、哈尔滨、青岛、广州、南宁、昆明和乌鲁木齐等机场接办国际航空货运任务。

4. 通信设备

民航客机用于和地面电台或与其他飞机进行联系的通信设备包括:高频通信系统(HF)、甚高频通信系统(VHF)和选择呼叫系统(SELCAL)。

(1) 高频通信系统。一般采用两种制式工作,即调幅制和单边带制,以提供飞机在航路上长距离的空与地或空对空的通信。它工作在短波波段,频率范围一般为2KHz~30MHz。

(2) 甚高频通信系统。一般采用调幅方式工作,主要提供飞机与地面塔台、飞机与飞机之间近距离视线范围的语音通信。其工作于超短波波段,频率范围一般为113~135.975MHz。

(3) 选择呼叫系统。选择呼叫是指地面塔台通过高频或甚高频通信系统对指定飞机或一组飞机进行呼叫。飞机呼叫系统收到地面的呼叫后,指示灯亮或铃响,告诉飞行员地面在呼叫本飞机。

5. 导航设备

民航客机的导航主要依赖于无线电导航系统,其设备有:甚高频全向信标/测距仪系统(VOR/DME)、无方向性无线电信标系统(NDB)、仪表着陆系统(ILS)、监视设备等。

(1) 甚高频全向信标/测距仪系统。甚高频全向信标/测距仪系统(VOR)是一种近程无线电导航系统。1949年被ICAO采用为国际标准航线的无线电导航设备。它由地面发射台和机载设备组成。地面设备通过天线发射从VOR台到飞机的磁方向信息,机载设备接收和处理该信息,并通过有关指示器指示出飞机到VOR台的磁方位角。

测距仪(DME)是为驾驶员提供距离信息的设备。1959年,它成为ICAO批准的标准测距系统。它由机载测距机和地面测距信标台配合工作。一般情况下,地面测距台与VOR台安装在一起,形成极坐标近程定位导航系统。它是通过询问应答方式来测量距离的。

(2) 无方向性无线电信标系统。无方向性无线电信标系统(NDB),即导航台,是用来为机上无线电罗盘提供测向信号的发射设备。根据要解决的导航任务,导航台可以设置在航线上的某些特定点、终端区和机场。航线上的导航台可以引导飞机进入空中走廊的出入口,或到某一相应的导航点以确定新的航线。终端区的导航台用来将飞机引导到所要着陆的机场,并保证着陆前机动飞行和穿云下降,也用来标志该机场的航线出口位置。机场着陆导航台,用来引导飞机进场,完成基地飞行和保持着陆航向。

(3) 仪表着陆系统。仪表着陆系统(ILS) 1949 年被 ICAO 确定为飞机标准进近和着陆设备。它能在气象恶劣和能见度差的条件下给驾驶员提供引导信息,保证飞机安全进近和着陆。

(4) 监视设备。目前,实施空中交通监视的主要设备是雷达。它是利用无线电波发现目标,并测定其位置的设备。

5.1.3 航空货物运输当事人

航空货物运输当事人主要有托运人、收货人、承运人、代理人,以及地面运输公司。承运人一般是指航空公司,代理人一般是指航空货运公司。

1. 航空公司

航空公司自身拥有飞行器并借以从事航空运输活动,它的主要业务是把货物和旅客从某地机场用飞机运到另一地机场。多数航空公司有定期航班,像中国国际航空公司、法国航空公司、日本航空公司、德国汉莎航空公司、美国联合航空公司等。有些则无定期航班,只提供包机服务,如卢森堡货运航空公司、马丁航空公司,它们拥有货机,对运输大批量货物、超限货物及活种畜等十分方便。目前,我国的航空公司主要有中国国际航空公司、中国西南航空公司、中国东南航空公司等。

2. 航空货运公司

航空货运公司又称空运代理,它是随着航空运输的发展及航空公司运输业务的集中化而发展起来的一种服务性行业。它们从事航空货物在始发站交给航空公司之前的揽货、接受、报关、订舱及在目的地从航空公司手中接货、报关、交付或送货上门等业务。航空货运公司具有以下优点。

(1) 使航空公司能更加集中精力搞好空中运输业务而不必担心货源。

(2) 方便货主,货主可以及时托运、查询、跟踪货物。

(3) 将零散货物集中拼装托运,简便手续,降低运输成本。

通常,空运代理可以是货主代理,也可以是航空公司的代理,也可以身兼二职。航空货运公司在经营进出口货运业务时,可以向货主提供以下服务。

(1) 提供上门收、送货服务。

(2) 订舱。

(3) 报关。

(4) 制作航空运单。

(5) 办理保险、结汇及费用代付业务。

(6) 办理货物转运业务。

(7) 提供信息查询及货物跟踪服务。

5.1.4 航空货运的分类

航空货运市场分布十分广泛。根据顾客要求,航空货物运输可以分为以下三类。

1. 急快件货物运输

急快件货物运输,是顾客紧急需要把货物以最快的速度运达目的地的运输方式。这一类货物运输的特点首先是时间短,其次才考虑运输费用,如商业信函票证、生产部件、急救用品、救援物资以及紧急调用物品等。

2. 易腐货物运输

常规易腐货物是指货物的价值与时间密切相关的货物。这一类货物主要有两种。一种是物品本身容易腐烂变质,对运输时间要求严格,如鲜花、海鲜、应时水果等。另一种是物品价值与时间密切相关,对进入市场的时间要求严格。例如某些商品,进入市场时间越早,越能抢占市场;或希望在市场需求处于最佳时机投放市场,可以取得最佳经济效益。

易腐货物要求运输速度快,货主希望通过时间获得市场价值,以取得更多利润。这一类货物运输的货主对运输价格的敏感度远远高于急快件货物运输。因此,航空公司必须合理定价,以扩大发展易腐货物运输市场。

3. 常规货物运输

常规货物运输主要是指有时间性要求、不宜颠簸或容易受损的精密仪器设备,价值与体积之比比较大的贵重物品等。

5.2 航空运输业务流程

5.2.1 国内空运业务

国内空运业务是国内航空运输代理业务中的代理人完成接受委托人委托、货物入库、缮制航空运单、航空交接、信息反馈等一系列作业环节。

1. 业务受理

(1) 国内空运调度首先要进行信息查询,确定通过网络、传真及班车带回的货物中是否有到港空运货物及到港中转的预报业务。

(2) 按预报出港货物委托信息提供的目的地、件数、重量、体积、委托人等要求,做好记录。

(3) 接收委托人委托空运的传真文件,按客户提出的要求做好预订舱记录。

(4) 受理委托人要求空运的电话咨询,了解货物情况及目的地、件数、重量、提供方式,做好电话预订舱记录。

2. 订舱

(1) 审核预订舱记录内容与网络提供的信息是否相符,如有疑义应立即与委托人进行核实,同时将正确信息补充输入计算机系统。

(2) 根据订舱记录分别向航空公司订舱或预订舱。其中,订舱流程是按已到达的空运货物量直接向航空公司订舱,获取航班号,并将确认的航班信息输入计算机系统;预订舱流程是根据订舱记录对未到的货物或委托人预报的空运信息,向航空公司预订舱位,将航空公司确认的预订信息输入计算机系统。

3. 审核单证

代理人接到空运出港或委托人前来委托空运的信息,审核由委托人填写的"航空公司国内货物托运书"所列内容,仔细核对货物品名、件数、体积大小、包装和完好程度,确定计费重量,甄别所托货物是否属禁运品,核实委托人及收货人详细单位名称、姓名、联系电话是否齐全,核对无误后请委托人在委托书上签名确认。

4. 打包和称重

空运的货物到达后,需进行卸货,磅秤实际重量、丈量体积后在航空托运书上签名确认,将托运书交制单员。

在磅秤货物重量的同时,代理人仔细检查货物包装是否符合航空要求,对包装不符合航空要求的货物,应向委托人建议加固外包装或改包装,并为委托人提供打包、改包装服务。为货物打包时,贵重物品、易碎物品在加固后,必须在货物的外包装上粘贴特殊标识,如防潮、防倒置、勿倾斜、轻搬轻放等标识。

5. 制单

制单员根据"国内货物托运书"分别制作总运单、分运单。具体要求如下。

(1) 操作过程中,制单员应按委托人要求,详细填制所到达的城市及该城市代号,托运人、收货人名称、地址、联系电话,件数、重量、计费重量、航班日期、货物名称、外包装情况,并对特殊体积的货物注明体积尺寸。

(2) 在储运注意事项及其他栏内,对已订舱的货物应填制"已订舱",有随机文件的应注明随机文件份数,需机场自提的货物应写明"机场自提"。

(3) 正确填制运价,按计费重量填制不同等级运价以及燃油费。运单填制完毕后,制单员签名,填制制单日期。

(4) 对"门到门"的货物,由制单员将运单及委托人填制的国内货物托运书一并进行复印并将复印件交与到港调度制作派送单。

6. 结算费用

根据分运单的总价对单票空运业务进行结算。具体要求如下。

(1) 对委托人现场收取运费的,按分运单标明的总价开具发票,列明收费项目、运单号连同分运单(第一联)交委托方,收取现金或支票。

(2) 凡与公司签订业务合同、协议的委托人,以公司内部划账结算方式,列为月结账客户,结算时将分运单第一联交委托人。

(3) 制作"单票结算单",将运单上所显示的收费内容分类计算,列明收入与支出并显示所得利润。单票结算单应填制委托人名称、收入来源、支出流向。

7. 航空交接

(1) 包装,制作航空吊牌。航空票签或吊牌上必须填明运单号、目的地城市名称、件数、重量。航空运单与航空票签必须为同一航空承运人,不得有误。

(2) 根据不同航空承运人所列货运单内容,制作"航空交接单"。该单为航空承运人交接凭证,必须清晰显示交接货物的运单号、件数、重量、目的港城市名称。贵重物品托运时,必须填制"贵重物品交接单",内容包括货物名称、件数、重量、外包装、运单号、目的地港城市名称,连同航空交接单一起交承运人。

(3) 装车。空运出港调度按空运货量情况申请车辆,安排人员负责装车事宜。同时,装车人员要认真核对装车票数和每一票出运的件数,并附有记录。

(4) 交货。托运方按承运人指定的交货时间、地点进行托运交接。双方过磅清点件数后,将总运单的第三联至第七联、随机文件以及贵重物品交接清单移交承运人,双方在交接清单上签名。

8. 航班查询

代理人预订航班和货交承运人后,待飞机起飞2小时后用电话向航空公司查询货物是否按预订的航班出运。在查询时应告知所查货物的运单号、目的地城市名称、件数、重量,得到确切的航班出运信息后,应在运单上注明已出运航班号及时间。如果分批出运,应查询分批出运的次数、每次出运件数、重量。如果隔日配载,次日航班起飞2小时后再进行查询,直至该批货物全部出运完毕。

9. 信息反馈

空运出港、中转的货物与航空公司交接后,代理人经查询确认该航班货物是否已按预订航班正常出运,将确认信息输入计算机系统并及时将信息反馈给委托人。

5.2.2 国内航空货物运输业务主要单证

1. 国内空运货物托运书

国内空运货物托运书是发货人在委托航空公司或空运货物运输代理公司办理货物托运时填写的必备单据,并由发货人签字、盖章。国内空运货物托运书主要包括以下内容。

(1) 始发站、到达站全称。
(2) 收货人、托运人的姓名、单位、地址、邮政编码和电话。
(3) 托运人选择货物运费的支付方式,如预付或到付。
(4) 货物的实际件数。
(5) 货物的具体品名及包装种类。
(6) 运输声明价值和运输保险价值。
(7) 货物特性和储运注意事项,如"易碎"。

2. 航空货运单

航空货运单是国内航空货物运输中最重要的单据,它是承运人或其代理人出具的一种运输合同,它不能作为物权凭证,是不可议付的单据。其作用和用途如下。

(1) 是一种承运合同。
(2) 是接收货物的证明。
(3) 是相关责任人费用结算的凭证。
(4) 是保险的依据。
(5) 是业务交接的依据。

3. 航空货运单的内容

航空货运单一式八联,正本三联,副本五联,主要内容包括以下几项。

(1) 始发站、目的站所在城市名称。

(2) 托运人及收货人的姓名、地址、邮编、电话号码。
(3) 货物实际的各航线航班号码及日期。
(4) 托运人要求声明的货物运输价值。
(5) 货物的件数、实际重量、计费重量、适用的运价以及由相关数据得到的航空运费。
(6) 货物品名、包装以及货物体积。
(7) 地面运费、其他费用以及由相关数据得到的航空运费总额。
(8) 货物运费的支付方式,如现金、支票以及信用卡等。

5.2.3 国际航空货物运输流程及单证

1. 出口货物运输流程

航空货物出口程序是指航空货运公司从托运人手中接货到将货物交给航空公司承运这一过程所需通过的环节、所需办理的手续及必备的单证。它的起点是从托运人手中接货,终点是货交航空公司,其操作流程如图 5-1 所示。

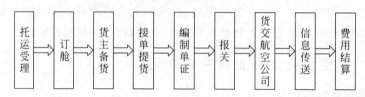

图 5-1　出口货物运输流程

(1) 托运受理。托运人在货物出口地寻找合适的航空货运公司,为其代理空运订舱、报关、托运业务。航空货运公司根据自己的业务范围、服务项目等接受托运人委托,并要求其填制"航空货物托运书",以此作为委托与接受委托的依据,同时提供相应的装箱单、发票。

(2) 订舱。航空货运公司根据托运人的要求及货物本身的特点(一般来说,非紧急的零担货物可以不预先订舱)填写民航部门要求的订舱单,注明货物的名称、体积、重量、件数、目的港、时间等,要求航空公司根据实际情况安排航班和舱位,也就是航空货运公司向航空公司申请运输并预订舱位。

(3) 货主备货。航空公司根据航空货运公司填写的订舱单安排航班和舱位,并由航空货运公司及时通知托运人备单、备货。

(4) 接单提货。航空货运公司去托运人处提货并送至机场,同时要求托运人提供相关单证,主要有报关单证,如报关单、合同副本、商检证明、出口许可证、出口收汇核销单、配额许可证、登记手册、正本的装箱单、发票等。

(5) 缮制单证。航空货运公司审核托运人提供的单证,缮制报关单,报海关初审。缮制航空货运单,要注明名称、地址、联络方法、始发及目的港、货物的名称、件数、质量、体积、包装方式等,并将收货人提供的货物随行单据订在运单后面。如果是集中托运的货物,要制作集中托运清单、航空分运单,一并装入一个信袋,订在运单后面,将制作好的运单标签粘贴或拴挂在每一件货物上。

(6) 报关。航空货运公司持缮制完的航空运单、报关单、装箱单、发票等相关单证到海关报关放行。海关将在报关单、运单正本、出口收汇核销单上盖放行章,并在出口产品退税的单据上盖验讫章。

(7) 货交航空公司。航空货运公司将盖有海关放行章的航空运单与货物一起交给航空公司,由其安排可可运输,随附航空运单正本、发票、装箱单、产地证明、品质鉴定书等。航空公司验收单、货无误后,在交接单上签字。

(8) 信息传递。货物发出后,航空货运公司及时通知国外代理收货。通知内容包括航班号、运单号、品名、数量、质量、收货人的有关资料等。

(9) 费用结算。费用结算主要涉及托运人、承运人和国外代理三个方面,即航空货运公司向托运人收取航空运费、地面运费及各种手续费、服务费,向承运人支付航空运费并向其收取佣金,可按协议与国外代理结算到付运费及利润分成。

2. 出口业务主要单证

(1) 出口货物报关单。出口货物报关单一般由托运人自己填写。一般出口货物填写报关单为一式两份;转口输出货物需要一式三份;需要由海关核销的货物增加一份,并使用专用报关单。出口货物报关单一般应注明出口收汇核销单的编号。

(2) 国际货物托运书。国际货物托运书由托运人填写并由其签字盖章,该托运书需要用英文缮制出两份交给航空货运公司。

(3) 装箱单及发票。装箱单上应注明货物的唛头、体积、质量、数量及品名等。发票上应注明收货人和托运人的名称、地址、货物的品名、单价、总价、原产国家(地区)等。装箱单和发票都必须由托运人签字盖章。

(4) 航空运单。航空运单分为航空总运单和分运单两种,是航空运输中最重要的单据。它是承运人或代理人出具的一种运输合同,但不能作为物权凭证,是一种不可议付的单据。

(5) 商检证明。出口货物的商检分为法定商检和合同商检。法定商检是由国家为维护出口商品质量,而规定某些商品必须经过商检机构检验并出具检验证书;合同商检是指进口商为保证商品质量而要求出口方出具商检证书。

商检证书是出口业务中十分重要的单证,适用范围广泛,几乎每票出口货物都需要。常见的检验证书有:质量检验证书、数量检验证书、卫生检验证书、兽医检验证书、防毒检验证书、产地检验证书。

(6) 出口许可证。凡出口国家限制出口的商品均应向出境地海关交验出口许可证。我国实行出口许可证管理的商品主要有:珍贵稀有野生动植物及其制品、文物、金银制品、精神药物、音像制品等。

(7) 出口收汇核销单。我国《出口收汇核销管理办法》于1991年1月1日起实施。出口收汇核销单由出口单位向当地外汇管理部门申领,出口报关时交出境地海关审核。核销单上需加盖外汇管理部门的"监督收汇章"和出境单位的公章。

(8) 登记手册。凡以来料加工、进料加工和补偿贸易等方式出口的货物均需向海关交验登记手册。

5.2.4 进口货物运输流程及单证

1. 航空货物进口流程

航空货物进口程序是指航空货物从入境到提取或转运的整个过程中所需通过的环节、所需办理的手续及必备的单证。航空货物入境后,要经过每个环节才能提出海关监督场所,而每经过一道环节都要办理一定的手续,同时出具相关的单证,如商业单据、运输单据及所需的各种批文和证明等。在入境地海关清关的进口货物,流程图如图5-2所示。

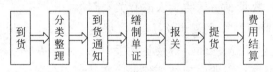

图 5-2 进口货物流程

(1) 到货。航空货运入境后,即处于海关监督之下,相应的货物存在海关监管场所内。同时,航空公司根据运单上的收货人发出到货通知。

若运单上的第一收货人为航空货运公司,则航空公司会把有关货物运输单据交给航空货运公司。

(2) 分类整理。航空货运公司在取得货运公司运单后,根据自己的习惯进行分类整理,其中集中托运货物和单票货物、运费预付货物和运费到付货物应区分开来。

集中托运货物需对总运单项下的货物进行分拨,对每一份运单的货物分别处理。分类整理后,航空货运公司可对每票货物编上公司内部的编号,以便于用户查询和内部统计。

(3) 到货通知。航空货运公司根据收货人资料寄发到货通知,告知其货物已到港,催促其速办报关、提货手续。

(4) 缮制单证。根据运单、发票及证明货物合法进口的有关批文缮制报关单,并在报关单的右下角加盖报关单位的报关专用章。

(5) 报关。根据海关总署2018年第60号公告,2018年8月1日起执行新版《中华人民共和国海关进出口货物报关单填制规范》,全国所有关区全面切换为新报关单。报关单、报检单合并为一张报关单。将做好的报关单递交海关,海关在经过初审、审单、征税等环节后放行货物。只有经过海关放行后的货物才能提出海关监管场所。

(6) 提货。凭借盖有海关放行章的正本运单到海关监管场所提取货物并送货给收货人,收货人也可自行提货。

(7) 费用结算。货主或委托人在收货时应结清各种费用,如国际段到付运费、报关单、仓储、劳务费等。

2. 进口业务主要单证

(1) 进口货物报关单。进口货物报关单与出口货物报关单格式大体相同。

(2) 装箱单、发票。与出口业务的装箱单、发票相同。

(3) 航空运单。航空运单的正本为一式三份,每份都印有背面条款,其中一份交发货人,是承运人或代理人接收货物的依据;第二份由承运人留存,作为记账凭证;最后一份随货同行,在货物到达目的地,交付给收货人时作为核收货物的依据。

(4) 进口许可证。

(5) 商检证明。凡进口属于法定商检的商品,均需向海关交验国家商检机构及有关检验部门出具的检验证书。

(6) 其他单证。对于其他特殊货物或特殊情况应依海关规定提交不同的文件、证明、单证,如无线电管委会证明、登记手册、减免税证明、保证函、赠送函、接收函等。

5.2.5 航空货物运输的组织与管理

航空货物运输应按照市场销售计划,积极开拓市场,组织货源,收集货物,为运输生产做好充分的准备。组织航空货物运输主要有三种方式。

1. 直接销售

航空运输企业通过自己的营业处或收货站,直接进行航空货运业务的销售。与航空旅客运输一样,从事直接销售的业务点一般分布在运量较大的城市,航空公司可以直接组织市场。直接销售的优越性是能够直接控制市场,减少中间环节,提高销售利润。

2. 代理销售

航空运输企业进行直接销售可以减少代理费用,但是,直接销售的业务量不足时,会增加销售成本。因此,航空公司的相当一部分货运吨位会通过代理人销售。销售代理人根据与航空公司之间的协议,代表航空公司销售空余吨位,并按照协议收取代理费用。航空公司可以采取灵活的代理政策,鼓励销售代理人积极开拓市场,扩大销售业务。销售代理人可以同时代理多家航空公司的货运销售业务。

3. 联运

由于一个航空公司能够提供服务的航线有限,因此对于本身不能运达的部线,航空公司之间可以采用联运服务。这种服务是有偿的,上一个承运人即为下一个人的销售代理人,它们之间通过协议分配销售收入。事实上,航空公司为了扩大自己的范围,通常通过与其他航空公司的代理协议,成为其他航空公司的销售代理人。

5.2.6 空运发货注意事项

1. 几种特殊物品的运输

(1) 活体动植物(或动植物制品)——需动植物检疫站颁发的动植物检疫证书。

(2) 麻醉药品——需卫生部药政管理局发的麻醉品运输凭证。

(3) 音像制品——需省社会文化管理委员会办公室发的音像制品运输传递证明。

(4) 罐装液体、粉状物品——需出产厂家的物品性质证明。

(5) 海鲜——不同地方需要不同的海鲜包装箱。

(6) 玻璃必须订封闭木箱,打三脚架。

(7) 违禁品——爆炸品(如炸药)、压缩气体和液压气体(如煤气)、易燃易爆液体或固体、氧化剂和有机过氧化物、毒品和感染性物品、放射性物品、腐蚀品、磁性物品、麻醉物品、电池等。

2. 发货物品的体积、重量要求

(1) 最小体积：长＋宽＋高≥40厘米。货物尺码一般不能超过40厘米×60厘米×100厘米，超过者则为超限货物。每件货物的最小尺码长、宽、高合计不得少于40厘米，最小的一边长不得少于5厘米（新闻稿件类货物除外）。

(2) 最大体积：依据飞机舱门尺寸而定，如B737——0.86米×1.21米，B757——1.41米×1.12米。

客机载运体积一般不超过400厘米×60厘米×100厘米。

货机载运体积一般不超过100厘米×100厘米×140厘米。

(3) 如每千克货物的尺码超过7000立方厘米则为轻泡货物，以每7000立方厘米折合1千克计重（国内航空是以每6000立方厘米折合1千克计重）。

(4) 重量：客机载运每件货物重量一般不超过80千克，货机载运每件货物重量一般不超过250千克。

① 对货物重量按毛重计算，计算单位为千克，尾数不足1千克的则按四舍五入方式处理。

② 如果发货人托运超限货物，则应该提供货物的具体重量、体积，按承运人的规定支付超限货物的附加费。

3. 吨位控制与配载

由于航空货运可以采用全货机或客货混装型飞机运输，因此，吨位控制和配载管理的原则不完全相同。

1) 全货机方式运输

采用全货机方式运输时，吨位控制和配载过程比较单一，主要控制货物体积（不能超高、超长）、形状（易于固定），不能超重。

2) 客货混装方式运输

客货混装方式运输，由于必须首先考虑运送旅客，因此货运吨位控制和配载要在保证客运的前提下进行。首先必须根据乘客的座位分布情况，按照飞机的配载要求，进行货物的重量和位置控制，在保证飞机飞行平稳安全的前提下充分提高飞机载运率。

无论是航空旅客运输还是航空货物运输，吨位控制与配载管理都是一件非常重要的工作，必须科学、严格地按照飞机的性能指标进行控制，在保证飞机飞行安全的前提下，充分提高生产效率和经济效益。

5.3 航 空 快 递

5.3.1 航空快递概述

1. 航空快递的概念

航空快递（air courier）也称速递、快递、快递业务，是指航空快递企业利用航空运输，收取发件人托运的快件并按照向发件人承诺的时间将其送交指定地点或者收件人，掌握运送过程的全部情况并能将即时信息提供给有关人员查询的速递服务。

国际航空快递主要以文件和包裹两大类物品为收件范围,由具有独立法人资格的企业将进出境的货物或物品从发件人所在地通过自身或代理的网络运达收件人的一种快速运输方式。

2. 国际航空快递的形式

国际航空快递提供以下三种服务形式来满足广大客户需求。

(1) 机场到机场。发货人在飞机始发机场将货物交给航空公司,然后发货人发传真通知目的地的收货人到机场取货。该种服务方式比较简单,收费较低,但发收货人都感到不方便。

(2) 门/桌到机场服务。与前一种服务方式相比,门/桌到机场的服务是指快件到达目的地机场后不是由快递公司办理清关、提货手续并送达收件人的手中,而是由快递公司通知收件人自己去办理相关手续。采用这种方式的多数是海关当局有特殊规定的货物或物品。

(3) 门/桌到门/桌服务。门/桌到门/桌的服务形式也是航空快递公司最常用的一种服务形式。首先由发件人在需要时电话通知快递公司,快递公司接到通知后派人上门取件,然后将所有收到的快件集中到一起,根据其目的地分拣、整理、制单、报关、发往世界各地。到达目的地后,再由当地的分公司办理清关、提货手续,并送至收件人手中。

(4) 专人派送服务。专人派送是指由快递公司指派专人携带快件在最短时间内将快件直接送到收件人手中。这是一种特殊服务,一般很少采用。该服务方式周到,但费用较高。

3. 航空快递的特点

(1) 运送速度快。到目前为止,飞机仍然是最快捷的交通工具,常见的喷气式飞机的经济巡航速度大都在每小时 850～900 千米。快捷的交通工具大大缩短了货物在途时间,对于那些易腐烂、变质的鲜活商品,时效性、季节性强的报刊、节令性商品,抢险、救急品的运输,这一特点显得尤为突出。可以这样说,快速加上全球密集的航空运输网络才有可能为人们从前可望而不可即的鲜活商品开辟远距离市场,使消费者享有更多的利益。

运送速度快、在途时间短,也使货物在途风险降低,因此许多贵重物品、精密仪器也往往采用航空运输的形式。当今国际市场竞争激烈,航空运输所提供的快速服务也使得供货商可以对国外市场瞬息万变的行情即刻做出反应,迅速推出适销产品占领市场,获得较好的经济效益。

航空物流运输利用天空这一自然通道,不受地理条件的限制。对于地面条件恶劣、交通不便的内陆地区非常合适,有利于当地资源的出口,促进当地经济的发展。

(2) 安全、准确。与其他运输方式比,航空快递运输的安全性较高,航空公司的运输管理制度也比较完善,货物的破损率较低。如果采用空运集装箱的方式运送货物,则更为安全。

(3) 节约包装、保险、利息等费用。由于采用航空运输包装管理方式,货物在途时间短,周转速度快,企业存货可以相应减少。一方面有利于资金的回收,减少利息支出;另一方面企业仓储费用也可以降低。又由于航空货物运输安全、准确,货损、货差少,因此保险费用较低。

(4) 方便查询。快递公司在接受和交接货物时均有签收,可以及时提供货物交接信息。快递公司还大都配备各种通信设施,对快运货物的查询能做到及时答复。

5.3.2 航空快递业务种类

1. 按快递范围分

1) 国际特快专递

我国国际邮政特快专递业务可分为定时业务和特需业务两种。定时业务是指对邮件的收寄、处理、发运、投递均按照事先与寄件人(单位)确定的办法、时间进行处理,寄件人使用定时业务,应提前向邮局申请,并双方签订合同,商定办理交寄邮件的时间、地点、频次及每次交寄的数量等。特需业务是指寄件人(单位)随时交寄的特快邮件,寄件人事先不必与邮局签订合同,可根据需要随时到邮局办理。

2) 国内特快专递

国内特快专递市场主要被我国 EMS 所占领,我国不少民营快递企业也正逐渐涉足此业务,国外跨国快递企业也将经营此项业务。

2. 按经营业务分

按内件性质分为信函(letter)、文件资料(documens)和物品(merchandise)。

信函:具有个人现时通信内容的信件。

文件资料:商业合同、工程图样、照片、照相复制品、金融票据、有价证券、证件、单据、报表等。

物品:机械小零件、电子元件、录像带、贸易小样品、礼品等适合快递的物品。进、出口物品均需海关监管、查验。

3. 快递禁递和限递的物品

(1) 有爆炸性、易燃性、腐蚀性、毒性、酸性和放射性(包括同位素及容器)的各种危险品,如爆竹、汽油、酒精、煤油、桐油、生发水、火柴、生漆、强碱、农药等。

(2) 麻醉药物和精神药品,如鸦片、吗啡等。

(3) 国家法令禁止流通或寄递的物品,如军火武器、警具、金银等。

(4) 妨碍公共卫生的物品,如尸骨(包括骨灰)、未经硝制的兽皮、未经药制的兽骨。

(5) 容易腐烂的物品,如鲜肉、鲜鱼、鲜蛋、鲜水果、鲜蔬菜等。

(6) 反动报刊、书籍、宣传品和淫秽品等。

(7) 各种活动物。

(8) 各种货币。

(9) 包装不易确保内件安全、不适应邮递的怕震易损物品,如计量电度表、显像管、电视机、摄像机、灯泡、热水瓶等。

(10) 国内限量寄递物品,按国务院相关主管部门制定的有关规定执行。

4. 国际航空快递业务和邮政业务的区别

(1) 国际航空快递业务是以商务文件、资料、小件样品和货物等为主。办理国际航空快递业务的公司绝大多数是国际性的跨国公司,只是在少数的国家采取代理制。因此,整个业务过程是在公司内部进行的。

(2) 国际邮政业务整个过程是在两个以上国家之间连续作业完成的,主要业务是以私人信函、小包裹为主。

(3) 国际航空快递业务所提供的是"桌到桌"服务,上桌取货,送货到桌。整个运输过程中由计算机密切监视通信网络。在繁忙的航线上,由专人携带货物,随机带货,当场进行清关,对所承办的货物,提供全球性服务。

(4) 国际邮政业务则需要邮政局办理手续,在运送过程中受到不同国家邮政业务效率的影响。一般邮件投寄人必须亲自到邮政信箱和邮局投寄。邮件丢失难以查询,挂号信函是被动查询,答复速度慢。邮局对所托运货物没有清关服务,还受到尺寸和重量的限制。

国际邮政和航空快递业务隶属不同的国际组织。世界各国邮政参加万国邮政联盟;而从事航空速递业务都隶属货运代理业务,其国际组织为航空货运协会。

5.3.3 国内外航空快递业务程序

1. 国内快递的操作流程

特快专递的操作流程主要包括承运、交接、保管、装卸、运输、中转、交付七大环节。尽管特快专递单件重量小,但单位价值却往往高,并要求运速快,安全可靠,因此各工作环节交接证单要设计更科学,传递迅速,以保证特快专递工作顺利进行。

2. 国际航空快递出口操作流程

(1) 查所到城市的编码。

(2) 制运单、清单并输入计算机。

(3) 到海关办理报关手续。

(4) 以航空货运单的形式将文件、包裹发往国外。

(5) 信息存入计算机后向到达地代理发送离港信息。

3. 国际航空快递进口业务程序

(1) 到达地代理根据国外信息、货运单和到货通知按时到达机场取回快件。

(2) 办理进口清关手续。

(3) 按区域登记、分拨、运转。

(4) 上门派送,取回签收的回执(proof of delivery,POD),即各快递公司所签发的分运单,也可称交付凭证。

(5) 将POD输入计算机,并及时退寄回执。

5.4 航空货运费用计算

5.4.1 基本货物运费有关概念

1. 运价

运价(rates),又称费率,是指承运人对所运输的每一重量单位货物所收取的自始发地机场至目的地机场的航空费用。

2. 航空运费

航空运费(transportation charges),是指航空公司将一票货物自始发地机场运至目的地机场所应收取的航空运输运费。该费用根据每票货物的所适用的运价和货物的计费重量计算而得,不包括其他费用。

3. 起码运费

起码运费(minimum charges),是指一票货物自始发地机场至目的地机场航空运费的最低限额。货物按其适用的航空运价与计费重量计算所得的航空运费,应与货物最低运费相比,取高者。

4. 其他费用

其他费用,是指由承运人、代理或其他部门收取的与航空货物运输有关的费用。

5.4.2 计费重量

航空公司规定,在货物体积小、重量大时,按实际重量计算;在货物体积大、重量小时,按体积计算。在集中托运时,一批货物由几件不同的货物组成,有轻泡货也有重货,其计费重量则采用整批货物的总毛重或总的体积重量,按两者之中较高的一个计算。

1. 计费重量方法

(1) 实际毛重。实际毛重是指一批货物包括包装在内的实际总重量。用实际毛重作为计费重量的是那些重量大而体积小的货物,如机械、金属零件等,这些货物称为重货。

(2) 体积重量。按照国际航空运输协会的规定,将货物的体积按一定的比例折合成的重量,称为体积重量。由于货舱空间体积的限制,一般对于低密度的货物,即轻泡货物,考虑以其体积重量作为计费重量。

国际航空运输协会规定在计算体积重量时,以每 7000 立方厘米折合为 1 千克。我国民航则规定以每 6000 立方厘米折合为 1 千克为计算标准。

要计算出一批货物的体积重量,应分别测出货物的最长、最宽和最高的部分,尾数采用四舍五入法,三者相乘算出其体积。换算标准为每 6000 立方厘米折合 1 千克。

$$体积重量(千克)=货物体积/6000$$

2. 体积与重量的确定

在确定计费重量时,其原则是按实际毛重和体积重量两者之中较高的一个计算。因此,首先计算出货物的实际毛重和体积重量,然后比较一下,最后确定用哪一个来作为计费重量。

例如,一批货物的实际毛重是 250 千克,体积是 1 908 900 立方厘米。计算出体积重量

$$1\ 908\ 900/6000=318.15(千克),318.5\ 千克 > 250\ 千克$$

故计费重量取 318.5 千克。

5.4.3 公布的运价种类

公布的航空货物运价有四类。

1. 普通货物运价

普通货物运价(general cargo rates,GCR)又称一般货物运价,是应用最为广泛的一种运价。当一批货物不能适用等级货物运价,也不属于指定商品时,就应该选择普通货物运价。普通货物运价的数额随运输量的增加而降低。

普通货物运价分类如下。

(1) 45 千克(100 磅)以下,运价类别代号为 N。

(2) 45 千克以上(含 45 千克),运价类别代号为 Q。

(3) 45 千克以上可分为 100 千克、300 千克、500 千克、1000 千克、2000 千克等多计费质量分界点,但运价类别代号仍以 Q 表示。

由于对大运量货物提供较低的运价,航空公司规定在计算运费时除了要比较其实际质量和体积质量并以较高者为计费质量外,如果用较高的计费质量分界点,计算出的运费更低,则可选用较高的计费质量分界点的费率,此时货物的计费质量为那个较高的计费质量分界点的最低运量。

【难点例释 5-1】 A 地到 B 地运价分类如下:N 类为 18 元/千克;Q 类中,45 千克的为 14.8 元/千克,300 千克的为 13.54 元/千克,500 千克的为 11.95 元/千克。有一件普通货物为 38 千克,从 A 地运往 B 地,计算其运费。

【解】

N 级运费:$38 \times 18 = 684$(元)

Q 级运费:$45 \times 14.8 = 666$(元)

二者比较取其低者,故该件货物应按 45 千克以上运价计算的运费 666 元收取运费。

2. 起码运费

起码运费代号为 M,它是航空公司办理一批货物所能接受的最低运费,是航空公司在考虑办理即使很小的一批货物也会产生固定费用后判定的。如果承运人收取的运费低于起码运费,就不能弥补运送成本。

航空公司规定无论所运送的货物适用哪一种航空运价,所计算出来的运费总额都不得低于起码运费,否则以起码运费计收。

【难点例释 5-2】 A 点至 B 点,一普通货物为 4 千克,M 级运费为人民币 37.5 元,而 45 千克以下货物运价即等级运价为人民币 7.5 元/千克,应收运费为多少?

【解】

N 级运费:$4 \times 7.5 = 30$(元)

M 级运费:37.5 元

N 级运费<M 级运费,故此批货物应收运费为 37.5 元。

3. 指定商品运价

指定商品运价(specific commodity rates,SCR)是指承运人根据在某一航线上经常运输某一类货物的托运人的请求或为促进某一地区间某一类货物的运输,经国际航空运输协会同意所提供的优惠运价。

指定商品运价是给予在特定的始发站和到达站的航线上运输的特种货物的。国际航空运输协会公布指定商品运价时,将货物划分为 10 种类型。指定商品运价的运价代号用字母"C"表示。在具体使用指定商品运价时,应注意以下事项。

(1) 决定货物是属于哪一种货物。

(2) 查阅在所要求的航线上有哪些特种货物运价。

(3) 查阅"航空货物运价表"上的"货物明细表",选择与货物一致的号码,如果该货物号码有更详细的内容,则选择最合适的细目。

(4) 根据适用该货物的起码质量,选择合适的指定商品运价。

指定商品运价的计算步骤如下。

① 先查询运价表,如果运输始发地至目的地之间有公布的指定商品运价,则考虑使用指定商品运价。

② 查找 TACT RATES BOOKS 的品名表,找出与运输品名相对应的指定商品编号。然后查看在公布的运价表上,该指定商品编号是否公布有指定商品运价。

③ 计算计费重量。此步骤与普通货物的计算步骤相同。

④ 找出适用运价,然后计算航空运费。

【难点例释 5-3】 Routing：Beijing, CHINA (BJS) to OSAKA, JAPAN (OSA)

Commodity：FRESH APPLES

Gross weight：EACH 65.2kg, TOTAL 5 PIECES

Dimensions：102cm×44cm×25cm×5

公布运价如表 5-1 所示

表 5-1 国际航空运输协会公布的运价结构表

Date/type	Note	Item	Min. wight	Local curr
BEIJING	CN			BJS
Y. RENMINBI	CNY			kgs
OSAKA	JP		M	230
			N	37.51
			45	28.13
		0008	300	18.80
		0300	500	20.61
		1093	100	18.43
		2195	500	18.80

请计算其航空运费。

【解】

查找 TACT RATES BOOKS 的品名表,品名编号"0008"所对应的货物名称为"FRUIY, VEGETABLES－FRESH",现在承运的货物是 FRESH APPLES,符合指定商品代码"0008"。且货主所交运的货物重量也符合"0008"指定商品运价使用时的最低重量要求。

Volume：$102cm \times 44cm \times 25cm \times 5 = 561\,000 cm^3$

Volume weight：$561\,000 cm^3 \div 6000 cm^3/kg = 93.5 kg$

Gross weight：$65.2 kg \times 5 = 326.0 kg$

Chargeable weight：326.0kg

Applicable rate:SCR 0008/Q 18.80CNY/KG
Weight charge:326.0×18.80＝6 128.80

4．等级货物运价

等级货物运价(commodity classification rates,CCR)是指适用于规定地区或地区间指定等级的货物的运价。通常是在普通货物运价的基础上增加或减少一定的百分比。当某种货物没有指定商品运价可以适用时,才可以选择合适的等级运价,其起码质量规定为5千克。

国际航空运输协会规定,等级货物运价主要包括以下两类。

(1) 等级运价加价。等级运价加价是指在普通货物运价基础上增加一定百分比,用运价代号 S(surcharged class rates)表示,适用商品包括：活动物、贵重物品、尸体、骨灰等。

(2) 等级运价减价。等级运价减价是指在普通货物运价的基础上减少一定百分比,用运价代号 R(reduced class rates)表示,适用商品包括：报纸、杂志、书籍及出版物、作为货物托运的行李。

5．使用以上各种运价时应注意的问题

(1) 航空运费计算时,首先适用指定商品运价,其次是等级货物运价,最后是普通货物运价。

(2) 无论适用何种运价,当最后计算的运费总额低于所规定的起码运费时,按起码运费计收。

(3) 公布的直达运价是一个机场至另一个机场的基本运费,不含其他附加费,而且该运价仅适用于单一方向。

(4) 除了起码运费外,公布的直达运价一般以千克或磅为计算单位。

运价的货币单位一般以起运地货币单位为准,费率以承运人签发运单时的费率为准。

5.4.4 非公布的运价种类

如果甲地至乙地没有可适用的公布的直达运价,则要选择比例运价或利用分段相加运价。

1．比例运价

在运价手册上除公布的直达运价外,还公布了一种不能单独使用的附加数(add ona-mounts)。当货物的始发地或目的地无公布的直达运价时,可采用比例运价与已知的公布的直达运价相加,构成非公布的直达运价。

需要注意的是,在利用比例运价时,普通货物运价的比例运价只能与普通货物运价相加,特种货物运价、集装设备的比例运价也只能与同类型的直达运价相加,不能混用。此外,可以用比例运价加直达运价,也可以用直达运价加比例运价,还可以在计算中使用两个比例运价,但这两个比例运价不可连续使用。

2．分段相加运价

所谓分段相加运价,是指在两地间既没有直达运价也无法利用比例运价时,可以在始发地与目的地之间选择合适的计算点,分别找到始发地至该点、该点至目的地的运价,两

段运价相加组成全程的最低运价。

无论是比例运价还是分段相加运价,中间计算点的选择,也就是不同航线的选择将直接关系到计算出来的两地之间的运价。因此承运人允许发货人在正确使用的前提下,以不同计算结果中最低值作为该货适用的航空运价。

3. 声明价值附加费

根据《统一国际航空规则的公约》(简称《华沙公约》)的规定,由于承运人的失职而造成货物损坏、丢失或延误等应承担责任,其最高赔偿限额每千克(毛重)为20美元或7.675英镑或等值的当地货币。如果货物的价值毛重每千克超过20美元时,这样就增加了承运人的责任。在这种情况下,托运人在交运货物时,可向承运人或其代理人声明货物的价值,称为货物的声明价值。该声明价值为承运人正式赔偿承担责任的限额,承运人或其代理人根据货物的声明价值向托运人收取一定的费用,该费用称为声明价值附加费。声明价值附加费一般按声明价值额的0.4‰~0.5‰收取。

附加费=(整批货物的声明价值-20美元/千克×货物毛重)×0.5‰

4. 其他附加费

除声明价值附加费外,航空公司还可能收取运费到付服务费、货运单费、中转手续费和地面运输费等。

运费到付由托运人与承运人之间预先安排,然后由承运人在货物运到后交给收货人,同时收回运单上列明的金额。这项金额由发货人填入运单"货到付款"栏内,在金额前填上相应的货币名称。

5. 运费到付服务费的收取方法

凡是运费到付的货物,应按货运单上重量计算的运费和声明价值附加费总额的2‰向收货人收取运费到付服务费。最低运费到付服务费为10美元。

小　　结

本章介绍了航空货运方式的特点,航空货运业务的组织管理以及航空货运业务所涉及的基本理论和实务操作程序,国际航空进出口业务流程、航空运价与运费的计算、航空货运单的缮制,以及特快专递业务的含义、特点及业务流程。

复 习 思 考

一、填空题

1. 航空运输的技术经济特征有(　　)、(　　)、(　　)、(　　)、(　　)和(　　)。
2. 航空货物运输的技术装备与设施主要包括飞机、(　　)、(　　)、(　　)及导航设备。
3. 甚高频通信系统一般采用(　　)工作,主要提供飞机与地面塔台、飞机与飞机之间近距离视线范围的语音通信。其工作于超短波波段,频率范围一般为(　　)MHz。

4. 航空货物运输当事人主要有（　　）、（　　）、（　　）、（　　），以及地面运输公司。
5. 常规易腐货物是指（　　）的货物。

二、判断题
1. 现代喷气式飞机的速度一般在1200千米/时左右，比火车快5～10倍，比海轮快20～25倍。（　　）
2. 在各种交通运输方式中，航空的单位货物运输成本最高。（　　）
3. 航程是指飞机起飞后在不进行空中加油的情况下，耗尽其本身携带的可用燃料时，所能飞行的最远距离。（　　）
4. 固定航线、航路是用于临时性的航空运输或通用航空运行，在航路和固定航线以外的飞行线路。（　　）
5. 航空运输中，一批货物体积为18 000立方厘米，实际重量为2千克，则其体积重量为2千克。（　　）
6. 航空公司在计算普通货物运价时，如果用不同的计费质量分界点计算出的费用不同，则二者取其高。（　　）
7. 航空运单是航空运输中最重要的单据，也可以将其作为一种物权凭证。（　　）
8. 在集中托运情况下，有重货，也有轻泡货物，其计费质量采用整批货物的总实际质量或总的体积质量，按两者之中较高的一个计算。（　　）
9. 我国《出口收汇核销管理办法》于1996年1月1日起实施。（　　）
10. 麻醉药物和精神药品可以使用快递托运。（　　）

三、单项选择题
1. 由航空公司签发的航空运单均称为（　　）。
   A. 航空分运单　　　　　　　B. 航空主运单
   C. 航空货运单　　　　　　　D. 国内航空分运单
2. 国际航空货物运输当事人主要有发货人、收货人、承运人、（　　）和地面运输公司。
   A. 托运人　　B. 货主　　C. 承运人　　D. 其他
3. 航空运费计算时，首先适用（　　）。
   A. 起码运费　　　　　　　　B. 指定商品运价
   C. 等级货物运价　　　　　　D. 普通货物运价
4. A点至B点，某种普通货物为4千克，M级运费为人民币37.5元，而45千克以下货物运价即等级运价为人民币8元/千克，应收运费为（　　）元。
   A. 32　　B. 37.5　　C. 32或37.5　　D. 35
5. 航空运输主要适合运载的货物有（　　）和体积小的货物。
   A. 价值高的货物　　　　　　B. 价值低的货物
   C. 紧急需要的物资　　　　　D. 体积大的货物
6. 进出口货物空运主要采用班机运输、包机运输、（　　）三种方式。
   A. 大陆桥运输　　B. 联合运输　　C. 集中托运　　D. 零担运输
7. 国内航空货物运输代理业务主要单证包括（　　）、航空货运单、国内航空分运单。

A. 国内货物托运书 B. 报关单
C. 货票 D. 商检单

8. 在两地之间没有可适应的公布的直达运价时，则要选择比例运价和（　　）。
A. 单一运价 B. 分段相加运价
C. 声明价值附加费 D. 协议运价

9. 进口货物报关单与出口货物报关单的格式（　　）。
A. 大体相同　　B. 不相同　　C. 部分相同　　D. 无要求

10. （　　）是指一票货物自始发地机场至目的地机场航空运费的最低限额。
A. 单一运费 B. 分段相加运价
C. 声明价值附加费 D. 起码运费

四、简答题

1. 名词解释
   航空运输　航空港　快递　等级运价　比例运价
2. 航空运输的技术经济特征有哪些？
3. 航空货物运输服务的功能有哪些？
4. 世界上最繁忙的国际货运航空线路有哪些？
5. 航空通信设备有哪些？
6. 国际航空运输当事人主要有哪些？
7. 国际航空货物运单主要包括哪两类？其作用如何？
8. 简述国际航空货物运输的进口货物运输流程。
9. 简述国际航空货物运输的出口货物运输流程。
10. Routing：SHANGHAI, CHINA (EJS) to PARIS, FRANCE (PAR)
    Commodity：TOY
    Gross Weight：5.6 千克
    Dimensions：40 厘米×28 厘米×22 厘米
    公布运价如表 5-2 所示。

表 5-2　国际航空运输公布的运价结构表

Date/type	Note	Item	Min. wight	Local curr
BEIJING	CN			BJS
Y. RENMINBI	CNY			kgs
OSAKA	FR		M	230
			N	37.51
			45	28.13
		0008	300	18.80
		0300	500	20.61
		1093	1000	30.71

要求
(1) 请计算其航空运费。

(2) 请根据计算结果,填写航空货运单运费计算栏,如表 5-3。

表 5-3 航空货运单运费计算栏

No. of Pieces Rcp	Gross Weight	kg /lb	Rate Class Commodity Item No.	Chargeable Weight	Rate/ Charge	Total	Nature and Quantity of Goods (lncl. Dimensionor Volume)

五、案例分析

香港的空运货量大幅增长

中国香港空运货站公布 2019 年 4 月货量,有 24.80 万吨,与 2018 年同月比较大幅上升 41.9%。亦比 2018 年同期上升 9.8%。2019 年头 4 个月货量为 88.47 万吨,同比上升 38.7%。

空运货站对近期货运有更多形容,称 2019 年 3 月最后一周创历年单周最高货量后,2019 年 4 月最后一周再破 3 月下旬创下的单周最高货量纪录,在短短 30 日内两创历史单周新高纪录。

货站 2019 年 4 月 23 日获得历来最高之单日货量,当天共处理 10 080t,突破万吨纪录。2019 年 4 月出口货 13.81 万吨,同比上升 53.5%。头 4 个月出口总货量为 47.657 万吨,同比上升 45.9%。进口货比 2018 年同月上升 32.1%,共 6.178 万吨。头 4 个月进口货量共 23.635 万吨,与 2018 年同期比较上升 39.2%。转口方面,4 月份处理 4.81 万吨,比 2019 年同月增加 26.5%。头 4 个月总货量上升 21.6%,共 17.184 万吨。

(资料来源:http://cms.jctrans.com/zxzx/zhbd/2005628100032.shtml.)

讨论

中国香港空运货站的货运量为什么能大幅增长?

第 6 章

冷链运输

【学习目标】

通过本章的学习,了解冷链运输特征、构成,了解我国冷链运输发展趋势,掌握冷链运输概念、流程,掌握冷链运输的组织管理方法、冷藏运输的典型方式,了解汽车运输、铁路运输、冷藏船运输和集装箱的使用管理。

【本章要点】

冷链运输温度要求、冷链运输管理、冷链运输技术。

日本推广新含气调理食品加工保鲜技术

一项被称为"领先21世纪的食品加工新技术"——新含气调理食品加工保鲜技术由日本小野食品兴业株式会社研制开发并开始在中国推广应用。新含气调理食品加工保鲜技术是针对目前普遍使用的真空包装、高温高压灭菌等常规加工方法存在的不足开发的一种适合加工各类新鲜方便食品或半成品的新技术。该项技术的工艺流程可分为初加工、预处理、气体置换包装和调理杀菌四个步骤。它是通过将食品原材料预处理后,装在高阻氧的透明软包装袋中,抽出空气并注入不活泼气体(通常使用氮气)并密封,然后在多阶段升温、两阶段冷却的调理杀菌锅内进行温和式灭菌。

经灭菌后的食品能较完美地保存食品的品质和营养成分,而食品原有的色、香、味、形、口感几乎不发生改变,并在常温下保存和流通长达6~12个月。这不仅解决了高温配送、家居配送、分拨配送、共同配送、传统储运业加盟物流配送等新形式的高压、真空包装食品的品质劣化问题,而且也克服了冷藏、冷冻食品的货架期短、流通领域成本高等缺点,因而该技术被业内专家普遍认为具有极大的推广应用价值。

专家认为,新含气调理食品保鲜加工技术可广泛用于传统食品的工业化加工,有助于开发食品新品种、扩大食品加工的范围,从而开拓新的食品市场。该技术尤其适用于加工肉类、禽蛋类、水产品、蔬菜、水果和主食类、汤汁类等多种烹调食品或食品原材料,其应用前景十分广阔。目前,日本小野食品兴业株式会社已经开发出37种新含气调理食品,包括主食、肉食、禽蛋、水产、素食、甜食和汤汁等类别。日本国内已有数百家食品企业在应用这种加工保鲜新技术。新加坡和我国台湾、山东和湖南也引进了数条生产线。

(资料来源:李联卫.物流运输管理实务[M].北京:化学工业出版社,2012.)

思考

为何要发展冷链配送？冷链技术适用于哪些产品？

6.1 冷链运输概述

6.1.1 冷链运输的含义、特征及冷链构成

1. 冷链运输的含义

冷链(cold chain)是指易腐食品从产地收购或捕捞之后，在产品加工、储藏、运输、分销和零售直到消费者手中，其各个环节始终处于产品所必需的低温环境下，以保证食品质量安全、减少损耗、防止污染的特殊供应链系统。冷链所适用的食品范围包括蔬菜、肉类、水产品、奶制品和速冻食品等。

冷链运输是冷链的一个重要环节，是物流的一种特殊形式，它的运用可以有效地提高产品的安全性，提高产品生产的经济效益和生态效益。

冷链运输是指冷藏冷冻类物品在储存、流通加工、储藏运输、销售，到消费前的各个环节中始终处于规定的低温环境下，以保证物品质量和性能的一项系统工程。它是随着科学技术的进步、制冷技术的发展而建立起来的，是以冷冻工艺学为基础、以制冷技术为手段的低温物流过程。

冷链运输应遵循 3T 原则：产品最终质量取决于载冷链的储藏与流通的时间(time)、温度(temperature)和产品耐藏性(tolerance)。

"3T 原则"指出了冷藏食品品质保持所允许的时间和产品温度之间存在的关系。由于冷藏食品在流通中因时间—温度的经历而引起的品质降低的累积和不可逆性，因此对不同的产品品种和不同的品质要求都有相应的产品控制和储藏时间的技术经济指标。

2. 冷链运输的特征

现代物流集信息化、自动化、网络化、柔性化和智能化为一体，冷链运输更是因产品在时间、品质、温度、湿度和卫生环境的特殊性，在这方面能够体现更大的增值潜力和能量。

冷链是一项复杂的系统工程，为达到以较低成本满足较高服务水平，进而促进销售的目的，需要供应链各环节之间高度协调、信息流通通畅、高效运作、优化资源管理等。针对不同货物的特性进行合理运输，在冷链中起着重要作用。与常温运输比较而言，冷链运输具有以下特征。

1) 冷链运输货物的易腐性

冷链运输的货物通常是生鲜产品，属于易腐(perishable)性食品。在配送的过程中，由于各种原因会使货物品质逐渐下降。生鲜食品在配送时，保存环境的温度越低，品质越能保持长久。生鲜产品品质随时间推移而变化的过程中，温度是影响其品质最重要的因素。生鲜产品的储藏时间依储藏环境的温度而定，温度越低，则能保持品质不变的时间越长。而冷藏产品从生产到消费的过程中，经过工厂制造加工、冷藏、配送，到销售点的冷藏，各阶段的冷藏温度皆不相同。如果能将产品品质可能维持的时间与冷藏温度的关系

进行量化,则实际运作过程中将会相当便利。冷藏产品需求量相当大的美国,针对多种食品调查保存温度和所经过的时间对食品品质所造成的影响,即"时间—温度变化下的品质耐性"(time-temperature tolerance,TTT)。在实际操作时,可按照简单公式推算冷藏产品的品质下降情形。

（1）了解冻藏产品物料在不同温度 T 下的品质保持时间(储藏期)D_i。

（2）计算在不同温度下产品物料在单位储藏时间(如 1 天)所造成的品质下降程度 $d_i = 1/D_i$。

（3）根据冻藏产品物料在冷链中不同环节停留的时间 t_i,确定冻藏产品物料在冷链各个环节中的品质变化 $t_i \times d_i$。

（4）确定冻藏产品物料在整个冷链中的品质变化 $\sum t_i \times d_i$,$\sum t_i \times d_i = 1$,即是允许的储藏期限。

2) 冷链运输货物的时效性

易腐性货物在运输过程中由于运送时间的长短而造成货物的品质下降,人们在购买时从表面上无法区别。但从另一个角度来看,生命周期较短的生鲜货物,如果配送时间延长,虽然品质不至于达到不可食用的地步,但人们在购买过程中,此类货物被销售出去的概率会降低,销售量会减少,从而造成损失。这部分虽然是销售商的损失,但是因为配送时间的延误而造成销售上的损失,理应由配送商承担。

因此,生鲜货物销售商为了达到较高的服务水准,在货物到达销售端时,往往会有时间窗(time windows)的限制,限制配送商必须在事先约定的时段内送达。因此,事先规划配送路线,考虑时间窗的限制,不仅可降低配送企业的营运成本,还可以提高销售商的服务水平,满足客户的需求。

3) 冷链运输装备要求的特殊性

一天之中气温会随着时间的变化而变化,在不同气温下为维持货物处于适宜的低温,冷藏运输车的油耗会随着温度的上升而增加,这就使得冷链运输商在运输时必须额外考虑气温的变化。

3. 冷链构成

食品冷链由冷冻加工、冷冻储藏、冷藏运输及配送、冷冻销售四个方面构成。

（1）冷冻加工：包括肉禽类、鱼类和蛋类的冷却与冻结,以及在低温状态下的加工作业过程,也包括果蔬的预冷,各种速冻食品和奶制品的低温加工等。在这个环节上主要涉及的冷链装备有冷却、冻结装置和速冻装置。

（2）冷冻储藏：包括食品的冷却储藏和冻结储藏,以及水果蔬菜等食品的气调储藏,它是保证食品在储存和加工过程中的低温保鲜环境。在此环节主要涉及各类冷藏库/加工间、冷藏柜、冻结柜及家用冰箱等。

（3）冷藏运输：包括食品的中、长途运输及短途配送等物流环节的低温状态。它主要涉及铁路冷藏车、冷藏汽车、冷藏船、冷藏集装箱等低温运输工具。在冷藏运输过程中,温度波动是引起食品品质下降的主要原因之一,所以运输工具应具有良好性能,在保持规定低温的同时,更要保持稳定的温度,远途运输尤其重要。

（4）冷冻销售：包括各种冷链食品进入批发零售环节的冷冻储藏和销售,它由生产厂家、批发商和零售商共同完成。随着大中城市各类连锁超市的快速发展，各种连锁超市正在成为冷链食品的主要销售渠道，在这些零售终端中，大量使用了冷藏/冻陈列柜和储藏库，由此逐渐成为完整的食品冷链中不可或缺的重要环节。

6.1.2 我国冷链运输的现状及趋势

随着改革开发的不断深入，我国经济快速发展，国民生活水平不断提高，拉动了易腐食品的消费和冷藏运输的发展。

1. 易腐食品产销量迅速增长

目前，我国拥有规模以上的速冻食品厂 2000 多家，年产量超过 1200 万吨，并以每年 20% 的幅度逐年递增。从国际上看，速冻米面食品为速冻食品的第一消费大类，占速冻食品总消费量的 36.8%。速冻米面食品需全程冷链运输，2018 年中国速冻米面冷链物流需求规模达到 675 万吨。

2013—2018 年，我国果蔬产品冷链物流的需求规模快速增长。2013 年，中国果蔬产品冷链物流需求规模为 4054 万吨，2018 年，规模达到 9914 万吨。

2013—2018 年，我国水产品冷链物流的需求规模快速增长。2013 年，我国水产品冷链物流需求规模为 1581 万吨，2018 年规模达到 3867 万吨。

2013—2018 年，我国肉类产品冷链物流的需求规模快速增长。2013 年，中国肉类产品冷链物流需求规模为 1368 万吨，2018 年规模达到 3345 万吨。

易腐食品产量的增长，必然推动冷藏运输业的发展。2018 年 3 月，农业农村部发布关于加强畜禽移动监管有关事项的公告，公告鼓励畜禽养殖、屠宰加工企业推行"规模养殖、集中屠宰、冷链运输、冷鲜上市"模式，提升畜禽就近屠宰加工能力，建设畜禽产品冷链物流体系，减少畜禽长距离移动，降低动物疫病传播风险，维护养殖业生产安全和畜禽产品质量安全。

2. 公路冷链运输快速发展

公路运输具有运输时间短、货物不用转运即可实现"门到门"运输等优点。高等级公路（一级、二级和高建公路）的快速发展，促使冷藏运输的总运量中公路运输的比例迅速增长，我国公路冷藏运输的运量占陆路运输的比例，2005 年约为 30%，2013 年增长为 70%～80%。

3. 第三方物流企业得到发展

冷藏运输品种的增加以及对运输质量要求的提高，使得冷藏运输市场进一步细分，出现了如肉制品、乳制品、冷饮蛋糕等中等运量的市场需求以及血液制品等生化制品、化妆品、医疗用品、花卉等冷藏货物单批运量较小的市场需求，推动了与中、小批运量相适应的第三方冷链物流业的发展。

4. 我国冷链运输的现状

冷链运输是冷链的薄弱环节，我国在冷链配送的发展过程中，存在以下比较突出的问题。

（1）冷链运输没有处于一个完善的冷链体系中。从整体冷链体系而言，我国的冷链还未形成体系，无论是从我国经济发展的消费内需来看，还是与发达国家相比，差距都十分明显。

（2）农产品冷链运输的市场化程度很低，第三方介入很少。我国农产品除了外贸出口的部分以外，大部分在国内流通的农产品的配送业务多数都是由生产商和经销商完成的，冷链的第三方物流发展十分滞后，服务网络和信息系统不够健全，大大影响了农产品冷链运输的在途质量、准确性和及时性。同时，农产品冷链配送的成本和产品损耗率都很高。

（3）农产品冷链运输的硬件设施建设不足。我国目前的冷链设施和冷链装备不足，原有设施设备陈旧，发展和分布不均衡，无法为易腐产品流通系统地提供低温保障。

因此，易腐农产品特别是初级农产品存在大量损耗，并且在产品安全方面也存在巨大隐患。

5．我国冷链运输的发展趋势

我国的冷链运输呈现以下新的特征。

（1）客户对产品的要求越来越呈现个性化、方便化趋势。不同消费者对同一产品的要求有很大差异，因此，很难预测消费者需求，这种消费特点要求冷链运输必须及时，向小批量、多品种方向发展。

（2）对冷链配送设备和管理的要求提高，"速度快、质量好"成为冷链运输的新要求。最近，一些大型企业进军冷链物流市场，这些实力雄厚的企业可以为农产品冷链运输提供先进的设备和技术，从而可以大大降低我国农产品行业在冷藏和冷链运输方面的损耗。

6.1.3 冷藏运输的方式

冷藏货物的运输有四种基本的运输方式，分别是公路冷藏运输、铁路冷藏运输、水路冷藏运输与冷藏集装箱运输。

1．公路冷藏运输

公路冷藏运输是目前冷藏运输中最普遍、最常见的重要运输方式。一般有两种设备进行公路的冷藏运输，一种是装有小型制冷设备的冷藏汽车，另一种是仅用隔热材料使车厢保温的保冷车。

对距离较短的运输，若中途不开门，就可以采用无制冷装置的隔热保冷车，还要根据室外温度、隔热层的隔热效果与运输距离等因素将货物预冷，使温度在运输途中保持在所需的安全范围内。长距离的运输，热量的平衡取决于渗透内壁的热量以及渗透地板由路面反射的热量。

1）公路冷藏运输的特点

公路冷藏运输的主要优点是机动、灵活，实现"门到门"运输，特别适合于运输中短途货物，且速度较快、可靠性较高、对产品损伤较小。

鉴于公路冷藏运输的灵活性，所以公路冷藏运输方式比其他冷藏运输方式的市场覆盖面都要广。

2）公路冷藏运输的应用

公路冷藏运输在中间产品的运输方面也有较大的竞争优势，特别适合于配送短距离、高价值的产品。公路冷藏运输不但可以进行直达运输，而且是其他运输方式的接运工具。

2．铁路冷藏运输

铁路运输冻结食品采用冷藏列车。目前使用的冷藏列车主要有冰保温车与机械保温车两种。

冰保温车是在车厢的两端或者车顶加冰和盐来保冷的车辆,车厢内的温度冬、春季可以保持在 $-8℃$,夏季可以保持在 $-7℃\sim-6℃$,沿途可以在加冰站进行加冰。机械保温车是在车厢上装有小型制冷设备,车厢温度可以保持在 $-24℃\sim-8℃$。

1）铁路冷藏运输的特点

铁路冷藏运输的主要优势是以相对较低的运价长距离运输大批量货物,因此,铁路冷藏运输在城市之间拥有巨大的运量与收入,在国际运输中也占有相当大的市场份额。

2）铁路冷藏运输的应用

铁路的地区覆盖面广,可以全天候不停运营,适应性强。具有较高的连续性、可靠性与安全性,但是因为受到铁轨、站点等的限制,铁路冷藏运输的灵活性不高,发货的频率比公路冷藏运输低。

3．水路冷藏运输

水路冷藏运输的主要工具为冷藏船与冷藏集装箱。冷藏船上都装有制冷设备,船舱隔热保温。常用冷藏货仓来装运放在托盘上的或者集装箱中的货物。

1）水路冷藏运输的特点

水路冷藏运输的主要优点是能够运输数量巨大的货物,特别适合于长距离、低价值、高密度、便于机械设备搬运的货物运输,其最大优势是低成本。水路冷藏运输的主要缺点是运营范围与运输速度受到限制。水路冷藏运输的可靠性与可接近性也较差,其起始地与目的地都要接近水道,否则必须由铁路和公路补充运输。

2）水路冷藏运输的应用

水路运输方式中的远洋运输是目前国际贸易的主要运输方式,特别是国际集装箱运输,以其高效、方便的特点在海运中占有重要的地位。

4．冷藏集装箱运输

冷藏集装箱一律采用机械制冷,隔热保温要求严格,能在一定的时间内不用制冷而适度地保护预冷货物。

对较长时间暴露在大气温度下的集装箱设有快捷式制冷机组。由内燃机驱动,或采用液氮制冷,在等待装货时可以由固定的制冷装置提供冷风,以便在箱内循环,也可以向空气循环系统不断地注入少量液氮,还可一次注入干冰或者液氮,这种冷藏方式可以由一台或几台机械制冷机组完成。

6.2 冷链运输技术

6.2.1 冷链运输的相关设备

1．冷冻加工设备

食品的冷冻加工设备的种类很多,每种装置都有各自的特性,具体装置的特点如表 6-1 所示。

表 6-1　食品冷冻加工装置的特征

冻结方法	冻结装置类型	形　式	特　点	适用范围
间接冻结法	搁架半接触式冻结装置	(1) 空气自然对流式； (2) 顺流吹风式； (3) 下压混流吹风式； (4) 风道直角吹风式	(1) 结构简单； (2) 操作劳动强度大； (3) 空气自然对流式,传热效果差	适用于鱼、分割肉、禽、兔、副食品
间接冻结法	强烈吹风型冻结装置	非连续生产式 (1) 吊轨运输； (2) 小车运输； (3) 托盘运输	采用集中装置冷风机进行吹风,具有蒸发器,体积小,应用范围广泛	各种白条肉的冻结
间接冻结法	强烈吹风型冻结装置	连续生产式 (1) 吊轨运输； (2) 小车运输； (3) 托盘运输	具有输送式的特点,还能连续性运输生产,保证冻结质量	蔬菜、水果、家禽
间接冻结法	接触型冻结装置	卧式平板器	(1) 传热效果好； (2) 干耗和设备耗电量少； (3) 不适合冻结形状和厚度大的产品	冻结形状整齐的产品
间接冻结法	接触型冻结装置	立式平板器	不能整行冻结	适用于鱼类产品
直接冻结法	浸渍、喷淋型冻结装置	(1) 不冻液浸渍式或喷淋式； (2) 液化气体喷淋冻结式	冻结温度低,速度快,但是成本高	小杂鱼、家禽、鱼片等

我国常用的冷冻加工装置有空气冻结装置,其中包含：①强烈冻结装置,②搁架式冻结装置,③隧道式冻结装置,④螺旋传送带式冻结装置,⑤液态冻结装置。

除此之外,还包含接触平板冻结装置,这是一种保证食品和平板式蒸发器直接接触的冻结设备。工作原理是将食品放在各层平板间,用油压把平板压紧,空心平板流通着液氨和低温的氯化钙蒸发吸热,借助热传导作用将接触的食品的热量带走,达到快速冻结的效果。液体冻结装置是用于食品冻结的液体冷却介质载冷剂,也有液体制冷剂。

2．冷冻储藏设备

冷冻储藏设备的种类很多,具体简述如下。

1）冷藏车

冷藏车是用来运输冷冻或冷藏货物的封闭式厢式运输车,是装有制冷机组的制冷装置和聚氨酯隔热厢的冷藏专用运输汽车,常用于运输冷冻食品、乳制品、蔬菜水果、疫苗药品等。

2）冷藏柜

冷藏柜采用人性化的设计,因此产品的展示性有所增加。冷藏柜外观美观大方,制冷系统的执行元件和电器的控制件均采用优质产品,以确保产品运行稳定、可靠。加大蒸发器的设计,提高了换热效果,使柜内降温更快、温度更低,同时更加节能。配有夜间节能帘,专供夜晚和其他非营业时间使用,进一步地节约电能,降低使用成本。采用高温固化粉喷涂,具有良好的耐腐蚀性及抗撞击性。应用高效蒸发器和背吹技术实现产品节能。超市冷柜制冷系统采用微电脑控制器,递增层流优化风幕,高技节能;先进的背吹制冷系统,柜温均匀;精确的融霜自动控制,性能稳定;采用自然空气融霜,降低了电能消耗。

3. 冷冻运输设备

食品的冷冻运输设备包含的种类很多,主要有以下几类。

1) 冷藏汽车

冷藏汽车是用来运输冷冻或保鲜的货物的封闭式厢式运输车,是装有制冷机组的制冷装置和聚氨酯隔热厢的冷藏专用运输汽车,常用于运输冷冻食品(冷冻车)、奶制品(奶品运输车)、蔬菜水果(鲜货运输车)、疫苗药品(疫苗运输车)等。

根据制冷方式的不同,冷藏汽车可分为机械制冷、液氮制冷、干冰制冷及蓄冷板制冷等。

(1) 机械制冷冷藏汽车。机械制冷冷藏汽车带有蒸汽压缩式制冷机组,通常安装在车厢前端,称为车首式制冷机组。车厢内的温度用恒温器控制,使车厢内的温度保持在与规定温度偏离±2℃的范围内。冷藏汽车壁面的热流量与外界温度、车速、风力及太阳辐射有关。

(2) 液氮制冷冷藏汽车。液氮制冷冷藏汽车的装置主要由液氮容器、喷嘴及温度控制器组成。液容器通常装在车厢内,大型车的液氮容器装在车体下边。液氮器进行真空多层隔热处理,即使货堆密实,没有通风设施,也能使氮气进入货堆内,使车内温度均匀。

(3) 干冰制冷冷藏汽车。干冰制冷冷藏汽车车厢中装有隔热的干冰容器,可容纳100千克或200千克干冰,干冰容器下部有空气冷却器,用通风使冷却后的空气在车厢内循环。吸热升华的气态二氧化碳自排气管排出车外,车厢中不会蓄积二氧化碳气体。

(4) 蓄冷板制冷冷藏汽车。蓄冷板中装有预先冻结成固体的低温共晶溶液,这些共晶溶液将外界传入车厢的热量吸收,共晶溶液自固态转变为液态。只要蓄冷板的块数选择合理,就能保证运输途中车厢内罐保持规定的温度。

2) 冷藏火车

(1) 加冰冷藏火车。如果食品可以与冰水直接接触,则可用加冰冷藏火车来运输。将冰放在车内以降低车内温度,但由于冰的融化速度及融化后水所带来的不便,还是多用以下两种冷藏火车来运输。

(2) 机械制冷冷藏火车。机械制冷冷藏火车分为有柴油发动机的和没有柴油发动机的两种,前者可以单辆与一般货物车厢编列运行,后者一般不能单辆与一般货物车厢编列运行。

(3) 干冰制冷冷藏火车。如果食品不能与冰、水直接接触,也可用干冰代替水冰。可将干冰悬挂在车厢顶部或直接将干冰放在食品上。用干冰制冷冷藏火车运输新鲜食品时,空气中的水蒸气会在干冰容器表面上结霜。干冰升华完后,容器表面的霜会融化成水滴落到食品上。

3) 冷藏船

冷藏船上都装有制冷设备,船舱隔热保温。冷藏船分为三种:冷冻母船、冷冻运输船、冷冻渔船。

冷藏船主要用于渔业,尤其是远洋渔业。远洋渔业的作业时间很长,有的长达半年以上,必须用冷藏船将捕捞物及时冷冻加工和冷藏。此外,经由海路运输易腐食品也必须用冷藏船。

4）冷藏集装箱

冷藏集装箱是专为运输要求保持一定温度的冷冻货或低温货而设计的集装箱。冷藏集装箱具有钢质轻型骨架，内外贴有钢板或轻金属板，两板之间充填隔热材料。集装箱内部应容易清洗，且不会因用水洗而降低隔热层的隔热性能。底面设排水孔，能防止内外串气，保持气密性，冷藏集装箱造价较高，营运费用较高，使用中应注意冷冻装置的技术状态及箱内货物所需的温度。

4．冷冻销售设备

1）卧式敞开式冷冻陈列销售柜

卧式敞开式冷冻陈列销售柜上部敞开，开口处有循环冷空气形成的空气幕，这样可以防止外界热量入侵。柜内由围护结构传入的热流也被循环冷空气吸收，因而对食品没有直接影响。如图6-1所示。

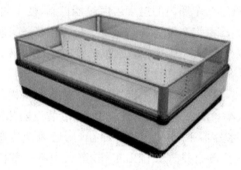

图6-1 冷藏柜

2）立式多层敞开式冷冻陈列销售柜

立式多层敞开式冷冻陈列销售柜的单位占地面积的内容积大，商品放置高度与人体高度相似，便于顾客购货。

立式多层敞开式冷冻销售柜很难使密度较大的冷空气不溢出柜外，而卧式敞开式冷冻陈列销售柜中的冷空气较重，因而不易溢出柜外。

立式多层敞开式冷冻陈列销售柜如图6-2所示。

图6-2 冷冻陈列销售柜

3）卧式封闭式冷冻陈列销售柜

卧式封闭式冷冻陈列销售柜的开口处设有两层或三层玻璃构成的滑动盖，玻璃夹层中的空气起隔热作用。

通过围护结构传入的热量被冷却排管吸收。通过滑动盖传入柜内的热量有辐射热和取货时侵入柜内的空气带入的热量，这些热量通过食品自上而下地传递至箱件内壁，再由箱体内壁传给冷却排管。

4）立式多层封闭式冷冻陈列销售柜

立式多层封闭式冷冻陈列销售柜柜体后壁有冷空气循环用风道，冷空气在风机作用下强制地在柜内循环。

玻璃夹层中的空气具有隔热作用，由于玻璃对红外线的透过率低，虽然柜门很大，但传入的辐射热并不多，直接被食品吸收的辐射热就更少。如图6-3所示。

图6-3 立式多层封闭式冷冻陈列销售柜

5）半敞开式冷冻陈列销售柜

半敞开式冷冻陈列销售柜多为卧式小型销售柜，外形很像卧式封闭式冷冻销售柜。半敞开式冷冻陈列销售柜没有滑动盖，而是在箱体内部的后壁上侧装置有翅片冷却管束，用以吸收开口部传入柜内的热量。如图6-4所示。

图6-4 半敞开式冷冻陈列销售柜

6.2.2 冷链运输使用的技术

1. 冷链运输所涉及的技术及专用设备

由于在整个运输过程中冷链运输的货物始终处于维持其品质所必需的可控温度环境下,因此冷链运输必须有相应的技术和专用设备支持。在冷链运输中所使用的技术主要有制冷技术、蓄冷技术、产品储藏技术、空气幕技术及产品加工技术等。所使用的专用设备主要涉及大中小型冷藏、冷冻、冰温库,冷藏保温车,速冻机,差压预冷设备和解冻设备等。冷链运输的各个阶段所需的相关技术及专用设备见表 6-2。

表 6-2 冷链运输所涉及的技术及专用设备

内 容	关键技术	相关技术	核心技术	相关专用设备
农产品储藏	储藏工艺、制冷技术(设备、系统设计)、隔热层(保温板)技术、空气幕技术	机械设计、制造、自动控制技术,传感器技术,外观设计,制冷剂、发泡剂替代技术	制冷技术、隔热层技术、农产品储藏技术、空气幕技术	大中小型冷藏、冷冻、冰温库,陈列柜,展示柜,零售冷藏柜
流通设备	制冷技术、蓄冷技术、隔热层(保温板)技术	汽车技术、加工技术、新材料技术	制冷技术、蓄冷技术	冷藏保温车、集装箱,冷藏保温箱、保温盒(袋)
加工设备	农产品加工工艺、制冷技术、冰温技术、蓄冷技术、解冻技术(高湿度空气解冻、喷淋冲击解冻)	机械设计、制造、自动控制技术,传感器技术,外观设计,包装材料与机械技术,电解冻技术(红外解冻、电阻型解冻、高频解冻、微波解冻、高压静电解冻)	农产品加工工艺、制冷技术、机械设计与制造技术	速冻机、差压预冷设备、解冻设备、干燥设备、发酵设备

目前,我国的冷链运输中正努力采用易于清洁、更为灵活的设备,采用更为合理和先进的生产工艺,使生产与外部环境更加协调,以及更好的接口管理、更令人满意的储运温度和更及时的消费者信息反馈,加强建设农产品的可追溯性和相关的标准化管理。

2. 不同农产品的冷链运输

不同的产品,由于其自身特点而对储藏温度、运输温度要求不一样,而且不同产品的销售渠道也不尽相同,因而不同产品的冷链运输有很大区别。

1) 奶制品冷链运输

近几年,国内消费者对牛奶的需求量呈直线上升趋势。采用低温灭菌技术的巴氏奶能保证牛奶的营养成分且能保持新鲜,成了鲜奶的发展趋势。奶制品对冷链的要求比较高,目前国外发达国家在奶制品冷链方面发展已经较为成熟,巴氏奶占据了 95% 的鲜奶市场。与之相比,我国奶制品冷链的发展还有很多不足,需要吸收借鉴国外的先进经验。巴氏奶冷链要求从原牛奶的取得到奶站集中检测、杀菌、加工直至最终的消费,在生产、运输、配送、销售和储藏的全过程中,都将牛奶温度控制在 0℃~4℃,以此来保持牛奶的新鲜口感和营养价值。奶制品的冷链运输结构如图6-5所示。

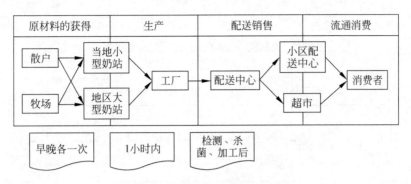

图 6-5　奶制品的冷链运输结构

2) 蔬菜冷链运输

近年来,我国果蔬业发展迅速,果蔬年产量达 3 亿吨,其中水果产量达 6000 万吨,位居世界前列。但是,我国果蔬损耗率为 25%~30%,每年因果蔬腐烂而造成的经济损失高达 800 亿元左右。与此形成鲜明对比的是发达国家的农产品因为采用了先进的保鲜储藏技术,甚至已经形成了完整的冷链系统,损耗率仅为 1.7%~5%。蔬菜冷链的完整流程为:田间采摘冷藏运输→冷藏批发→冷链配送→生鲜超市冷藏销售→最终消费者。在这个过程中,要求加工处理及时到位,冷链运输及时准确,才能保证蔬菜的质量,维持其最佳品质,延长储藏期。经真空预冷的蔬菜冷链配送结构如图6-6所示。

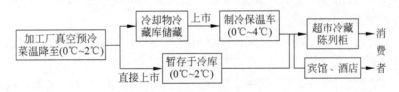

图 6-6　蔬菜冷链运输结构

3) 冷却肉冷链运输

由于热鲜肉未经处理,卫生健康方面很难达标,而冷冻肉在卫生方面虽然符合要求,但味道却发生了改变。而冷却肉因具有安全卫生、柔嫩味美、便于切割等特点,正逐渐成为人们对肉类消费的主体。冷却肉在生产销售的过程中,采取低温冷却、低温加工、低温运输、低温流通和定量包装的手段,特别是在冷藏中温度需要始终保持在 0℃~4℃,冷却肉才会有新鲜、卫生和方便的特点。屠宰场进行屠宰后在 18~24 小时内对初期的胴体进行充分冷却,之后进行排酸处理、分割剔骨、包装、冷藏、运输送至物流中心,通过验收后进行保鲜处理、商品化处理以及分级包装,直至最后冷藏、标价、陈列和销售,每个环节对于温度和时间都有严格的要求。整个过程的时间应控制在两天内。冷却肉的冷链运输结构如图 6-7 所示。

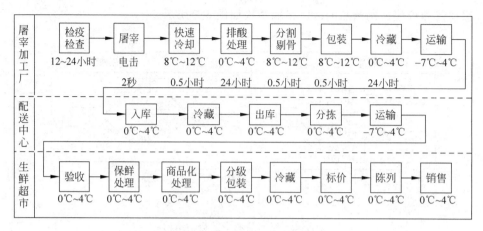

图 6-7 冷却肉的冷链运输结构

6.3 冷链运输组织

6.3.1 鲜活易腐货物运输组织

鲜活易腐货物,是指在运输过程中,需要采取一定措施,以防止死亡和腐烂变质的货物。公路运输的鲜活易腐货物主要有鲜鱼虾、鲜肉、瓜果、蔬菜、牲畜、花木秧苗、蜜蜂等。

1. 鲜活易腐货物运输的特点

(1) 季节性强、运量变化大。例如水果蔬菜大量上市的季节、沿海渔场的鱼汛期等,运量会随着季节的变化而变化。

(2) 运送时间上要求紧迫。大部分鲜活易腐货物极易变质,要求以最短的时间、最快的速度及时运到。

(3) 运输途中需要特殊照料的一些货物。例如牲畜、家禽、蜜蜂、花木秧苗等的运输,需配备专用车辆和设备,沿途专门照料。

2. 鲜活易腐货物保藏及运输的方法

鲜活易腐货物运输中的损失,除了少数活物确因途中照料不周或对车辆不适造成死亡外,其中大多数都是因为发生腐烂所致。发生腐烂的原因,对于动物性食品来说,主要是微生物的作用。由于细菌、霉菌和酵母在食品内的繁殖,使蛋白质和脂肪分解,变成氨、游离氮、硫化醛、硫化酮、二氧化碳等简单物质,同时产生臭气和有毒物质。此外,微生物还使维生素受到破坏,有机酸分解,使食物腐败变质不能食用。对于植物性食物来说,腐烂原因主要是呼吸作用所致。呼吸作用是一个氧化过程,能抵抗细菌入侵,但同时也不断地消耗体内的养分。随着体内各种养分的消耗,抗病性逐渐减弱,到了一定的程度,细菌就会乘虚而入,加速各种成分的分解,使水果、蔬菜很快腐烂。而水果蔬菜如被碰伤后,呼吸作用就会加强,也就加快了腐烂过程。

清楚了解鲜活易腐货物腐烂变质的原因,就可以得出保藏这些货物的方法。凡是能用以抑制微生物的滋长、减缓呼吸作用的方法,均可达到延长鲜活易腐货物保藏时间的目的。冷藏方法比较有效并常被采用,它的优点是:能很好地保持食物原有的品质,包括色、味、香、营养物质和维生素;保藏的时间长,能进行大量的保藏及运输。

冷藏货大致分为冷冻货和低温货两种。冷冻货是指在冻结状态下进行运输的货物,运输温度的范围一般在 $-20℃\sim-10℃$。低温货是指在还未冻结或货物表面有一层薄薄的冻结层的状态下进行运输的货物,一般允许的温度调整范围在 $-1℃\sim16℃$。货物要求低温运输的目的,主要是为了维持货物的呼吸以保持货物的鲜度。

冷藏货在运输过程中为了防止货物变质需要保持一定的温度。该温度一般称作运输温度。温度的高低应根据具体的货种而定,即使是同一货物,由于运输时间、冻结状态和货物成熟度的不同,对运输温度的要求也不一样。现将一些具有代表性的冷冻货和低温货的运输温度介绍如下,见表 6-3 和表 6-4。

表 6-3　冷冻货物的运输温度

货名	运输温度/℃	货名	运输温度/℃
鱼	$-17.8\sim-15.0$	虾	$-17.8\sim-15.0$
肉	$-15.0\sim-13.3$	黄油	$-12.2\sim-11.1$
蛋	$-15.0\sim-13.3$	浓缩果汁	-20

表 6-4　低温货物的运输温度

货名	运输温度/℃	货名	运输温度/℃
肉	$-5\sim-1$	葡萄	$6.0\sim8.0$
腊肠	$-5\sim-1$	菠萝	11.0 以内
黄油	$-0.6\sim0.6$	橘子	$2.0\sim10.0$
带壳鸡蛋	$-1.7\sim15.0$	柚子	$8.0\sim15.0$
苹果	$-1.1\sim16.0$	红葱	$-1.0\sim15.0$
白兰瓜	$1.1\sim2.2$	土豆	$3.3\sim15.0$
梨	$0\sim5.0$		

用冷藏方法来保藏和运输鲜活易腐货物时,温度固然是主要的条件,但湿度的高低、通风的强弱和卫生条件的好坏对货物的质量也会产生直接的影响。而且温度、湿度、通风、卫生条件四个条件之间又互相作用,只有充分了解其内部规律,妥善处理好它们相互之间的关系,才能保证鲜活易腐货物的运输质量。

用冷藏方法来保藏和运输鲜活易腐货物,一个突出的特点就是必须连续冷藏。因为微生物活动和呼吸作用都随着温度的升高而加强,若储运中某个环节不能保证连续冷藏的条件,那么货物就可能在这个环节中开始腐烂变质。这就要求协调组织好物流的各个环节,为冷藏运输提供必要的物质条件。就运输环节来讲,应尽可能配备一定数量的冷藏车或保温车,尽量组织"门到门"的直达运输,提高运输速度,确保鲜活易腐货物的完好。

3. 鲜活易腐货物的运输组织工作

良好的运输组织工作,对保证鲜活易腐货物的质量十分重要。鲜活易腐货物运输的特殊性,要求保证及时运输,应充分发挥公路运输快速、直达的特点,协调好仓储、配载、运送各环节,及时送达。

配载运送时,应对货物的质量、包装和温度要求进行认真的检查,包装要合乎要求,温度要符合规定。承运方应根据货物的种类、运送季节、运送距离和运送地方确定相应的运输服务方法,及时地组织适宜车辆予以装运。

鲜活易腐货物装车前,必须认真检查车辆及设备的完好状态,应注意清洗和消毒,装车时应根据不同货物的特点,确定其装载方法。例如,为保持冷冻货物的冷藏温度,可紧密堆码。水果、蔬菜等需要通风散热的货物,必须在货件之间保留一定的空隙。怕压的货物必须在车内加隔板,分层装载。

6.3.2 公路冷链运输组织设备要求

1. 机械制冷冷藏汽车

机械制冷冷藏汽车带有蒸汽压端式制冷机组,通常安装在车厢前端,称为车首式制冷机组。冷藏汽车属分装机组式,由汽车发动机通过传动带带动制冷压缩机,通过管路与车顶的冷凝器和车内的蒸发器及有关阀件组成制冷循环系统,向车内供冷。由驾驶员直接通过控制盒操作制冷机的工作和车厢内的温度。这种由发动机直接驱动的汽车制冷装置适用于中、小型冷藏汽车,结构比较简单且使用灵活。

2. 液氮制冷冷藏汽车

1) 液氮制冷冷藏汽车的结构原理

液氮制冷冷藏汽车示意图如图 6-8 所示。

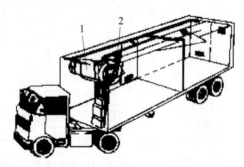

图 6-8 液氮制冷冷藏汽车

这种冷藏车主要是由液氮储藏罐、喷嘴及温度控制器组成。将货物装到冷藏车上后,通过控制器设定车厢内要保持的温度,而感温器则把测得的实际温度传回温度控制器。

2) 液氮制冷冷藏汽车的特点

液氮制冷冷藏汽车的优点。①液氮低沸点的特性使冷藏运输过程降温迅速,箱内可保持较低的温度,可调节到机械制冷根本不能达到的低温环境,温度调节性能好,箱内温度分布均匀。②利用液氮兼有制冷和气调的双功能,可达到冷藏保鲜的目的。挥发的气氮可以抑制易腐货物新陈代谢,减少果蔬的干耗,保持货物的较好新鲜度。③液氮装置简单,投资少,与机械式制冷设备相比,重量大大减少。

液氮制冷冷藏汽车的缺点是:液氮成本较高,运输液氮困难,长途运输时必须装备大的液氮容器,减少了运输车辆的有效容积。

3. 干冰制冷冷藏汽车

1) 干冰制冷冷藏汽车的原理

车厢中装有隔热的干冰容器,可容纳 100 千克或 200 千克干冰。制冷原理是干冰容器的下部有空气冷却器,用通风使冷却后的空气在车厢内循环。吸热升华的气态二氧化碳由排气管排出车外,车厢中不会积蓄二氧化碳气体。

因为空气到干冰的传热是以空气冷却器的金属壁为间壁进行的,所以干冰只在干冰容器下部与空气冷却器接触的一侧进行升华。按照车内温度,恒温器调节通风机的转速,也靠改变风量调节制冷能力。

2) 干冰制冷冷藏汽车的特点

干冰制冷冷藏汽车的优点是:设备简单、投资费用低、故障率低、维修费用少、无噪声等。

干冰制冷冷藏汽车的缺点是:车厢内温度不够均匀、降温速度慢、干冰的成本高。

4. 蓄冷板制冷冷藏汽车

1) 蓄冷板制冷冷藏汽车的结构原理

蓄冷板制冷冷藏汽车是利用蓄冷板进行降温,图 6-9 为蓄冷板制冷冷藏汽车示意图。

2) 蓄冷板制冷冷藏汽车的特点

蓄冷板制冷冷藏汽车的优点是:设备费用比机械式制冷设备费用少,可以利用夜间廉价的电力为蓄冷板蓄冷,降低运输费用,无噪声,故障少。

蓄冷板制冷冷藏汽车的缺点是:蓄冷板的块数不能太多,蓄冷能力有限,不适于长途运输冷冻食品,蓄冷板减少了汽车的有效容积和载货量,冷却速度慢。

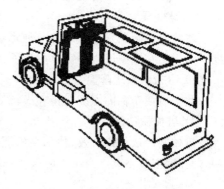

图 6-9　蓄冷板制冷冷藏汽车

5. 保温汽车

保温汽车不同于以上四种冷藏汽车,它没有制冷装置,只在壳体上加设隔热层。这种汽车不能长途运输冷冻食品,只能用于城市内由批发商店或食品厂向零售店配送冷冻食品。

6.3.3　铁路冷藏组织

1. 铁路冷藏车的基本要求

铁路冷藏车种类较多,使用冷源和设备配置均不相同,要保证易腐食品在运输途中良好的品质,减少损失,对铁路冷藏车提出以下基本要求。

1) 具有良好的隔热车体

车体隔热气密性能好,可以减少车内与外界的热交换。保证车辆货物空间内所需空气温度的稳定。冷藏车的隔热性能以传热系数 K 表示,单位时间透过车体围护结构传入车内的热量越小,K 值就越小。

车内的隔热材料应采用热导率低、热容量大、防潮性能好、体积质量低而又有一定的机械强度的新型材料。

2）具有运行可靠而又简单的制冷和加热设备

铁路冷藏车独立供应电力，可以建立车内外的热平衡，防止温度波动，保持易腐食品处于良好品质的温度条件下。

3）具有可靠的检温仪表

检温仪表可以正确反映车内的温度状况，便于调节控制和操作自动化。

4）便于货物的装卸和管理

便于货物的装卸和管理，提高了效率，降低了成本。

5）带有装货设备和通风循环设备

装货设备和通风循环设备可以保证货物合理装卸，保护车内温度分布均匀，并在必要时进行换气。

2．铁路冷藏车的降温制冷方式

1）冰制冷

冰制冷是利用冰的融化热，使易腐货物温度保持在4℃～5℃。

2）冰盐混合降温

冰盐混合降温是最通用的一种降温方法，大多数易腐货物都需要在－10℃～2℃的温度下储运。在冰中渗入一定百分比的盐，就能使车辆内保持此温度。

3）冷盐水系统降温

此法可使车辆内温度保持在－12℃～－10℃，以便满足储运要求。

4）机械制冷法

机械制冷法是最有效、使用最广泛的一种方法，此法可使车辆内温度保持在－25℃～6℃的任何温度下。

5）干冰制冷

利用干冰的升华热，首先使空气与干冰换热，然后借助通风使冷却后的空气在车厢内循环，达到降温目的。

干冰制冷方法设备简单、维修费用小、投资费用低、故障率低、无噪声，被广泛应用于铁路冷藏车中。

此外，还有液氮和冷冻板等作为冷源的降温方式，由于装置简单、投资少、降温速度快等特点，目前也逐步应用于铁路冷藏车。

3．铁路冷藏车的分类

铁路冷藏运输工具按其结构特征和车内设备的不同大致可分为保温车和冷藏车。自20世纪90年代末期以来，只具有隔热保温功能的保温车越来越少，因此，目前提到铁路保温车一般都是指铁路冷藏车。冷藏车又可分为加冰冷藏车、冷板冷藏车、机械冷藏车。而铁路冷藏集装箱只是按照普通集装箱的运输方法试运过，因此尚无统计。

（1）加冰冷藏车。加冰冷藏车由于使用冰盐混合冷却，只能在车内保持－8℃以上的温度，由于与我国冷库储藏冻货的温度（－18℃）相比是不适应的，再加上冰盐对轨道的腐蚀和铁路加冰站的逐渐萎缩，加冰冷藏车呈现出递减的趋势，但目前仍是我国冷藏运输的主车型。

（2）冷板冷藏车。冷板冷藏车有两种：无制冷机组的冷板冷藏车和自带制冷机的冷藏车。前者利用地面上的制冷机给车上冷板充电。冷板冷藏车的温度控制可靠性较差，运用不如机械冷藏车广泛。

（3）机械冷藏车。机械冷藏车是目前在铁路冷藏中运用的主力车型，分为成组机械冷藏车和单节机械冷藏车。成组机械冷藏车一般有 B22、B23 等车型，而单节机械冷藏车一般则指 B10 车型。其中，B22 型从数量上是我国主型的机械冷藏车，由一辆发电乘务组和四辆冷藏货物车组成，发电乘务组连挂车组中部，各货物车可任意换位、掉头连接。

6.3.4 铁路冷藏运输的操作和规定

1. 运输期限的规定

易腐货物对运输期限都有一定的要求，与货物质量、品种、性质、环境气候、采收季节、成熟度、加工处理方法等一系列的因素有关。对某些新鲜的产品，托运人要掌握托运货物的性质。易腐货物的"容许运输期限"应由托运人提报，并在货物运单"托运人记载事项"栏内加以注明。

假设易腐货物的容许运输期限小于铁路规定的货物运到期限时，那么可能在货物没有到达目的地的时候食品的质量就无法保证了。因此铁路部门规定易腐货物的容许运输期限至少须大于货物运到期限三日，发站方可承运。

现在国家的规定因运输办理上的不同而有所区别。

（1）一般整车货物的运到期限，按每 250 运价千米或其未满为 1 日计算。

（2）按快运办理的整车货物运到期限，按每 500 运价千米或其未满为 1 日计算。

因此，发站应当分成两种方式进行办理，按快运计算的运到期限或按一般运输计算的运到期限与该批货物的容许运输期限相比较，视其是否符合规定来确定该批货物能否被承运。

2. 冷藏货物的规定

托运人托运易腐货物时，货物的质量温度包装和选用的车辆必须按照"易腐货物运输条件表"和"易腐货物包装表"的规定进行。

易腐货物的初始质量和包装是优质运输易腐货物的重要前提。假设不能满足运输要求或不适于提交运输而予以承运，那么必然造成货物损失。

铁路在运输过程中不仅要对合同规定的义务承担责任，而且也应当负责监督托运人、收货人承担合同规定的义务，抽查的货物件数可以根据具体情况确定。装载货物的防护用品是否符合规定，发站也应认真检查或抽查，具体做法可由发站依据实际情况自行决定。

近年来，曾因托运人使用麻袋、草袋装运青蒜，发生多起腐烂事故。因为青蒜之类的货物呼吸旺盛，发热量大，质地娇嫩，不耐挤压，必须使用有透气孔且耐压的包装。而麻袋、草袋之类的包装，既不透气又无支撑力，不适合货物性质。因此，铁路应严格执行有关规章，加强对托运人的宣传、指导，有效地做好鲜活货物运输工作。当然在实际的工作中还要注意某些环节和自然条件对于产品质量的影响。

3. 托运要求的办理

在冷藏车运输易腐货物时托运人应在货物运单"托运人记载事项"栏内具体注明"途中加冰""途中制冷""途中加温""途中不加冰""途中不制冷""途中不加温""不加冰运输"等字样。

(1) 途中加冰是指使用加冰冷藏车时,由沿途的加冰所按作业分工进行加冰。

(2) 途中制冷是指使用机械冷藏车时,要求在运输途中规定的运输温度控制车内温度。

(3) 途中加温是指在寒冷季节运输怕冷、怕冻的易腐货物时,为使货物不因外界气温过低而造成冷害、冻害所采取的技术措施。

(4) 途中不加冰是指加冰冷藏车在装车地进行始发加冰后,沿途各加冰所不再加冰的运输方法。

(5) 途中不制冷是指使用机械冷藏车时,沿途不用开启制冷系统制冷降温。这实际上是将机械冷藏车当作无冷源保温车进行保温运输。

(6) 途中不加温是指用冷藏车装运易腐货物时,沿途不用开启机械冷藏车的电热器。

(7) 不加冰运输是指将加冰冷藏车用于装运易腐货物时,无论在发站还是在途中加冰所都不加冰的运输方法。这也是一种保温运输方法。

4. 铁路冷藏货物装车与卸车

1) 车辆的预冷

用冷藏车冷藏运输易腐货物,首先要对车辆进行预冷,这是保证易腐货物质量的一项重要的技术作业,可以大大减少运输途中的冷消耗,有利于货物降温和保持合适的运输温度,也有利于提高冻结或冷却货物的质量。

铁路运输部门对加冰冷藏车和机械冷藏车的预冷做了不同的规定。

(1) 加冰冷藏车装运冻结货物预冷温度,车内应预冷到 6℃以下,达不到时可预冷 6 小时。装运冷却或未冷却货物,车内应预冷到 12℃以下,达不到时可预冷 3 小时。

(2) 机械冷藏车车内预冷温度:冻结货物为-3℃~0℃,香蕉为 12℃~15℃,菠萝、柑橘为 9℃~12℃,其他易腐货物为 0℃~3℃。

由于外温高低、车种车型不同,以及易腐货物种类的差异,冷藏车的预冷温度和时间差别大。因而发站对使用冷藏车装运易腐货物的有关技术作业过程应进行完善的计划和安排,合理确定选车预冷、加冰、装车等项作业的时间标准,做好上下班间的交接工作,避免盲目求快而使操作不符合要求。

2) 冷藏物的装载

(1) 装车时间。发站和托运人、收货人应加强装或者卸车的组织工作,缩短装或者卸车时间。加冰冷藏车每辆装车或者卸车作业时间不得超过 3 小时。

(2) 装车要求。经过预冷的冷藏车装车时,应采取措施,保持车内温度。货物装车完毕,机械冷藏车乘务员应检查车门关闭是否严密,并且及时记录车内温度和调温。使用加冰冷藏车冷藏运输易腐货物,装车单位必须填写"加冰冷藏车作业单";使用机械冷藏车时,填写"机械冷藏车作业单"。

3) 冷藏货物的卸车

(1) 卸车和交付。冷藏货物的卸车和交付是运输过程的最终环节。运输质量的好坏不但在卸车时方可认定,而且卸车和交付作业本身也会直接影响货物的最终质量。

为了具体掌握车辆的装卸状况,便于划清责任和有针对性地改进工作,车站对本站负责的冷藏车卸车作业要派货运员监卸,对收货人负责卸车的也应派人检查,确认货物质量,并对照运单、货票和冷藏车作业单填好"到站作业记录"的各项内容,重点是确认货物质量和交接温度。

对冻结货物卸车温度的检测,可在卸完车门部位的货物时在车内抽查2～3件货物,以所测货件的平均温度作为交接温度记入作业单有关栏目内。对机械冷藏车所装货物质量的检测,以及货物温度的测定,车站应会同机械冷藏车机械长及收货人共同进行。收货人要求组织直接卸车时,应由收货人自卸,并要求组织不中断卸车作业,缩短车辆待卸时间。

(2) 车辆清洁。车辆的清扫、洗刷和消毒,是保持卫生状态良好、保证货物不受到污染的重要手段。如果车内残留不少货物碎屑,如碎肉渣、烂鱼虾、烂水果等,就会使车内生霉、长蛆、发恶臭,产生严重的污染源和滋长大量的病原菌。有的加冰冷藏车,地板上的防水层被微生物侵蚀分解糜烂,使防水层遭受破坏而失去功能,引起污水渗入车底隔热层内,使车体隔热性能恶化。

6.3.5 冷藏船运输

1. 冷藏船的定义

冷藏船主要用于渔业,尤其是远洋渔业。远洋渔业的作业时间很长,因而必须用冷藏船将捕获物及时冷冻加工和冷藏。

此外,由海路运输易腐食品必须用冷藏船,使鱼、肉、水果、蔬菜等易腐食品处于冻结状态或某种低温条件下进行载运。因受货运批量限制,冷藏船吨位不大,通常为数百吨到数千吨。冷藏船运输在所有运输方式中成本是最低的,随着冷藏船技术性能的提高,运输批量加大,船速加快,装卸集装箱化,冷藏船运输量逐年增加,冷藏船成为国际易腐食品贸易中主要的运输工具。

2. 冷藏船的类型

冷藏船一般分成以下三种类型。

1) 专用冷藏运输船

专用冷藏运输船按其对货物的服务方式可分为肉类冷藏运输船、鱼类冷藏运输船和水果蔬菜冷藏运输船等。

(1) 肉类冷藏运输船。肉类冷藏运输船是一种专门用于冷藏运输猪肉、牛肉、羊肉及禽肉等的冷藏运输船舶。这类冷藏运输船的全部货舱均设计成具有良好隔热性能的冷藏舱,舱内的温度为$-15℃\sim-2℃$,采用的冷却方式是直接膨胀或盐水间接冷却。船上设有专门的冷冻机舱(包括辅助设备),制冷剂采用氨(NH_3)、氟利昂($R-12$、$R-22$)等冷媒。制冷剂在冷藏货舱内的空气冷却器或冷却排管中进行蒸发吸热,再经压缩机、冷凝器、调节站,反复循环,以达到降低舱温的目的。

(2) 鱼类冷藏运输船。鱼类冷藏运输船是一种用于水产品的运输,或配合其他船舶在渔场进行收鲜和加工以提高渔船队的生产率,使货物得到及时加工处理,减少损耗,保证鱼产品鲜度的专用船舶。此种鱼类冷藏运输船的冷却方式及制冷系统与肉类专用冷藏运输船大致相同。冷藏舱分成冻结舱和冷藏舱两种，冻结舱内的温度为－30℃～－23℃，冷藏舱内的温度为－20℃～－5℃。刚捕获的鱼产品在冻结舱内快速冻结后，转入冷藏舱内冷藏。

（3）果蔬类冷藏运输船。果蔬类冷藏运输船是专门用于水果、蔬菜及其他农副产品运输的船舶，船舱内的温度设计为0℃～15℃，视所运货物品种的冷藏特性而定，如苹果的冷藏温度为－1.1℃～0℃，香蕉为12℃～15℃等。采用的冷却方式有直接膨胀式和间接冷却式两种，冷藏货舱内设有空气冷却器（降风机）及送风道（接在空气冷却器的出风口）。送风道上配以若干个送风口，均匀地冷却舱内温度。为了排出果品蔬菜的呼吸废气，输进新鲜的空气，设有通风换气口和换气设备。

2）多用途冷藏运输船

多用途冷藏运输船有两种形式：一种是将货舱设计成高温冷藏舱和低温冷藏箱，高温冷藏舱用于装运果蔬及农副产品，低温冷藏箱则用于装运肉禽类产品；另一种是在设计时除了考虑装运冷冻（或冷却）货物外，还考虑在返航时装运其他非冷藏货物。冷藏运输船总有一个单航程是空船运行，很不经济。采用上述方法，就可以在返航时装运普通货物。因此，这类船舶用途广，利用率高，经济效益好，但给制造环节带来了一定的复杂性，隔热能力受到一定的影响（如加大加宽舱门等）。

3）冷藏集装箱运输船

冷藏集装箱运输船是运输冷冻货物及低温货物用的集装箱的船舶。它与普通船的区别在于需要视所运输的冷藏集装箱的种类而配以相应的设备。冷藏集装箱内的温度要求在通常的温度下能使箱内的温度保持在－25℃～25℃的任一温度。冷藏集装箱的冷却方式有冷冻机方式、水冰方式、干冰方式、冷冻板方式和液氮方式等，一般冷冻机方式较为普遍。有的冷藏集装箱本身带有冷冻机及辅助设备；有的将冷冻机和辅助设备安放在船上的专用机舱内，而将供液管道安置在各个冷藏集装箱的接口上，冷藏集装箱内配以冷却排管或冷风机，制冷剂在其中蒸发吸热，从而带走箱中的热量。冷藏集装箱实际上是个移动式的冷库，在水陆联运中，冷藏货物在车船换装时，不必把货物取出，只要直接"门到门"装卸货即可，既减少了中间作业环节，又避免了冷量的损失。此外，冷藏集装箱可以直接装在甲板上，增加了船舶的装载量。因此，利用冷藏集装箱运输，既经济又方便，但缺点是本身带有冷冻装置的集装箱除了造价昂贵之外，在管、用、养、修等方面均存在一定的困难。

3. 冷藏船的特点

（1）具有隔热结构良好且气密的冷藏舱船体结构，必须通过隔热性能试验鉴定或满足平均传热系数不超过规定值的要求。

（2）具有足够的制冷量且运行可靠的制冷装置与设备，以满足在各种条件下为货物的冷却或冷冻提供制冷量。

（3）船舶冷藏结构上应适应货物装卸及堆码要求，并在保证气密或启、闭灵活的条件下，选择大舱口及舱口盖。

（4）船舶冷藏的制冷系统有良好的自动控制，保证制冷装置的正常工作。为冷藏货物提供一定的温度、湿度和通风换气条件。

（5）船舶冷藏的制冷系统及其自动控制器、阀件技术等比陆用要求更高，如性能稳定性、使用可靠性、运行安全性及工作抗震性和抗倾斜性等。

6.3.6 冷藏集装箱运输组织

冷藏集装箱内部的货物堆装方式，对冷藏集装箱内部气流组织的影响较大。因此要保证冷藏集装箱内部良好的气流组织分布，必须做到在任何情况下冷藏集装箱内部的货物装载高度不能超过最高货物装载线，确保冷藏集装箱内部有足够的回风通道，气流能顺利地返回到制冷装置，在任何情况下必须使冷藏集装箱整个底部处于被货物或其他遮盖物覆盖的状态。

箱内货物的堆装一定要防止气流组织形成"短路"或"断路"。图 6-10 为几种不正确的冷藏集装箱货物堆装方式。

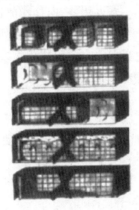

(a) 货物装载太分散

(b) 货物装载在后部

(c) 货物装载在前部

(d) 货物上部有覆盖物

(e) 货物装载高度超限

图 6-10　蓄冷板制冷冷藏汽车

在图 6-10(a)中，因为货物装载太分散，货物之间的空间无任何流动阻力，从底部 T 形风规送入的冷风将通过货物之间的空间直接回流到制冷装置，造成气流的"短路"。

在图 6-10(b)中，货物仅装载在冷藏集装箱的后部，在前部留下了无遮盖的空间，从 T 形风规送入的冷风将直接返回到制冷装置，造成严重的气流"短路"，气流组织将不会对货物产生直接的影响。

在图 6-10(c)中，货物仅装载在冷藏集装箱的前部，在后部留下了无遮盖的空间，由于空气总是向流动阻力最小处流动。因此从 T 形风规送入的冷风将绕过货物装载区，从冷藏集装箱后部通过上部回风通道返回到制冷装置，造成气流"短路"。

在图 6-10(d)中，由于不正确地在货物上部覆盖了不透风的塑料薄膜等覆盖物，使气流"断路"而无法通过上部回风通道回到制冷装置。在图 6-10(e)中，货物装载高度超过最高货物装载线，没有在货物上部与冷藏集装箱顶部之间留下必要的回风通道，从而造成气流的"断路"，影响制冷效果。

冷藏集装箱在货物装箱前没有必要进行预冷，除非从有密封门的冷库中装货时才有必要进行预冷。否则，不但造成不必要的能量浪费，而且由于在货物装载过程中，大量外界热湿空气进入冷藏箱内产生凝水，会对货物造成损害。

6.3.7 冷藏集装箱货物装箱

1. 装箱方式

1) 货盘堆装

货盘上堆装箱子的四个角要上下对齐,以便重量均匀分布,箱子顶部和底部的透气孔应上下对齐,使冷空气循环畅通。

2) 无间隙积木式堆装

货物应像堆积木那样装成一个整体,货物与箱壁之间不留任何空隙。

2. 不同冷藏货物的装箱要求

根据各种货物特性的不同,在冷箱内的堆装方式也不同。

1) 冷冻货物、一般冷藏货物及危险品的装箱

冷冻货物、一般冷藏物及危险品自身不会发出热量,而且在装箱前已预冷到设定的运输温度,所以堆装方法非常简单,仅需将货物紧密堆装成一个整体即可。

货物外包装之间、货物与箱壁之间不应留有空隙。所装货物应低于红色装载线,只有这样,冷空气才能均匀地流过货物,保证货物达到要求的温度。

2) 保鲜货物的装箱

保鲜货物因有呼吸作用而产生水汽、二氧化碳、少量乙烯及其他微量气体和热量,因而堆装方式应当使冷空气能在包装材料和整个货物之间循环流动,带走因呼吸产生的气体和热量,补充新鲜空气。

3. 装箱流程

1) 货物预处理

货物要经过筛选,果蔬等活体货物中要剔除已经损伤、死亡、变质、腐烂的颗粒(株);要适当整理,不要拖泥带水,无用的枝叶要清除,最好单个包装;应根据实际情况对货物做适当保鲜处理,如药水浸洗、喷洒、包装等;用液体浸洗的货物要等水分沥干后才能装进箱里,不要混装不同种类的货物和成熟程度不同的货物。对货物包装的要求起码有足够的强度确保货物不受重压、不变形和利于空气流通(对保鲜的货物包装箱要有气孔)。包装要既能整齐紧凑堆码,有效利用空间,又利于空气流通,保持货物所需的温度。

此外,还应当对货物进行预冷处理,并预冷到运输要求的温度,因冷箱设计制冷能力有限,仅能用于保持货物的温度。

2) 冷箱预冷

一般情况下冷箱不应预冷,因为预冷过的冷箱一打开门,外界热空气进入冷箱,预冷将产生水汽凝结,水滴会损坏货物外包装和标签,在蒸发器表面凝结的水滴会影响制冷量。

如果冷库的温度与冷箱内温度一致,并采用"冷风通道"装货时,可以预冷冷箱。当冷箱装运温度敏感货物时,冷箱应预冷,预冷时应关紧箱门。

3) 装货前检验

冷藏箱在装货之前要经严格检验,称作 PTI。PTI 是按国际标准和造箱公司所定的要求对冷藏箱全面彻底地检验,以确保货物安全,用户要认真对待。冷藏箱的检验公司不

同,其检验质量有可能差别很大,用户应委托比较负责任、信誉好、专业技术力量强的冷藏箱检验公司代为检验,或者租用经过比较负责任、信誉好、专业技术力量强的冷藏箱检验公司代为检验过的冷藏箱。

4) 装箱注意事项

(1) 经严格检验合格的冷藏箱(PTI OK 箱),在装货时也应按货物的种类正确选择设定温度,注意华氏度(℉)和摄氏度(℃)的换算公式:华氏度(℉)=摄氏度(℃)×9/5+32。

活体货物(如水产品的活贝类、食用蛙、新鲜蔬果、花卉等)因需要氧气呼吸和排出活体货物产生的废气,运输时还应开空气变换窗,要正确选择窗口的大小(百分比)或单位时间的换气量。立方米/小时(CMH)与立方英尺/分(CFM)的换算关系:1CMH=60CFM。货主最好确定具体的换气量,因为不同的机组最大的换气量不同,百分比表示不贴切。另外,开空气窗在某种程度上也能改变箱内的空气温度,装运冷冻货物时不能开风口(空气窗)。因为窗外湿热空气进入冷冻工作状态的箱内,很快就会使蒸发盘管结霜,阻碍空气流通,降低冷冻能力,引发机组故障。另外,高温空气的进入也会降低机组的工作效率。

(2) 防止货物或其包装物、隔离物、铺垫物(如纸张、塑料布等)运输中移位遮盖气孔。冷藏箱后端不留空隙(靠机组后壁),中部和边缘不留空白地段,让货物作为 T 形地板的覆盖物,使空气沿着 T 形地板的通道送到最前端,以免空气短路(提前返回)。货物的前端不得超出 T 形地板的端头,货物之间尽量紧凑堆码,不过分拥挤,装货时严禁拖、压、推、抛、掷,禁止超高堆存或超重挤压,机械装卸时不要铲破货物包装、箱壁、箱顶,防止压塌 T 形地板。不满一箱的货物,可采用平均高度堆码,或者缓慢减少(层状)高度,或者适当固定,以免货物在运输途中移位、滚动。一般情况下地板上的地漏口不应堵塞。

5) 脱离制冷时间

各种运输方式之间的交接可能出现短途运输或制冷系统故障,造成停止制冷。一般冷冻和冷藏保鲜货物短时间的停止制冷状态是允许的,许多产品如特种货物和温度敏感货物应保持制冷系统连续工作,这样才能避免任何温度被动造成货物质量下降。

由于冷藏货物运输的技术要求高、风险大,承运方对任何冷藏货物的运输均应做好详细的计划,认真做好每一环节工作,保质保量地将冷藏货物安全运抵目的地,为货主提供优质服务。

4. 冷藏集装箱的换气

冷藏集装箱进行通风换气的基本目的是在运送冷却货物时,控制箱内一定的 CO_2 和乙烯等气体含量。一般冷藏集装箱的通风口全部打开时,最大换气量可达 280 立方米/小时。

冷藏集装箱的冷风由蒸发器风机将冷风压入箱内,而冷藏集装箱通风换气的通风器的吸入口与蒸发器风机吸入端相通。风机运转时,借助于负压把箱外空气不断地引入箱内,通风器的排出口与外界相通,排气压力将箱内空气排出箱外,实现了冷藏集装箱的换气通风。

从控制箱内 CO_2 浓度的角度上看,通风换气是必要的。但从制冷效果的角度看,通风又是不利的。因为通风换气,不但把箱外的热量带入箱内,而且把空气中的水蒸气也带入箱内,进而导致蒸发器的结霜而多次频繁除霜,又降低了制冷装置的制冷效果,因此,冷藏集装箱运输无生命的冷冻货时,必须关闭通风换气口,甚至连排水口也应予以关闭。当然，在运进冷却货时，通风换气口虽然应该打开，但从制冷效果考虑，换气口又不能开得过大。

关于冷藏集装箱的换气量，一般均以美国森基斯特·格罗尔(Sunkist Grower)公司的推荐值作为标准，即通常控制 CO_2 在 0.1% 以下（短时间允许达到 5%）。若控制 CO_2 在 0.1% 以下时，以 40 英尺冷冻集装箱计算，每 1000 个纸盒需要 0.8 立方米/小时的换气量。若 CO_2 达到 5% 时，则每 1000 个纸盒要 1.6 立方米/小时的换气量。冷风循环量，一般为 4000～5000 立方米/小时。

通风型冷藏集装箱，在装运冷冻货时应有较高的制冷量，而在装运冷却货时应有较大的冷风循环量。为此，目前冷藏集装箱的蒸发器风机多为双速风机，即在装运 -6℃ 以上冷却货时，风机高速运转，提高冷风循环量，以满足冷风循环的要求。等到 -6℃ 左右时，风机低速运转，以满足制冷量的需求。

在我国食品冷藏运输中，冷藏集装箱作为冷链的重要一环受到重视。随着我国食品工业和国际航运业的发展及冷藏集装箱自身技术的提高，它将得到更广泛的应用。

5. 冷藏集装箱的散热

1) 冷藏集装箱的散热量

每个冷藏集装箱的散热量会受许多因素影响，比如工作模式、箱内外温度、货物种类等。

通常，冷藏集装箱的最大散热量都可以从生产厂家的技术说明中获得。

其计算公式如下。

$$冷藏集装箱的散热量 = 制冷量 + 压缩机耗功$$

2) 冷藏集装箱在货舱的散热

冷藏集装箱装载在船舶甲板上时不会影响散热，但随着单船冷藏集装箱装载量的不断增加，必然有一定数量的冷藏集装箱装载在甲板下方的船舶货舱中，那么散热就是十分必要的。

目前，常用的货舱散热方式有以下三种。

(1) 直接风冷式。采用直接风冷就是直接将周围环境的空气用风机通风冷却。

(2) 水冷式冷凝器。配有风冷式冷凝器和水冷式冷凝器制净装置的冷藏集装箱，当冷藏集装箱装载在货舱中时，可启用水冷式冷凝器解决冷藏集装箱的散热问题。

需要强调的是，因为冷藏集装箱的压缩机等散热部件依然在放热，所以在货舱中还需要有一定量的通风散热。

(3) 蒸发冷却式。蒸发冷却式的工作原理就是将细小的水雾喷入空气气流中，以便使水快速蒸发来吸热而使环境温度下降。蒸发冷却式散热的优点是减小通风量，利用较小的风量就可获得较好的冷却效果。

由于冷藏集装箱能在潮湿环境中工作，因此采用蒸发冷却式对冷藏集装箱一般不会产生危害。但采用蒸发冷却式对淡水的耗量较大，船上要有充足的淡水资源。

6. 冷藏集装箱的供电

1) 冷藏集装箱的耗功

冷藏集装箱的能耗取决于工作状态，即冷藏集装箱的外部环境温度和冷藏集装箱的内部的货物,冷藏温度越高,则能耗越大。

温度是一个变化量,因而制冷量和耗功也将随之变化。冷藏集装箱在保温情况下的耗功,比降温情况时要小很多。在冷冻情况时,压缩机处于开/停运行模式,而在冷藏情况时,压缩机和风机均处于连续工作模式。因此,冷藏集装箱在冷冻情况下的耗功比冷藏情况下要小,40英尺冷藏集装箱在冷冻情况下耗功一般在4千瓦左右,而在冷藏情况下耗功一般在7千瓦左右。

2)冷藏集装箱的供电

冷藏集装箱必须依赖外部动力驱动制冷装置工作,以保证冷藏集装箱的正常工作。当冷藏集装箱处于不同运输模式或位置时,其供电方式会有所不同,通常可分为电源直接供电和小型柴油发电机组供电两种方式。

(1)电源直接供电。当冷藏集装箱在船舶运输时,冷藏集装箱的供电通常由船舶的供电系统所提供。船舶供电系统可以由船舶辅助发电机发电,也可以采用轴带发电机供电,或由专门安置在船舶甲板上的一个20英尺集装箱发电机供电。

(2)柴油发电机组供电。当冷藏集装箱在公路运输时,冷藏集装箱的供电通常由小型柴油发电机组提供。传统的端部挂装式柴油发电机组,主要是由于机组车身的重量会引起纵向的受力不平衡,机组的挂卸需要专业叉车。另外,因为机组挂靠在冷藏集装箱的端部,柴油发电机组的工作对冷藏集装箱的工作会带来一定的影响。

7. 冷藏集装箱运输管理

1)冷藏集装箱运输前的检查

冷藏集装箱在装箱使用前,首先应对机组进行外观检查。外观检查主要包括以下几项。

(1)机组外观有无损伤。

(2)制冷系统有无泄漏,检查所有连接处有无漏油迹象。

(3)电源线及插头等。

(4)机组控制箱内的电气连接是否牢固。

(5)冷凝器和蒸发器盘臂是否需要进行清洁;同时检查冷凝器风机网罩是否有损坏,如有损坏,应及时修理或更换,否则会影响冷凝器散热效果。

(6)机组、压缩机和风机电动机的安装螺栓,如有需要,应进行紧固。

(7)清洁融霜排水系统。

2)预检测试

这是冷藏集装箱使用前对整个系统运行情况的一种测试。先进的冷藏集装箱中机组控制器带有特殊的预检测试功能,可自动检测制热量、制冷量、温度控制,以及风机、传感器功能等。

测试内容包括测量部件耗功,并将测试结果与正确值比较。预检测试只能在空箱状态下进行,并且在测试过程中箱门需关闭,整个测试过程需要2~2.5小时。

6.4 冷链运输运营与管理

6.4.1 冷链运输企业运营及其目标

冷链运输运营的目标主要体现在四个方面：服务、及时、低成本和质量。

1. 服务

物流作为第三产业，就是根据客户的需求来提供相应的服务。因此，运输要以客户为中心，树立"客户第一"的理念。物流系统的流通加工、运输、配送业务，就是其服务性的表现。在技术方面，近年来出现的准时供应方式(just in time，JIT)、柔性供货方式等，也是其服务性的表现。

2. 及时

及时性是服务性的延伸，既是用户的要求，也是社会发展进步的要求。随着社会大生产的发展，对运输快速、及时性的要求更加强烈，在运输领域采用直达运输、联合一贯运输、时间表系统等管理和技术，就是这一目标的体现。

3. 低成本

在运输中除物流时间的节约外，因为流通过程消耗大而又基本上不增加或不提高商品的使用价值，所以依靠节约来降低投入，是提高相对产出的重要手段。运输企业靠推行集约化经营方式，提高物流能力，采取各种节约、降耗措施，实现降低运输成本的目标。

4. 质量

冷链运输与其他形式的运输最大的不同之处在于，在商品流通过程中必须将易腐、生鲜货物从产地收购、加工、储藏、运输、销售直到消费的各个环节都置于适当的低温环境之中，以保证货物的质量，减少货物的损耗，防止货物的变质和污染。因此，质量是冷链运输一个不可或缺的目标。

6.4.2 冷藏运输的管理原则

冷藏运输的组织管理工作是一项复杂细致而又责任重大的工作。无论选择何种冷藏运输方式，运输管理都必须坚持及时、准确、经济、安全的基本原则。

1. 及时

及时的原则是运输管理中的基本原则。按时把货物送到指定地点是最重要的，同时也是最难做到的。

在实际的运输过程中经常出现货物迟到的现象，这对于企业的销售影响很大，甚至会因此失去客户。尤其是对于冷藏运输来说，不及时送到对于货物的质量有很大的影响。没有机械制冷装置的运输工具对货物质量的影响会更加明显。

2. 准确

在运输的整个过程中，要防止各种差错的出现。在冷藏运输开始之前，承运人应该掌握准确的装卸货点，核对联系人的姓名电话等，防止冷藏货物长时间存放在运输工具上。

3．经济

经济是运输的成本问题。在运输方式和路线的选择、运量和运价的确定等各个环节都要考虑运输成本。尤其是在高温季节，冷藏运输的运价都比较高，所以应该从运输组织的角度采用正确的包装、合理地组织货源、提高装卸效率、选用正确的运输方式等。

4．安全

安全就是要顺利地把货物送到客户手中，保证车辆的运行安全和货物的安全。对于车辆的安全来说，应该保持运输车辆良好的性能，选用驾驶技术好、经验多的司机。对于货物的安全来说，要做好防盗防损等措施。

6.4.3 冷链运输管理内容

1．冷链运输需求预测

运输需求是指一定时期内社会经济活动在生产流通、消费领域对易腐、生鲜货物及原料在空间、时间、费用方面的要求。通过预测，准确及时地把握客户运输需求，使物流公司能够将资源分配到服务于该需求的活动中去，从而提高客户满意度和公司核心竞争力。

2．设施选址

冷库的战略性选址能帮助企业改善客户服务水平。合理的设施位置还能使生鲜货物从生产基地到冷库，或从冷库到客户的移动达到更低的运输费率。

3．冷链物流中心设施及设备管理

冷链运输中心设施及设备是冷链运输系统运行的物质基础和条件，直接影响冷链运输服务的质量和成本。冷链物流中心设施及设备管理包括冷链运输设施的规模、中心平面图布置、设备类型、选择单元负载的选择、设备的指派等。

4．冷链物流中心运输管理

运输费用通常是冷链物流过程中最大的单项成本，因此，它是一个必须得到有效管理的重要因素。运输管理涉及运输工具类型和数量的选择、运输方法（航空、铁路、水路管道、汽车联运）选择、运输路径选择等。

5．冷链物流中心组织管理

它是对冷链运输系统人力资源的管理，是建立合理化的冷链运输系统并使它有效运营的根本。冷链物流中心组织管理决策包括企业的管理架构设计、工作设计、劳动定额制定、定员编制等。

6．客户服务及订单管理

客户服务及订单管理应体现"以客户为中心"的管理思想，其目的是提高冷链运输客户的满意度，改善客户关系，从而提高冷链物流企业的竞争力。

7．冷链物流中心库存管理

库存是生产和消费间的过渡，生产和消费之间的时间间隔越长，所需的库存水平或金额就越大，也就越需要加以规划和管理。库存管理包括储存设施的选择是自己拥有还是租赁、储存设施的布局和设计、产品组合的考虑（如应该储存什么样的产品）、安全和服务流程、人员培训，以及生产率测算等。

8. 冷链物流信息管理

冷链物流信息系统是通过对与企业冷链物流相关的信息进行加工处理来实现对冷链物流的有效管制和管理，并为冷链物流管理人员提供战略及运营决策支持的人机系统。冷链物流信息系统是提高冷链物流运营效率、降低冷链物流总成本和实现冷链物流信息化管理的重要基础设施。

9. 冷链物流成本控制

冷链物流成本控制是冷链物流管理的重要内容和手段，也是冷链物流经济效益的量化指标。冷链物流成本控制涵盖以下几个方面：冷链物流成本的计划与预算、冷链物流成本核算、冷链物流劳动定额、冷链物流考核指标和方法、冷链物流成本控制措施等。

10. 冷链物流质量控制

冷链物流质量是多方面的，包括冷链物流商品质量、冷链物流服务质量、冷链物流工作质量、冷链物流工程质量等。在冷链物流中，我们着重强调冷链物流商品质量，即在冷链商品流通过程中要注意冷链物流作业的速度和质量以及温度控制，将易腐、生鲜货物从产地收购、加工、储藏运输、销售直到消费的各个环节都置于适当的低温环境之中，以保证货物的质量，减少货物的损耗，防止货物的变质和污染。

6.4.4 冷链运输的模式

1. 自营冷链运输模式

自营冷链运输模式是目前国内生产流通企业普遍采用的一种模式，即企业凭借自身的物质条件，自行开展经营冷链运输的模式。采用自营冷链物流模式的企业根据市场进行冷链物流的需求预测分析进行设施选址及建立现代化冷链物流中心，对冷链物流中心的客户及订单信息库存及运输进行管理，实施质量和成本控制，为企业创造经济效益。

自营冷链物流模式的特点如下。

1) 质量优势

果蔬、冷藏食品生产和销售企业分别处于供应链的上游和下游，具有专业性优势，了解果蔬冷藏食品的植物、生理等特性，对产品保质、保鲜的环境要求非常熟悉，在流通运输过程中，能随时做到对产品安全质量的监控，预防解决可能出现的问题。

2) 流程优势

冷链运输与传统物流最大的区别就是冷链运输的流程短，处于冷链运输上下游的生产企业和销售企业联系紧密。果蔬、冷藏食品生产企业直接将产品通过低温运输方式送至零售企业，或者大型连锁超市直接从生产企业采购产品，甚至可以做到生产企业直接面对客户，不依靠第三方参与，减少了中间环节，有利于保证产品的质量。

自营冷链运输模式也有其不利的方面。第一是冷链运输建设投资大、成本高。现代冷链运输是一项复杂庞大的系统工程，要求建立现代化的冷链物流中心，购买各种配套的设施和冷藏车辆，采用先进的信息技术，这些都需要企业投入大量人力资源和资金。第二是容易使企业受到限制，不利于企业的发展。由于自营冷链物流投资大、成本高，随着市场的扩大，企业发展速度加快，冷链物流的业务处理能力受到其自身规模的限制，将成为企业发展壮大的瓶颈。第三是如果每个企业各自发展自己的冷链物流系统，必将造成社会资源的极大浪费。

2．第三方冷链运输模式

第三方冷链运输模式是相对于第一方发货方和第二方收货方的自营冷链运输而言，由第三方企业为生产及销售企业提供专业的冷链物流服务的模式，是连接冷藏产品供应链上下游的重要环节。同时，第三方冷链运输模式的出现是代表运输产业向成熟阶段发展的重要标志。相比自营冷链运输模式，第三方冷链运输模式克服了自营冷链运输模式的先天不足，作为更成熟、更高层次的冷链运输经营模式有其更突出的特点。

1）成本优势

第三方冷链运输模式能够整合社会资源，整体规划，为企业节约运输成本，提高运输效应。目前，美国、加拿大、日本等国家依靠第三方冷链运输企业为基础，已经形成了完整的农产品冷链运输体系，有些国家的生鲜易腐农产品的冷链流通量（以价值论）已经占到销售总量的50%，并且仍在继续增长。冷链运输的专业化、基础设施的高投入决定了冷链运输经营模式需要第三方物流企业作为冷链运输市场的主体，为冷链运输供应链上下游企业提供整套供应链解决方案，降低冷链运输成本，充分挖掘规模效益。

2）专业优势

冷链产品的生产和销售企业将运输业务外包给第三方冷链物流企业，将有限的资源投入到核心业务中，有利于其降低企业成本，增强核心竞争力。同时，由于第三方冷链物流企业要面对各种不同的客户的市场需求，第三方冷链物流企业必须具备为不同的客户提供有针对性的个性化服务的能力，因此要不断地创新采用先进的技术和管理手段，提升自身冷链运输业务的整体水平。例如为满足不同的客户配送冷藏产品需要选择不同的冷藏车辆，服务于海关可以选择拖挂式冷藏集装箱车，而运输单一温度的冷藏产品时可以选择冷藏箱式车，为超市配送多温度冷藏产品时可以考虑双温控箱式车等。这些不同形式的车辆是第三方冷链物流企业综合业务能力的体现。

6.4.5 冷链运输质量管理

冷链运输的质量直接关系到食品安全，因此加强对冷链运输的质量监管是全社会共同的责任，需要生产企业、物流企业、销售企业、政府部门共同努力。

由于我国冷链运输的硬件设施陈旧，发展和分布不平衡，服务网络和信息系统也不够健全，专业人才缺乏，无法为冷冻保鲜食品提供全程保温保障，导致在食品安全方面存在巨大隐患。

1．冷链运输的质量管理的特点

冷链运输除具有一般物流的批量、空间时间标准化等特性，还具有质量安全特性，主要表现在以下几个方面。

1）冷链运输量大，质量安全要求高

食品是一种能直接满足人们生活需要的生存资料，食品也是冷链物流的主要对象。因此，冷链物流的需求量和物流量都很大，范围也比较广，要求对食品进行空间范围的合理布局和规划。

食品具有的生物特性决定了其在物流上与工业品在本质上的区别，主要体现在水果、蔬菜等由于采后仍有生命活动的延续而造成的易腐易损性,单位产品价值低、体积大,最初产品形状、规格、质量参差不齐。因此,食品对物流整体要求高。

2) 冷链运输质量的相对独立性

食品冷链在基础设施、仓储条件、运输工具、技术手段等方面具有独特的性质,这些是由食品本身的生物特性和重要性决定的。一般采用低温、防潮、烘干、防虫害等一系列技术措施保证食品的质量安全,需要专门的仓库输送设备、专用码头、专用运输工具、装卸设备等。

3) 冷链运输的快速性

食品的生产地与消费地一般分隔明确,运输就是对产销地之间的通道畅达的依赖。与工业品不同的是,食品的保质期比较短,如果储存不佳,则会造成食品品质下降。

4) 冷链运输的空间和时间跨度大

冷链运输的形态效用是通过物流过程中的加工活动改变食品形态从而增加对消费者的效用。冷链运输的空间效用是通过运输活动把农产品从无法销售或售价很低的地区运到其他地区,扩大了销路,增加了这些食品的价值。

冷链运输的时间效用是通过缩小季节性的供求不平衡关系,实现时间的有效利用。冷链物流的消费转移效用是通过食品从农民手中向中间商、加工厂等一系列的转移,最后到达消费者手中,满足消费者需求。

2. 冷链运输质量管理的意义

实施冷链运输质量管理有重要的意义,即方便食品的流通、减少食品的运输浪费并且有助于树立食品行业形象。

1) 便于食品的流通

冷链运输质量管理可以充分发挥食品流通环节的桥梁作用。一些超级市场、专卖店、餐饮企业、大型企事业单位等通过食品物流获得安全优质的产品和现代化配送服务。

2) 减少食品的运输浪费

冷链运输一般运用在蔬菜、水果、冷冻食品和乳制品等需要保鲜的食品范围。如果这些食品在抵达目的地的时候被收货人拒收,那么将会给食品的流通过程带来浪费,因此,需要建立良好的食品物流系统,进行质量安全控制,减少浪费。

3) 有助于树立食品行业形象

形象和信誉是企业的无形资产,也是提高企业竞争力不容忽视的一部分。政府提供政策支持和资金支持,建立食品供应链全面质量管理体系,行业提供食品物流的交流平台,减少食品中毒、腐烂等现象,打造中国食品行业"健康、绿色"的新形象。

6.4.6 冷链运输的质量管理体系

1. 构建冷链质量体系

建立一个明确、结构完善的体系,用来识别、记录、协调以及维持在整个冷链物流系统运行中,为确保采取必要的质量措施所必需的全部关键活动。如果没有这样的质量管理体系,企业就可能会在"内部竞争"中遭受损失。所谓内部竞争,是指企业活动中技术、组织和营销方面的复杂性不断急剧增加,而管理和设计人员有效计划和控制复杂产品或服务的能力却跟不上。

现代质量体系既有助于提高顾客对产品质量的满意程度,又有助于降低质量成本。

2. 完善冷链产品安全标准

标准化是系统的支撑要素,冷链产品涉及食品、药品等有特殊温度要求的产品,制定一套涵盖生产、运输、存储、销售等各个环节的冷链物流安全标准体系,借鉴或采用国际标准,建立和健全具有针对性的安全标准体系,严格市场准入制,制定严格的安全性能要求及其检测方法标准,这些都是非常重要的。同时,还需要考虑成本因素,如果实施负担过大,经营者会将成本转嫁给消费者,这样会对市场和贸易产生不利的影响。

3. 采用先进的技术手段加强管理

解决冷链这一复杂系统的问题,可采用信息技术、网络技术、传感技术、控制技术,以及其他各种先进的科学技术手段,建立起包括库存控制、运输系统控制、客户服务等功能在内的完善的信息系统,以及高效的应急机制,实现系统运行的安全与有效。

4. 加强冷链运输企业文化建设

系统方法中十分强调人的作用。全面质量管理的核心是吸引全体员工共同参与,采用科学的管理方法实现系统的不断完善和服务的持续改进,满足客户的要求。在企业的内部形成"质量至上"的文化氛围,树立企业良好的信誉和形象,实现和提高企业的社会价值。

5. 冷藏链运输全过程的质量管理

冷链运输全过程的质量管理包含建立冷链物流运作的保证体系,加工过程中要遵守3C、3P的原则,在储存过程中遵守3T原则,质量检查要坚持终端原则。

1) 建立冷链运作的保证体系

冷链的硬件保证体系包括:冷藏库、速冻装置、冷藏集装箱、冷藏保温车、冷藏柜、解冻装置、与生产冷冻食品相关的辅助设备。

软件保证体系是指冷链运输企业要建立一整套的冷链物流作业指导书、安全管理制度和质量管理制度等规章制度,有专业化的冷链管理与操作人才和相应的培训体系。

2) 加工过程应遵循3C、3P原则

3C原则是指冷却(chilling)、清洁(clean)、小心(care)。3C原则是要保证产品的清洁,不受污染,要使产品尽快冷却下来或快速冻结,较快地进入所要求的低温状态,在操作的全过程中要小心谨慎,避免产品受任何伤害。

3P原则是指原料(products)、加工工艺(processing)、包装(package)。3P原则要求被加工原料一定要用品质新鲜、不受污染的产品,要求采用合理的加工工艺,要求成品必须具有既符合健康卫生规范又不污染环境的包装。

3) 储运过程应遵循3T原则

3T原则是指产品最终质量还取决于在冷藏链中储藏和流通的时间(time)、温度(temperature)、产品耐藏性(tolerance)。

3T原则指出了冻结食品的品质保持所容许的时间和品温之间存在的关系,冻结食品的品质变化主要取决于温度,冻结的食品要保持品质优良就要保证食品的温度很低。如果把相同的冻结食品分别放在−20℃和−30℃的冷库中,则放在−20℃的冻结食品其品质下降速度要比-30℃的快得多。

3T原则体现了冻结食品在流通中因时间和温度的变化而引起的品质降低的累积和不可逆性,应该对不同的产品品种和不同的品质要求,提出相应的品温和储藏时间的技术经济指标,储运过程要加强冷库和冷藏运输工具的质量管理工作。同时,保证冷库和运输工具等设施与设备的正常运作、严格按照冷库操作流程和规范进行物流作业、保证运输安全和车上冷货安全,是保证冷链物流质量非常重要的环节。

4) 质量检查要坚持终端原则

质量检查应当坚持终端原则。冷藏链运行存在多样化,但是最终要在终端检查质量,就是应当以到达消费者手中的产品的质量为衡量标准。比如,水产品的鲜度可以用测定挥发性盐基氨等方法来进行,但是"感官检验为主"是最适合水产品市场经济运行规律的办法,从外观、触摸、气味等方面判定其鲜度、品质及价位。

5) 运用PDCA循环提高冷链的管理效率

推行全面质量管理,对冷链物流的全过程,即冷链加工、冷冻储藏、冷藏运输及配送、冷冻销售等进行科学的质量管理,需要分析冷链系统的每一个组成要素和每一个环节。全面质量管理不但关注冷链的产品质量,也要对工作质量、服务质量加强管理。

6.4.7 冷藏运输承运人的选择

在冷藏运输中,有部分企业是采用第三方冷藏物流公司进行运输的。在采用第三方运输时,最重要、最核心的工作就是承运人的选择。

承运人选择可以分为以下四步。

1. 问题识别

问题识别要考虑的因素包括:客户要求现有模式的不足之处以及企业的分销模式的改变,通常最重要的是与服务相关的一些因素。

2. 承运人分析

承运人分析主要包含过去的经验、企业的运输记录、客户意见等。

3. 选择决策

根据企业的实际要求,选择一家最好的运输企业作为今后的承运人,可采用各种方式向多家运输企业发出合作意向,进行招标。

4. 选择后评价

企业做出选择之后,必须制定评估机制来评价运输方式及承运人的表现。评估技术有成本研究、审计、适时运输和服务性能的记录等。

6.4.8 冷链运输中存在的问题及解决对策

1. 铁路冷藏运输存在的问题

1) 不适应市场竞争的需要

长期以来,铁路对冷藏货物是依照普通货物运输的组织方式进行的,坐等货主上门。货主向铁路申请要车,手续繁杂、审批环节多、配车时间长,运到期限难以保证,回空车无法控制,加之制冰加冰不到位、货损索赔时有发生,制约了铁路冷藏运输的发展。

新的《铁路技术管理规程》对冷藏车的规定与原规定相比变化不大,运输方式也没有大的改动。相对而言,公路运输具有明显的灵活性,能够迅速对市场需求做出反应,实现货物快速、及时的运送,从而成为货主选择这种运输方式的根本原因之一。

铁路冷藏车的 60% 以上为加冰冷藏车,修程短、修理费用高、使用率低。发达国家早在 20 世纪 70 年代就已停止生产使用这种车辆,但在我国仍然是冷藏车的主车型。这种加冰冷藏车无配属段,运输商没有专职调度掌握,车辆动态不明,要车、配车难,损坏失修严重,完好率不足 60%。而机械冷藏车均为五节以上的成组车型,载重吨位大,难以适应小批量、多品种的市场需求。因此,铁路冷藏运输装备限制了冷藏运输的发展。

2) 管理存在问题

长期以来,"造、管、用、修"各部门各自为政,占 69% 的单节式冰冷车处于无调度掌握的放任状态,半数以上的车辆状态不良;再加上经营收支两条线,各部门各算各的账,没有建立经济责任制,以致运输效能低,年年亏损。

3) 冷藏运输服务质量差

冷藏运输服务质量差表现在很多方面。一是铁路货物送达速度低,运输周期长,与公路相比,时效差两倍多;二是存在要车手续烦琐、配车难、乱收费、加冰不到位等问题;三是运输环节多、时效性差,主要表现在承运和索赔手续复杂。此外,易腐货物一直和普通货物一样运到期限以 250 千米/日计算,极不适应易腐货物的快运要求,无法满足当今货主抢时间、争市场的经营需求。

2. 发展政策

1) 借鉴国外的经验

国外冷藏运输之所以迅速发展,冷藏运输装备的发展发挥了极为关键的作用,发达国家已逐步淘汰了冰冷车和机冷车,在 20 世纪 80 年代后期以年均递增 15% 的速度推广使用冷藏集装箱。目前广泛采用的机冷式冷藏集装箱,有通风、气调、液氮、保温、冷板等多个种类。

发达国家在大规模使用冷藏箱的同时,采用先进的信息技术,对冷藏运输实施全过程控制。美国、日本的计算机联网管理系统和欧洲利用的电子数据交换系统,都在冷藏运输的过程控制中发挥了很好的作用。

为保证鲜活易腐货物的运输质量,发达国家采取了铁路、公路、水路多式联运的组织方式,建立了包括生产、加工、储藏、运输、销售等在内的鲜活易腐货物冷藏链,运输过程中全都采用冷藏车或冷藏箱,配以 EDI 系统等先进的信息技术,使易腐货物的冷藏运输率达到了 100%,冷藏运输质量完好率接近 100%。

2) 建立冷藏运输服务体系

我国目前尚未形成完整的冷藏链,铁路运输系统可仿照集装箱公司的模式,成立冷藏运输公司,实行投入产出一体化的集约经营体制,经济上独立核算。公司的职责是管理和使用冷藏车、冷藏箱,包括运营业务、技术保养、财务清算、行政和技术研究。深入市场进行调查研究,充分发挥其连接生产、销售的功能,根据市场需求积极发展冷冻、短途运输等相关服务,促进易腐货物冷藏链的形成,适应多式联运的发展,在冷藏运输公司的基础上建立综合性的冷藏运输中心,提供多元化的服务。

铁路应打破行业壁垒,积极发展铁路、公路、水路的联合运输网,形成多式联运体系,同时发展铁路易腐货物的运输代理。运输代理企业为托运人与承运人之间的纽带,利用代理服务网络、所掌握的信息、与承运人的稳定业务关系,既方便货主通过铁路运输,又能为铁路争取鲜活易腐货物的货源,提高市场竞争力,满足当前市场的需求。

小　　结

本章介绍了冷链运输方式及特点、冷链运输、冷链运输组织方式及冷链运输管理。现代物流集信息化、自动化、网络化、柔性化和智能化为一体,冷链运输更是因产品在时间、品质、温度、湿度和卫生环境的特殊性,在这方面能够体现更大的增值潜力和能量,可以提高产品生产的经济效益和生态效益,增强企业的竞争能力。

复 习 思 考

一、填空题

1. 冷链运输应遵循"(　　)原则"。
2. "(　　)"指出了冷藏食品品质保持所允许的时间和产品温度之间存在的关系。
3. 冷链运输的货物通常是(　　)、(　　)食品。
4. 食品冷链由(　　)、(　　)、(　　)、(　　)四个方面构成。
5. 我国公路冷藏运输的运量占陆路运输的比例,2005年约为(　　),2013年增长为(　　)。

二、判断题

1. 易腐性货物在运输过程中由于运送时间的长短而造成货物的品质下降,人们在购买时从表面上无法区别。(　　)
2. 冰保温车是在车厢的两端或者车顶加冰和盐来保冷的车辆,车厢内的温度冬、春季可以保持在-1℃,夏季可以保持在-17℃~-16℃,沿途可以在加冰站进行加冰。(　　)
3. 保温车是在车厢上装有小型制冷设备,车厢温度可以保持在-24℃~-8℃。(　　)
4. 冷藏车一律采用机械制冷,隔热保温要求严格,能在一定的时间内不用制冷而适度地保护预冷货物。(　　)
5. 根据制冷方式,冷藏汽车可分为机械制冷、液氨制冷、干冰制冷及蓄冷制冷等几种。(　　)
6. 干冰制冷冷藏火车,如果食品不能与冰、水直接接触,也可用干冰代替水冰。(　　)
7. 保温汽车没有制冷装置,只在壳体上加设隔热层。(　　)
8. 冰制冷是利用冰的融化热,使易腐货物温度保持在7℃~8℃。(　　)
9. 冷盐水系统降温可使车辆内温度保持在-12℃~-10℃,以便满足储运要求。(　　)
10. 机械冷藏车是目前在铁路冷藏中运用的主力车型,分为成组机械冷藏车和单节

机械冷藏车。（　　）

三、单项选择题

1. 冷链运输指冷藏冷冻类物品在储存、流通加工、储藏运输、销售，到消费前的各个环节中始终处于（　　）低温环境下，以保证物品质量和性能的一项系统工程。
   A. 规定的　　　　　B. 常态　　　　　C. 50℃　　　　　D. 60℃
2. （　　）包括食品的中、长途运输及短途配送等物流环节的低温状态。
   A. 冷藏储存　　　B. 冷藏销售　　　C. 冷藏运输　　　D. 冷藏配送
3. 冷藏货物的运输有四种基本的运输方式，分别是公路冷藏运输、铁路冷藏运输、水路冷藏运输与（　　）。
   A. 冷藏集装箱　　　　　　　　　　B. 航空冷藏运输
   C. 汽车冷藏运输　　　　　　　　　D. 管道冷藏运输
4. （　　）冷藏运输的主要工具为冷藏船与冷藏集装箱。
   A. 公路　　　　　B. 铁路　　　　　C. 航空　　　　　D. 水路
5. 冷藏船分为三种：（　　）、冷冻运输船、冷冻渔船。
   A. 冷冻驳船　　　B. 冷冻母船　　　C. 冷冻拖船　　　D. 冷冻载驳船
6. （　　）集装箱是专为运输要求保持一定温度的冷冻货或低温货而设计的集装箱。
   A. 普通　　　　　B. 一般　　　　　C. 标准　　　　　D. 冷藏
7. （　　）是指使用加冰冷藏车时，由沿途的加冰所按作业分工进行加冰。
   A. 途中制冰　　　B. 途中加温　　　C. 途中加冰　　　D. 途中制冷
8. （　　）是指使用机械冷藏车时，要求在运输途中规定的运输温度控制车内温度。
   A. 途中制冰　　　B. 途中加温　　　C. 途中加冰　　　D. 途中制冷
9. （　　）是指用冷藏车装运易腐货物时，沿途不用开启机械冷藏车的电热器。
   A. 途中不制冰　　B. 途中不加温　　C. 途中不加冰　　D. 途中不制冷
10. 机械冷藏车车内预冷温度：冻结货物为－3℃～0℃，香蕉为12℃～15℃，菠萝、柑橘为9℃～12℃，其他易腐货物为（　　）。
    A. 0℃～3℃　　　B. 0℃～5℃　　　C. 0℃～6℃　　　D. 0℃～7℃

四、简答

1. 简述冷链运输的含义、特征。
2. 简述我国冷链运输的现状及趋势。
3. 简述冷链运输涉及的技术及专用设备。
4. 冷藏运输方式有哪几种？
5. 简述鲜活易腐货物运输的特点。
6. 铁路冷藏车的降温制冷方式有哪些？
7. 冷藏运输的管理的原则有哪些？
8. 试述冷藏运输的主要种类和特点。
9. 简述冷链物流企业运作的模式。
10. 简述冷链物流质量管理的方法。

五、案例分析

蒙牛的冷链管理

近几年的乳业市场风起云涌,在常温市场竞争风靡之后,低温市场又逐渐成为企业发展冷链运营的一个新的亮点。国内以伊利、蒙牛、光明等为代表的三家企业在各自的冷链运作方面又都略胜一筹。低温产品的市场被公认为是企业在其发展冷链运作的一个新的挑战。在众多的乳业品牌中,蒙牛的低温市场增长率是同行业的5倍。蒙牛是如何做到这一巨大的市场份额的呢?下面来分析蒙牛在低温市场上的运作。

低温市场首先看的是产品,在乳业市场主要产品就是酸奶。运作酸奶产品,考验的是企业新品研发、冷链建设、渠道管理三大能力。蒙牛酸奶是来自大草原,蒙牛要如何突破冷链配送的瓶颈呢?把产自大草原的酸奶送到更广阔的市场呢?这是蒙牛企业值得考虑的问题。酸奶的保质期短,一般是14~21天,而且对冷链要求非常高。从牛奶挤出运送到车间加工,直到运到市场销售,全过程都必须保持2℃~6℃储存。建设冷链配送系统要求冷藏罐、冷藏车等,人力、物力成本投入非常大。但也有企业将此项业务外包给物流公司,从而降低投入、运作成本,风险相对也能降低。

(1) 先投入软件设施,再结合软件对硬件设备进行建设。蒙牛通过建立覆盖全国的虚拟冷链物流网络,有了全面的冷链物流网络,通过虚拟联合,蒙牛投入品牌、管理、技术和配方,完善冷链物流体系自然就事半功倍。

(2) 生产商自行配送,整合资源,建立起科学的、固定化的冷链物流管理和运作体系。目前一些大型超市与蒙牛建立长期的合作关系,由蒙牛直接配送,利用蒙牛运输要求和运输工具直接到达超市的冷柜,避免在运输过程中的鲜奶变质,给超市造成重大损失,因此而影响蒙牛的信誉度。随着合作的进展,与客户建立起的合作关系趋向稳固,以及操作经验的不断积累,通过对生产商自有冷链资源、社会资源和自身资源的不断整合,完善冷链物流运作体系。

(3) 加大硬件设施投入,保证质量,减少损耗。蒙牛在其每个小店、零售店、批发店等零售终端投放冰柜,以保证其低温产品的质量。至于由北京销往各地的低温产品,全部走汽运,虽然成本较铁运高出很多,但在时间上能有保证。通常,超市在低温产品超过生产日期3天后就会拒绝进货,所以蒙牛必须保证其产品在2~3天内到达终端。蒙牛减少物流费用的方法是尽量使每一笔单子数量变大,形成规模后,在运输的各个环节上就都能得到优惠。

(资料来源:王海兰.集装箱运输实务[M].北京:电子工业出版社,2014.)

讨论

1. 试分析蒙牛在低温市场的市场份额率能达到同行业的5倍是借助于什么来实现的。
2. 试分析乳产品冷链物流的主要特点。

第 7 章

物流运输决策

【学习目标】

通过本章学习,了解物流运输决策的过程,熟悉决策中的主要环节,学习并掌握运输方式的选择、运输线路的确定、运输服务商的选择等,了解运输优化的概念、内容、作用,掌握运输优化方法,特别是图上作业法、表上作业法,并运用这些方法解决实际问题。

【本章要点】

本章主要介绍物流运输决策、运输方式的选择、运输线路的确定、运输服务商的选择。

家乐福中国的运输决策

成立于1959年的法国家乐福集团是大型超级市场概念的创始者,也是全球国际化程度最高的零售企业。家乐福中国公司经营的商品95%来自本地,因此家乐福的供货很及时,这也是家乐福在中国经营成功的原因之一。家乐福实行"店长责任制",给各店长极大的权力,所以各个店之间并没有太多的制约,店长能灵活决定所管理的店内货物的来源和销售模式。由于家乐福采用各生产商缴纳入场费,商品也主要由各零售商自己配送,家乐福中国总公司本身调配干涉力度不大,所以各分店能根据具体情况灵活决定货物的配送情况。事实证明,这样做的效果很成功。

家乐福中国在运输网络的设计方面主要体现为分散度高。一般流通企业都是自己建立仓库及其配送中心,而家乐福的供应商直送模式决定了它的大量仓库及配送中心事实上都是由供应商自己解决的,只有极少数货物是由家乐福集中配送。这种经营模式不但可以节省大量的建设仓库和管理费用,商品运送也比集中配送更方便,而且能及时供应商品或下架滞销商品,不仅对家乐福的销售,对供货商了解商品销售情况也是极有利的。在运输方式上,除了较少数需要进口或长途运送的货物使用集装箱挂车及大型货运卡车外,由于大量商品来自本地生产商,故较多采用送货车。这些送货车中有一部分是家乐福租的车,而绝大部分则是供应商自己的供货车。由于家乐福自身需要的货车的数量不多,所以它并没有自己的运输车队,也省去了大量的运输费用,从另一方面提高了效益。在配送方面,无论供应商还是家乐福自己的车辆都采用了"轻重配载"的策略,有效利用了车辆的空间,使单位货物的运输成本得以降低,进而在价格上取得主动地位。而先进的信息管理系统也能让供应商在最短时间内掌握货架上其供销售的各种商品的货物数量以及每天的销售情况，补货和退货因此变得方便，有利于供应商与家乐福之间建立相互信任、长期的合作关系。

（资料来源：http://www.wangxiao.cn/wl/11801562907.html.）

思考

1. 家乐福的配送模式有哪些特色？
2. 家乐福的运输决策在企业运营中起什么作用？

7.1 运输方式选择

7.1.1 影响运输方式选择的因素和环境分析

1. 影响运输方式选择的因素

一般来讲，影响运输方式选择的因素可以分成两种类型。一种类型是不可变因素：运输物品的种类、运输量、运输距离。另一种类型是可变量因素：运输时间、运输成本。

运输方式的选择受运输物品的种类、运输量、运输距离、运输时间、运输成本五个方面因素影响。当然，这些条件不是相互独立的，而是紧密相连、互相制约的。在上述五个因素中，运输物品的种类、运输量和运输距离三个条件是由货物自身的性质和存放地点决定的，因而属于不可变量。与此相反，运输时间和运输成本是不同运输方式相互竞争的重要条件，运输时间与成本的变化必然带来所选择的运输方式的改变。

2. 选择运输方式应考虑的宏观环境

1）产业结构的变化

在产业结构方面，首先是生产结构的变化。随着人均国民产值的提高及国家产业政策的调整，产业重心已逐渐从发展第一产业转向了发展第二产业和第三产业，特别是强调对第三产业的发展。第二产业中，钢铁、有色金属、化学、石油等耗能多的原材料产业比重不断下降；与此相反，机械、金属制品、纸、纸浆等加工度高的非原材料产业的比重不断上升。其次是贸易结构的变化。我国虽然仍是以进口高档商品及部分原材料、出口原材料及初级加工产品的模式为中心，但高度加工的精密机械、家用电器等的出口制品的比重也在渐渐增加。另外，随着国民生活水平的提高，高级食品、高级杂货等的进口也显著增加。

2）物流需求结构的变化

(1) 经济环境的变化给物流需求带来的最直接的变化，就是随着经济增长的低速化，国内物流需求的增长也在放慢。

(2) 产业结构的变化。单位产值产量大的品种，如钢铁、水泥、沙砾、砂石、矿石、石材等相关行业的发展出现停滞，汽车、电器、精密机械等单位产值产量小、加工度高的品种的比重在增长。与此同时，与物流活动很少直接联系的第三产业的比重也在增加。这种变化意味着经济越发展，物流需求越难增长。

(3) 物流需求在量的变化的同时，质的方面也在变化。物流中的物资内容，附加价值高的高加工度物资越多，保证物品质量、防止损伤等安全性的要求就越高，对输送的迅速性、机动性、准确性以至负责物流全程的责任体制的要求也就越高。除了需求内容的变化是物流需求质的变化的一个原因外,低速增长经济条件下,货主企业的行动或意识变化也是重要的因素,即希望提供最适合本公司生产、销售体制的廉价物流系统。

3) 地区经济结构的变化

首先是工业厂址的变化。曾集中于大城市周围谋取集聚利益的工业厂址,正逐渐从原有的工业地带分散开去,而集中于各种开发区之中。需占有大片土地的基础资源型工业,果断地奔向边远地区,消费资料等城市型工业不断地分散到城市外围。地区经济结构变化的特点是地区消费水平差别正在缩小。全国性国民收入水平的提高、交通网的发达、工业企业选址地点的分散,使小城市及乡村的消费生活也丰富起来了。大型超级市场在小城市及乡村的出现,便是这方面的例证。

4) 企业行为的变化

在上述经济环境变化中,个别企业经济活动的变化特别明显。变化的主要原因,一是继续实行改革开放以来的高速增长时期的企业经营管理方式,努力实现合理化的奋斗目标;二是适应国家产业政策、金融政策及国际需求不旺的情况,开始注重不景气时期的减量经营。经营及合理化奋斗目标是在高速增长时期追求企业利润的过程中培植起来的,同时还发展了管理技术与合理化技术。不景气时期的减量经营,要求进一步认真搞好经营管理及合理化,企业因而采取了降低经营成本、控制设备投资、压缩库存等审慎的经营行动。

3. 制约条件的增加

(1) 经济环境或社会环境的变化,给物流活动带来了过去未曾有过的许多制约。例如石油等能源物资的涨价或供应限制,这一制约直接影响到物流业最重要的生产运输工具。目前,物流业正在设法确保石油供应渠道,开发节能搬运工具,研究并采用效率高的运输系统。

(2) 环保公害事故等社会问题派生出来的制约。物流活动需要广阔的空间,无法同国民生活完全绝缘,随着物流量的增大,噪声、震动、大气污染、海洋污染、事故等已成为社会化问题,相关规章制度日益严格。这些规定是制约物流活动的重要因素,也是该事业继续发展应尽的社会责任。另外,近年来劳动力日趋高龄化,工资的支付在经营费用中所占的比重不断上升,同时,也增加了在装卸搬运作业中发生危险的可能性,这一问题已成为物流业亟待解决的课题。

4. 运输的小批量化

如前所述,产业结构的变化使运输的商品多品种、小批量化。与这种运输小批量化相对应,各运输部门分担的运输比重首先发生了变化。一般的倾向是,批量最小的用飞机,其次按货车、火车、船舶运输的顺序,批量顺次增大。小批量货物的飞机运输正在迅速增加。

目前,各种运输工具都进行单一货主包车运输与多个货主混装运输,如货车运输中的区域运输业务和路线运输业务、铁路运输的整车业务和零担混装业务、小件行李业务等。

5. 适应准确性的要求

经济高速增长时期,货物运输的中心问题是如何迅速地运输大量货物。因此,运输业都致力于缩短运输和装卸时间。但从运输产业的变化来看,速度虽有很大的提高,但服务总是不能达到最佳状态。例如,铁路部门经数次提速,虽然速度快了,但服务跟不上,运行时间不准确,也不能随时查询货物的在途情况。

在货主加强物流管理后,原材料和成品的库存量不断降低。企业原则上是作业开始之前才让原材料或商品进厂,作业结束后立即让产品或商品出厂,其中间过程为运输时间。换言之,运输活动被置于货主的业务流程之中。这就不仅要求运输速度快,还要求及时、准确。因此,货主对运输工具进行选择时,要重视运输方式的准确性和灵活性。

6. 运输工具大型化

(1) 出现了以节能省力为目的,使每一个运输批量投入的劳动力和燃料趋于最少的搬运工具大型化。各运输部门都在发展搬运工具大型化。例如,铁路部门增加了30吨以上的篷车、集装箱专用车、罐车等能胜任高速运行的货车。船舶方面,外航船的大型化也很明显。营业用货车正在引进最大载重量为9吨以上的超大型车和大拖车。飞机也在利用波音707、波音747、DC-8等中、大型机种运输货物。搬运设备的大型化,曾在经济高速增长时期保证了原材料产业的高速增长,但是却可能无法应付今天的货物小批量化。

(2) 货车运输方面也在推进运输的远距离化,依靠集中管理远距离货物信息,提高货车的运输效率。但上述国际航空也好,外航海运也好,其信息网的建设都是以大企业为中心的。而货车运输业者中,中小规模的企业占多数,因此提高整个货车运输效率就比较困难。

7.1.2 运输方式的比较与选择

1. 各种运输方式的比较

如果从运输能力、货物送达速度、适用范围、可达程度、能源消耗、运输成本、包装要求、受环境影响程度、占用土地数量、大气污染10项主要指标对运输方式予以比较并排序,其结果如表7-1所示。

表 7-1 各种运输方式特性的比较

主要指标	铁路	公路	水路	航空	管道
运输能力	2	3	1	5	4
货物送达速度	3	2	5	1	4
适用范围	1	2	3	4	5
可达程度	2	1	5	3	4
能源消耗	3	4	2	5	1
运输成本	3	4	2	5	1
包装要求	5	4	3	2	1
受环境影响程度	2	3	4	5	1
占用土地数量	4	5	2	3	1
大气污染	2	5	3	4	1

注:各项指标值越小越优。

至 2018 年,五种运输方式的运营里程、货运量、货运周转量和平均运距如表 7-2 所示。

表 7-2 各种运输方式的运营里程、货运量、货运周转量和平均运距

指标	铁路	公路	水运	航空	管道
运营里程/万千米①	13.2	484.65	14.71	516.7	12.5
货运量/亿吨	40.26	249.3	44.8	475.3	8.9
货运周转量/(亿吨·千米)②	28 820.99	44 544.3	63 629.9	169.3	5 670.6
平均运距/千米	914	196	2917	4 213	605

注:①指内河运营里程;②其中包括远洋货运周转量 48 686 亿吨·千米。
数据来源:国家统计局 2018 年统计年鉴。

各种运输方式都有各自的优势、适用范围和社会需求,不能片面强调某一种方式的重要性。在综合交通运输系统内部,应充分考虑运输结构的合理性,使各种交通运输方式都能协调均衡发展。

2. 各种运输方式的地位

1) 公路运输的地位

公路运输是一种末端运输的方式,可以提供水路、铁路、航空运输所无法做到的"门到门"服务,因而在综合运输体系中,公路运输主要充当为水路、铁路和航空运输进行货物的集、疏、运角色。高速公路的迅速发展,充分发挥了公路运输便捷、灵活、覆盖面大的优势,从而使其在综合运输体系中发挥着越来越重要的作用。

2) 铁路运输的地位

我国的国情和铁路运输的特性决定了铁路运输在国民经济中的支柱作用和在综合运输体系中的骨干地位。铁路在综合运输网络中的骨干作用,不仅反映在其本身,也反映在对其他运输方式的影响上。铁路运输紧张,将造成其他运输也相对紧张,如铁路不能及时疏港,将造成港口积压,公路疏港任务加重。铁路旅客运输紧张,航空运输也随之紧张。我国交通运输紧张与否,首先指的就是铁路,只有铁路运输紧张状况缓解了,全国交通运输的紧张局面才有可能真正缓解。

3) 水路运输的地位

水路运输的运量大、能耗低,也是大宗货物运输的主力。远洋运输主要承担我国国际贸易货物运输的繁重任务,沿海和内河航运也是我国综合运输体系的重要组成部分。

4) 航空运输的地位

航空运输的高速和安全性及较高的运输成本,使其特别适合于鲜活易腐货物等季节性强的商品运输以及众多贵重物品和高附加值商品的运输。随着我国经济的飞速发展和经济全球化进程的加快,航空运输对经济的影响力不断提高,在经济发达地区,以大型枢纽机场为核心,以航空产业为主体,相关产业在周边地区聚集辐射,形成空间上圈层结构的临空经济区。航空运输必将与其他快速运输系统共同构成综合运输体系中的快速运输网络。

5) 管道运输的地位

对管道运输，我国采取谨慎、有效的原则，充分发挥管道运输在综合运输体系中应有的作用。对于供应和流向稳定、需求充分的原油、成品油和天然气等货物积极采用管道运输方式，而煤炭等货物的浆体管道运输则进行积极谨慎的探索。

3. 各种运输方式的结构发展

随着我国经济的不断发展，经济结构的不断改善，各种运输形式在综合运输系统中所占比重不断变化。2013—2019 年各种运输形式的货物周转量占五种运输总货物周转量的比重如表 7-3 所示。

表 7-3 各种运输形式货运周转量占总量的比重

项目	2013 年	2014 年	2015 年	2016 年	2017 年	2018 年	2019 年
总量/亿吨·千米	101 419	145 706.78	160 268.89	177 821	156 657.59	200 521.09	223 036.2
铁路/亿吨·千米	23 797.0	24 126.0	25 797.0	26 103.42	27 530.19	28 820.99	29 863.5
所占比重/%	23.5	16.6	16.2	14.7	17.6	14.4	13.4
公路/亿吨·千米	11 345.7	12 543.2	21 345.7	30 358.1	40 694.9	44 544.3	48 613
所占比重/%	11.2	8.6	13.3	17.0	25.9	22.2	21.8
水路/亿吨·千米	64 284.8	62 672.3	63 382.8	61 591.9	62 552.2	63 629.9	68 753
所占比重/%	33.4	43.0	39.5	34.6	39.9	31.7	30.8
远洋/亿吨·千米	48 686	45 552	48 886	58 141	59 938	60 686	71 520
所占比重/%	48.0	31.3	30.5	32.7	38.3	30.2	30.1
民航/亿吨·千米	116.39	122.28	136.39	148.20	152.3	169.3	521.3
所占比重/%	0.11	0.84	0.85	0.83	0.97	0.1	0.2
管道/亿吨·千米	603	691	1 021	1 627	1 790	2 670.6	3 765.4
所占比重/%	0.33	0.47	0.63	0.91	1.1	3.1	3.7

注：水路运输包括远洋运输在内。

从表 7-3 中可以看出，铁路运输的所占比例逐年下降，但在国内运输中货物周转量所占比重仍为第一位。公路、水路运输所占的比例逐年上升，尤其是远洋运输上升速率最大，这与我国近年来外向型经济的发展有关。

7.1.3 运输方式的选择标准

成本、速度和可靠性，是影响运输方式选择的基本标准。从物流系统的观点来看，这三个因素对物流运输十分重要。

1. 运输成本

运输成本是指为两个地理位置间的运输所支付的款项以及与行政管理和维持运输中的存货有关的费用。物流系统的设计应该利用系统总成本最低的运输，这意味着最低费用的运输并不总是导致最低的运输总成本。

2. 运输速度

运输速度是指完成特定运输所需的时间。运输速度和成本的关系主要表现在以下两个方面：能够提供更快速服务的运输商往往要收取更高的运费；而运输服务越快，运输中的存货越少，无法利用的货物运输时间就越短。因此，选择最期望的运输方式时，如何平衡运输服务的速度与成本至关重要。

3. 运输的可靠性

运输的可靠性是指在若干次运输活动中履行某一特定的运输所需的时间与原定时间或与前几次运输所需时间的一致性。这种一致性影响着买卖双方承担的存货义务和有关风险。例如，当运输缺乏可靠性时，就需要安全库存，增加库存成本，以防缺货发生。因此多年来，运输的可靠性被看作高质量运输的最重要特征。

此外，各种运输方式的可得性也是一个重要的影响因素。

7.2 运输调运决策

7.2.1 调运决策

1. 概念

企业在从事物流活动中，不可避免地要进行物资调运工作，如某时期内将生产基地的煤、钢铁、粮食等各类物资，分别运到需要这些物资的地区。根据各地的生产量和需求量及各地之间的运输费用，如何制定一个运输方案，使得满足需求情况下运输费用最小，这样的问题称为运输调运决策问题。

物资调运决策（又称运输问题）一般可以表述如下：设某种要调运的物资，有一组供应点（产地或称发点）m 个，一组需求点（销地或称收点）n 个，如果每个供应点的供应量及每个需求点的销售量都已经确定，即第 i 个产地有 $a_i(t)$ 物资发出，第 j 个销地需要收进 $b_j(t)$ 物资；并且从每一个产地到每一个销地的单位运价是已知的，假定把单位物资从第 i 个产地调运到第 j 个销地去的单位运价为 c_{ij}。

物资调运规划的目的是制定一个合理的调运方案，确定 m 个产地与 n 个销地之间的供需联系和数量的最优搭配，并确定具体的运输路线，使总的运输费用最低。

2. 确定产销地之间的供需联系和收发量

产销地之间的供需联系的确定是以运输费用最低为前提的，因此，在这种情况下，物资调运问题的数学模型，一般可以这样描述。

设 m 个供应点为 A_i，它们的供应量是 a_i，其中 $i=1,2,\cdots,m$；设 n 个需求点为 B_j，它们的需求量是 b_j，其中 $j=1,2,\cdots,n$；C_{ij} 为已知的从第 i 个供应点到第 j 个需求点的单位运价；由供应点 A_i 发往 B_j 的物资调运量是 X_{ij} 单位。

假设 m 个供应点的总供应量等于 n 个需求点的总需求量，这样，调运问题满足供需平衡，称为平衡运输问题。这时，不难理解，由各供应点 A_i 调出的物资总量应等于它的供应量 $a_i(i=1,2,\cdots,m)$，而每一个需求点 B_j 调入的物资总量应等于它的需求量 $b_j(j=1,2,\cdots,n)$。

目标函数为

$$\min Z = \sum_{i=1}^{m} \sum_{j=1}^{n} C_{ij} x_{ij}$$

7.2.2 调运方法

1. 表上作业法

表上作业法是指用列表的方法求解线性规划问题中运输模型的计算方法,是线性规划的一种求解方法。当某些线性规划问题采用图上作业法难以进行直观求解时,就可以将各元素列成相关表,作为初始方案,然后采用检验数来验证这个方案,否则就要采用闭合回路法、位势法等方法进行调整,直至得到满意的结果。这种列表求解方法就是表上作业法。

2. 步骤

(1) 找出初始基本可行解(初始调运方案,一般 $m+n-1$ 个数字格)。

从左上角格开始,在格内的右下角标上允许取得的最大数,然后按行(列)标下一格的数。若某行(列)的产量(销量)已满足,则把该行(列)的其他格划去。如此进行下去,直至得到一个基本可行解。

(2) 求出各非基变量的检验数,判别是否达到最优解。如果是,则停止计算,否则转入下一步,用位势法计算。

(3) 改进当前的基本可行解(确定换入、换出变量),用闭合回路法调整,(因为目标函数要求最小化)表格中有调运量的地方为基变量,空格处为非基变量。基变量的检验数 $\sigma_{ij}=0$,非基变量的检验数 $\sigma_{ij}<0$ 表示运费减少,$\sigma_{ij}>0$ 表示运费增加。

(4) 重复步骤(2)和(3),直到找到最优解为止。

3. 具体做法

利用表上作业法,寻求运费最少的调运方案。首先依据问题列出调运物资的供需平衡表以及运价表,其次确定一个初始的调运方案(当然不一定就是最优的方案),然后根据一个判定法则,判定初始方案是否为最优方案。当判定初始方案不是最优方案时,再对这个方案进行调整。一般说来,每调整一次得到一个新的方案,而这个新方案的运费比前一个方案要少些,如此经过几次调整,就会得到最优方案。下面通过一个例题来具体说明这个方法。

【难点例释 7-1】 某公司下属 3 个储存某种物资的料库,供应 4 个工地的需要。3 个料库的供应量和 4 个工地的需求量以及由各料库到诸工地调运单位物资的运价(元/吨)由表 7-4 给出,用 c_{ij} 表示从产地 i 到销地 j 的费用。调运表见表 7-5。

表 7-4 运 价 表　　　　　　　　　　元/吨

产地＼销地	B_1	B_2	B_3	B_4
A_1	3	11	3	10
A_2	1	9	2	8
A_3	7	4	10	5

表 7-5　调 运 表

产地＼销地	B_1	B_2	B_3	B_4	供应量/吨
A_1	X_{11}	X_{12}	X_{13}	X_{14}	70
A_2	X_{21}	X_{22}	X_{23}	X_{24}	40
A_3	X_{31}	X_{32}	X_{33}	X_{34}	90
需求量/吨	30	60	50	60	200

【解】 第一步：求初始方案。

从表 7-4 中，$C_{21}=1$ 为最小，因为 A_2 的供应量为 40 吨，而 B_1 的需求量为 30 吨，于是优先满足它们之间的调运，把 $X_{21}=30$ 作为初始基本变量填到调运表 7-5 中 X_{21} 的位置（A_2 与 B_1 的交叉格）。此时 B_1 的需求已全部得到满足。把 B_1 所在的列划去，然后在未划去的各行各列中，再选取最小运价的单元格，$C_{23}=2$，因为 B_3 需要 50 吨，而 A_2 已调运给 B_1 30 吨，所以只有 10 吨给 B_3，为了保证解的可行性，$X_{23}=10$ 作为初始变量，把 10 填到 A_2 与 B_3 的交叉格，而在运价表中，由于 A_2 的供应量已全部用完，故把 A_2 所在的行划去，依照这样的方法继续做下去，每进行一步操作，相应地在调运表中的某一空格填入一个数，直至最后，形成初始的调运方案，见表 7-6。

表 7-6　初始调运方案

产地＼销地	B_1	B_2	B_3	B_4	供应量/吨
A_1			40	30	70
A_2	30		10		40
A_3		60		30	90
需求量/吨	30	60	50	60	200

从表 7-6 中看到：供需已经实现了平衡，各产地供应量全部调出，各销地的需求也得到满足，且基变量的个数恰好是 $3+4-1=6$ 个，符合基本可行解的要求，这就是得到的初始方案。在该调运表中，6 个无调运量的空格表示相应的变量为非基变量，取值为 0，即
$$X_{11}=X_{12}=X_{22}=X_{24}=X_{31}=X_{33}=0$$
其他 6 个有调运量的格子表示相应的变量为基变量，取值分别为
$$X_{13}=40,X_{14}=30,X_{21}=30,X_{23}=10,X_{32}=60,X_{34}=30$$
此调运方案的总成本为
$$Z=40\times3+30\times10+30\times1+10\times2+60\times4+30\times5=860(元)$$

注意：最小元素法所讲的"最小"仅就局部而言，就整体考虑总的运费不一定是最小的。如果正巧有一行与一列的供需同时被满足，将同时划去一行和一列，这样会出现基变量的个数少于 6 个。为保证解的可行性，必须将若干个非基变量转为基变量，保证基变量的个数为 6。这些转为基变量的变量取值只能为零，即在调运表的相应位置填上 0。

第二步：初始调运方案的检验与改进。

闭回路法，见表 7-7。空格的闭回路与检验数见表 7-8。

表 7-7 闭 回 路 法

产地＼销地	B_1	B_2	B_3	B_4	供应量/吨
A_1	0(3)	0(11)	40(3)	30(10)	70
A_2	30(1)	0(9)	10(2)	0(8)	40
A_3	0(7)	60(4)	0(10)	30(5)	90
需求量/吨	30	60	50	60	200

表 7-8 空格的闭回路与检验数

空格（非基变量）	相应的闭回路	相应检验数
X_{11}	$X_{11}-X_{21}-X_{23}-X_{13}-X_{11}$	$C_{11}=C_{11}-C_{21}+C_{23}-C_{13}=3-1+2-3=1$
X_{12}	$X_{12}-X_{32}-X_{34}-X_{14}-X_{12}$	$C_{12}=C_{12}-C_{32}+C_{34}-C_{14}=11-4+5-10=2$
X_{22}	$X_{22}-X_{32}-X_{34}-X_{14}-X_{23}-X_{22}$	$C_{22}=C_{22}-C_{32}+C_{34}-C_{14}+C_{13}=9-4+5-10+3-2=1$
X_{24}	$X_{24}-X_{14}-X_{13}-X_{23}-X_{24}$	$C_{24}=C_{24}-C_{14}+C_{13}-C_{21}=8-10+3-2=-1$
X_{31}	$X_{31}-X_{34}-X_{14}-X_{23}-X_{21}-X_{31}$	$C_{31}=C_{31}-C_{34}+C_{14}-C_{13}+C_{23}-C_{21}=7-5+10-3+2-1=10$
X_{33}	$X_{33}-X_{34}-X_{14}-X_{13}-X_{33}$	$C_{33}=12$

由此看出 $C_{24}=-1$。增加 1 单位后可减少总运费 1 元，所以把 X_{24} 作为调入变量。确定调入变量后，调出变量要从那些需要减少的转角点挑选。从 X_{24} 的回路中可以看出，增加 X_{24} 1 单位后，要减少 X_{14} 1 单位，增加 X_{13} 1 单位，并减少 X_{23} 1 单位。调出变量应该在 X_{14} 和 X_{23} 中挑选，挑选标准是拣最小的变量作为调出变量，否则最小的变量就要减小而变成负数，此时就不是可行解了。而现在 $X_{14}=30$，$X_{23}=10$，故把 X_{23} 作为调出变量。这样，对初始方案的调整是把 X_{24} 增加 10 单位，X_{23} 减少 10 单位，其他在回路上的有关转角点也做相应调整，得到新的调运表见表 7-9。

表 7-9 调整后的物资调运表

产地＼销地	B_1	B_2	B_3	B_4	供应量/吨
A_1			50	20	70
A_2	30			10	40
A_3		60		30	90
需求量/吨	30	60	50	60	200

在这个新的调运方案中总运费为
$$Z=30\times1+60\times4+50\times3+20\times10+10\times8+30\times5=850(元)$$

比调整前的运费少了 10 元。再计算新的调运方案中空格(非基变量)的检验数,得到 $C_{11}=0,C_{12}=2,C_{22}=2,C_{24}=1,C_{31}=9,C_{33}=12$。都是非负的,这说明所得解是这个运输问题的最优解。

【难点例释 7-2】 某食品公司经营糖果业务,公司下设 3 个工厂 A_1、A_2、A_3,4 个销售门市部 B_1、B_2、B_3、B_4,各自供应量和需求量如表 7-10 所示。试用左上角法求出最优运输方案。

表 7-10 供应量和需求量

产地＼销地	B_1	B_2	B_3	B_4	供应量/吨
A_1	15	18	19	13	50
A_2	20	14	15	17	30
A_3	25	12	17	22	70
需求量/吨	30	60	20	40	150

【解】 假设新的调运量如表 7-11 所示。

表 7-11 调 运 表

产地＼销地	B_1	B_2	B_3	B_4	供应量/吨
A_1	X_{11}	X_{12}	X_{13}	X_{14}	50
A_2	X_{21}	X_{22}	X_{23}	X_{24}	30
A_3	X_{31}	X_{32}	X_{33}	X_{34}	70
需求量/吨	30	60	20	40	150

用左上角法解题步骤如下。

第一步,以表 7-11 左上角的格子作为开端。

第二步,对这一格子可用的供应量与需求量做比较,安排两个值中较小的一个作为运量。然后,把这个用括符括起来。这一格子可用的供应量(或需求量)减去安排的运量,就是剩余的供应量(或需求量)。表 7-11 中有 50 吨的供应量和 30 吨的运量到 X_{11} 格。

第三步,如果安排运量的格子正好是在运输表的右下角,就停止安排。这时,初始方案已找到。如果这一格不在最右下角,那么就进入到第四步。

第四步,根据以下规则,移到下一格。

(1) 如果已安排的这一格行和列比较,供应量超过需求量,下一格移到同一行相邻的格。

(2) 如果需求量超过供应量,下一格移到同一列相邻的格子。

(3) 回到第二步。

本例中,首先从 X_{11} 格开始,供大于求(50 吨＞30 吨),所以 X_{11} 格安排运量 30 吨。销地 B_1 已满足,产地 A_1 尚余 20 吨。然后,从 X_{11} 格移到同一行的 X_{12} 格,用需求量 60 吨与供应量 20 吨做比较,在 X_{12} 格安排运量 20 吨。然后移到同一列的 X_{22} 格。X_{22} 格安排运量 30 吨后,以同样的方式移到 X_{32} 格,安排运量 10 吨。然后,分别移到 X_{33}、X_{34},安排运量 20 吨和 40 吨。X_{34} 格安排好后,因为是表的最右下角,所以结束安排。这就是一个基本解,作为初始可行方案。见表 7-12 ~ 表 7-16。

表 7-12　运量安排表一

产地＼销地	B_1	B_2	B_3	B_4	供应量/吨
A_1	15/(30)	18	19	13	(50)
A_2	20	14	15	17	30
A_3	25	12	17	22	70
需求量/吨	(30)	60	20	40	150

表 7-13　运量安排表二

产地＼销地	B_1	B_2	B_3	B_4	供应量/吨
A_1	15/(30)	18/(20)	19	13	(50)(20)0
A_2	20	14/(30)	15	17	(30)0
A_3	25	12	17	22	70
需求量/吨	(30)0	(60)(40)10	20	40	150

表 7-14　运量安排表三

产地＼销地	B_1	B_2	B_3	B_4	供应量/吨
A_1	15/(30)	18/(20)	19	13	(50)(20)0
A_2	20	14/(30)	15	17	(30)0
A_3	25	12/(10)	17	22	(70)60
需求量/吨	(30)0	(60)(40)(10)	20	40	150

表 7-15　运量安排表四

产地＼销地	B_1	B_2	B_3	B_4	供应量/吨
A_1	15/(30)	18/(20)	19	13	(50)(20)0
A_2	20	14/(30)	15	17	(30)0
A_3	25	12/(10)	17/(20)	22	(70)(60)40
需求量/吨	(30)0	(60)(40)(10)	(20)	40	150

表 7-16 运量安排表五

产地＼销地	B_1	B_2	B_3	B_4	供应量/吨
A_1	15/(30)	18/(20)	19	13	(50)(20)0
A_2	20	14/(30)	15	17	(30)0
A_3	25	12/(10)	17/(20)	22/(40)	(70)(60)(40)
需求量/吨	(30)0	(60)(40)(10)	(20)0	(40)0	150

得到初始方案 $X_{11}=30$ 吨，$X_{12}=20$ 吨，$X_{22}=30$ 吨，$X_{32}=10$ 吨，$X_{33}=20$ 吨，$X_{34}=40$ 吨

基变量个数符合 $m+n-1=3+4-1=6$(个)

根据左上角法，求出运输初始方案后，为了进一步算出最优方案，需用霍撒克法（或闭回路法）进行优化。检验公式

$$\begin{cases} d_{ij} = V_i + U_j \\ A_{ij} = C_{ij} - (V_i + U_j) \end{cases}$$

上式表示有运量的变量等于相应的行位势与列位势之和。

下式表示空格里的检验数等于原表相应格的运量减去相应行位势与列位势之和。

所得到的合理运输方案为见表 7-17。

表 7-17 合理运量安排方案

产地＼销地	B_1	B_2	B_3	B_4	供应量/吨
A_1	30	20			50
A_2		30			30
A_3		10	20	40	70
需求量/吨	30	60	20	40	150

从表 7-17 得到可行解 $X_{11}=30$ 吨，$X_{12}=20$ 吨，$X_{22}=30$ 吨，$X_{32}=10$ 吨，$X_{33}=20$ 吨，$X_{34}=40$ 吨

基变量个数符合 $m+n-1=3+4-1=6$(个)，符合要求。

7.3 运输路线选择和优化

7.3.1 物流调运流量分析

1. 确定运输路线

运输路线的确定会直接影响到运输效果的好坏，关系着物资能否及时运到指定地点。此外，当运输费用是以吨·千米来计算时，运输路线的长短就直接关系着运输费用的多

少。因此,运输路线的选择也是物资调运规划的一个重要内容。

2. 物流调运流量

某项物资从 m 个产地或仓库(统称为发点),调运到 n 个需要地(称为收点),在指定调运方案时,要先画一个示意的交通图,表明收发点的大致位置、收发量、交通路线长度(不必与实际长度成比例)。

在交通图上,发点用"○"表示,并将发货量记在里面,收点用"□"表示,并将收货量记在里面。两点间交通线的长度记在交通线旁边。然后作调运物资的流向图。物资调运的方向(流向)用"→"表示,并把"→"按调运方向画在交通线的右边,把调运物资的数量记在"→"的右边,并加上括号,以表示和交通线长度区别,这样就构成图 7-1 的物资调运流量图。

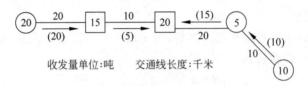

图 7-1 物资调运流量图

在物资调运中,把某项物资从各发点调到各收点,调运方案很多,现在的要求是如何找出使用运输力量最小的方案,这就要消灭物资调运中的对流和迂回两种不合理的运输。

7.3.2 消除物流调运不合理现象

1. 对流

对流,即同一物资在同一线路上的往返运输。如图 7-2 所示,将某物资 10 吨,从 A_1 运到 B_2,而又有同样的物资 10 吨,在同一期间从 A_2 运到 B_1,于是 A_1A_2 间就出现了对流现象。

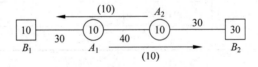

图 7-2 出现对流的调运流量

如果把调运流量图改成如图 7-3 所示,即将 A_1 的 10 吨运到 B_1,而将 A_2 的 10 吨运到 B_2,就消灭了对流,可以节省运输力量 $2 \times 10 \times 40 = 800$(吨·千米)。

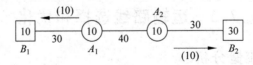

图 7-3 消灭了对流的调运流量图

2. 迂回

在交通图成圈的时候,由于表示调运方向的箭头,要按调运方向,画在交通线的右边,因此，流向图中，有些流向就在圈内，称为内圈流向，如图 7-4 所示；有些流向就在圈外，称为外圈流向，如图 7-5 所示。如果流向图中，内圈流向的总长（简称内流长）或外圈流向的总长（简称外流长）超过整个圈长的一半，就称为迂回运输。

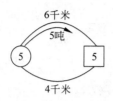
图 7-4　迂回运输图

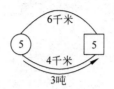
图 7-5　无迂回运输图

1）消除迂回运输

迂回运输，图 7-4 中内流长大于全圈长的一半。如果改成图 7-5，就消灭了迂回，可以节省运输力量 $5\times6-5\times4=10$（吨·千米）。

2）例子

图 7-6 内流长 7 千米大于全圈长 13 千米的一半，是迂回运输。如果调整内圈长（在内圈各流量中减去内圈的最小流量 10 吨），在外圈各流量中增加内圈的最小流量 10 吨，同时在没有流量的线段上新添上外圈流量 10 吨（即内圈的最小流量），便得出新的流向圈，如图 7-7 所示。新的流向图等于把旧的流向图中，有 10 吨运了大半圈的物资改为小半圈调运，因为内流长大于整圈长的一半，而外流长加上没有流量的限度小于整圈长的一半，从而节省了运输力量，这是一个不太直观的迂回问题。

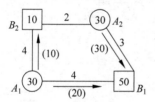
图 7-6　迂回运输图

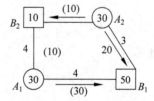
图 7-7　无迂回运输图

物资调运问题的图上作业法，就是为了消灭运输中的对流和迂回，节省运输力量。这种方法的步骤是：先找出一个没有对流的方案，再检查有没有迂回。如果没有迂回，这一方案已是最优方案。如果有迂回，则调整这一方案，直至消灭迂回为止。

7.3.3　物流调运优化

在物资调运中，运输路线可分为两种情况：交通路线不成圈，交通路线成圈。下面分别用例子介绍这两种情况物资调运的方法。

1. 交通路线不成圈

【难点例释 7-3】　有某物资 17 万吨，由 A_1、A_2、A_3、A_4 发出，发量分别为 5 万吨、2 万吨、3 万吨、7 万吨，运往 B_1、B_2、B_3、B_4，收量分别为 8 万吨、1 万吨、3 万吨、5 万吨，收发量是平衡的，它的交通路线如图 7-8 所示，问应如何调运才能使运输力量最小？

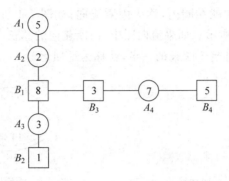

图 7-8 交通路线图

【解】 做一个没有对流的流向图,方法如下。由各端点开始,由外向里,逐步进行各收发点之间的收发平衡。把 A_1 的 5 万吨给 A_2,A_2 成为有发量 7 万吨的出发点。由 A_3 调 1 万吨给 B_2,A_3 剩 2 万吨。由 A_4 调 5 万吨给 B_4,A_4 剩 2 万吨。将 A_2 的 7 万吨全部调给 B_1,将 A_3 剩余的 2 万吨,先调 1 万吨给 B_1,余下的 1 万吨调给 B_3。A_4 剩余的 2 万吨全部调给 B_3,调运流向图如图 7-9 所示。

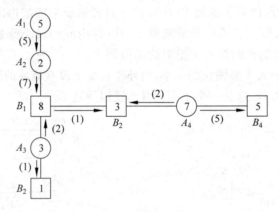

图 7-9 调运流向图

根据上面流向图的做法,很明显,所得的没有对流现象的流向图是唯一的,对流现象是不合理的运输,所以这唯一没有对流的流向图就是唯一的最优方案的流向图。

有时同一流向图可以编制各种不同的调运方案。比如上述例子中,B_1 需要的 3 万吨,除 A_4 供给的 2 万吨外,其余 1 万吨可以由 A_2 给,也可以由 A_3 给,也可以由 A_2、A_3 共同给,这些方案所用的运输力是一样的。调运时,可以结合其他条件,选择其中一个。

2. 交通路线成圈

【难点例释 7-4】 有某物资 7 万吨,由发点 A_1、A_2、A_3 发出,发量分别为 3 万吨、3 万吨、1 万吨,运往收点 B_1、B_2、B_3、B_4,收量分别为 2 万吨、3 万吨、1 万吨,收发量平衡,交通图如图 7-10 所示,问应如何调运才能使运输力量最小?

【解】

(1) 做一个没有对流的流向图,用"去线破圈"的方法,去一线破一圈,有几个圈去掉几条线,把有圈的交通图化为不成圈的交通图。一般是先去掉长度最长的交通线,比如,

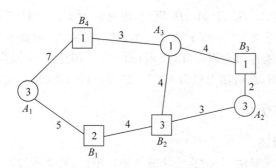

图 7-10 交通路线图

去掉 A_1B_4（7 千米），破 A_1、B_1、B_2、A_3、B_4 圈，再去掉 A_3B_3 线（4 千米），破 B_2、A_2、B_3、A_3 圈。这样，原来有圈的交通图，变成了不成圈的交通图，如图 7-11 所示。

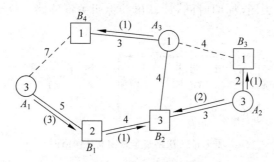

图 7-11 调运流量图

然后先从各个端点开始，做一个没有对流的流向图。

（2）检查有无迂回。方法是对流向图中的各圈进行检查，看有无迂回。如果没有迂回，这个初始方案就是最优方案；如果其中某一圈有迂回，这个方案就不是最优方案，需要改进。在图 7-11 中，圈 A_1、B_1、B_2、A_3、B_4 的总长为 23 千米，外流长为 $5+4+3=12$ 千米，大于圈长的一半，因而需要调整。再看圈 B_2、A_2、B_3、A_3，其总长为 13 千米，圈中内流长为 3 千米，外流长为 2 千米，都小于圈长的一半，因此此圈不必调整。

对圈 A_1、B_1、B_2、A_3、B_4 的调整方法是：在外圈的各流量中，减去外圈的最小流量 1 万吨；然后在内圈的各流量中加上 1 万吨，在此圈中，因无内流量，所以无处可加；另外，再在无流量的线段上新添上内圈流量 1 万吨。这样得出新的流量图，如图 7-12 所示。

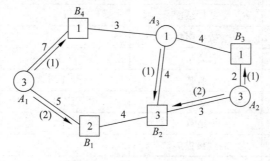

图 7-12 调整后的流量图

新的流量图中,在 A_1、B_1、B_2、A_3、B_4 圈内,内流长为 $4+7=11$ 千米,外流长为 5 千米,都不超过全圈长(23 千米)的一半;在 B_2、A_2、B_3、A_3 圈内,内流长为 3 千米,外流长为 $4+2=6$ 千米,也都没有超过全圈长(13 千米)的一半。因此,这个流向图没有迂回现象,是本问题的最优调运方案,总运输力量为 $1×7+2×5+1×4+2×3+2×1=29$(吨·千米)。

7.3.4 运输线路优化

1. 网络分析法概述

网络分析法又称统筹法、关键路线法或计划评审法,其基本原理是将组成系统的各项任务的各个阶段和先后顺序,通过网络形式统筹规划。

一项工程或任务,是由多道工序组成的。对整个计划中各道工序的先后次序、彼此衔接关系及所需时间等进行分析后,给出了各道工序所需时间,明确了先后次序,就可依照这个计划画出一个箭头图,标明时间,计算出并标明关键线路。这个箭头图就称为网络图,如图 7-13 所示。

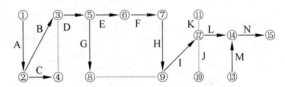

图 7-13 铁路整车货物发运网络图

【难点例释 7-5】 一整车物资在火车站装车发运,这个系统作业程序共由 14 道工序组成。它们的名称、它们之间的先后次序及相互关系见表 7-18。

表 7-18 14 道工序组成、次序及关系

工序标号	工序名称	紧前工序	所需时间/天
A	见单组配	—	3
B	制运单	A	1
C	制交接单	B	1
D	批单	B、C	3
E	制市内托运单	C	2
F	送货	D、E	2
G	见货组配	F	3
H	站台交接	F	2
I	装车	F、K	1
J	监装	I	0
K	送货	F、H	0
L	结算	J	1
M	预报	L	0
N	归档	M	1

把这个先后顺序的相互关系,由左向右排列起来并绘成图,用来表示工序流程。然后把这个图在相邻工序交接地方画一个圆圈(○),在每一个圆圈中编上顺序号,箭尾表示工序的开始,箭头表示工序的完成。最后把完成每一道工序所需的时间标在相应的箭杆上。这就是一个网络图,如图 7-14 所示。

$$
\begin{array}{r}
\ 3\ \ 1\ \ \ 2\ \ 2\ \ 1\ \ 1\ \ 1\ \ 1 \\
第一条线路:①→②→③→⑤→⑥→⑦→⑨→⑫→⑭→⑮=15\ 天 \\
\ 3\ \ 1\ \ 0\ \ 3\ \ 2\ \ 2\ \ 2\ \ 1\ \ 1 \\
第二条线路:①→②→④→③→⑤→⑥→⑦→⑨→⑫→⑭→⑮=16\ 天 \\
\ 1\ \ 3\ \ 3\ \ 0\ \ 1\ \ 1\ \ 1 \\
第三条线路:②→③→⑤→⑧→⑨→⑫→⑭→⑮=10\ 天 \\
\ 1\ \ 0\ \ 3\ \ 3\ \ 0\ \ 1\ \ 1\ \ 1 \\
第四条线路:②→④→③→⑤→⑧→⑨→⑫→⑭→⑮=10\ 天
\end{array}
$$

图 7-14 网络图

2. 网络图的组成

(1) 工序。工序是指一项有具体活动的过程,是一项需要有一定的人力、物力参加,在一定时间内完成的活动过程。

(2) 事项。事项是指工序的开工和完工事项。例如①→②代表工序 A,②→③代表工序 B……②对于 A 来说是完工事项,对于工序 B 来说就是开工事项。

(3) 线路。线路是指从起点开始顺着箭头所指方向,连续不断地到达终点的一条通道。

路线花费时间计算公式为

$$T_s = \frac{a + 4m + b}{6}$$

式中 T_s——平均工作时间;

a——估计最快可通完成的时间;

b——估计最慢可能完成的时间;

m——估计最有可能完成的时间。

例 7-5 的计算的结果如图 7-15 所示。

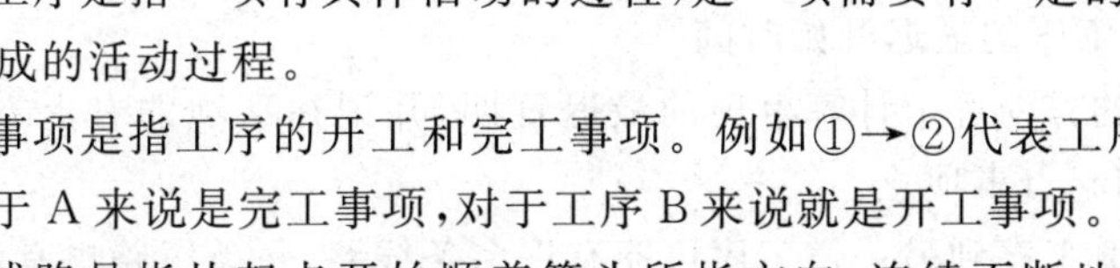

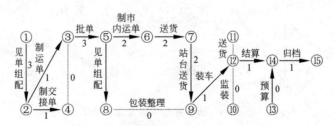

图 7-15 铁路整车货物发运网络图

3. 找出关键线路

找关键线路,必须先分别算出各条线路的总需要时间。从图 7-14 计算的结果来看,各条线路需要的时间中,第二条线路需要的时间最长(16天),因此它是关键线路,整个物资发运时间的快慢是由它来决定的。

为了定出这条关键线路,在网络图上要把这条线路用粗黑线或其他颜色的线来表示。如图7-15中的①→②→④→③→⑤→⑥→⑦→⑨→⑫→⑭→⑮就是关键线路。

4．计算各道工序的时间

1) 计算各道工序的最早开始时间

沿着箭头的方向逐个计算事项的最早日期,并记在事项的左上方"□"符号内,从起点事项起,直到终点事项止。

逆箭头从一道工序到另一道工序可能有许多条线路,每条线路也有一个时间和,这些时间和也有一个最大值,要用关键线路的时间和减去这个最大值,差数就是这道工序的最早开始时间。

如图7-16中①→②第②道工序只有一条线路,它的最早开始时间就在第3天,应在第②道工序左上方记上$\boxed{3}$。又如,图7-16中第③道工序有两条线路,其时间和的最大值是⓪→①→②→③共4天,应在第③道工序的左上方记上$\boxed{4}$。其他各道工序的最早开始时间也依此类推,逐道计算、标明。

2) 计算各道工序的最迟开始时间

沿着逆箭头的方向逐个计算事项的最迟日期,并记在事项的右上方"△"符号内,从终点事项起,直到起点事项止。

逆箭头从一道工序到另一道工序可能有许多条线路,每条线路也有一个时间和,这些时间和也有一个最大值,要用关键线路的时间和减去这个最大值,差就是这道工序的最迟开始时间。

如图7-16中,在第⑭道工序右上方记上△。又如,图7-16中第⑤道工序,逆箭头有两条线路,其中从终止工序到第⑤道工序的每条线路时间总和是⑤→⑥→⑦→⑨→⑫→⑭→⑮共9天,为这条线路的最大值。所以第⑤道工序最迟开始时间应是16－9＝7(天),应在第⑤道工序右上方记△。其他各道工序的最迟开始时间也依此类推,逐道计算、标明。

经过计算后的网络图如图7-16所示。

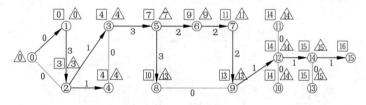

图7-16 铁路整车货物发运网络图

3) 计算各道工序的机动时间

各道工序的机动时间,是以各道工序的最迟开始时间减去最早开始时间求得的。计算的目的是分析和提出改进措施。

如图7-16中,可以看出粗黑线的关键线路上各道工序的机动时间是零,也就是这条线路一点机动时间也没有,任何一道工序如果迟1天开始工作,整个发运工作就要延长1天,即不是16天,而是17天。再看一看第⑧道工序,有3天机动时间,即它可以在第10天开始工作,也可以延迟到第13天开始工作,只要③~⑧项作业在第13天能够完成,⑧~⑩项作业在第13天能够开始,便不会影响整个工作进度。这样,可以了解到哪些工序能抽出多少时间做其他工作,或抽出多少人力集中到关键线路,使关键线路的时间缩短,提前完成任务。

计算出所有机动时间后,就可以把有回旋余地的工序稍缓考虑,重点放到关键线路上,进一步把关键线路进行分解,在网络图上寻求能缩短时间的合理线路。如图7-16中的⓪→②"见单组配"作业,可先把⓪→②和②→①提前作业,在人力和设备上做某些调整,分解为两组同样内容的平等作业。

甲组:① $\xrightarrow[\text{见单组配}]{1.5\text{天}}$ ② $\xrightarrow[\text{制运单}]{0.5\text{天}}$ ③ $\xrightarrow[\text{制交接单}]{0.5\text{天}}$ ④ = 2.5 天

乙组:① $\xrightarrow[\text{见单组配}]{1.5\text{天}}$ ② $\xrightarrow[\text{制运单}]{0.5\text{天}}$ ③ $\xrightarrow[\text{制交接单}]{0.5\text{天}}$ ④ = 2.5 天

这样,就可以把图7-16中⓪→①→②→③→④的4天压缩为2.5天,发运工作的总时间可以由16天减少为14.5天。

7.3.5 物流资源分配优化

1. 匈牙利法

在运输管理中,常会遇到这样的问题,就是如何将有限的资源(人力、运力、财力等),分配给多项任务或工作,以达到降低成本或提高效益的目的;或者根据计划将不同运输任务在车队之间分配,使完成任务总的消耗时间或费用最小。解决这类问题简便而有效的方法是匈牙利法,由匈牙利数学家 D. Koing 所提出的矩阵性质定理。

模型如下。

$$\min Z = \sum_{i=1}^{m}\sum_{j=1}^{n}C_{ij}x_{ij}$$

$$\begin{cases} \sum_{j=1}^{n}x_{ij}=1 \\ \sum_{i=0}^{m}x_{ij}=0 \end{cases}$$

式中:C_{ij} 表示工作成本或工作时间等价值系数;

x_{ij} 表示 $x_{ij}=1$ 时,第 i 个司机被分配完成第 j 项运输任务;$x_{ij}=0$ 时,第 i 个司机不适合完成第 j 项任务。

2. 匈牙利法求解步骤

第一步,按表列出矩阵。

第二步,将矩阵作行、列约简。行约简是比较一辆车担任不同任务时所花费的时间,各行中减去最小值后的时间表示该车担任其他任务时所多花费的时间,每行中的 0 表示该车担任这项任务最有利。然后将经过约简后的矩阵中没有 0 的列再进行约简,即从该列中选出最小元素,并将其他元素减去此数,得到新的矩阵。

第三步,检验是否已得到最优方案。

对有 0 的行、列划上一条覆盖线,能覆盖所有零元素的最少覆盖线数称为维数。当覆盖线的维数等于矩阵阶数时,可知已得出最优分配方案,若小于阶数则需再做调整。

第四步,上述矩阵中,有三种元素:无线覆盖元素、单线覆盖元素、双线覆盖元素。在无线覆盖中找出最小值 1,将无线覆盖的元素都减去 1,而双线覆盖加上 1,单线覆盖元素不变,得到新的矩阵。

第五步,再检验——做覆盖线,与步骤三相同。当最小覆盖线数与矩阵阶数相等,可知已能进行最优分配。

第六步,确定最优方案。

7.4 运输工具配置优化

7.4.1 运输服务系统

1. 随机服务系统

物流中心(或储运仓库、物资转运站等)是一个综合物流服务系统。在装卸、运输作业中,许多服务项目具有随机性质。例如某客户送来一车货物,要求卸货入库储存。这样,装卸工人和设备与待卸货车就构成一个服务系统。又如某货主通知储运仓库要求用汽车把他所储存的物资运往某地,但因仓库的运输车辆有限,要求送货的货主只能排队等待服务。这样,车辆与待运物资就构成一个服务系统等。

在上述各种服务系统中,顾客到来的时刻和进行服务的时间都随不同时机和条件而变化。为说明系统具有随机性质,把这种服务系统称为随机服务系统。

2. 运输服务系统中的设备配置

服务机构越大,顾客越方便。如果服务机构过小,便不能满足顾客需要,并使服务质量降低,影响服务机构的信誉,还可能导致失去顾客或经营亏损。然而,如果机构过大,又会造成不必要的浪费。如何合理设计和控制随机服务系统,使它既能满足顾客需要,又能使机构的花费最为经济,这是主要问题。

由于每日运输的数量有变动,不能完全按计划实行,因此每日所用的运输设备也不相同。如果设备数量过少,当收发货数量多时,难免出现设备不足的现象,就要从别处租用设备。相反,如果设备过多,但收发量少时,会出现设备闲置现象,造成浪费。对于服务机构来说,应该配置多少运输设备才为最佳?下面举例说明一种处理方法。

7.4.2 合理选择运输工具

1. 综合评价运输工具的特性

运输工具的评价尺度定为以下四项:经济性(F_1)、迅速性(F_2)、安全性(F_3)、便利性(F_4)。

选择运输工具,若各评价尺度标准值一样,则运输工具综合评价值(F)为
$$F = F_1 + F_2 + F_3 + F_4$$

由于货物形状、价格、交货日期、运输批量和收货单位各不相同,这些运输工具的评价尺度标准也必然有差异。假设尺度标准分别是 W_1、W_2、W_3、W_4,则运输工具的综合评价值(F)可表示为
$$F = W_1 F_1 + W_2 F_2 + W_3 F_3 + W_4 F_4$$

式中:$W_1 + W_2 + W_3 + W_4 = 1$

现在可供选择的运输工具有火车(R)、汽车(T)、船(S),其各综合评价值分别用 $F(R)$、$F(T)$、$F(S)$ 表示,则
$$F(R) = W_1 F_1(R) + W_2 F_2(R) + W_3 F_3(R) + W_4 F_4(R)$$
$$F(T) = W_1 F_1(T) + W_2 F_2(T) + W_3 F_3(T) + W_4 F_4(T)$$
$$F(S) = W_4 F_1(S) + W_2 F_2(S) + W_3 F_3(S) + W_4 F_4(T)$$

选择其中具有最大值的运输工具为宜。

2. 经济性(F_1)的计量化

运输工具的经济性是由运费、包装费、保险等有关运输的费用合计表示的。费用越高,运输工具的经济性越差,这是不利因素。

设备运输工具所需成本为 $C(R)$、$C(T)$、$C(S)$,其平均值为
$$C = \frac{C(R) + C(T) + C(S)}{3}$$

运输工具经济性的相对值是
$$F_1(R) = C(R)/C$$
$$F_1(T) = C(T)/C$$
$$F_1(S) = C(S)/C$$

3. 迅速性(F_2)的计量化

运输工具的迅速性用从发货地到收货地所需时间(或天数)来表示。所需时间越多,则迅速性越差,这是不利因素。

设备运输工具所需时间数为 $H(R)$、$H(T)$、$H(S)$,其平均值为
$$H = \frac{H(R) + H(T) + H(S)}{3}$$

运输工具迅速性的相对值是
$$F_2(R) = H(R)/H$$
$$F_2(T) = H(T)/H$$
$$F_2(S) = H(S)/H$$

4. 安全性(F_3)的计量化

运输工具的安全性,要根据过去一段时间内货物的破损率(有时为实验数据)等,实行计量化较为合适。破损率越高,安全性越低,这是不利因素。

设各运输工具破损率为 $D(R)$、$D(T)$、$D(S)$,其平均值为
$$D = \frac{D(R) + D(T) + D(S)}{3}$$

运输工具安全性的相对值是

$$F_3(R) = D(R)/D$$
$$F_3(T) = D(T)/D$$
$$F_3(S) = D(S)/D$$

5. 便利性(F_4)的计量化

以便利性计量化作为评价尺度是困难的。比如,在考虑货物运到代办运输点所需时间和距离等问题时,用代办运输点的经办时间与货物运到代办点的运输时间(或进货时间)之差来表示。可以看到这一时间差越大,便利性越高,所以时间差大是有利因素。

设各运输工具的时间差为 $V(R)$、$V(T)$、$V(S)$,则其平均值为

$$V = \frac{V(R) + V(T) + V(S)}{3}$$

表示运输工具便利性的相对值为

$$F_4(R) = V(R)/V$$
$$F_4(T) = V(T)/V$$
$$F_4(S) = V(S)/V$$

根据以上结果,得出各运输工具综合评价值应该是

$$F(R) = -W_1 \frac{C(R)}{C} - W_2 \frac{H(R)}{H} - W_3 \frac{D(R)}{D} + W_4 \frac{V(R)}{V}$$

$$F(T) = -W_1 \frac{C(T)}{C} - W_2 \frac{H(T)}{H} - W_3 \frac{D(T)}{D} + W_4 \frac{V(T)}{V}$$

$$F(S) = -W_1 \frac{C(S)}{C} - W_2 \frac{H(S)}{H} - W_3 \frac{D(S)}{D} + W_4 \frac{V(S)}{V}$$

所以,我们应该选择 $F(R)$、$F(T)$、$F(S)$ 中的最大值。

【难点例释 7-6】 某企业配送中心过去一段时间必要车辆台数的实际情况如表 7-19 所示。

表 7-19 必要车辆台数的实际分布情况

必要台数/台	相对比率/%	累积比率/%
10	0.20	0.20
15	0.18	0.38
20	0.25	0.63
25	0.20	0.83
30	0.11	0.94
35	0.03	0.97
40	0.03	1.00

用于车辆的费用主要如下。

(1) 自备用车费用:$C_1 = 200$ 元/(台·日)。

(2) 自备用车闲置费用：$C_2 = 160$ 元/(台·日)。

(3) 营业用车(租车)费用：$C_3 = 300$ 元/(台·日)。

以上述条件为前提，求该配送中心应拥有的适当车辆台数。

【解】 设本企业车辆拥有台数为 X 台，必需车辆台数为 x 台。

(1) 当 $x \leqslant X$，即必需车辆台数不多于实际拥有台数的情况时，所需费用为
$$xC_1 + (X-x)C_2 \quad (\text{运行费} + \text{闲置费})$$

(2) 当 $x \geqslant X$，即必需车辆台数不少于实际拥有台数的情况时，所需费用为
$$XC_1 + (x-X)C_3 \quad (\text{运行费} + \text{租车费})$$

设 $p(x)$ 为必需车辆台数的相对比率，则目标费用为
$$C = \sum \{P(x)[xC_1 + (X-x)C_2]\} + \sum \{P(x)[XC_1 + (x-X)C_3]\}$$

此时费用最小的拥有台数，是使下式成立的 X 值。
$$\sum p(x) = \frac{C_3 - C_1}{C_2 + C_3 - C_1} (C_1 < C_3)$$

对这个配送中心，有下式
$$\sum p(x) = \frac{300 - 200}{160 + 300 - 200} \approx 0.385$$

从表 7-19 得知累计比率为 0.385 时，X 的值大约是 15 台，就是说适当拥有台数为 15 台。

只有在 $C_1 < C_3$ 时，就是自备用车费用比营业用车(租车)费用高的情况下，才能用这个公式。如果营业车费用比自备车费用低($C_1 > C_3$)，便应该尽量多使用营业车。

小 结

本章介绍了物流调运规划方法、运输路线选择技术、物流分配规划技术。物流调运在物流规划与设计中起着非常重要的作用，它与物流的其他组成部分之间的关系非常密切。物流运输线路选择、合理选择运输工具等可以使物流系统总成本最小。

复 习 思 考

一、填空题

1. 运输方式的选择受运输物品的种类、（ ）、（ ）、（ ）、（ ）五个方面因素影响。

2. 表上作业法是指（ ）的方法求解线性规划问题中运输模型的计算方法。

3. 利用表上作业法，寻求（ ）的调运方案，首先依据问题列出调运物资的供需平衡表以及运价表；其次确定一个初始的（ ）（当然不一定就是最优的方案）；然后根据一个（ ），判定初始方案是否为最优方案。

4. 当运输费用是以（ ）来计算时，运输路线的长短就直接关系着运输费用的多少。

5. （ ）即同一物资在同一线路上的往返运输。

二、判断题

1. 成本、速度和可靠性,是影响运输方式选择的基本标准。(   )
2. 运输可靠性是指完成特定运输所需的时间。(   )
3. 铁路运输的运量大、能耗低,也是大宗货物运输的主力。(   )
4. 运输最基本、最重要的功能,就是实现了物品的空间位移,创造了空间效用。(   )
5. 规模经济是指每单位距离的运输成本随距离的增加而减少。(   )
6. 运输节点是指以连接不同运输方式为主要职能、处于运输线路上的、承担货物的集散、运输业务的办理、运输工具的保养和维修的基地与场所。(   )
7. 运输站场是供运输工具定向移动的通道,也是物流运输赖以运行的基础设施,是构成物流运输系统的最重要的要素。(   )
8. 事项是指一项有具体活动的过程,是一项需要有一定的人力、物力参加,在一定时间内完成的活动过程。(   )
9. 找关键线路,必须先分别算出各条线路的最短时间。(   )
10. 服务机构越大,顾客越方便。如果服务机构过小,便不能满足顾客需要,并使服务质量降低,影响服务机构的信誉,还可能导致失去顾客或经营亏损。(   )

三、单项选择题

1. (   )又称统筹法、关键路线法或计划评审法,其基本原理是将组成系统的各项任务的各个阶段和先后顺序,通过网络形式统筹规划。
   A. 网络分析法   B. 破圈法   C. 节约法   D. 匈牙利法

2. (   )是指一项有具体活动的过程,是一项需要有一定的人力、物力参加,在一定时间内完成的活动过程。
   A. 网络   B. 工序   C. 线路   D. 节点

3. (   )是指从起点开始顺着箭头所指方向,连续不断地到达终点的一条通道。
   A. 网络   B. 工序   C. 线路   D. 节点

4. 各道工序的(   ),是以各道工序的最迟开始时间减去最早开始时间求得的。
   A. 网络   B. 工序   C. 线路   D. 机动时间

5. 物资中心(或储运仓库、物资转运站等)是一个综合物流服务系统。在装卸、运输作业中,许多服务项目具有(   )。
   A. 固定性质   B. 随机性质   C. 不确定   D. 稳定性质

6. 运输工具的评价尺度定为以下四项:经济性(F_1)、迅速性(F_2)、安全性(F_3)、(   )(F_4)。
   A. 美观性   B. 耐用性   C. 便利性   D. 稳定性

7. 运输工具的(   )是由运费、包装费、保险等有关运输的费用合计表示的。
   A. 货差率   B. 美观性   C. 活性   D. 经济性

8. 运输工具的(   )用从发货地到收货地所需时间(或天数)来表示。
   A. 迅速性   B. 美观性   C. 安全性   D. 方便性

9. 运输工具的安全性,是根据过去一段时间内货物的(   )(有时为实验数据)等来考察。

A. 货差率　　　　B. 美观性　　　　C. 活性　　　　D. 破损率

10. （　　）是供运输工具定向移动的通道，也是物流运输赖以运行的基础设施，是构成物流运输系统的最重要的要素。

A. 运输节点　　　B. 运输网络　　　C. 运输站场　　　D. 运输线路

四、简答题

1. 影响运输方式选择的因素有哪些？
2. 运输方式的选择标准有哪些？
3. 什么是物流调运决策？
4. 物流调运决策方法有哪些？
5. 什么是表上作业法？
6. 什么是网络分析法？网络图的组成有哪些？
7. 匈牙利法求解有哪些步骤？
8. 什么是随机服务系统？
9. 运输优化方法有哪些？
10. 合理选择运输工具有哪些步骤？

五、案例分析

A 公司运输管理中的难题

某外商独资食品制造企业 A 在中国投资有六个工厂（不包括在建和 OEM 的工厂），旗下主要有四大品牌，年销售额近 10 亿元。该公司目前主要的销售区域仍集中于南方，南北大致销售比例为 7：3（以长江划分南北）。由于生产的是属于低附加值的玻璃罐装食品，因此公司对物流成本一直比较注重。目前该公司主要是通过每年与供应商的价格谈判降低成本。

该公司每天运输数量在 300～500 吨。省内配送主要使用汽运，而省外港口城市多使用海运集装箱再转运至客户。省内配送也使用过一段时间的自有车辆，但考虑到成本较高，最终也改用第三方物流车辆。在运输管理方面主要做监控运作质量、管理合同价格（价格谈判）、提供发货的信息给其他相关部门等工作。在运费结算方面，汽车运输价格设定为按不同吨位不同标准收取（例如，同一目的地 1～3 吨、3～8 吨、8～10 吨、10 吨以上，计价单位：元/吨）。每天客服将订单告知车队（运输供应商），由供应商根据订单情况派出车辆到工厂装货，具体车辆调度由供应商完成（比如某辆车装哪几票货物，或者每票货装多少）。供应商根据每月发货情况与客服部对账确认运费。

（资料来源：http://61.153.213.46:81/JGXM/UploadFiles_6315/200907/20090705152538171.doc.）

讨论

1. 该公司如果想降低运输费用可以从哪些方面考虑？
2. 请为该公司优化运输提出建议。

第 8 章 国际货物运输

【学习目标】

通过本章学习,了解国际货物运输的定义、性质和特点,国际多式联运的定义特征,国际多式联运经营人的性质、类型及责任的划分。熟悉多式联运提单的内容和作用,大陆桥运输及国际多式联运的主要业务流程和费用结算的方法。掌握集装箱的基本知识、集装箱的交接地点和交接方式,熟悉集装箱主要货运单证的内容和作用。

【本章要点】

本章主要介绍国际货物运输、国际多式联运、大陆桥运输多式联运的主要业务流程和费用结算的方法、集装箱运输。

多式联运纠纷

新加坡某出口商委托多式联运经营人作为货运代理,将一批化工产品经上海转运至沈阳。货物由多式联运经营人在其货运站装入两个集装箱,且签发了清洁提单,表明货物处于良好状态下接收。集装箱经海路从新加坡运至上海,再由铁路运至沈阳。在上海卸船时发现其中一个集装箱外表损坏。多式联运经营人在该地的代理将此情况于铁路运输前通知了铁路承运人。当集装箱在沈阳开启后发现,外表损坏的集装箱所装货物严重受损;另外一个集装箱虽然外表完好、铅封也无损,但内装货物已受损。新加坡出口商要求多式联运经营人赔偿其损失。

(资料来源:http://cms.jctrans.com/zxzx/zhbd/2005628100032.shtml.)

思考

多式联运经营人对两箱货损是否负责,如果负责,其赔偿责任如何,可否享受责任限制?

8.1 国际货物运输概述

8.1.1 国际货物运输的定义、性质及特点

1. 国际货物运输的定义

运输就其运送对象来说,分为货物运输和旅客运输,而从货物运输来说,又可按地域

划分为国内货物运输和国际货物运输两大类。国际货物运输，就是在国家与国家、国家与地区之间的运输。国际货物运输又可分为国际贸易物资运输和非贸易物资（如展览品、个人行李、办公用品、援外物资等）运输两种。由于国际货物运输中的非贸易物资的运输往往只是贸易物资运输部门的附带业务，因此，国际货物运输通常被称为国际贸易运输。从一国来说，就是对外贸易运输，简称外贸运输。

2．国际货物运输的性质

在国际贸易中，商品的价格包含着商品的运价，商品的运价在商品的价格中占有较大的比重，一般来说，约占10%；在有的商品中，要占到30%～40%。商品的运价也和商品的生产价格一样，随着市场供求关系变化而围绕着价值上下波动。商品的运价随着商品的物质形态一起进入国际市场中交换，商品运价的变化直接影响到国际贸易商品价格的变化。所以，国际货物运输也可以说就是一种国际贸易，只不过它用于交换的不是物质形态的商品，而是一种特殊的商品，即货物的位移。

3．国际货物运输的特点

国际货物运输是国家与国家、国家与地区之间的运输，与国内货物运输相比，它具有以下几个主要特点。

（1）国际货物运输涉及国际关系问题，是一项政策性很强的涉外活动。国际货物运输是国际贸易的一个组成部分，在组织货物运输的过程中，需要经常同国外发生直接或间接的广泛的业务联系。这种联系不仅是经济上的，也经常会涉及国际间的政治问题，是一项政策性很强的涉外活动。

（2）国际货物运输是中间环节很多的长途运输。国际货物运输是国家与国家、国家与地区之间的运输，一般来说，运输的距离都比较长，往往需要使用多种运输工具，通过多次装卸搬运，要经过许多中间环节，如转船、变换运输方式等，经由不同的地区和国家，要适应各国不同的法规和规定。如果其中任何一个环节发生问题，就会影响整个的运输过程，这就要求我们做好组织、环环紧扣、避免在某环节上出现脱节现象，给运输带来损失。

（3）国际货物运输涉及面广，情况复杂多变。国际货物运输涉及国内外许多部门，需要与不同国家和地区的货主、交通运输、商检机构、保险公司、银行或其他金融机构、海关、港口以及各种中间代理商等打交道。同时，由于各个国家和地区的法律、政策规定不一，贸易、运输习惯和经营做法不同，金融货币制度的差异，加之政治、经济和自然条件的变化，都会对国际货物运输产生较大的影响。

（4）国际货物运输的时间性强。按时装运进出口货物，及时将货物运至目的地，对履行进出口贸易合同、满足商品竞争市场的需求、提高市场竞争能力、及时结汇，都有着重大意义。特别是一些鲜活商品、季节性商品和敏感性强的商品，更要求迅速运输。只有不失时机地组织供应，才有利于提高出口商品的竞争能力，有利于巩固和扩大销售市场；因此，国际货物运输必须加强时间观念，争时间、抢速度，以快取胜。

（5）国际货物运输的风险较大。由于在国际货物运输中环节多，运输距离长，涉及的面广,情况复杂多变,加之时间性又很强,在运输沿途国际形势的变化、社会的动乱,各种自然灾害和意外事故的发生,以及战乱、封锁禁运或海盗活动等,都可能直接或间接地影响到国际货物运输,以至于造成严重后果,因此,国际货物运输的风险较大。为了转嫁运输过程中的风险损失,各种进出口货物和运输工具,都需要办理运输保险。

(6) 国际货物运输方式多。国际货物运输方式有大陆桥运输、OCP、MLB、IPI 国际多式联运、集装箱运输等。

8.1.2 国际货物运输体系组成

1. 货主

货主(cargo owner)是指专门经营进出口商品业务的国际贸易商,或有进出口权的工贸、地贸公司以及"三资"企业。它们为了履行国际贸易合同必须组织办理进出口商品的运输,是国际货物运输中的托运人(shipper)或收货人(consignee)。

2. 承运人

承运人(carrier)是指专门经营海上、铁路、公路、航空等客货运输业务的运输企业,如轮船公司、铁路或公路运输公司、航空公司等。它们一般拥有大量的运输工具,为社会提供运输服务。

在海上运输中船舶经营人(operator)作为承运人。我国《中华人民共和国海商法》第四十二条指出:承运人是指本人或者委托他人以本人的名义与托运人订立海上货物运输合同的人。实际承运人是指接受承运人委托,从事货物运输或部分运输的人,包括接受转委托从事此项运输的其他人。

由此可见,承运人包括船舶所有人(ship owner)和以期租(time charter)或光租(bare charter)的形式承租,进行船舶经营的经营人。

3. 运输代理人

运输代理人有多种类型,主要有以下两种。

1) 货运代理人(forwarding agent, freight forwarder)

货运代理人是指根据委托人的要求代办货物运输的业务机构。有的代表承运人向货主揽取货物,有的代表货主向承运人办理托运,有的兼营两方面的业务。货运代理人属于运输中间人的性质,在承运人和托运人之间起着桥梁作用。

2) 船舶代理人(ships agent owners agent)

船舶代理人是指接受船舶经营人或船舶所有人的委托,为其在港船舶办理各项业务和手续的中间人。船舶代理人在港为委托人揽货,在装卸货港口办理装卸货物手续、保管货物和向收货人交付货物,为船舶补充燃料、淡水和食品,以及代办船舶修理、船舶检验、集装箱跟踪管理等。

海运经纪人(broker)是以中间人的身份代办洽谈海运业务,促使交易成交的一种职业。在海上运输中,有关货物的订舱和揽载、托运和承运、船舶的租赁和买卖等项业务,虽然常由交易双方直接洽谈,但由海运经纪人作为媒介代办洽谈的做法已成为传统的习惯。

我国海运经纪人的角色也属于船舶代理人的业务范围。

4．装卸人和理货人

装卸、理货业是一些接受货主或船舶营运人的委托，在港口为船舶进行货物的装卸、清点、交接、检验货损程度和原因并做出公证等作业的行业。

1）装卸人

装卸业（stevedore）是办理将货物装船和从船上卸下的行业。经营这种行业的人被称为装卸人或装卸业者。装卸人对于所在港口经常装卸的货物的包装、性质以及装卸方法都富有经验，对各种类型的船舶也都深有了解，能参与制订装卸计划，委托人对他们的装卸技术也有所信任。但是，由于装卸和积载的质量与船舶和货物的安全有密切的关系，因此，这种作业都是在船方的监督和指挥下进行的。

2）理货人

理货人（tally man, checker）是在船舶装货或卸货时，对货物的件数进行清点，并对货物的交接做出证明的职业。理货通常是由船公司或货主各自委托的代理人，即分别由站在船公司立场（ship side）的理货人和站在货主立场（dock side）的理货人会同进行的。在代表双方的理货人的会同确认下，才能证明货物交接的正确性。

这种正确交接的证明有较强的公正性，所以理货人不但要有较全面的知识和熟练的方法，而且必须具有诚实、公正的品质。

我国的理货人主要是由中国外轮理货公司及其在各港的分支机构进行，而货主往往通过委托代理人的驻港口人员进行。

世界上从事国际货物运输的机构不胜枚举，它们在工作性质上既有区别，在业务上又有密切的联系，但主要不外乎上述四种机构。此外，国际货物运输与海关、商检、卫检、动植检、港口当局（海上安全监督局和港务局）、保险公司、银行和外汇管理局、包装、仓储等机构有着较为密切的联系，共同组成了国际货物运输组织系统。

国际多式联运是一种利用集装箱进行联运的新的运输组织方式。它通过采用海、陆、空等两种以上的运输手段，完成国际间的连贯货物运输，从而打破了过去海、铁、公、空等单一运输方式互不连贯的传统做法。如今，提供优质的国际多式联运服务已成为集装箱运输经营人增强竞争力的重要手段。

8.2　大陆桥运输

8.2.1　大陆桥概述

1．大陆桥运输的概念

大陆桥运输（land bridge transport），是指以横贯大陆上的铁路、公路运输系统作为中间桥梁，把大陆两端的海洋连接起来形成的海陆联运的连贯运输。

大陆桥运输主要是指国际集装箱过境运输，是国际集装箱多式联运的一种特殊形式。

广义的大陆桥运输还包括小陆桥运输和微型路桥运输。我国对美出口贸易中采用的 OCP 运输、MLB 运输、IPI 运输均属于大陆桥运输。

大陆桥运输是一种主要采用集装箱技术,由海、铁、公、航组成的现代化多式联合运输方式,是一个大的系统工程。一般情况下,大陆桥运输都是以集装箱为媒介的。因为采用大陆桥运输,中途要经过多次装卸,如果采用传统的海陆联运,不仅增加运输时间,而且会大量增加装卸费用和货损货差。以集装箱为运输单位,则可大量简化理货、搬运、储存、保管和装卸等环节,同时集装箱是经海关铅封的,中途不用开箱检验,可以迅速直接转换运输工具,故采用集装箱是开展大陆桥运输的最佳方式。

2. 大陆桥运输产生的历史背景

大陆桥运输诞生于 1967 年。当时由于中东战争,苏伊士运河关闭,航运中断,而巴拿马运河又堵塞,远东至欧洲间的船舶只好改道绕航南非好望角或南美,造成航程距离倍增,运输时间延长,加上油价飞涨,使得海运成本上升。这时正值集装箱的兴起,于是大陆桥运输应运而生。1967 年年底,首次开辟了从远东到欧洲的货运,使用了美国大陆桥运输路线,把原来的全程海运,改为海—陆—海运输方式,取得了较好的经济效果,达到了缩短运程、降低运输成本、加速货物运输的目的。大陆桥运输就此形成。

3. 大陆桥运输的意义

大陆桥运输是以集装箱为媒介,将海运和陆运结合起来一票到底的多式联运。因此,大陆桥运输将多种运输方式的优点融为一体,具体表现为以下几方面。

1) 缩短运输里程,节省运输时间

大陆桥运输与海上运输相比,大大缩短了运输里程。以日本至英国的运输为例,日本至英国的海运有几条海运路线可供通行:西行可经过苏伊士运河,东行可穿过巴拿马运河,也可绕道非洲好望角或者南美合恩角。上述各路线的海运里程折算成千米长度如表 8-1 所示。

表 8-1 各路线的折算里程

传统海运里程	大陆桥里程
苏伊士运河航线 20 807 千米	北美大陆桥 831 千米
巴拿马运河航线 23 061 千米	西伯利亚大陆桥 13 400 千米
好望角航线 27 389 千米	新亚欧洲大陆桥 10 837 千米

以上两组数字的对比表明,大陆桥运输线的里程大大短于海运里程。里程的缩短又明显节省了运输时间。例如,中国天津港至德国汉堡港,海上运输一般需 60 天左右,而大陆桥运输只需 35 天左右。

2) 加快运输速度,降低运输成本

大陆桥运输尽管中途须转换运输工具,但在换装作业中,集装箱装卸效率高,加之铁路运输速度快,时间准确,使货运速度加快,相应地又降低了运输成本。

3) 充分体现集装箱运输的优越性

大陆桥运输以集装箱为运输单位,集装箱运输的优势均可在大陆桥运输中明显地发挥出来。

4) 简化货运手续,加速资金周转

大陆桥运输可以实现门到门运输,发货人只需将货物交给总承运人(或多式联运经营人),办理一次托运,无须费时费力,即可取得货运单据,货物的全程运输则由总承运人负责。大陆桥运输同海上运输相比,可提前结汇,有利于发货人的资金周转。

8.2.2 目前世界上主要的大陆桥

1. 西伯利亚大陆桥

西伯利亚大陆桥把太平洋远东地区与波罗的海、黑海沿岸及西欧大西洋沿岸连接起来,是世界上最长的大陆桥。十几年来,这条大陆桥运输的西端已从英国延伸到西欧、中欧、东欧、南欧、北欧整个欧洲大陆和伊朗、近东各国,其东端也不只是日本,而发展到韩国、菲律宾以及我国等地。

目前经过西伯利亚往返于欧亚之间的大陆桥运输路线主要有三种。

(1) 铁/铁路线(tranrail)。由日本、我国香港等地用船把货箱运至俄罗斯的纳霍德卡和东方港,再用火车经西伯利亚铁路运至白俄罗斯西部边境站,继续运至欧洲和伊朗或相反方向。

(2) 铁/海路线(transea)。由日本等地把货箱运至俄罗斯纳霍德卡和东方港,再经西伯利亚铁路运至波罗的海的圣彼得堡、里加、塔林和黑海的日丹诺夫、伊里切夫斯克,再装船运至北欧、西欧、巴尔干地区港口,最终运交收货人。

(3) 铁/卡路线(trancons)。由日本等地把货箱装船运至俄罗斯纳霍德卡和东方港,经西伯利亚铁路运至白俄罗斯西部边境站布列斯特附近的维索科里多夫斯克,再用卡车把货箱运至德国、瑞士、奥地利等国。

我国从 1980 年开办大陆桥运输业务以来,以上三种路线均已采用,但主要还是铁/铁路线,即从中国内地各站把货物运至中俄边境满洲里/后贝加尔,进入俄罗斯,或运至中蒙边境站二连浩特/扎门乌德进入蒙古,经蒙俄边境站苏赫巴托/纳乌斯基进入俄罗斯,再经西伯利亚铁路运至白俄罗斯西部边境站,辗转欧洲铁路运至欧洲各地或从俄罗斯运至伊朗。在我国大陆桥运输具体业务上,根据欧洲各国收发箱的不同地点,铁/铁路线共有五条,分别往返伊朗、东欧、西欧、北欧等地。

2. 北美大陆桥

美国有两条大陆桥运输线,一条是从西部太平洋口岸至东部大西洋口岸的铁路(公路)系统,全长 3200 千米;另一条是西部太平洋口岸至南部墨西哥湾口岸的铁路(公路)运输系统,长 500~1000 千米。

(1) 美国大陆桥。美国大陆桥是北美大陆桥的组成部分,是最早开辟的从远东至欧洲水陆联运线路中的第一条大陆桥。但后因东部港口和铁路拥挤,货到后往往很难及时换装,抵消了大陆桥运输所节省的时间。目前,美国大陆桥运输基本陷于停顿状态,但在大陆桥运输过程中,却又形成了小陆桥和微型陆桥运输方式,而且发展迅速。

(2) 美国小陆桥。小陆桥运输比大陆桥的海—陆—海运输缩短一段海上运输,成为海陆或陆海形式。例如,远东至美国东部大西洋沿岸或美国南部墨西哥湾沿岸的货运,可由远东装船运至美国西海岸,转装铁路(公路)专列运至东部大西洋或南部墨西哥湾沿岸,然后换装内陆运输运至目的地。前几年,我国的大部分货物用此方式运往美国。

(3) 美国微型陆桥。微型陆桥运输比小陆桥更缩短一段,它只用了部分陆桥,故又称半陆桥(semi-land bridge)运输。例如远东至美国内陆城市的货物,改用微型陆桥运输,则货物装船运至美国西部太平洋岸,换装铁路(公路)集装箱专列可直接运至美国内陆城市。微型陆桥比小陆桥优越性更大,既缩短了时间,又节省了运费,因此近年来发展非常迅速。我国也已开始采用。

3. 欧亚大陆桥

(1) 西伯利亚大陆桥。货物由远东或日本海运至俄罗斯东部港口,再经俄罗斯跨越欧亚大陆的西伯利亚铁路,运至波罗的海沿岸,如爱沙尼亚的塔林或拉脱维亚的里加等港口。然后,再采用铁路、公路或海运将货物运到欧洲各地或伊朗等中、近东各地(或相反方向)。

(2) 中荷大陆桥(新欧亚大陆桥)。东起我国连云港,途经陇海、兰新、北疆铁路进入独联体国家,西至荷兰鹿特丹,全长约 10 800 千米。比起经西伯利亚铁路要缩短 2700 千米,时间可节省 6 天左右,运费约低 10%;比经马六甲海峡海运可缩短一半,运费节省约 20%。

4. 新亚欧大陆桥

1990 年 9 月 11 日,我国陇海—兰新铁路的最西段——乌鲁木齐至阿拉山口的北疆铁路与苏联土西铁路接轨,第二条亚欧大陆桥运输线全线贯通,并于 1992 年 9 月正式通车。此条运输线东起我国连云港,西至荷兰鹿特丹,跨亚欧两大洲,连接太平洋和大西洋,穿越中国、哈萨克斯坦、俄罗斯,与第一条运输线重合,经白俄罗斯、波兰、德国到荷兰,辐射 20 多个国家和地区,全长 1.08 万千米,在我国境内的部分全长 4134 千米,为亚欧联运提供了一条便捷、快速和可靠的运输通道,将更好地促进世界经济与技术的交流与合作。这条运输线与第一条运输线相比,具有以下优势。

(1) 运输距离短。它使亚欧之间的货运距离显著缩短。从远东到西欧(从日本、韩国至欧洲),通过新亚欧大陆桥的水陆全程仅为 12 000 千米,比绕过好望角的海上运输线缩短了 15 000 千米,比经苏伊士运河的海上运输线缩短了 8000 千米,比经巴拿马运河的海上运输线缩短了 11 000 千米,比经北美大陆桥缩短 9100 千米。韩国、日本、中国到中亚国家的货物走新亚欧大陆桥比西伯利亚陆桥 3000 多千米,到欧洲的货物走新亚欧大陆桥比海运缩短距离上万千米。我国到欧洲的新亚欧大陆桥物流运输通道,经新疆阿拉山口口岸至中亚各国及欧洲地区,其运距比经西伯利亚陆桥通道可缩短 2000 多千米,比海运缩短了上万千米运距,运行速度也比海运快。

(2) 地理位置和气候条件优越。整个陆桥避开了高寒地区,港口无封冻期、自然条件好、吞吐能力大,东端桥头堡自然条件好,位置适中,气候温和,一年四季可不间断地作业。西伯利亚大陆桥的桥头堡纳霍德卡港为季节性港口,冬季严寒风大,作业有困难。在其对面建设的东方港,由于深水条件好一些,有掩护屏障,冬季作业条件有所改善。

(3) 辐射面广。西伯利亚大陆桥的吸引范围,东段由最初的日本,发展到韩国、菲律宾、东南亚,以及我国香港和台湾等地区,西段从英国扩展到整个欧洲大陆和伊朗、中东各国。由于新亚欧大陆桥横贯亚欧大陆中部,具有更广阔的吸引区域。东端除能吸引东亚和东南亚诸国的集装箱货物运量外,西端还能辐射北欧、西欧和东欧诸国。同时,经阿拉木图、塔什干南下,还可达中亚各地,以及伊朗、土耳其、伊拉克等国。

8.2.3 OCP、MLB、IPI 运输业务

1. OCP 运输

OCP 是 Overland Common Points 的缩写,意为内陆公共点地区,简称内陆地区。其含义是:根据美国费率规定,以洛矶山脉为界,其东边地区为内陆地区,这个范围很广,约占美国全国 2/3 的地区。按 OCP 运输条款规定,凡是经过美国西海岸港口转往上述内陆地区的货物,如按 OCP 条款运输,就可享受比一般直达西海岸港口更为低廉的优惠内陆运输费率,一般低 3%~5%。相反方向,凡从美国内陆地区启运经西海岸港口装船出口的货物同样可按 OCP 运输条款办理。同时,按 OCP 运输条款,尚可享受比一般正常运输为低的优惠海运运费,每吨低 3~5 美元。

(1) OCP 运输下的集装箱货物,卖方(发货人)承担的责任、费用终止在美国西海岸港口,货物卸船后,由收货人委托中转商持正本提单向船公司提货,并负责运抵收货人指定地点。

(2) 收货人在收到货物单证 10 天内,必须申请进口保税运输,以保证将货物最终运抵交货地。如不按时提出申请,货物即转至保税仓库,从而产生各项费用。避免这些费用支出的做法是收货人或其代理人办理由铁路公司代办运输至内陆公共点的保税申请手续。

(3) OCP 运输的集装箱货物,在买卖合同和信用证栏内应加注"OCP 运输"字样,在签发提单时,其签发要求与买卖合同、信用证要求相符。

(4) OCP 运输的集装箱货物,使用某一船公司美国航线专用提单时,因该提单栏内只有"卸货港""最终交货地"两栏内容,在国内港口装船运往美国使用 OCP 运输方式而签发某一船公司专用提单时,目的港一栏内应注明"LOS ANCELES OCP"。

(5) 凡运往内陆公共点的集装箱货物,应在卸船 45 天内由收货人向铁路提供证明,如陆上运输单证、转运单、海关转运申请单等。如未在规定时间内提供上述单证或证明,货主则失去铁路给予的优惠运价。

(6) OCP 运输不是真正的多式联运。尽管全程运输使用海陆两种运输方式,但海、陆运输区段各自签单,海、陆区段运费各自计收,海、陆区段的运输责任各自划分,因此不具备多式联运一张单证、统一责任的要求。

(7) 美国 OCP 运输条款如下。

① 货物最终目的地必须属于 OCP 地区范围,这是签订运输条款的前提。

② 货物必须经由美国西海岸港口中转。因此,在签订贸易合同时,有关货物的目的港应规定为美国西海岸港口,即为 CFR 或 CIF 美国西海岸港口条件。

③ 在提单备注栏内及货物唛头上应注明最终目的地 OCP……城市。

例如,我国出口至美国一批货物,卸货港为美国西雅图,最终目的地是芝加哥。西雅图是美国西海岸港口之一,芝加哥属于美国内陆地区城市,此笔交易就符合 OCP 规定。经双方同意,就可采用 OCP 运输条款。在贸易合同和信用证内的目的港可填写"西雅图

括号内陆地区",即 CIF Seattle(OCP)。除在提单上填写目的港西雅图外,还必须在备注栏内注明"内陆地区芝加哥"字样,即 OCP Chicago。

2. MLB 运输(小陆桥运输)

MLB 是 Mini Land Bridge 的缩写,其运输方式是使用海上运输方式将集装箱货物先运至日本港口,再转运至美国西海岸港口,卸船后交由铁路运抵美国东海岸港口或加勒比海港口区域。我国出运到美国的集装箱货物,在使用小陆桥运输时可先将货物运至日本港口,再转运美国西海岸港口卸船后,交铁路运抵美国东海岸或加勒比海区域。

(1) 小陆桥运输是完整的多式联运,由运输经营人签发全程联运提单,并收取全程运费,对全程运输承担责任。

(2) 小陆桥运输下的集装箱货物,其提单制作应分别注明:卸船港(如 Long Beach)、交货地(如 MLB Houston)。

(3) 小陆桥运输下的到岸价集装箱货物,卖方(发货人)承担的责任、费用终止于最终交货地。

(4) 小陆桥运输下的集装箱货物,运费计收应根据运输经营人在美注册的运价本收运费,原则上无任何形式的运费回扣,除非运输经营人与货主之间订有服务合同(service contract),即在一定时间内提供一定货运量后,货主可享有一个较低运价。

(5) 在按服务合同收运费。当货物托运人是无船承运人时,小陆桥运输的集装箱货物应出具两套提单,一套是无船承运人签发给货主的 HOUSE-B/L,另一套则是船公司签发给无船承运人的 MEMO-B/L。前者给货主用于结汇,后者供无船承运人在美国的代理凭其向船公司提货。

3. IPI 运输(内陆公共点多式联运)

IPI(interior point inter modal)与 MLB 运输相比较,小陆桥运输下的集装箱货物。抵达区域是美国东海岸和加勒比海区域,而 IPI 运输方式则将集装箱货物运抵内陆主要城市。两者的运输方式、运输途径、运输经营人的责任和风险则完全相同。但与 OCP 运输相比较,IPI 是完整的多式联运,而 OCP 运输则不是完整的多式联运。

(1) 在 IPI 运输方式下,其提单缮制时应写明:卸货港(如 Long Beach)、交货地(如 IPI Memphistn)。

(2) 运输经营人承担的责任从接收货物时起至交付货物时止,即对全程运输负责。

(3) IPI 运输方式下的集装箱货物,在到岸价的情况下,卖方(发货人)承担的责任、费用终止于最终交货地。

(4) IPI 运输尽管使用两种不同的运输方式,但使用同一张货运提单,并收取全程运费。

8.3 国际多式联运

8.3.1 国际多式联运概述

国际多式联运是一种比区段运输高级的运输组织形式。20 世纪 60 年代末,美国首先试办国际多式联运业务,受到货主的欢迎。随后,国际多式联运在北美、欧洲和远东地区开始采用。20世纪80年代,国际多式联运逐步在发展中国家开展。目前,国际多式联运已成为一种新型的重要的国际集装箱运输方式,是今后国际运输发展的方向,受到国际航运界的普遍重视。

1. 国际多式联运的概念

国际多式联运(multimodal transport)是一种以实现货物整体运输的最优化效益为目标的联运组织形式。它通常是以集装箱为运输单元,将不同的运输方式有机地组合在一起,构成连续的、综合性的一体化货物运输。通过一次托运、一次计费、一份单证、一次保险,由各运输区段的承运人共同完成货物的全程运输,即将货物的全程运输作为一个完整的单一运输过程来安排。

根据1980年《联合国国际货物多式联运公约》(简称《多式联运公约》)以及1997年我国颁布的《国际集装箱多式联运管理规则》的定义,国际多式联运是指"按照多式联运合同,以至少两种不同的运输方式,由多式联运经营人将货物从一国境内接管货物的地点运至另一国境内指定地点交付的货物运输"。根据该定义,结合国际上的实际做法,可以得出,构成国际多式联运必须具备以下特征或称基本条件。

(1) 必须具有一份多式联运合同。该运输合同是多式联运经营人与托运人之间权利、义务、责任与豁免的合同关系和运输性质的确定,也是区别多式联运与一般货物运输方式的主要依据。

(2) 必须使用一份全程多式联运单证。该单证应满足不同运输方式的需要,并按单一运费率计收全程运费。

(3) 必须是至少两种不同运输方式的连续运输。

(4) 必须是国际间的货物运输。这不仅是区别于国内货物运输,主要是涉及国际运输法规的适用问题。

(5) 必须由一个多式联运经营人对货物运输的全程负责。该多式联运经营人不仅是订立多式联运合同的当事人,也是多式联运单证的签发人。当然,在多式联运经营人履行多式联运合同所规定的运输责任的同时,可将全部或部分运输委托他人(分承运人)完成,并订立分运合同。但分运合同的承运人与托运人之间不存在任何合同关系。

2. 国际多式联运的特点

(1) 国际多式联运主要采用集装箱运输,同时在集装箱内的货物又大量采用托盘,使运输中的装卸更为方便高效,所以,这是具有很多优点的现代化运输方式。它以集装箱作为贯通全程的货物单位,采用各种先进的接转方式实现集装箱的铁—水、陆—铁、陆—水等不同运输方式的转换。这就将全程连接成贯通的过程,甚至做到不同国家之间的"门到门"运输。

(2) 国际多式联运虽采用不少于两种的运输方式,但运输全程用单一费率计算运费。

(3) 国际多式联运有多种收交货的经营方式,主要包括以下几种。

① 门到门方式,由联运经营人在发货单位"门口"开始起运,到收货人"门口"交货。"门口"可以是仓库,也可以是收发货人装箱、出箱站,甚至是车间。"门"需要有集装箱货载的装卸条件和必要场所,由货主和经营人协议确定。

② 门到站方式,即由发货人"门口"接运,至集装箱办理站交货的方式。

③ 门到场方式,即由发货人"门口"接运,至集装箱堆场交货的方式。

④ 场到站方式,即由联运承运人在集装箱港区堆场接运,至集装箱办理站交货。

⑤ 站到场方式,即由联运承运人在集装箱办理站接运,至港口堆场交货。

⑥ 场到门方式,即从港口堆场接运至接运人"门口"交货的方式。

⑦ 站到站方式,即在两个办理站之间的多式联运方式。

(4) 必须是国际间的货物运输。这不仅是区别于国内货物运输,主要是涉及国际运输法规的适用问题。

(5) 必须由一个多式联运经营人对货物运输的全程负责。该多式联运经营人不仅是订立多式联运合同的当事人,也是多式联运单证的签发人。

8.3.2 国际多式联运的影响因素

1. 货物流通过程的变化

现代货物流通要求尽量降低流通过程中的劳动消耗,最大限度地节省流通费用。流通过程的主要环节是包装、储存、运输、装卸。虽然每一环节都在不断地进行改革,但只有在出现集装箱多式联运后,才使流通过程发生了革命性的变化。

2. 货物运输方式的变化

在传统的货物运输方式下,装卸效率一直是一个难题,集装箱的出现解决了这个问题。因此,传统的货物运输方式也开始向以集装箱为基础的多式联运发展。集装箱运输的产生不仅给运输业本身,而且给与运输业有关的其他工业部门也带来了很大的变化。它不仅能给货主节省包装费用、运费、保险费,还能大大缩短货物装卸时间,提高运输工具的周转率。

3. 货物贸易结构的变化

全球制成品贸易的发展,适箱货源的不断增加,为国际多式联运创造了条件。同时,为了在竞争中求生存、求发展,航运业面临对传统运输方式的改革,开始进入铁路、公路、航空等非海运领域,即所谓"登陆上天"。在信息社会高度发展的情况下,信息不受任何行业、区域、国界的限制,只要掌握信息,能提供货主所需的优质服务,即使不拥有硬件(运输工具),也可以通过软件(信息、市场经营)控制硬件。因而,在国际多式联运下,无船承运人、国际货运代理人等不断涌现。

4. 经营方式的变化

由于开展了国际多式联运,打破了行业界限,各承运人可选择最佳运输方式、路线,合理组织运输,提高运输组织水平,协调各种运输方式的衔接。

8.3.3 国际多式联运的组织形式

1. 海陆联运

海陆联运是国际多式联运的主要组织形式,也是远东/欧洲多式联运的主要组织形式之一。目前,组织和经营远东/欧洲海陆联运业务的主要有班轮公会的三联集团、北荷、冠航和丹麦的马士基等国际航运公司,以及非班轮公会的中国远洋运输公司、德国那亚航运公司等。这种组织形式以航运公司为主体,签发联运提单,与航线两端的内陆运输部门开展联运业务,与大陆桥运输展开竞争。

2. 海陆海联运

海陆海联运中的陆地运输线被形象比喻为大陆桥。在国际多式联运中,陆桥运输起着非常重要的作用。它是远东/欧洲国际多式联运的主要形式。

3. 海空联运

海空联运又被称为空桥运输。在运输组织方式上,空桥运输与陆桥运输有所不同:陆桥运输在整个货运过程中使用的是同一个集装箱,不用换装,而空桥运输的货物通常要在航空港换入航空集装箱。不过,两者的目标是一致的,即以低费率提供快捷、可靠的运输服务。

当然,这种联运组织形式是以海运为主,只是最终交货运输区段由空运承担。1960年年底,苏联航空公司开辟了经由西伯利亚至欧洲航空线。1968年,加拿大航空公司参加了国际多式联运。20世纪80年代,出现了经由中国香港、新加坡、泰国等至欧洲航空线。目前,国际海空联运线主要有以下几条。

(1) 远东—欧洲。目前,远东与欧洲间的航线有以温哥华、西雅图、洛杉矶为中转地,也有以中国香港、曼谷、海参崴为中转地,还有以旧金山、新加坡为中转地。

(2) 远东—中南美。近年来,远东至中南美的海空联运发展较快,因为此处港口和内陆运输不稳定,所以对海空运输的需求很大。该联运线以迈阿密、洛杉矶、温哥华为中转地。

(3) 远东—中近东、非洲、澳洲。这是以中国香港、曼谷为中转地至中近东、非洲的运输服务。在特殊情况下,还有经马赛至非洲、经曼谷至印度、经中国香港至澳洲等联运线,但这些线路的货运量较小。

8.3.4 国际多式联运经营人

随着国际经济贸易结构的变化,多式联运经营人向多样化方向发展,名目繁多。其中,既有传统航运企业充当经营人的,如美国总统轮船公司和海陆公司以及日本邮船公司等;也有贸易公司的运输部门充当经营人的,如日本的三井、伊藤忠、丸红和住友等国际贸易公司均组建了多式联运公司,开办无船承运人经营业务。此外,还有铁路航空和汽车运输公司也充当经营人,承担全程运输责任。

1. 多式联运经营人的类型

尽管目前国际上多式联运经营人的形态多种多样,但根据其是否实际参加海上运输,国际上通常将多式联运经营人分为以下两种主要类型。

(1) 以船舶运输经营为主的多式联运经营人。随着集装箱运输的发展,众多船舶所有人已将它们的服务范围扩展到包括陆上运输和航空运输在内的其他运输方式。这种多运输方式的结合使船舶运输经营人成为多式联运经营人。此类经营人通常称为有船多式联运经营人。通常,这种多式联运经营人并不拥有也不从事公路、铁路和航空货物运输,而是通过与有关承运人订立分合同来安排这些类型的运输。此外,它们通常还会订立内陆装卸、仓储及其他辅助服务的分合同。

(2) 无船多式联运经营人。无船多式联运经营人是指不拥有和不掌握船舶的承运人。这类经营人利用船舶经营人的船舶向货主提供运输服务,并承担运输责任。国际上将此类经营人又称为无船公共承运人。起初,无船公共承运人仅指无海上运输船舶,后来成为无运输工具的公共承运人的通用名词。

2. 多式联运经营人的基本条件

多式联运经营人是一个独立的法律实体,作为国际多式联运经营人的基本条件如下。

(1) 多式联运经营人本人或其代表必须就多式联运的货物与发货人本人或其代表订立多式联运合同,而且,该合同至少使用两种运输方式完成货物全程运输,合同中的货物系国际间的货物。

(2) 从发货人或其代表那里接管货物时起即签发多式联运单证,并对接管的货物开始承担责任。

(3) 承担多式联运合同规定的运输和其他服务有关的责任,并保证将货物交给多式联运单证的持有人或单证中指定的收货人。

(4) 对运输全过程中所发生的货物灭失或损害,多式联运经营人首先对货物受损人负责,并应具有足够的赔偿能力。当然,这种规定和做法不会影响多式联运经营人向造成实际货损的承运人行使追偿的权利。

(5) 多式联运经营人应具备与多式联运所需要的、相适应的技术能力,对自己签发的多式联运单证确保其流通性,并作为有价证券在经济上有令人信赖的担保程度。

3. 多式联运经营人的责任类型

在货物多式联运情况下,多式联运经营人通常将全程或部分路程的货物运输委托给他人,即区段承运人去完成。在多式联运的两种或两种以上的不同运输方式中,每一种方式所在区段适用的法律对承运人责任的规定往往是不同的。当货物在运输过程中发生灭失或损坏时,由谁来负责任,是采用相同的标准还是区别对待,就必须看经营人所实行的责任制类型。从目前国际多式联运的实际来看,主要有网状责任制、统一责任制和修订统一责任制三种。

(1) 网状责任制(或分段责任制)。这种责任制是指多式联运经营人尽管对全程运输负责,但对货运事故的赔偿原则仍按不同运输区段所适用的法律规定,当无法确定货运事故发生区段时,则按海运法规或双方约定原则加以赔偿。就货主而言,各个运输环节中的衔接工作由经营人负责组织完成,获得了很大的便利,但是当运输过程中发生货运事故时,只能通过联运经营人来敦促有关运输部门进行赔偿,而不能采用统一的方法来解决,因此这是不太成熟的多式联运责任制类型。在当前国际多式联运中,由于法规不健全,也没有相应的管制,几乎所有的多式联运单据均采取这种赔偿责任形式。

(2) 统一责任制。这种责任制是指多式联运经营人对货主赔偿时不考虑各区段运输方式的种类及其所适用的法律,而是对全程运输按一个统一的原则并一律按一个约定的责任限额进行赔偿。由于现阶段各种运输方式采用不同的责任基础和责任限额,因而目前多式联运经营人签发的提单很少采取此种责任形式。

(3) 修订统一责任制。这是介于统一责任制与网状责任制之间的责任制,也称混合责任制。它在责任基础方面与统一责任制相同,在赔偿限额方面则与网状责任制相同,即多式联运经营人对全程运输负责,各区段的实际承运人仅对自己完成区段的运输负责。

无论货损发生在哪一区段,多式联运经营人和实际承运人都按公约规定的统一责任限额承担责任。目前,《联合国国际货物多式联运公约》基本上采取这种责任形式。

8.3.5 国际多式联运业务流程

1. **托运申请,订立多式联运合同**

多式联运经营人根据货主提出的托运申请和自己的运输线路等情况,接受申请,双方协定有关事项后,在交发货人或其代理人的场站收据副本上签章,证明接受委托申请,订立多式联运合同并开始执行。双方就货物交接方式、时间、地点、付费方式等达成协议后,发货人或其代理人填写场站收据,并送至多式联运经营人处编号。多式联运经营人编号后,留下货物托运联,其他联交还发货人或其代理人。

2. **空箱的发放、提取及运送**

多式联运中使用的集装箱一般由经营人提供。如果双方协议由发货人自行装箱,则多式联运经营人应签发提箱单或将租箱公司或分运人签发的提箱单交给发货人或其代理人。发货人在规定的日期到指定的堆场提箱并自行将空箱托运到装箱点准备装货。如果发货人委托,也可由经营人办理从堆场到装箱地点的空箱托运。如果是拼箱货,则由多式联运经营人将所用空箱调运至接收货物的集装箱货运站,准备装箱。

3. **出口报关**

如果联运从港口开始,则在港口报关;如果从内陆地区开始,则在附近的内陆海关办理报关。出口报关事宜一般由发货人或其代理人办理,也可委托多式联运经营人代办。报关时,应提供场站收据、装箱单、出口许可证等有关单据和文件。

4. **货物装箱及接收货物**

若发货人自行装箱,发货人或其代理提取空箱后在自己的工厂和仓库组织装箱,装箱一般是在报关后进行,并请海关派人员到装箱点临装和办理加封事宜。如需理货,还应请理货人员现场理货并共同制作装箱单。若是拼箱货,发货人应负责将货物运到指定的集装箱货运站,按多式联运经营人的指示装箱。无论装箱由谁负责,装箱人都需制作装箱单,并办理海关监装与加封事宜。

5. **订舱及安排货物运送**

多式联运经营人在合同订立后,即应制定合同涉及的集装箱货物的运输计划。计划内容包括货物的运输线路、区段的划分、各区段实际承运人的选择确定及各区段间衔接地点的到达、起运时间等。这里的订舱是指多式联运经营人要按照运输计划安排洽定各区段的运输工具,与选定的各实际承运人订立各区段的分运合同。合同的订立由经营人本人或委托其代理人办理,也可由前一区段的实际承运人作为代表向后一区段的实际承运人订舱。计划安排要留有余地,并根据实际情况进行调整。

6. **办理保险**

在发货人方面,应投保货物运输险。保险由发货人自行办理,或由发货人承担费用由经营人代理。货物运输保险可以是全程也可是分段投保。在多式联运经营人方面,应投保货物责任险和集装箱保险,由经营人或其代理负责办理保险。

7. 签发多式联运提单,组织完成货物的全程运输

多式联运经营人的代表收取货物后,经营人应向发货人签发多式联运提单。在将提单交发货人之前,应注意按双方协定的付费方式及内容、数量向发货人收取全部应付费用。

多式联运经营人有组织完成全程运输的责任和义务,在接收货物后,要组织各区段实际承运人、各派出机构及代理共同协调工作,完成全程中各区段的运输、衔接工作,运输过程中所涉及的各种服务性工作和运输单据、文件及有关信息等的组织协调工作。

8. 运输过程中的海关业务

国际多式联运的全程运输均应视为国际货物运输,因此运输过程中的海关业务工作主要包括货物及集装箱进口国的通关手续、进口国内陆段保税运输手续及结关等内容。这些涉及海关的手续一般由多式联运经营人的派出机构或代理人办理,也可由各区段的实际承运人作为多式联运经营人的代表代为办理。由此产生的全部费用由发货人或收货人负担。若货物在目的港交付,则结关在港口所在地海关进行;若在内陆地交货,则在口岸办理保税运输手续,海关加封后运往内陆目的地,然后在内陆海关办理结关手续。

9. 货物交付

当货物运至目的地后,由目的地代理人通知收货人提货。收货人凭多式联运提单提货。经营人或其代理人按合同规定,收取收货人应付的全部费用,收回提单签发提货单。提货人凭提货单到指定的堆场提取货物。如果是整箱提货,则收货人要负责至拆箱地点的运输,并在货物掏箱后将空箱运回指定的堆场,运输合同终止。

10. 货运事故处理

如果全程运输中发生货物灭失、损害和延误,无论是否能确定损害发生的区段,发(收)货人均可向多式联运经营人提出索赔。多式联运经营人根据提单条款及双方协议确定责任并做出赔偿。如果确知事故发生的区段和实际责任者时,可向其索赔。如果不能确认事故发生区段,一般按在海运段发生处理。如果已对货物及责任投保,则存在要求保险公司赔偿和向保险公司进一步追索的问题。如果受损人和责任人之间不能取得一致,则需通过在诉讼时效内提诉讼和仲裁来解决。

8.3.6 国际多式联运的主要单证

多式联运单证可以分为多式联运提单和多式联运运单。

1. 多式联运提单

1) 多式联运提单的定义

多式联运提单(multimodal transportation bill of lading,MT B/L)是指证明多式联运合同订立以及证明多式联运经营人接管货物并负责按合同条款交付货物的单据。多式联运经营人在接管货物时,应由本人或其代理人签发多式联运提单。

2) 多式联运提单的内容

多式联运提单是多式联运经营人、实际承运人、发货人、收货人等当事人之间进行业务活动的凭证,起到货物的收据和交货凭证的作用,证明货物的外表状况、数量、品质等情况。提单的内容准确清楚、完整与否,对保证货物正常交接、安全运输有着重要意义。多式联运提单应记载的主要内容包括以下几项。

(1) 货物的外表状况。
(2) 多式联运经营人的名称和主要营业所。
(3) 发货人、收货人名称。
(4) 多式联运经营人接管货物的地点和日期。
(5) 交付货物的地点。
(6) 经双方明确协议,交付货物的时间、期限。
(7) 表示提单可转让或不可转让的声明。
(8) 多式联运提单签发时间、地点。
(9) 多式联运经营人或经授权人的签字。
(10) 有关运费支付的说明。
(11) 有关运输方式和运输路线的说明。
(12) 有关声明等。

3) 多式联运提单的性质

(1) 多式联运提单是国际货物多式联运合同的证明。发货人提出托运申请,经营人根据自己的情况表示可以接受后,双方即达成协议,多式联运合同已告成立。签发多式联运提单只是经营人履行合同的一个环节。所以,多式联运提单与各单一方式运输中使用的运单不同,它不是运输合同而只是合同的证明。发货人在订立合同前应了解提单正面和背面条款,并把这些内容和条款作为双方合同的内容和权利、义务、责任的准则。即使在发货人用提单按信用证结汇后发生向第三者的转让,多式联运经营人与新的提单持有人之间的责任、权利和义务关系仍然依提单的规定确定。

(2) 多式联运提单是多式联运经营人接管货物的证明和收据。多式联运经营人向发货人签发的提单是证明提单上记载的货物已从发货人手中接收并占有了该货物。因此,提单具有接收货物收据和证明多式联运经营人开始对货物负责的作用。

(3) 多式联运提单是收货人提取货物和多式联运经营人交付货物的凭证。收货人或受让人在目的地提货时必须凭借多式联运提单才能换取提货单,反之,多式联运经营人或其代表也只能将货物交给提单持有人。提单是在目的地双方货物交接的凭证。

(4) 多式联运提单是货物所有权的证明。多式联运提单可以用来结汇、流通、抵押等。拥有提单,表明在法律上拥有提单上记载的货物。发货人可用它结汇;收货人可在目的港要求经营人交付货物,或背书或交付提单方式处理(转让)货物,或作为有价证券办理抵押等。一般来讲,提单的转让可产生货物所有权转移的法律效力。

4) 多式联运提单的签发

多式联运提单的制作,习惯上由多式联运经营人或其代理人签发多式联运提单交发货人,由发货人通过银行转让给收货人。因此,多式联运提单上收货人或发货人,确系实际的收、发货人。而多式联运提单上的通知方,则是目的港或最终交货地点收货人指定的代理人。

在国际多式联运下,对货主来说,关键是能找到一个可靠的多式联运经营人,由其对全程运输负责。该多式联运经营人与各承运人(实际承运人)之间均订有协议(分包合同),并就有关提单的制作、货物交接、双方责任的划分、费用的支付、赔偿等均在协议中做明确规定。在我国习惯做法如下。

（1）签发海运联运提单，将货物从中国港口起运至目的港以外的某一交货地点。这种做法是在货物运到目的港后由船公司代理人或货主指定的二程代理人安排内陆运输，将货物运抵目的地交货。

（2）签发货运代理人提单(forward B/L)，以及一程海运提单，由货运代理人安排把货物运到目的地交货。

（3）经过我国运往其他国家的过境货，我方只负责中国境内的运输。

2．多式联运运单

1) 多式联运运单的定义

多式联运运单（non-negotiable multimodal transportation waybill）是指当多式联运经营人提供海运及其他运输方式的多式联运服务时，签发的具有不可转让性质的运输单据。多式联运提单与多式联运运单的区别在于前者不可转让，仅具有托运人与多式联运经营人之间多式联运合同证明和多式联运经营人收到货物证明的功能。多式联运运单证明多式联运合同和货物已经由多式联运经营人接管，是多式联运经营人保证向指定的收货人交付货物的单证。

2) 国际多式联运运单的性质与作用

（1）它是国际多式联运经营人与托运人之间订立的国际多式联运合同的证明，是双方在运输合同确定的权利和责任的准则。它不是运输合同，而是运输合同的证明。

（2）它是国际多式联运经营人接管货物的收据。国际多式联运经营人向托运人签发多式联运单据表明已承担运送货物的责任并占有了货物。

（3）它是收货人提取货物和国际多式联运经营人交货的凭证。收货人或其代理人在目的地提取货物时，必须凭国际多式联运单据换取提货单（收货记录）才能提货。

（4）它是货物所有权的证明。国际多式联运单据持有人可以押汇、流通转让，因为它是货物所有权的证明，可以产生货物所有权转移的法律效力。

3) 多式联运运单的内容

不同多式联运经营人签发的多式联运运单在内容上可能各有不同，但一般包括以下内容。

（1）货物的外表状况。

（2）联运人的名称和地址。

（3）发货人的名称。

（4）收货人的名称。

（5）联运人接管货物的地点和日期。

（6）联运人或经其授权的人的签字。

（7）每种运输方式的运费，或者应由收货人支付的运费，包括用以支付的币种。

（8）货物品类、标志、危险货物的性质、包数或件数、货物的毛重，由发货人提供。

（9）预期经过路线、运输方式和转运地点。

（10）在不违背签发多式联运单据所在国的法律的情况下，双方同意列入多式联运单据的任何其他事项。

8.3.7 多式联运运费的基本结构

多式联运已突破传统海运"港—港"的范围,而向两岸延伸,因此多式联运运费的基本结构,除包括海运段外,还包括一端内陆或两端内陆的运费。

多式联运运费的基本结构由内陆运输费(主要是公路运费、铁路运费或内河运费,包括托运费、储仓费、转运费、服务费等)、海运运费、码头装卸包干费等组成。

1. 公路运费

公路运费＝基本运费＋附加运费

其中,基本运费是指公路运输中的托运费,按箱型、箱尺寸和运距计算;附加运费是指在公路运输中发生的其他费用,如车辆延滞费、上下车费、人工延滞费、辅助装卸费以及其他附加费等。

公路运费的计算方式主要有计程运费、计时包车运费、包装运费和短程运费。

2. 铁路运费

铁路运费＝基本运费＋附加运费

其中,基本运费是指铁路运输中的托运费,按箱型、箱尺寸和运距计算;附加运费是指在铁路运输中发生的有关附加费用,如送取费、暂存费、换装费、代理费以及新路费、集装箱建设基金等。

3. 海运运费

海运运费＝基本运费＋附加运费

其中,基本运费是指任何一种货物运输收取的最基本运费,是海运运费的主要组成部分,包括船舶的折旧或租金、燃油费、修理费、港口使用费、管理费和职工工资等;附加运费是指在海运过程中因货物的特殊处理费用,如转船费、起重费、选港费、更改目的港费等,此外还包括受国际经济和国际贸易影响所产生的成本费用,如油价上涨、被迫绕航、汇率变动、港口拥挤等。

在集装箱海运中,为简化运费计算,班轮公司通常采用包箱费率的计算方法,并公布不同航线的运价。

4. 码头装卸包干费

在集装箱运输的方式下,大多采用集装箱装卸包干形式,按箱计收装卸包干费。我国交通部对外贸港口集装箱装卸包干费的规定见表 8-2。

表 8-2 交通部集装箱费计收规定　　　　　　　　　单位:元

箱　型 ＼ 尺　寸	20 英尺	40 英尺
一般货物集装箱	422.50	638.30
空箱	294.10	444.10
一级危险品集装箱	467.90	702.00
冷藏重箱	497.90	702.00
冷藏空箱	324.10	486.10

8.3.8 多式联运运费的计算

多式联运运费＝基本运费＋附加运费

其中,基本运费是指两种或两种以上的不同运输方式的运费,在包括海运的多式联运中,由于海运运费通常已包括码头装卸包干费,故不另外收取。附加运费是指多式联运全程运输中除基本运费外的其他费用,如中转费、过境费、仓储费以及有关的单证、服务费等。应该指出的是,按《联合国国际货物多式联运公约》,多式联运应采用单一运费率,实际计费可以分段累加计收,也可根据分段累加的总费用换算出单一运费率。

8.4 集装箱运输

8.4.1 集装箱基本知识

1. 集装箱定义

所谓集装箱(container),是指具有一定强度、刚度和规格专供周转使用的大型装货容器。使用集装箱转运货物,可直接在发货人的仓库装货,运到收货人的仓库卸货,中途更换车、船时,无须将货物从箱内取出换装。按所装货物种类分,有杂货集装箱、散货集装箱、液体货集装箱、冷藏箱集装箱等;按制造材料分,有木集装箱、钢集装箱、铝合金集装箱、玻璃钢集装箱、不锈钢集装箱等;按结构分,有折叠式集装箱、固定式集装箱等,在固定式集装箱中还可分密闭集装箱、开顶集装箱、板架集装箱等;按总重分,有 30 吨集装箱、20 吨集装箱、10 吨集装箱、5 吨集装箱、2.5 吨集装箱等。

2. 标准集装箱

标准集装箱(twenty-feet equivalent units,TEU)计算单位又称 20 英尺换算单位,是计算集装箱箱数的换算单位。目前各国大部分集装箱运输,都采用 20 英尺和 40 英尺长的两种集装箱。为使集装箱箱数计算统一化,把 20 英尺集装箱作为一个计算单位,40 英尺集装箱作为两个计算单位,以利于统一计算集装箱的营运量。

3. 集装箱租赁

集装箱租赁(container leasing)即所有人将空箱租给使用人的一项业务。集装箱所有人为出租的一方,集装箱使用人,一般是船公司或货主,为承租的一方,双方签订租赁合同。由出租人提供合格的集装箱交由承租人在约定范围内使用。集装箱的租赁,国际上有多种不同的方式,总括起来有程租、期租、活期租用和航区内租赁等。

4. 集装箱装卸区

集装箱装卸区(container terminal)是集装箱运输中,箱或货装卸交换保管的具体经办部门。它受承运人或其代理人的委托,进行下列各项业务。

(1) 对整箱货运的交换、保管。

(2) 设有集装箱货运站者,办理拼箱货的交接。

(3) 安排集装箱船的靠泊,装卸集装箱,每航次编制配载图。

(4) 办理有关货运单证的编签。

（5）编制并签验集装箱运载工具的出入及流转的有关单证。

（6）办理集装箱及运载工具、装卸工具的情况检查、维修，以及空箱的清扫、熏蒸等工作。

（7）空箱的收发、存储和保管。

（8）安排空箱和重箱的堆码及编制场地分配计划。

（9）其他有关业务工作。

集装箱装卸区一般由专用码头、前沿、堆场、货运站、指挥塔、修理部门、大门和办公室组成。有时堆场或货运站等可延伸到市区内部5～15千米的中转站。

5．集装箱前方堆场

集装箱前方堆场(marshalling yard)是指在集装箱码头前方，为加速船舶装卸作业，暂时堆放集装箱的场地。其作用是：当集装箱船到港前，有计划有次序地按积载要求将出口集装箱整齐地集中堆放，卸船时将进口集装箱暂时堆放在码头前方，以加速船舶装卸作业。

6．集装箱后方堆场

集装箱后方堆场(container yard)是集装箱重箱或空箱进行交接、保管和堆存的场所。有些国家对集装箱堆场并不分前方堆场或后方堆场，统称为堆场。集装箱后方堆场是集装箱装卸区的组成部分，是集装箱运输"场到场"交接方式的整箱货办理交接的场所(实际上是在集装箱卸区"大门口"进行交接的)。

7．空箱堆场

空箱堆场(van pool)是专门办理空箱收集、保管、堆存或交接的场地。它是在集装箱装卸区或转运站堆场不足时才予设立的。这种堆场不办理重箱或货物交接。它可以单独经营，也可以由集装箱装卸区在区外另设。有些国家，经营这种空箱堆场，须向航运公会声明。

8．中转站或内陆站

中转站或内陆站(container depot or inland depot)为海港以外的集装箱运输的中转站或集散地。它除了没有集装箱专用船的装卸作业外，其余均与集装箱装卸区业务相同。中转站或内陆站的度量，包括集装箱装卸港的市区中转站，内陆城市、内河港口的内陆站均在内。

9．集装箱货运站

集装箱货运站(container freight station, CFS)为拼箱货装箱和拆箱的船、货双方办理交接的场所。承运人在一个港口或内陆城市只能委托一个集装箱货运站的经营者。由它代表承运人办理下列主要业务。

（1）拼箱货的理货和交接。

（2）对货物外表检验，如有异状时，就办理批注。

（3）拼箱货的配箱积载和装箱。

（4）进口拆箱货的拆箱和保管。

（5）代承运人加铅封并签发站收据。

（6）办理各项单证和编制等。

10. **整箱货**

整箱货(full container load,FCL)为拼箱货的相对用语,是由发货人负责装箱、计数、积载并加铅封的货物。整箱货的拆箱,一般由收货人办理,但也可以委托承运人在货运站拆箱。可是承运人不负责箱内的货损、货差。承运人对整箱货,以箱为交接单位。只要集装箱外表与收箱时相似和铅封完整,承运人就完成了承运责任。整箱货运提单上,要加上"委托人装箱、计数并加铅封"的条款。

11. **拼箱货**

拼箱货(less than container load,LCL)是整箱货的相对用语,指装不满一整箱的小票货物。这种货物,通常是由承运人分别揽货并在集装箱货运站或内陆站集中,而后将两票或两票以上的货物拼装在一个集装箱内,同样要在目的地的集装箱货运站或内陆站拆箱分别交货。对于这种货物,承运人要负担装箱与拆箱作业,装拆箱费用仍向货方收取。

12. **集装箱的交接方式**

集装箱运输中,整箱货和拼箱货在船货双方之间的交接方式有以下几种。

(1) 门到门(door to door):由托运人负责装载的集装箱,在其货仓或厂库交承运人验收后,负责全程运输,直到收货人的货仓或工厂仓库交箱为止。这种全程连线运输,称为"门到门"运输。

(2) 门到场(door to cy):由发货人货仓或工厂仓库至目的地或卸箱港的集装箱装卸区堆场。

(3) 门到站(door to cfs):由发货人货仓或工厂仓库至目的地或卸箱港的集装箱货运站。

(4) 场到门(cy to door):由起运地或装箱港的集装箱装卸区堆场至收货人的货仓或工厂仓库。

(5) 场到场(cy to cy):由起运地或装箱港的集装箱装卸区堆场至目的地或卸箱港的集装箱装卸区堆场。

(6) 场到站(cy to cfs):由起运地或装箱港的集装箱装卸区堆场至目的地或卸箱港的集装箱货运站。

(7) 站到门(cfs to door):由起运地或装箱港的集装箱货运站至收货人的货仓或工厂仓库。

(8) 站到场(cfs to cy):由起运地或装箱港的集装箱货运站至目的地或卸箱港的集装箱装卸区堆场。

(9) 站到站(cfs to cfs):由起运地或装箱港的集装箱货运站至目的地或卸箱港的集装箱货运站。

8.4.2 集装箱货物

1. **集装箱货物的分类**

将货物装载于集装箱中进行运输,在技术上是否可行和经济上是否合理,按其适应程度可分为以下几类。

1) 最适宜货物(prime suitable coniainerizable cargo)

属于这一类的货物一般都是价值较高,海运运价也比较高,且易于破损和被盗的货物。例如,酒类、医药用品、收音机、纺织品、服装、打字机、照相机、电视机、光学仪器、各小型电器及小五金等都属于这类货物。

2) 适宜货物(suitable containerizable cargo)

属于这一类的货物,其本身价值并不很高,海运运价也比最适宜货物低一些。这类货物破损和被盗的可能性较小,如电线、电缆、铅丝、纸浆、袋装面粉、咖啡、生皮、炭精以及各种轻工产品等易成为赔偿对象的货物。

3) 临界货物(marginal containerize cargo)

这类货物虽然在技术上将它们装入集装箱是可能的,但是因为它们本身的价值和海运运价都较低,受损和被盗的可能性也很小,将它们装入集装箱进行运输,经济效益并不显著,而且它们的形状、重量和包装也难以实现集装箱化。属于这类的货物如钢锭、生铁、原木等。

4) 不适宜货物(unsuitable containerize cargo)

这类货物有的是因货物的物理性质而不能装入集装箱内;有的是在大量运输时,使用专用船(如使用散货专用船运输的大批量散货,使用滚装船运输大批量的卡车,以及矿山、工程车辆等)运输反而能提高运输效率的货物。例如废钢铁、长 40 英尺以上的桥梁、铁塔、大型发电机等钢铁结构物等,都属于这一类货物。

2. 集装箱的种类和选用

利用集装箱运输货物,需要正确掌握该种货物的知识,不仅要选择适合于集装箱的货物,而且也要选择适合于货物的集装箱。

1) 集装箱的种类

在集装箱运输的发展过程中,因所装货物的性质和运输条件不同而出现了不同种类的集装箱,它们适宜装载不同的货物。

(1) 杂货集装箱(dry cargo container)。杂货集装箱也称干货集装箱,这是一种除冷冻货、活动物、植物外,最通用的一种集装箱,适用于各种干杂货,包括日用百货、纺织品、服装、轻工产品、食品、机械、仪器、家用电器、医药及各种贵重物品等,适用装载的货种非常多。不适宜装载这种杂货箱的货物有以下几种。

① 冷冻货或严格要求保持一定温度的货物。
② 不能用人力或叉车装箱的重货。
③ 不能从箱门进行装卸作业的长大件货物。
④ 产生的集中负荷超过箱底承受强度的货物。
⑤ 散货或液体货。
⑥ 在杂货集装箱中不能充分系紧的货物。
⑦ 需要特别通风的货物。
⑧ 活动物等。

(2) 保温集装箱(insulated container)。保温集装箱是一种所有箱壁都用导热率低的材料隔热,用来运输需要冷藏和保温货物的集装箱,通常有以下几种。

① 冷藏集装箱(refrigerated container)。这是用来运输冷冻货物,主要是冷冻食品,如冷冻鱼、肉、虾等,低温水果、蔬菜、干酪等货物,胶片、某些药品等需要保持一定温度的

货物,能保持所定温度的保温集装箱。

② 隔热集装箱(insulate produce container)。这是一种为防止箱内温度上升,使货物保持鲜度,主要用于载运水果、蔬菜等类货物的集装箱。通常利用冰制冷,保持时间约为72小时。

③ 通风集装箱(ventilated container)。这是一种为装运不需要冷冻,且具有呼吸作用的水果、蔬菜等类货物,以及兽皮等在运输中会渗出液汁的货物或会引起潮湿的货物等,而在端壁上开有通风口的集装箱。这种集装箱通常以设有通风孔的冷藏集装箱代用。

(3) 特种集装箱(special container)。为适应特种货物运输的需要,而在集装箱的结构和设备方面进行了特殊设计和装备的集装箱。因所适用的货物种类不同,而有许多种类,其主要有以下几种。

① 开(敞)顶集装箱(open top container)。这是一种没有箱顶或顶部敞开的集装箱,装卸货物时须使用起重机将重货从顶部装入箱内或卸出。这种集装箱适于装载玻璃板、钢铁制品、胶合板、机械设备等超高货物,以及难以从箱门进行装卸而必须由箱顶进行装卸作业的货物,利用侧壁可以固定的重货。

② 框(板)架集装箱(flat rack container)。这是一种没有箱顶和箱壁、箱端壁也可卸下,只留箱底和四角柱来承受货载的集装箱。如果将四角柱拆下,也可作平台集装箱使用。这种集装箱主要用于装运不适用于装入杂货集装箱或开顶集装箱内的长大件、超重件、轻泡货、重型机械、钢材、钢管、裸装设备等,会产生集中负荷的重货、超尺度货物、不怕风雨袭击的货物,需要从箱顶或箱侧面装载的货物,以及需要在箱内固定的货物。

③ 散装集装箱(solid bulk container)。这是用以装载大豆、大米、麦芽、面粉、饲料以及水泥、树脂、硼砂、化工原料等散装粉粒状货物的集装箱。

④ 罐状集装箱(tank container; liquid bulk container)。这是一种适用于装载酒类、油类、化学品、危险品等液体货物的集装箱。装货时,货物由罐顶部的装货孔进入;卸货时,货物由底部排出孔靠重力作用自行流出,或由顶部装货孔吸出。

除了上述一些特种用途的集装箱外,还有一些适用于货类更专门的特种集装箱,如专供运载汽车的汽车集装箱、专供运输活牲畜的动物集装箱等。

2) 集装箱的选用

在集装箱货物运输中,为了船、货、箱的安全,必须根据货物的性质、种类、容积、重量和形状来选择适合的集装箱;否则,不仅对某些货物不能承运,而且也会因选用不当而导致货损。对集装箱的选用可做以下考虑。

(1) 清洁货物和污秽货物:可选用杂货集装箱、通风集装箱、开顶集装箱、冷藏集装箱。

(2) 贵重货物和易碎货物:可选用杂货集装箱。

(3) 冷藏货物和易腐货物:可选用冷藏集装箱、通风集装箱、隔热集装箱。

(4) 散货:可选用散货集装箱、罐状集装箱。

(5) 动物和植物:可选择牲畜(动物)集装箱,通风集装箱。

(6) 笨重货物:可选择开顶集装箱、框架集装箱、平台集装箱。

(7) 危险货物:可选择杂货集装箱、框架集装箱、冷藏集装箱。

3. 集装箱的配载

1) 装载量的掌握

（1）最大载重（maximum pay load）。可装在集装箱内的货物最大重量，也就是集装箱的总重量（rating）减去集装箱的自重（tare weight）的重量，这个重量称为最大载重。

该值根据不同的集装箱制造厂和不同类型的集装箱将有所差别。集装箱的总重量绝对不能超过标注在集装箱上的最大总重量（国际标准化组织标准中 20 英尺箱为 20 320 千克，40 英尺箱为 30 480 千克）。此外，集装箱总重量虽在最大总重量范围内，但超过公路运输上限的限制重量，有的也不能进行公路运输。

（2）最大装载容积（maximum capacity）。关于集装箱的容积和内部尺寸，国际标准化组织虽然规定了最小内部尺寸，但如果采用容积来计算集装箱的最大装载量时，最好以集装箱的内部尺寸和实际货物尺寸对比来计算。

2) 货物密度（cargo density）

所谓货物密度，是货物单位体积的货物重量，以平均每立方英尺或每立方米货物体积的货重作为货物的密度单位，是普通杂货船上常用的货物积载因数（stowage factor）的倒数。

对于集装箱来说，把集装箱的最大载货重量除以集装箱的容积，所得之商称为箱的单位容重。要使集装箱的容积和重量都能满载，就要求货物密度等于箱的单位容重。实际上集装箱装货后，箱内的容积或多或少会产生空隙，因此集装箱内实际利用的有效容积应为集装箱容积乘上箱容利用率。通常在初步计算时，箱容利用率取为 80%。

应用货物密度和箱的单位容重来计算集装箱需要量的方法如下。

（1）如果货物密度大于箱的单位容重，这种货一般称为重货，则用货物重量除以集装箱的最大载货重量，即得所需要的集装箱数。

（2）如果货物密度小于箱的单位容重，这种货一般称为轻货，则用货物体积除以集装箱的有效容积，即得所需要的集装箱数。

（3）如果货物密度等于箱的单位容重，则无论按重量计算或容积计算都可求得集装箱的需要量。

3) 容积和重量的充分利用

装载拼箱货物的集装箱，应该轻、重搭配，尽量使集装箱的装载量和容积都能满载。但是，必须注意混装在一起的货物，要求不会引起货损。能合理地进行搭配装载，提高集装箱的装载率，减少集装箱的使用量，无论对承运人还是货主都是十分有利的。

4) 一般配载应注意的事项

（1）轻货应放在重货上面。

（2）干货、湿货不能放在同一箱内，如难以避免时，湿货绝对不能放在干货上面。

（3）对怕受潮货物，不能与容易"出汗"的货物同装一箱。

（4）怕吸收异味的货物，绝对不能与放出强烈气味的货物同装一箱。

（5）容易生灰尘的货物，不能与某些易被灰尘污损的货物同装一箱。

（6）瓶装或罐装液体货无法避免与其他干货拼装一箱时，在任何情况下，前者必须装在底下，并须加以隔垫，而且还应有足够的垫板放在液体货下。

由于集装箱的空间是有限的,在配装同一箱的不同货种时,应当仔细判断,不同货种相互适应才可同箱积载,若不能同箱积载,即便剩下的货物件数不多,也只能另装一个集装箱。因此,在提取空箱之前应全面考虑,编制好集装箱预配清单,按预配清单的需要提取空箱。

8.4.3 货物装箱

货物装箱应根据货运代理的集装箱出口业务员编制的集装箱预配清单,在集装箱货运站或发货人的仓库进行。

1. 集装箱货物装箱的方式

1）整箱货装箱

由发货人或其货运代理人办理货物出口报关手续,在海关派员监装下自行负责装箱,施加船公司或货运代理集装箱货运站铅封和海关关封。发货人或其货运代理人缮制装箱单和场站收据,在装箱单上标明装卸货港口、提单号、集装箱号、铅封号、重量、件数、尺码等。

若在内陆(发货人仓库)装箱运输至集装箱码头的整箱货,应有内地海关关封,并应向出境地海关办理转关手续。

2）拼箱货装箱

拼箱货装箱是由货运代理人将接收有多个发货人运往不同收货人,而不足一整箱的零星货物集中起来交给集装箱货运站。货运站根据集装箱预配清单核对货主填写的场站收据,并负责接货,请海关派人监装,拼装整箱装箱、施封,并制作装箱单。其具体程序如下。

货主或其代理人将不足整箱的货物连同事先缮制的场站收据,送交集装箱货运站。集装箱货运站核对由货主或其代理人缮制的场站收据和送交的货物,接受货物后,在场站收据上签收。如果接收货物时,发现货物外表状况有异状,则应在场站收据上按货物的实际情况做出批注。集装箱货运站将拼箱货物装箱前,须由货主或其代理人办理货物出口报关手续,并在海关派人的监督下将货物装箱,同时还应从里到外地按货物装箱的顺序编制装箱单。

2. 集装箱装箱注意事项

装箱人在装箱前应按规定认真检查箱体,发现集装箱不适合装运货物时,应拒绝装箱,并立即通知集装箱所有人。集装箱所有人有责任继续提供适合货物装运的集装箱。具体装箱时应注意以下事项。

（1）集装箱货运站装箱时,不能随到随装,必须根据集装箱预配清单和事先编制的装箱计划进行装箱。

（2）备妥必要的合格的隔垫物料及捆扎加固材料。

（3）注意货盘的叉槽放置方向不能弄错。

（4）装箱时必须考虑方便拆箱卸货。

（5）货物重心分布必须平衡,积载后的重心应尽量接近箱子的中心,以免装卸过程中发生倾斜和翻倒。

(6) 硬包装的货物,装箱时应当用垫料,以免冲压其他货物或碰坏箱内壁。

(7) 袋装货最好不要与箱装货同装一箱,不能避免时须用垫板。

(8) 带有凸出、隆起或四边不规则包装的货,如没用适当垫料,不能与其他货装在一起。

(9) 湿货包括桶装或罐装液体货,应当用垫料,并装在底层。

(10) 不同种类的包装,必须保持分票积载。例如,木夹板包装货与袋装货或纤维板箱装货物之间,如果没有保护性的隔垫,就不能装在一起。

(11) 海关监管或可能被查验的货物必须分出并装在箱门口。

(12) 在任何情况下,都不能把货物直接固定在集装箱内部任何一个平面上,因为把集装箱钻孔会破坏箱的水密性。

(13) 不要用不同包装的货物填塞集装箱的空位,除非这两种包装的货物是完全适合拼装的。

(14) 包装损坏的货物,即使损坏的表面是微小的,也不能装入箱内。必须将坏包在装箱前修好后才能装入箱内。

(15) 货物装完后,必须检查,要求做到没有一件货物处于松动状态,以防集装箱发生纵向或横向倾斜时,造成货损。

集装箱装箱完毕后,应使用合适的方法进行固定、绑扎,并关闭箱门。如货物加固材料系木材,且目的地是澳大利亚、新西兰等国家,则应在箱体外表明显地方贴上有关部门出具的木材经免疫处理证明。

3. 特殊货物装箱

1) 重大件的装载 所谓重大件,一般是指超重货、超高货、超宽货和超长货。

(1) 超重货。超重也不能超过集装箱的最大总重,由于集装箱运输和装卸中所使用的机械都是按国际标准化组织规定的标准最大总重来设计制造的。20 英尺集装箱为 20 长吨(即 20 320 吨),40 英尺集装箱为 30 长吨(即 30 480 吨),这一限度绝对不准超过。

配重件时,应当注意使集装箱保持平衡,同时考虑箱容的充分利用,尽可能搭配适当的轻货。装载时,必须考虑集装箱底层的最大负荷量,可通过垫板来配置最大负荷量。要对照集装箱规范,绝对不能超过集装箱底层每平方英寸(或每平方米)的最大负荷量。

(2) 超高货。通常杂货集装箱的箱门有效高度为 2100 毫米左右(约 6 英尺 11 英寸),如果货物超过了这一高度,就称为超高货。超高货必须用开顶集装箱或框架集装箱装载。

(3) 超宽货。舱内集装箱与集装箱之间的横向间隙通常是 120~200 毫米,其间距的大小要根据不同的船舶而定。如果所装的超宽货物不超过上述范围,一般可以与普通集装箱一样装在舱内,为了防止货物横向移动,靠在相邻的集装箱上,发生侧壁触破等事故,要进行充分的固定。

(4) 超长货。超长货不能装在舱内,因为每一箱格都有横向构件,所以如果必须装运,只能装在甲板上。但甲板上有拉紧集装箱的交叉拉杆,因此限制了装载位置。超长货装在框架集装箱上时,其超长量限制在 1 英尺左右。

集装箱船舶需装载超长、超宽、超高、超重等非标准集装箱,应在订舱前由托运人或承运人向港口提出申请,经确认后方可装运。

2) 危险货物的装载

使用集装箱装载危险货物应按危险货物运输规则所列的性能作为配载的依据,各种性能不同的危险货物不能同配一箱,箱内不能放一般普通货物,具体应做到以下几点。

(1) 集装箱有正确的标记、标志,并有集装箱装运危险货物证明书。

(2) 集装箱清洁、干燥,适合装货。

(3) 货物符合《国际海运危险货物规则》的包装要求,有正确的标记、标志,并经国家规定的有关部门检验认可。

(4) 每票货物应有危险货物申报单。

(5) 与危险货物性质不相容的货物禁止同装一箱。

(6) 与普通货物混装时,危险货物不得装在普通货物的下面,并应装于箱门附近。

(7) 包件装箱正确,衬垫、加固合理。

(8) 装载后,应按《国际海运危险货物规则》要求在集装箱外部每侧张贴危险货物类别标志。

3) 冷冻、冷藏货的装载

冷冻、冷藏货大致分为冷冻货和低温冷藏货两种。冷冻货是指货物在冻结状态下进行运输的货物,运输温度的范围一般在 $-20℃ \sim -10℃$。低温货是指货物在还未冻结或货物表面有一层薄薄的冻结层的状态下进行运输的货物,一般允许的温度调整范围在 $-1℃ \sim 16℃$。货物要求低温运输的目的,主要是为了能保持货物的鲜度。有时为了要维持货物呼吸和防止箱内产生水滴而需要在箱内进行通风。

使用冷冻、冷藏集装箱装载冷藏货应做到以下几点。

(1) 集装箱具有集装箱所有人出具的集装箱合格证书或文件。

(2) 集装箱冷藏设备起动、运转、停止装置处于正常状态。

(3) 集装箱通风孔处于所要求的状态,泄水管保持畅通。

(4) 集装箱装箱前要经商检机构检验合格,并能达到规定的温度,货物要达到规定的装箱温度。

(5) 货物装箱时,不能堵塞冷气通道,天棚部分应留有空隙。

(6) 装载期间,冷藏装置停止运转。

(7) 冷冻货物最好不要混载,必须混载时,只有运输温度相同的货物才能装在一起,并要避免有恶臭、污染的货物混载。

(8) 装载完毕,尽快使制冷设备工作,以尽快达到运输要求的温度。

8.4.4 集装箱货物运输组织

1. 集装箱货物的集中

货物从各货主的工厂和仓库至干线枢纽港投入干线运输的集运过程(反向则是疏运过程)可以采取下面一些方式。

(1) 一些大型铁路办理站在集中多个托运人的小批量货物用定期与不定期直达专列

运往枢纽港。

(2) 在由内陆通往枢纽港的铁路线上有若干个集装箱办理站,可使用一般快运列车或普通货运列车采用沿线逐站集中的方式运往枢纽港堆场。

(3) 各支线港分别集中货物后,通过支线以较大批量运往枢纽港堆场。

(4) 枢纽港附近的货主分别直接用汽车将集装箱运往枢纽港堆场。

货物由以上各种方式集中运到枢纽港堆场再集中后,以更大的批量投入干线运输。从以上过程可以看出,集装箱货物的集疏运过程是把过去由货主独立组织的小批量货物运输变成了通过集散点集中后由一个运输企业统一组织的大批量运输。这种大批量货物由于可以采用大型运输方式(运量大、成本低),因而可以取得经济规模效益。

2. 集装箱货物的运输

一个完整的集装箱运输流程是在收(发)货人所在地或货运站装箱或拼箱后,从始发地运往内陆某集散地,由集散地将集装箱经内陆集疏系统运往港口,集装箱海上运输将集装箱运往目的港后,再运往另一内陆集散地,从内陆集散地将集装箱(货物)运至收货人。集装箱整箱货运过程和拼箱货运过程可如图 8-1 所示。

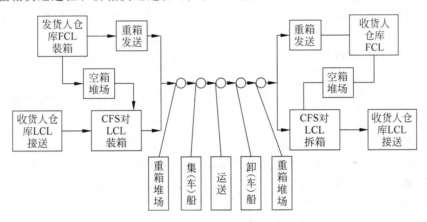

图 8-1　集装箱货运过程

(1) 整箱货运输过程。承运人对整箱货以箱为交接单位,只要集装箱外表与收箱时相似且铅封完好,承运人就完成了承运任务。

整箱货运输过程如下。①发货人在自己的工厂或仓库装箱地点配置集装箱。②发货人在自己的工厂或仓库装箱地点装箱。③通过内陆运输或内河运输将集装箱货物运至集装箱码头。④在集装箱码头堆场办理交接,根据堆场计划在堆场内暂存集装箱货物,等待装船。⑤通过水上运输将集装箱货物运到卸船港。⑥根据卸船计划从船上卸下集装箱货物并在堆场内暂存。⑦通过内陆运输将集装箱货物运至收货人的工厂和仓库。⑧收货人在自己的工厂或仓库掏箱地点掏箱。⑨集装箱空箱回运。

(2) 拼箱货运输过程。拼箱货通常由承运人分别揽货并在集装箱货运站或内陆站集中,然后将两票或两票以上的货物混装在一个集装箱内,并在目的地的集装箱货运站或内陆站拆箱,分别交货。对于这种货物,承运人要负担装箱与拆箱作业,装拆箱费用仍向货主收取,承运人对拼箱货的责任基本上与传统的件杂货运输相同。

拼箱货运输过程如下。①发货人自己负责将货物运至集装箱货运站。②集装箱货运站负责配箱、装箱。③集装箱货运站负责将装载货物的集装箱运至集装箱码头。④根据堆场计划将集装箱暂存堆场,等待装船。⑤根据装船计划将集装箱货物装上船舶。⑥通过水上运输将集装箱货物运抵卸船港。⑦根据卸船计划从船上卸下集装箱货物并在堆场内暂存。⑧将集装箱货物运到货运站。⑨集装箱货运站按箱交货。⑩集装箱空箱回运。

3. 集装箱的交接方式和交接地点

（1）整箱交接。交接地点有以下三种。①门到门交接：此种交接形式习惯上只有一个发货人、一个收货人负责内陆运输。②场到场交接：承运人在装船港堆场接收货物,并将其运至卸船港码头堆场交货的交接方式。③门到场：在发货人的工厂或仓库接收货箱后,由承运人负责运至卸船港集装箱码头堆场交货,目的地的内陆运输则由收货人自己负责安排。④场到门交接：在装船港集装箱码头堆场接收货箱,由承运人负责运至收货人工厂或仓库交货的交接方式。

（2）拼箱交接。在这种交接方式下,集装箱的具体交接地点只有一种情况,即站到站。这是指发货人将货物送往起运地或集装箱货运站,货运站将货物拼装后交承运人,承运人负责运至目的地或卸箱港的集装箱货运站进行拆箱,当地的货运站按件交给各个有关收货人。

（3）整箱交货、拆箱收货。集装箱具体的交接地点有以下两种情况。①门到站交接：在发货人的工厂或仓库接收货箱后,由承运人负责运至目的地集装箱货运站交货。②场到站：承运人在装船港集装箱码头堆场接收货箱,并将其运至目的地集装箱货运站的交接方式。

（4）拼箱交货、整箱收货。交接地点有以下两种。①站到门：承运人在起运地集装箱货运站接收货箱,并将其运至收货工厂或仓库的交接方式。②站到场：承运人在起运地集装箱货运站接收货箱后,负责运至卸船港集装箱码头堆场,整箱交收货人的交接方式。

8.4.5 集装箱进出口货运流程

1. 集装箱出口货运流程

（1）请发货人提供详细出口资料（若是拖装,报关资料可由拖车捎带；若是场装,报关资料由发货人提供）。

（2）根据发货人要求,选择价格低廉、服务好的船公司,并确认运价、停靠码头及班船。

（3）打印托运单,第一联交客户确认运价、船期。

（4）托运单第二联至第八联交外代排载,外代留下第二联(有时会留下第三联)并在第六联附页上盖章(第七联有时不盖章)。若需要船公司确认运费的,应提供运费确认书。

（5）提供第六联附页、第五联及提箱申请书(淡红色)到外代箱管科办理提箱申请,外代留下提箱申请书和第五联,并在第六联附页上盖章,提供设备交接单。

（6）提供第六联附页、设备交接单、提箱申请书(白色)、铅封、装箱单(不一定需要)到车队,并得知箱号。

(7) 若为拖装,进场章在码头盖(第六～第八联);若为场装,进场章在堆场盖。

(8) 提供第六～第八联和装箱单(五份)到外代盖申报章。

(9) 提供第六～第八联到报关行报关(合同、委托书、发票、清单、出口核销单以及许可证)。

(10) 报关后送第六～第八联到外代配载室,拿回第八联。

(11) 待船舶开航后,提供第八联、单证费发票、海运费发票(预付)到外代换取提单。

(12) 在报关后一至两个星期内到报关行领取退税核销单。

(13) 通知托运人来领取核销单,并结清费用。

2. 集装箱进口货运流程

进口货运集装箱货运程序如图 8-2 所示。

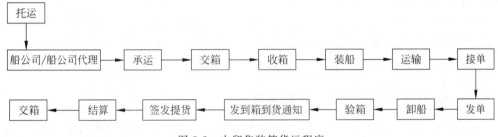

图 8-2 内贸集装箱货运程序

(1) 托运。国内水路集装箱货物运输的托运,除按一般货物运输的有关托运规定和要求外,还有以下特殊规定。

① 关于装箱货物的规定。集装箱以装贵重品、易碎、怕湿等货物为主,易于污染、损坏箱体的货物不得使用通用集装箱装运,鲜活、危险的货物要用专用集装箱装运。

② 关于货物批量的规定。水路使用集装箱运输的货物,每批必须是同一吨位的集装箱,至少 1 箱。但实行水陆联运的集装箱要求不超过一辆货车所能装运的箱数。

③ 运单的填写。托运人托运集装箱,必须先签订集装箱运输合同,在托运时再填写集装箱运输货物运单。如果是水路直达运输,运给同一到达港、同一收货人的,填制一张运单。但按"港到港"方式办理的,也可以一箱装几张运单的货物。

④ 集装箱的装货和卸货。整箱运输时,向集装箱内装货和卸货由托运人和收货人自理。拼箱货的装货和卸货由承运人负责。

⑤ 集装箱货物重量的确定。集装箱货物重量由托运人负责确定。如其重量超过集装箱的标记重量,由港口对超装的货物向托运人或收货人核收集装箱装载逾重的罚款,并补收装载逾重的货物运费。

(2) 承运。国内水路集装箱货物运输的承运是按水运法规规定的办法。承运人接受托运人的委托,承担为其运送集装箱货物。因此,承运人要按水运法规的规定来办理。

① 审核单证。承运人要核对原来签订的运输合同号码,审核运单的填写是否符合规定要求,如果不符合规定要求,要求托运人重填一份。

② 箱子交接。集装箱货物运输的交接手续,凭集装箱交接清单及货物装箱单办理,按集装箱铅封和箱体状况交接。托运人装箱完毕,凭起运港已批准进场的货物运单,连同

集装箱交给起运港。

③ 查验收箱。在起运港,由托运人对集装箱施封后交起运港发运。承运人认可后,即可承运,并确定承运船舶的船名、航次、承运日期。

(3) 装船运输。集装箱装卸区根据船舶性能和资料,依据场地积载计划等编制船舶配积载图,等船到港后,经船方确认,即行装船。

(4) 接单发单。到达港接到起运港寄来的集装箱货物运输的全套单证后,分别发送给货运代理公司和集装箱装卸区。

(5) 卸船验箱。集装箱装卸区依据集装箱货物运输单证进行卸船,卸船后并验箱。如发现有货单不符,到达港要做货运记录,作为划分责任的依据。

(6) 发到箱到货通知。到达港或货运代理公司在接到船舶到港时间及有关箱运资料后,即向收货人发到箱到货通知。

(7) 结算。收货人凭到箱到货通知与到达港或货运代理公司交费结算后,货运代理公司签发给收货人提货单,收货人据其提货。

(8) 交箱。收货人凭提货单到集装箱装卸区提货。

8.4.6 集装箱货物运输的主要单证

在集装箱货物进出口业务中,除采用了与传统的散杂货运输中相同的商务单证外,在船务单证中根据集装箱运输的特点,采用了空箱提交单、集装箱设备交接单、集装箱装箱单、场站收据、提货通知书、到货通知书、交货记录、卸货报告和待提集装箱报告等。现分别介绍如下。

1. 空箱提交单

空箱提交单(equipment dispatch order)又称集装箱发放通知单(container release order),俗称提箱单,是船公司或其代理人指示集装箱堆场将空集装箱及其他设备提交给本单持有人的书面凭证。

在集装箱运输中,发货人如使用船公司的集装箱,并为了要把预定的货物装在箱内,就要向集装箱堆场或空箱储存场租借空箱。通常是由船公司提供空集装箱,借给发货人或集装箱货运站。在这种情况下,船公司或其代理人要对集装箱堆场或空箱储存场发出交箱指示,但是由于空集装箱是一个售价较高的设备,因此不能只靠简单的口头指示,还要向发货人或其代理人提交空箱提交单,集装箱堆场或空箱储存场只对持有本单证的人提交空集装箱,以确保交接安全。

集装箱的空箱提交单一式三份,发货人或其代理人凭订舱委托书,接受订舱委托后,由船公司或其代理人签发,除自留一联备查外,发货人或其代理人和存箱的集装箱堆场或空箱储存场各执一联。

2. 集装箱设备交接单

集装箱设备交接单(equipment interchange receipt)简称设备交接单(equipment receipt,E/R),是进出港区、场站时,用箱人、运箱人与管箱人或其代理人之间交接集装箱和特殊集装箱及其设备的凭证,是拥有和管理集装箱的船公司或其代理人与利用集装箱运输的陆运人签订有关设备交接基本条件的协议(equipment interchange agreement)。

设备交接单分出场(港)设备交接单和进场(港)设备交接单两种,各有三联,分别为管箱单位(船公司或其代理人)留底联、码头、堆场联、用箱人、运箱人联。

设备交接单的各栏分别由管箱单位的船公司或其代理人,用箱人或运箱人、码头、堆场的经办人填写。船公司或其代理人填写的栏目有:用箱人/运箱人、船名/航次、集装箱的类型及尺寸、集装箱状态(空、重箱)、免费使用期限和进(出)场目的等。由用箱人、运箱人填写的栏目有:运输工具的车号,如果是进场设备交接单,还须填写来自地点、集装箱号、提单号、铅封号等栏目。由码头、堆场填写的栏目有:集装箱进、出场日期,检查记录,如果是出场设备交接单,还须填写所提集装箱号和提箱地点等栏目。

设备交接单既是分清集装箱设备交接责任的凭证,在集装箱外表无异状,且铅封完好的情况下,它也是证明箱内货物交接无误的凭证。如发现集装箱等设备有异常时,应把异常情况摘要记入设备交接单上,由经办人双方签字各执一份。设备交接单也用于集装箱的盘存管理和对集装箱的追踪管理,必要事项都要输入电脑中,以备查询。

3. 集装箱装箱单

集装箱装箱单(container load plan)是详细记载每一个集装箱内所装货物名称、数量、尺码、重量、标志和箱内货物积载情况的单证,对于特殊货物还应加注特定要求,比如对冷藏货物要注明对箱内温度的要求等。

集装箱装箱单每一个集装箱一份,一式五联,其中码头、船代、承运人各一联,发货人、装箱人两联。在集装箱货运站装箱时,由装箱的货运站缮制;由发货人装箱时,由发货人或其代理人的装箱货运站缮制。

4. 场站收据

场站收据(dock receipt,D/R)是由发货人或其代理人编制,是承运人签发的,证明船公司已从发货人处接收了货物,并证明当时货物状态,船公司对货物开始负有责任的凭证。托运人据此向承运人或其代理人换取待装提单或装船提单。它相当于传统的托运单、装货单、收货单等一整套单据,共有十联(有的口岸有七联)。其中,集装箱货物托运单二联:第一联货主留底,第二联船代留底。运费通知二联:第三联运费通知(1)和第四联运费通知(2)。第五联,装货单,即场站收据副本(1),包括缴纳出口港务费申请书附页。第六联,大副联,即场站收据副本(2)。第七联,场站收据正本。第八联,货代留底。第九联、第十联,配舱回单(1)和(2)。

场站收据的填制要求如下。

(1) 场站收据由发货人填制,由发货人或其代理人交船舶代理确认订舱。场站收据中的收货人、通知人、箱号、封志号、箱数、收货方式和交货方式应如实申报,不允许一票场站收据上同时出现两种收货方式、两种交接方式。

(2) 对填制栏目内容如有任何变更或整票退关,应向船公司或船舶代理人和其他有关单位分送更正通知单。

(3) 发货人或其代理人应在海关放行后将货物装箱。各装箱点应将每票场站收据的箱号、封志号、箱数及时报告发货人或其代理人,发货人或其代理人应在场站收据正本和副本的相应栏目上填明箱号、封志号、箱数。

(4) 场站业务员在集装箱进场时,重点核对场站收据装货单上的海关放行章、箱号、封志号、箱数等栏，并在实收栏目内批注、签字，在签章栏目注明签章日期，加盖场站章。

由上述可见，场站收据类似传统的大副收据，但又有不同之处。类似之处，两者都表明承运人已收到发货人或其代理人交来指定的货物，即从签发时起就意味着风险已由发货人转给承运人。在集装箱货物运输中，信用证若未强调提供已装船提单，场站收据同大副收据一样，都是发货人或其代理人向船公司或船代换取提单的凭证。但它们的不同之处是，集装箱货物运输承运人或其代理人委托场站签发场站收据，意味着承运人的责任风险由传统运输中的"过船舷"延伸到场站。

5. 特殊货物清单

在集装箱内装运危险货物、动物货、植物货，以及冷冻货物等特殊货物时，托运人在托运这些货物时，必须根据有关规章，事先向船公司或其代理人提交相应的危险货物清单、动物货清单、植物货清单和冷冻（藏）货集装箱清单，或称为装货一览表。

1) 危险品清单（dangerous cargo list）

危险货物的托运人在装运危险货物时，必须根据有关危险货物运输和保管的规章，如《国际海运危险货物规则》，事先向船公司或其代理人提交危险品清单。

危险品清单一般须记载以下一些主要内容：船名、航次、船籍、装货港、卸货港、提单号、货名、国际危规类别、标志、页号、联合国编号、件数及包装、货重、集装箱号、铅封号、运输方式和装船位置等。

为了安排危险货物在集装箱堆场的堆存位置和装船的需要，托运人在将危险货物移入集装箱堆场和货运站时，都须提交危险品清单，由堆场经营人汇总交船方。

此外，所有危险货物都必须粘贴规定的危险品标志，内装危险货物的集装箱也必须有规定的危险品标志。

2) 冷藏集装箱清单（list of reefer container）

冷藏集装箱清单是装载冷冻货物或冷藏货物的冷藏集装箱的汇总清单。冷藏集装箱清单由货运代理人或装箱人缮制。它记载的内容主要包括：船名、航次、船籍、装货港、开航日期、卸货港、集装箱号码、铅封号、规格、提单号、货物名称、货物重量、箱重、总重、要求温度等。

托运人在托运冷冻货物或冷藏货物时，都要求承运人和集装箱堆场在运输和保管过程中，将冷藏箱的箱内温度保持在一定范围内。为了要尽到这种义务，承运人或集装箱堆场要求托运人或其代理人提供冷藏集装箱清单，而承运人或其代理人对于这些货物要按箱明确货物名称和指定的温度范围，以引起船舶和卸货港的充分注意。

3) 动物货清单（zoological cargo list）和植物货清单（botanical cargo list）

关于动物及其尸体、骨、肉、皮、毛和装载这些货物的容器和包装等，关于植物、种子、新鲜水果和装载这些货物的容器和包装等货物的进口，根据进出境动植物检疫法，需要由动植物检疫机构检查和批准方可进出口。

这些检查和进出口是由收、发货人或其代理人来申请办理的。但船公司或其代理人必须在船舶卸货以前，按接受检疫的货物和集装箱，分别编制动物货清单、植物货清单提交给检疫机构。若不单独编制这种清单，也可用单独的舱单来代替。

4) 提货通知书(delivery notice)

提货通知是船公司在卸货港的代理人向收货人或通知人(往往是收货人的货运代理人)发出的船舶预计到港时间的通知。它是船公司在卸货港的代理人根据掌握的船舶动态和装箱港的代理人寄来的提单副本或其他货运单证、资料编制的。

船公司在卸货港的代理人向收货人或通知人发出提货通知书的目的在于要求收货人事先做好提货准备,以便集装箱货物抵港后能尽快疏运出港,避免货物在港口、堆场积压,使集装箱堆场能更充分地发挥其中转、换装作用,使集装箱更快地周转,而得到更充分的利用。

5) 交货记录(delivery record)

交货记录共五联：到货通知书一联,提货单一联,费用账单二联,交货记录一联。

交货记录的填制要求如下。

交货记录在船舶抵港前由船舶代理依据舱单、提单副本等卸船资料预先制作。到货通知书除进库日期外,所有栏目由船舶代理填制,其余四联相对应的栏目同时填制完成。提货单盖章位置由责任单位负责盖章,费用账单剩余项目由场站、港区填制,交货记录出库情况由场站、港区的发货员填制,并由发货人、提货人签名。

6) 其他单证

(1) 卸货报告(outturn report)。卸货报告是集装箱堆场或货运站在交付货物后,将交货记录中记载的批注,按不同装载的船名,而分船编制的交货状态的批注汇总清单。

集装箱货运站和集装箱堆场在货物交付后,把交货记录中记载的批注及时汇总起来编成清单,送交船公司或其代理人。船公司根据这一报告掌握货物灭失和发生损坏的情况,以便采取必要措施;同时也可作为收货人对货物灭失或损坏提出索赔时,船公司理赔的重要依据。不过,有些船公司不要求提交这一单据,而以交货记录作为理赔的依据。

(2) 待提集装箱(货物)报告(report of undelivered container(cargo))。待提集装箱(货物)报告是集装箱堆场或货运站编制并送交船公司的,表明经过一段时间尚未能疏运的,仍滞留在堆场或货运站的重箱或货物的书面报告。据此,船公司或其代理人可向收货人及其代理人发出催提货物的通知,以利疏港和加速集装箱的周转。

实际业务中,船公司向收货人发出的到货通知书中,通常都有关于提货期限和对不按时提取货物将按规定对货物进行处理的规定。比如,有的港口在到货通知书上就明确规定:"根据海关规定,货物到港(站)14天内未能及时向海关申报,由此引起的海关滞报金,由收货人承担。""货物到港10天内未能及时提取货物,由此引起的港口疏港所发生的费用,由收货人承担。货物抵港3个月不提取,将作为无主货处理。"

小　　结

本章介绍了国际货物运输的性质特点及我国货物运输的组织体系和行政管理机构;阐述了国际多式联运的特点及优越性,国际多式联运经营人的性质、类型及责任的划分;国际多式联运的业务流程,国际多式联运提单的内容、作用;介绍了大陆桥运输及OCP、MLB、IPI运输业务,多式联运运费的基本结构、多式联运运费的计费办法,集装箱的基本常识及业务知识,集装箱适箱货物的种类、各类货物选配和装载的方法,集装箱进出口货运流程及操作要求,集装箱主要货运单证的内容、作用及填制。

复习思考

一、填空题

1. 国际货物运输方式有（   ）、（   ）、（   ）、（   ）、（   ）、（   ）运输等。
2. 《中华人民共和国海商法》（   ）指出:"承运人是指本人或者委托他人以本人的名义与托运人订立海上货物运输合同的人。"
3. （   ）是指根据委托人的要求代办货物运输的业务机构。
4. （   ）是指接受船舶经营人或船舶所有人的委托,为它们在港船舶办理各项业务和手续的人。
5. （   ）是以中间人的身份代办洽谈业务,促使交易成交的一种职业。

二、判断题

1. 货主是指专门经营海上、铁路、公路、航空等客货运输业务的运输企业,如轮船公司、铁路或公路运输公司、航空公司等。（   ）
2. 承运公司是办理将货物装船和从船上卸下的行业。经营这种行业的人被称为装卸人或装卸业者。（   ）
3. 装卸业是在船舶装货或卸货时,对货物的件数进行清点,并对货物的交接做出证明的职业。（   ）
4. MLB,是指以横贯大陆上的铁路、公路运输系统作为中间桥梁,把大陆两端的海洋连接起来形成的海陆联运的连贯运输。（   ）
5. 西伯利亚大陆桥把太平洋远东地区与波罗的海、黑海沿岸及西欧大西洋岸连接起来,是世界上最长的大陆桥。（   ）
6. 欧亚大陆桥运输线,一条是从西部太平洋口岸至东部大西洋口岸的铁路（公路）系统,全长3200千米;另一条是西部太平洋口岸至南部墨西哥湾口岸的铁路（公路）运输系统,长500~1000千米。（   ）
7. 1980年9月11日,我国陇海—兰新铁路的最西段——乌鲁木齐至阿拉山口的北疆铁路与苏联土西铁路接轨,第二条亚欧大陆桥运输线全线贯通,并于1992年9月正式通车。（   ）
8. OCP是大陆桥的简写。（   ）
9. 收货人在收到货物单证10天内,必须申请进口保税运输,以保证将货物最终运抵交货地。（   ）
10. 国际多式联运（multimodal transport）是一种以实现货物整体运输的最优化效益为目标的联运组织形式。（   ）

三、单项选择题

1. （   ）是指专门经营进出口商品业务的国际贸易商,或有进出口权的工贸、地贸公司以及"三资"企业。

A. 货主　　　　　B. 托运人　　　　C. 承运人　　　　D. 船公司
2. 我国的( )主要是由中国外轮理货公司及其在各港的分支机构进行,而货主往往通过委托代理人的驻港人员进行。
   A. 托运人　　　B. 理货人　　　　C. 承运人　　　　D. 其他
3. ( )运输主要是指国际集装箱过境运输,是国际集装箱多式联运的一种特殊形式。
   A. 多式联运　　B. 小陆桥　　　　C. 大陆桥　　　　D. IPI
4. ( )运输诞生于1967年。
   A. 多式联运　　B. 小陆桥　　　　C. 大陆桥　　　　D. IPI
5. ( )大陆桥是北美大陆桥的组成部分,是最早开辟的从远东至欧洲水陆联运线路中的第一条大陆桥。
   A. 美国　　　　B. 日本　　　　　C. 欧洲　　　　　D. 荷兰
6. ( )运输不是真正的多式联运。
   A. MLB　　　　B. IPI　　　　　C. OCP　　　　　D. 集装箱
7. 多式联运经营人的代表收取货物后,( )签发多式联运提单。
   A. 发货人应向经营人　　　　　　B. 承运人应向经营人
   C. 发货人应向承运人　　　　　　D. 经营人应向发货人
8. ( )可以分为两大类:可转让单据与不可转让单据。
   A. 国际多式联运单　　　　　　　B. 集装箱单
   C. 海运单　　　　　　　　　　　D. 提单
9. 集装箱装箱单每一个集装箱一份,( ),其中码头、船代、承运人各一联,发货人、装箱人两联。
   A. 一式四联　　B. 一式五联　　　C. 一式六联　　　D. 一式七联
10. ( )清单是装载冷冻货物或冷藏货物的冷藏集装箱的汇总清单。
    A. 冷藏集装箱　B. 集装箱　　　　C. 多式联运　　　D. 大陆桥

四、简答题
1. 什么是国际货物运输?
2. 简述国际多式联运的业务流程。
3. 简述国际多式联运的特征、优越性及运输组织形式。
4. 简述国际多式联运经营人的性质、类型及责任的划分。
5. 什么是大陆桥运输?什么是OCP、MLB、IPI运输?
6. 简述国际多式联运单证的内容及其签发。
7. 集装箱货物的交接地点与交接方式都有哪些?
8. 简述集装箱货物选配和装载的内容及要求。
9. 简述集装箱主要货运单证的内容、作用及其业务。
10. 简述集装箱货运进出口的货运流程。

五、案例分析
上海一家公司(以下称发货人)出口30万美元的皮鞋,委托集装箱货运站装箱出运,发货人在合同规定的装运期内将皮鞋送到货运站,并由货运站在卸车记录上签收后出具仓库收据。该批货出口提单记载 CY-CY 运输条款、由货主装载并计数、FOB 价、由国外收货人买保险。国外收货人在提箱时箱子外表状况良好,关封完整,但打开箱门后发现一双皮鞋也没有。

讨论

1. 收货人可以向发货人提出赔偿要求吗?为什么?
2. 收货人可以向承运人提出赔偿要求吗?为什么?
3. 装箱单应由谁出具?海关如何验货放行?提单怎样缮制和签发?船公司怎样将货物装载出运?

第 9 章

运输成本管理

【学习目标】

通过本章学习了解运输成本与物流成本的关系,熟悉运输成本的概念、运输成本的构成、运输成本的分类,理解运输成本的主要影响因素,掌握不同运输方式的成本特征和计算方式、成本控制方法、运输隐性成本的主要表现形式,掌握合理化运输的主要形式。

【本章要点】

本章主要介绍运输成本的构成和分类、不同运输方式的成本特征和计算方式、成本控制方法。

索尼公司拼箱降成本

为了进一步降低物流运输成本,索尼集团公司常常根据实际需要,办理集装箱货物的多国拼箱。例如,索尼公司把半箱货物的集装箱从某产地发往新加坡,在那里把另外一种产品补充装入箱子,变成满箱货物的集装箱,然后继续运输,直至北美或者欧洲某目的港。这种物流运输方法的最大好处是:减少了等候时间,因为集装箱运输时间本身就是用金钱买来的,降低成本的同时也大幅度减少了通关时间。现在索尼集团已经把新加坡和中国台湾高雄作为索尼产品多国拼箱的集装箱枢纽港。其他方法还有满箱货物的"工厂直接装箱",或者在一个国家内的几家索尼子公司的产品进行拼箱。索尼集团目前把这些物流运输服务委托给中国香港东方海外集运公司和马士基海陆船务公司。

(资料来源:https://www.10000link.com/marketing/index.html.)

思考

试设想从哪些方面可以降低物流运输成本?

9.1 运输成本概述

9.1.1 运输成本概念特征

1. 运输成本概念

运输成本(transportation costs),是指运输企业在营运生产过程中实际发生的与运输、装卸和其他业务等营运生产直接有关的各项支出。在现代物流企业中,运输在其经营业务中占有主导地位,因此物流运输费用在整个物流业务中占有较大比例。一般综合分析计算,运输费用在社会物流费用中占50％左右。运输是物流中最重要的功能要素之一,物流合理化在很大程度上依赖于运输合理化,而运输合理与否直接影响着运输费用的高低,进而影响着物流成本的高低。

2. 运输成本核算的特点

交通运输业生产经营的特点决定了其成本核算的特点,主要表现在以下几个方面。

1) 成本计算对象的多样性

交通运输企业的成本计算对象主要是运输生产和运输业务,以及构成各类业务的具体项目。其中,运输企业的成本计算对象是客运业务、货运业务和客货综合运输业务。

2) 影响运输成本高低的因素较多

一方面,自然地理环境影响着运输成本,不同的运输线路造成运输成本存在较大差异;另一方面,不同厂牌、型号、吨位的运输工具及设备,对成本也会产生较大的影响。因此,成本计算要按被运输对象的不同、运输工具的不同、运输作业项目的不同、运输组织方式的不同计算各种运输成本。

3) 营运成本与应计入本期营业成本的费用相一致

营运成本是从事运输经济活动中发生的与运输、装卸和其他与营运生产直接相关的支出。运输企业由于营运过程和销售过程同时进行,不存在期初、期末在产品,也不存在储存待销的产成品,应计入本期营运成本的费用即为本期的营运成本。

4) 成本计算单位的复合性

交通运输企业通常采用将运输数量和运输的距离结合起来的周转量,即采用复合计量单位,如吨·千米(海里)、人·千米(海里)和换算吨·千米(海里)等,作为成本计量单位。其中,人·千米(海里)指的是客运业务,吨·千米(海里)指的是货运业务,换算吨·千米(海里)指的是客货综合运输业务。

5) 成本计算方法单一

运输企业由于不涉及中成品结转,也就不存在分步骤、分批别计算成本的问题。尽管各运输业务成本计算上存在不同的特点,但共同点是运输过程中发生的可计入各成本计算对象的各种耗费直接构成了交通运输企业的营运成本。

6) 成本计算期一般采用月份制

因为运输业的生产周期较短,所以一般采用月份制计算成本。但对于航行距离较远、运输时间较长、活动范围较广的船舶运输企业,应以航次时间作为成本计算期。

9.1.2 运输成本的构成

一般来讲,运输总成本包括货运、车队、燃料、设备维护、劳动力、保险、装卸、逾期/滞留费用、税收、跨国费用等。不同的运输方式所包含的运输成本有不同的构成类别和范围,可以分为四类,即变动成本、固定成本、联合成本和公共成本。

1. 变动成本

变动成本是指在一段时间内所发生的费用,通常以一种可预计的、与某种层次的活动直接相关的形式而变化。变动成本的构成中包含劳动成本、燃料费用和维修保养费用等。

例如,在汽车运输成本中,随行驶里程变动的成本有营运车耗用燃料费、营运车装用轮胎费、营运车维修费、按行驶里程计提的营运车辆折旧费等。这些成本费用,无论车辆是空驶或重载均会发生,而且随行驶里程变动而变动。另外一种是吨·千米变动成本,这是随运输周转量变动而变动的成本,如吨·千米燃料附加、按营运收入和规定比例计算交纳的养路费、运输管理费以及按周转量计算的行车补贴等。

2. 固定成本

固定成本是指在短期内虽不发生变化,但又必须得到补偿的那些费用。对于运输公司来说,固定成本构成中包括端点站道、信息系统和运输工具等所产生的费用。

船舶固定资产折旧费、租赁费、保险费、港口费、集装箱费、货物费、代理费、船员工资福利费、直接人工费、事故净损失、公司经费、工会经费、劳动保险费、财产、土地使用税等。

3. 联合成本

联合成本是指决定提供某种特定的运输服务而产生的不可避免的费用(如回程费用)。联合成本对于运输收费有很大的影响,因为承运人索要的运价中必须包括隐含的联合成本,它的确定要考虑托运人有无适当的回程货物,或者这种回程运输费用由托运人来弥补。

4. 公共成本

这类成本是承运人代表所有的托运人或某个分市场的托运人支付的费用。公共成本,诸如端点站或管理部门之类的费用,具有企业一般管理费用的特征,通常是按照活动水平,如装运处理、递送约定的数目之类分摊给托运人承担。

5. 其他费用

其他费用是指企业在营运生产过程中发生的固定资产折旧费、修理费、租赁费(不包括融资租赁费)、取暖费、水电费、办公费、差旅费、保险费、设计制图费、试验检验费、劳动保护费、航道养护费、水路运输管理费、船舶检验费、灯塔费、航行国外及中国港澳地区的船舶发生的吨税和过境税、运河费、车辆牌照检验费、车辆清洗费、过路费、过桥费、过隧道费、过渡费、司机途中宿费、季节性和修理期间的停工损失等支出。

9.1.3 影响运输成本的因素

影响运输成本的因素很多,尽管这些因素并不是运费表上的组成部分,但在承运人制定运输费率时,必须对每一个因素加以考虑。这些因素主要有以下几个方面。

1. 输送特征

(1) 运输距离。运输距离是影响运输成本的主要因素,它直接对劳动、燃料和维修保养等变动成本发生作用。输送距离越长,城市间的输送距离所占的比例趋于更高,而不是使市内的千米数更大。于是,承运人可以使用更高的速度,使城市间每千米单位费用相对较低,并且有更多的距离适用相同的燃料和劳动费用;而市内输送通常会频繁地停车,因此要增加额外的装卸成本。

(2) 运输量。大多数运输活动中存在着规模经济,运输量的大小也会影响运输成本。运输量与运输成本之间的关系如图 9-1 所示,它说明了每单位重量的运输成本会随运输量增加而减少。这是因为固定成本及搬运装卸等费用可以随运输量的增加而得到分摊。

但是,这种关系受到运输工具(如货车)最大尺寸的限制,一旦该车满载,对下一辆车会重复这种关系。这种关系对管理部门的启示是,小批量的载货应整合成更大的载货量,以实现规模经济。

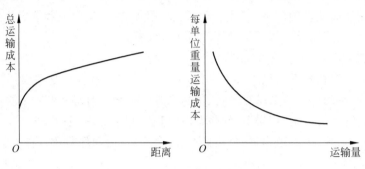

图 9-1　运输量与运输成本之间的关系

2．产品特征

1) 产品密度

货物的疏密度把重量和空间方面的因素结合起来考虑。每单位重量的运输成本随货物的疏密度的减小而下降,努力减小货物的疏密度通常会使运输成本降低。这类因素之所以重要,是因为运输成本通常表示为每单位重量所花费的数额,如每吨金额数等。在重量和空间方面,单独的一辆运输卡车更多的是受空间限制,而不是受重量限制。即使产品的重量很轻,车辆一旦装满,就不可能再增加装运数量。既然运输车辆实际消耗的劳动成本和燃料成本主要不受重量的影响,那么货物的疏密度越高,相对地可以把固定运输成本分摊到增加的重量上去,使这些产品所承担的每单位重量的运输成本相对较低。一般来说,物流管理人员会设法增加产品密度,以便更好地利用车辆的容积,使车辆能装载更多数量的货物。增加货物包装密度,可以将更多单位的产品装载进具有固定体积的车辆中去。在某种程度上,由于车辆已经满载,即使再增加产品的密度,也无法再增加利益。

2) 产品的可靠性

对容易损坏或者容易被偷盗的单位价值高的许多货物(如计算机、珠宝及家用娱乐产品等)而言,可靠性是非常重要的一个指标。货物运输时,需要承运人提供的可靠性越大,货物的运输成本就越高。其他因货物种类不同,其重要性也不同的因素包括产品是否是危险品,是否需要牢固、严格的包装等,对化工行业和塑料行业的产品而言,这些因素尤其重要。承运人必须通过向保险公司投保来预防可能发生的索赔,否则有可能要承担任何可能损坏的赔偿责任。托运人可以通过改善保护性包装,或通过减少货物灭失损坏的可能性,降低其风险,最终降低运输成本。

3) 产品的装载性能

装载性能这一因素是指产品的具体尺寸及其对运输工具(如铁路车、拖车或集装箱)空间利用程度的影响。例如,谷物、矿石和散装石油具有良好的装载性能,因为这些货物可以完全填满运输工具(如火车车厢、货车车厢、管道等)。其他货物,如车辆、机械和牲畜,都不具有良好的装载性能。货物的装载性能由其大小、形状和弹性等物理特性所决定。

4) 装卸搬运

卡车、铁路车或船舶等的运输可能需要特别的装卸搬运设备,运输成本通常较高,产品大小或形状一致的货物(如纸箱、罐头、筒)或可以用专门搬运设备(如用带子捆起来、装箱或装在托盘上等)处理的产品,搬运费用较低,因此运输成本较低。

3. 市场因素

1) 竞争性

不同运输模式间的竞争、同一运输模式的线路竞争及同种运输方式之间的竞争会影响运输费用的波动。铁路、水路、航空及海运之间长期以来都存在不同程度的竞争,有时为了赢得市场份额,会提供一些不同的价格策略或优惠策略。例如,相同起讫地的货物运输可采用两种不同的运输方式进行,运输速度较慢的那种运输方式只能实行较低的运价。

2) 流通的平衡性

运输通道流量和通道流量均衡等运输供需市场因素也会影响到运输成本。这里的运输通道,是指起运地与目的地之间的移动。显然,运输车辆和驾驶员都必须返回到起运地,于是对他们来说,要么找一票货带回来("回程运输"),要么只能空车返回。当发生空车返回时,有关劳动、燃料和维修保养等费用仍然必须按照原先的"全程"运输支付,于是理想的情况就是"平衡"运输,即运输通道两端的流量相等。但由于制造地点与消费地点的需求不平衡,通道两端流量相等的情况很少见。例如,有许多货物是在美国东海岸加工制造的,然后装运到美国西部的消费市场,这样就会产生运往西部的流量要大于流向东部的流量的现象。这种不平衡会使东行运输的费率大大降低。此外,这种平衡性也会受到季节性影响,类似于在销售旺季里运输水果和蔬菜的情况,这种需求的方向性和季节性会导致运输费率随方向和季节的变化而变化。

3) 运输的季节性

即旺季和淡季会导致运输费率及运输成本的变化。例如,飞机票的平时价格和春运、黄金周期间的价格相差较大等。

9.2 不同运输方式成本构成及特征

9.2.1 铁路运输成本的构成及其特征

1. 铁路运输成本的构成

铁路运输成本是铁路运输企业为完成客、货物运输任务而消耗的以货币形式表现出来的一切费用。它的运输成本主要包括固定设施成本、移动载运工具成本、运营成本和管理费用等,如表 9-1 所示。

表 9-1 铁路运输成本的构成

成本项目	主要内容	
固定成本	固定设施成本	包括轨道、车站、编组场等
固定成本	移动载运工具的投入	包括机车设备的投入成本及其相关的部分折旧和维修费
运营成本	与运营生产直接有关的各项支出	包括运营人员的工资、维修配件、燃料动力、固定资产的折旧费等
管理费用	运输行政部门为管理和组织营运生产活动的各项费用	包括工会经费、劳动保险费、技术转让费等

2. 铁路运输成本的特征

铁路运输成本的特征是其固定成本的比重很大,变动成本相对较低。其原因主要包括三个方面。首先,铁路线路、轨道、桥梁建设、车站、机车车辆、通信等基础设施设备投资大;其次,铁路、车站等的维护、折旧及管理费等相对较高;最后,铁路运输发到作业费用,如装卸搬运、制单和收费、多类多批货物货车的调度换车费用等固定支出较多。铁路运输的高固定成本结构特征决定了它必须增加运输量,实现规模经济和有效运营。规模经济的特点是随着运量和运距的增加,每单位运量的运输成本呈下降趋势,从而使单位运输成本降低。

【难点例释 9-1】 某铁路企业为了定价的目的,某年对 A 和 B 两个城市之间的铁路运输进行了成本分析。经检验,该年共产生了 500 万元的固定成本,每辆货车每趟所发生的变动成本为 250 元。如果以运送量分别为 10 车、1000 车、100 000 车测定,则其相应的每车平均总成本分别是多少(假定其总成本为固定成本与变动成本之和)?

【解】 如果运送量分别为 10 车、1000 车、100 000 车,则其相应的成本如表 9-2 所示。表中变动成本的计算值为年运输量和单位变动成本的乘积。

表 9-2 某铁路公司的运输费用表

年运量(车) 成本项目(元)	10	1000	100 000
固定成本	5 000 000	5 000 000	5 000 000
变动成本	2500	250 000	25 000 000
总成本	5 002 500	250 000	30 000 000
平均总成本	500 250	5250	300

9.2.2 汽车运输成本的构成及其特征

1. 汽车运输成本的构成

汽车运输成本是货物在汽车运输生产过程中所产生的以货币反映的全部耗费,主要由直接运营成本和间接营运费用两个部分构成,如表 9-3 所示。

表 9-3　汽车运输成本的构成

成本项目		主要内容
直接运营成本	直接人工	包括司机和助手标准工资和津贴、奖金和职工福利费
	直接材料	包括营运车辆运行过程所耗用的各种燃料和其所耗用的轮胎、垫带和零星修补费用等
	其他直接费用	车辆牌照和检验费、保险费、车船使用税、洗车费、过桥费、篷布绳索费等
间接营运费用		包括运输企业所属分公司、车队、车厂、车站等的管理费用

2．汽车运输成本的特征

汽车运输与铁路运输的成本形成鲜明对比，其变动成本的比重非常大，达到了总成本的80%以上。这主要是因为汽车运输的道路是公共的，承运人一般负担道路基础设施等固定投入的成本。

汽车运输也存在着规模经济，即当运输批量较大时，固定成本费用分摊到每单位成本的费用会降低。在汽车运输企业中，固定成本主要包括职工的基本工资、机器和建筑物的折旧等。汽车运输的运输成本也会随运量和运距的增加而降低，但由于运量非常有限，其下降趋势不如铁路运输那么明显。

9.2.3　船舶运输成本的构成及其特征

1．船舶运输成本的构成

船舶运输包括海洋运输和内河运输两种。海洋运输在船舶运输中的比重较大，其业务量超过了船舶运输业务量的80%。因此，下面以海洋运输为例介绍船舶运输成本的构成。

海洋运输的成本主要由直接运营成本和间接运营成本构成，见表9-4。其中，直接运营成本共包括四项：①航次运行费用，即船舶在运输生产过程中发生的直接费用；②船舶固定费用，即为保持船舶适航状态所发生的费用；③集装箱固定费用，即企业自有或租用的集装箱在营运过程中发生的固定费用；④船舶租费，即企业租用运输船舶参加营运，按

表 9-4　海洋运输成本的构成

成本项目		主要内容
直接运营成本	航次运行费用	包括燃料费、港口费、货物费、集装箱货物费、中转费、垫隔材料、速遣费、客运费、事故费用等
	船舶固定费用	包括船员的工资及职工福利费、润料及物料费、船舶折旧及修理费、船舶非营运费用、船舶共同费用等
	集装箱固定费用	包括集装箱的保管费、折旧费、租金、修理费、保险费、底盘车费用、清洁费、熏箱费等
	船舶租费	包括租船费等
间接运营成本		包括各个单位（分公司、船队）为组织和管理运输生产所发生的各种费用，如设计费、试验检查费等

规定应支付给出租人的租费。间接运营成本是指营运过程中所发生的、不能直接分摊到某个成本核算对象上的各种间接费用。

2. 船舶运输成本的特征

船舶运输系统包括港口、航道和船舶，其中港口和航道由国家管理，由政府运营。因此，船舶运输中的固定成本主要包括运输设备和端点设备的投入和折旧等。与端点有关的支出包括船只进入海港时的港口费和货物装卸费。在货物装卸时，除散货和集装箱货可以有效使用机械化装卸搬运设备外，昂贵的搬运成本（人工作业）使得其他情况下的端点费用较高。但是，在船舶运输的实际运行过程中，其能以很小的牵引力、非常低的线路费用和营运成本（不包括人工成本）进行运输，使得平均成本随运距和运量的变化急速下降，使其成为最廉价的大宗货物运输方式之一，适合长距离、大批量运输。

水路运输的变动成本很低，主要包括燃料费和港口、运河通行费两大项。

9.2.4 航空运输成本的构成及其特征

1. 航空运输成本的构成

航空运输主要是指民用航空运输，其成本项目分为飞行费用与飞机维修费用两大类。

飞行费用大部分直接计入费用，费用发生时，可以直接计入有关机型的成本。其主要内容有空勤人员工资及福利费，燃料费，飞机、发动机折旧费，飞机、发动机大修理费，飞机租赁费，飞机保险费，飞机起降服务费以及旅客供应服务费等。

飞机维修费一般由材料费、人工费以及间接维修费三个项目组成，凡可以直接计入某一机型成本的，为直接计入费用；不能直接计入的费用则先要通过飞机维修费账户进行归集，然后按一定标准分配到各个机型的成本中去。

2. 航空运输成本的特征

航空运输系统包括飞机、机场及机场服务、空中交通管理系统和飞行航线。其中，机场和空中通道不属于航空公司所有。因此，航空运输的固定成本包括其拥有（或租赁）的运输设备在经济寿命周期内的折旧费，以及使用机场需要支出的固定费用，如地面的搬运装卸、取货和送货等机场对航空货运服务费用等。

航空运输的变动费用主要是燃料费用和原材料费用，受运距的影响较大。当使用大型飞机且实载率很高时，按吨·千米计算的营运成本较低。

较高的固定成本和变动成本合在一起通常使航空运输成为最贵的运输方式，短途运输尤其如此。但是，随着机场费用和其他固定费用支出分摊在更大的运量上，单位成本会有所降低。如果机型先进、载重量大、利用率高、长距离营运，还会使单位成本进一步下降。

9.2.5 管道运输成本的构成及其特征

管道运输系统的基本设施包括管道、储存库、泵站和管道运输控制中心。与铁路运输的情况一样，管道公司拥有这些基础设施或拥有它们的使用权。管道的投资和折旧及其他成本使管道运输的固定成本较高。为提高竞争力，管道运输的运量必须非常大，才能分摊这么高的固定成本。

管道运输变动成本主要包括动力成本和与泵站经营相关的成本。

由于管道运输中的管道既是运输的工具又是运输的载体,其动力需求取决于线路的运量和管道的直径。在运输中,大管道与小管道周长之比不像横截面面积之比那么大,摩擦损失和气泵动力随管道周长变大而增加,而运量则随截面积的增大而提高。其结果是,只要有足够大的运量,大管道的每吨千米成本会迅速下降。在一定的管道规格下,如果运送的产品过多,管道运输的规模收益会递减。

9.3 运输成本计算方法

9.3.1 运输成本的计算

以公路运输为例,车队成本的计算主要有两种形式,一种是不计算完全成本,另一种是计算完全成本。

1. 车队不计算完全成本

车队只核算其直接管理并负有责任的各项费用,车队计算的运输成本不包括养路费、运输管理费和车站经费。车队耗用的燃料、材料均按计划成本计算。

2. 车队计算完全成本

基层分公司或车队完全成本的计算,与企业分类运输成本的计算方法相同,应分别不同车型设置明细账,进行账务处理。企业汇编车队运输成本表,调整本期车站经费实际开支数与计划定额的差额,即为企业运输总成本。

将计算出的营运总成本除以本期运输周转量,即可计算运输业务的营运单位成本。

计算公式为

$$货车营运单位成本 = \frac{货车营运总成本}{货车运输周转量} \times 1000$$

如果公司车型多,根据管理需要,可以将其按不同燃料和不同类型分类,作为成本计算对象;如果车型少,可以直接一并计算。

运输企业应以不同燃料和不同厂牌的营运车辆作为成本计算对象。对于以特种大型车、集装箱车、零担车、冷藏车、油罐车等从事运输活动的企业,还应以不同类型、不同用途的车辆,分别作为单独的成本计算对象。

3. 计算内容

运输成本包括的内容广泛,各成本项目的计算内容如下所述。

1) 工资和福利费

这是指按规定支付给运营车辆司机的基本工资、工资性津贴、奖金和按比例计提的福利费。工资和福利费根据工资和福利费分配表中有关运输的部分计入运输成本。

2) 燃料费

燃料是指运营车辆所耗用的汽油、柴油等。燃料费根据行车路单或其他有关燃料消耗报告所列的实际消耗量,计算计入成本。需要注意的是,应使燃料实际消耗量与当月车辆行驶总车千米和所完成的运输周转量相符合。

另外,自动倾卸车辆卸车时所耗用的燃料也在燃料项下计算。

3) 轮胎费用

这是指运营车辆耗用的外胎、内胎、垫带的费用支出及轮胎翻新费和零星修补费。轮胎费用按实际领用数和发生数计入成本。如外胎一次领用较多,可在 1 年内分月摊入运输成本。

4) 修理费

这是指运营车辆进行维修和小修所发生的工料费、修复旧件费用和车辆大修费用。修理费按维修时领用的各种材料费、配件费,直接计入运输成本。对车辆大修费用,应分月计入。

5) 车辆折旧费

这是指运营车辆按规定方法计提的折旧费。车辆折旧费按车辆使用年限或车辆行驶里程计算,可查财务会计中相应车辆的折旧费直接引用。

6) 养路费、税金及运输管理费

这是指按规定向管理部门交纳的相应费用。养路费按实际交纳数计入运输成本。

7) 车辆保险费

这是指向保险公司交纳的运营车辆的保险费用。如存在车辆保险费,按实际支付的投保费用和投保期,分月分摊计入运输成本。

8) 事故费

这是指运营车辆在运行时,因行车肇事所发生的修理费、求援费、赔偿费等。事故费在扣除保险公司的赔偿和其他人的赔偿后,计入运输成本。

9) 其他营运费

如随车工具、篷布绳索费、车辆牌照费和检查费等,其他运营费根据实际领用数和发生数计入运输成本。

9.3.2　运输完全成本核算程序

运输企业的完全成本的核算程序,主要是指成本的会计核算程序。

1. 确定成本计算对象

根据企业营运管理的要求,确定成本计算对象、成本计算单位、成本项目和成本计算方法。

2. 营运费用进行归集

由车队根据费用支出和生产消耗的原始凭证,按照成本计算对象、费用类别和部门对营运费用进行归集、分配,并编制各种费用汇总表。

3. 计算各种业务成本

根据各种费用汇总表或原始凭证,登记辅助营运费用、营运间接费用、待摊费用、预提费用以及运输支出、装卸支出、其他业务支出的明细分类账计算各种业务成本。

4. 编制企业成本计算表

企业根据车队、车站等所属单位上报的成本核算资料,汇总分配企业各项费用,编制企业成本计算表。

9.3.3 运输成本计算方法

1. 运输成本计算内容

运输成本归集为企业为完成货物运输业务而发生的全部费用,包括支付外部运输费和自有车辆运输费。具体包括以下三部分内容。

(1) 人工费,主要指从事运输业务的人员的费用。具体包括运输业务人员工资、福利、奖金、津贴、补贴、住房公积金、职工劳动保护费、人员保险费、按规定提取的福利费、职工教育培训费和其他一切用于运输业务人员的费用等。

(2) 维护费,主要是指与运输工具及其运营有关的费用。具体包括车辆(包括其他运输工具)的燃料费、折旧费、维修保养费、保险费、租赁费、养路费、过路过桥费、年检费等。

(3) 一般经费,指在企业运输业务的过程中,除了人工费和维护费之外的其他与运输工具或运输业务有关的费用,如事故损失费等。

运输成本计算单位,是以运输工作量的计量单位为依据的。货物运输工作量,通常称为货物周转量,其计量单位为"吨·千米",即实际运送的货物吨数与运距的乘积。为计量方便起见,通常以"千吨·千米"作为成本计算单位。

就物流范围而言,运输成本存在于企业供应物流、企业内物流、销售物流、回收物流和废弃物物流全过程。在计算运输成本时要注意运输成本的分配和计算,应区分实际耗用资源和浪费资源。

【难点例释9-2】 假定企业某月运输作业、仓储作业、包装作业、装卸搬运作业、流通加工作业、物流信息作业、物流管理作业按作业人数所分配的职工教育经费分别为735.29元、735.29元、588.24元、882.35元、735.29元、441.18元、441.18元。

运输作业的成本动因为里程数,其在供应物流、企业内物流、销售物流、回收物流和废弃物物流阶段所发生的里程数分别为4000千米、300千米、3800千米、800千米、200千米,则供应物流、企业内物流、销售物流、回收物流和废弃物物流分担的运输成本分别为多少?

【分析】 运输成本分别为$[735.29/(4000+300+3800+800+200)]\times 4000=323.2$(元),同样方法可计算出300千米、3800千米、800千米、200千米的供应物流、企业内物流、销售物流、回收物流和废弃物物流分担的运输成本分别为:24.24元,307.04元,64.64元,16.17元。

仓储作业分配的职工教育经费735.29元。因其对应的物流范围阶段仅为企业内物流阶段,所以,企业内物流分担的该项仓储作业成本为735.29元,其他物流范围阶段分担的该项仓储成本为0。

包装作业分配的职工教育经费588.24元。因其对应的物流范围阶段同样仅为企业内物流阶段,所以,企业内物流分担的该项包装作业成本为588.24元,其他物流范围阶段分担的该项包装作业成本为0。

装卸搬运作业的成本动因为装卸搬运次数。其在供应物流、企业内物流、销售物流、回收物流和废弃物物流阶段所发生的装卸搬运次数分别为360次、240次、420次、36次、20次,则供应物流、企业内物流、销售物流、回收物流和废弃物物流分担的装卸搬运成本分别为$[882.35/(360+240+420+36+20)]\times 360=295.21$(元)。同样方法可计算出240

次、420次、36次、20次的供应物流、企业内物流、销售物流、回收物流和废弃物流分担的装卸搬运成本分别为:196.81元,344.41元,29.52元,16.40元。

流通加工作业分配的职工教育经费735.29元。因其对应的物流范围阶段仅为销售物流阶段,所以,销售物流分担的该项流通加工作业成本为735.29元,其他物流范围阶段分担的该项流通加工作业成本为0。

物流信息作业的成本动因是工作小时数,其在供应物流、企业内物流、销售物流、回收物流和废弃物物流阶段所使用的工作小时数分别为50小时、20小时、45小时、10小时、7小时,则供应物流、企业内物流、销售物流、回收物流和废弃物流分担的物流信息作业成本分别为[441.18/(50+20+45+10+7)]×50=167.11(元),66.85(元),150.40(元),33.42(元),23.40(元)。

物流管理作业的成本动因是工作小时数,其在供应物流、企业内物流、销售物流、回收物流和废弃物物流阶段所使用的工作小时数分别为40小时、30小时、50小时、6小时、6小时,则供应物流、企业内物流、销售物流、回收物流和废弃物流分担的物流管理作业成本分别为[441.18/(40+30+50+6+6)]×40=133.69(元),100.27(元),167.11(元),20.05(元),20.06(元)。

2. 运输完全成本计算程序

运输企业的完全成本的核算程序,主要是指成本的会计核算程序。

(1) 根据企业营运管理的要求,确定成本计算对象、成本计算单位、成本项目和成本计算方法。

(2) 由车队根据费用支出和生产消耗的原始凭证,按照成本计算对象、费用类别和部门对营运费用进行归集、分配,并编制各种费用汇总表。

(3) 根据各种费用汇总表或原始凭证,登记"辅助营运费用""营运间接费用""待摊费用""预提费用"以及"运输支出""装卸支出""其他业务支出"的明细分类账计算各种业务成本。

(4) 企业根据车队、车站等所属单位上报的成本核算资料,汇总分配企业各项费用,编制企业成本计算表。

【难点例释9-3】 某运输公司运输业务为:销售物流货运周转量为3 278 500吨·千米;供应物流货运周转量为12 001 300吨·千米,发生的各项营运费用如下表所示。

(1) 工资及提取的福利费如表9-5所示。

表9-5 工资福利分配表 单位:元

项 目	工 资	提取福利费	合 计
运输支出——销售物流	45 000	63 000	51 300
——供应物流	15 000	2100	17 100
辅助运营费	3 750	525	4 275
营运间接费用	6 250	875	7 125
合计	70 000	9800	79 800

根据表 9-5,编制记账凭证 1。

借：运输支出——销售物流（直接人工）　　　　　51 300
　　　　　　——供应物流（直接人工）　　　　　17 100
　　　辅助营运费用　　　　　　　　　　　　　　 4275
　　　营运间接费用　　　　　　　　　　　　　　 7125
　贷：应付工资　　　　　　　　　　　　　　　　70 000
　　　应付福利费　　　　　　　　　　　　　　　 9800

（2）直接燃料、直接材料、轮胎费用如表 9-6 所示。

表 9-6　燃料及轮胎费用分配表　　　　　　　　　　单位：元

项目	直接材料		轮胎摊销费	合计
	燃料	消耗材料		
运输支出——供应	27 500	1250	3250	32 000
——销售	22 500	500	3000	26 000
辅助营运费	3250	3500		6750
营运间接费	1250	2500		3500
合计	54 500	7500	6250	68 250

根据表 9-6,编制记账凭证 2。

借：运输支出——销售物流（直接人工）　　　　　32 000
　　　　　　——供应物流（直接人工）　　　　　26 000
　　　辅助营运费用　　　　　　　　　　　　　　 6750
　　　营运间接费用　　　　　　　　　　　　　　 3500
　贷：燃料　　　　　　　　　　　　　　　　　　54 500
　　　原材料　　　　　　　　　　　　　　　　　 7500
　　　待摊费用　　　　　　　　　　　　　　　　 6250

（3）固定资产折旧、预提修理费、其他费用见表 9-7。

表 9-7　折旧、预提及其他费用的分配　　　　　　单位：元

项目	折旧	提取修理费	其他费用	合计
运输支出——销售物流	40 000	10 000	2500	52 500
——供应物流	27 500	12 500	3000	43 000
辅助营运费	6250	1750	750	8750
营运间接费用	3250	2000	3500	8750
合计	77 000	26 250	9750	113 000

根据表 9-7,编制记账凭证 3。

借：运输支出——销售物流(直接人工)   52 500
          ——供应物流(直接人工)   43 000
    辅助营运费用   8750
    营运间接费用   8750
  贷：累计折旧   77 000
    预提费用   26 250
    银行存款   9750

(4) 辅助生产部门发生的辅助营运费用合计为 19 775 元,按货运工资比例进行分配,见表 9-8。

表 9-8 营运辅助费用的分配   单位:元

项 目	直接工资	分配率	营运辅助费用
运输支出——销售物流	45 000		14 832
——供应物流	15 000		4943
合计	60 000	0.3296	19 775

根据表 9-8,编制记账凭证 4。

借：运输支出——销售物流(直接人工)   14 832
          ——供应物流(直接人工)   4943
  贷：辅助营运费用   19 775

(5) 营运间接费用合计为 19 375 元,按货运工资比例进行分配,如表 9-9 所示。

表 9-9 营运辅助费用的分配   单位:元

项 目	直接工资	分配率	营运辅助费用
运输支出——销售物流	45 000		14 530.5
——供应物流	15 000		4844.5
合计	60 000	0.3229	19 375

根据表 9-9,编制记账凭证 5。

借：运输支出——销售物流(直接人工)   14 530.5
          ——供应物流(直接人工)   4844.5
  贷：营运间接费用   19 375

(6) 计算营运成本。根据以上运输支出中归集的各项营运费用,计算营运成本,编制运输营运成本计算表,如表 9-10 所示。

表 9-10　汽车营运成本计算表

项　目	销售物流货运	供应物流货运	合　计
一、营运成本项目(元)			
1. 直接材料	1250	500	1750
2. 直接燃料	27 500	22 500	50 000
3. 轮胎费用	3250	3000	6250
4. 直接工资	51 300	17 100	68 400
5. 其他直接费用	67 332	47 943	115 275
6. 营运间接费用	14 530.5	4844.5	19 375
营运总成本	165 162.5	95 887.5	261 050
二、周转量(千吨·千米)	3278.5	1200	1527.85
三、营运单位成本(元)	50.38	79.91	170.86

其中

销售物流成本＝165 162.5÷3 278 500×1000＝50.38(元/(千吨·千米))

供应物流成本＝95 887.5÷1 200 000×1000＝79.90(元/(千吨·千米))

货运综合周转量＝(1 200 000÷1000)+(3 278 500÷10)÷1000＝1527.85(千吨·千米)

综合单位成本＝261 050÷1527.85＝170.86(元)

【难点例释 9-4】 A 运输公司成本计算案例

(1) A 运输公司运输成本的分配和计算,区分实际耗用资源和浪费资源。假定 A 运输公司欲了解和掌握其在供应物流和销售物流阶段所发生的物流成本,某月份该企业发生的资源耗费主要有工资 148 800 元、电费 7392 元、折旧费 103 600 元、办公费 14 400 元,其涉及的作业主要包括运输作业、装卸搬运作业、物流信息作业和物流管理作业。其他具体资料如下。

① 该企业有运输车辆 6 辆,每月可提供的运输作业小时数为 1 056 小时,根据有关统计资料,运输车辆用于供应物流的运输小时数为 462 小时,用于销售物流的运输小时数为 475.2 小时。

② 该企业有装卸机 3 台,每月可提供的作业机时为 594,根据有关统计资料,在供应物流阶段所耗用的作业机时为 231,在销售物流阶段所耗用的作业机时为 297。

③ 该企业物流信息管理作业是采用计算机辅助系统来完成的,该系统全月可提供 176 个作业机时。本月在供应物流阶段提供了 84 个作业机时,在销售物流阶段提供了 85 个作业机时。

④ 该企业物流管理作业的人员及设施全月可提供 176 个作业小时,本月在供应和销售物流阶段分别提供了 76 个和 48 个作业小时。

（2）数据分析、计算步骤。根据上述资料，采用作业成本法计算 A 运输公司供应物流成本和销售物流成本。步骤如下。

① 确认企业本月所发生的资源耗费及作业。

资源耗费主要包括：工资 148 800 元，电费 7392 元，折旧费 103 600 元，办公费 14 400 元。

作业主要包括：运输作业、装卸搬运作业、物流信息作业和物流管理作业。

② 确认各资源动因，将各资源耗费分配至各作业。

a. 工资的分配。采用的资源动因为作业人数，因此应根据各作业的人数和对应的工资标准对工资进行分配（若无工资标准，则可按人数直接应用简单算术平均法分配），见表 9-11。

表 9-11　工资资源分配一览表

资源＼作业	运输	装卸搬运	物流信息	物流管理	非物流作业	合计
人数/人	12	18	6	6	30	72
每人月工资/元	2000	1800	2200	2200	2200	10 400
各项作业月工资/元	24 000	32 400	13 200	13 200	66 000	148 800

b. 电费的分配。电力资源消耗采用的资源动因为用电度数，已知每度电的用电价为 0.8 元，具体分配结果见表 9-12。

表 9-12　电力资源分配一览表

资源＼作业	运输	装卸搬运	物流信息	物流管理	非物流作业	合计
用电度数/度		1100	880	660	6600	9240
各作业消耗电费/元		880	704	528	5280	7392

c. 折旧费的分配。折旧费发生的原因在于有关作业运用了固定资产，因此，可根据各项作业固定资产运用的情况来分配折旧费，而特定的固定资产通常由特定作业所运用。它们之间一般具有直接对应的关系，因此折旧费相对于各作业而言，是直接成本，不需要采用资源动因进行分配，可根据会计明细账资料分别统计计入，具体见表 9-13。

表 9-13　折旧费用一览表

资源＼作业	运输	装卸搬运	物流信息	物流管理	非物流作业	合计
各作业折旧费/元	24 000	8000	6600		65 000	103 600

d. 办公费的分配。办公费发生的原因在于各作业人员耗用了各项办公用品等，发生了支出，其采用的资源分配动因为作业人数，人均办公费支出额为 14 400/72＝200（元）。具体分配结果见表 9-14。

表 9-14 办公费分配一览表

资源＼作业	运输	装卸搬运	物流信息	物流管理	非物流作业	合计
人数/人	12	18	6	6	30	72
各作业办公费/元	2400	3600	1200	1200	6000	14 400

将上述计算结果进行汇总,即得表 9-15。

表 9-15 各资源向各作业分配一览表

资源＼作业	运输	装卸搬运	物流信息	物流管理	非物流作业	合计/元
工资/元	24 000	32 400	13 200	13 200	66 000	148 800
电费/元		880	704	528	5280	7392
折旧费/元	24 000	8000	6600		65 000	103 600
办公费/元	2400	3600	1200	1200	6000	14 400
作业成本合计/元	50 400	44 880	21 704	14 928	142 280	274 192

③ 确认各物流作业的成本动因。

有关结果如表 9-16 所示。

表 9-16 各项作业及其成本动因

作业	作业成本动因	作业	作业成本动因
运输	作业小时	物流信息	作业机时
装卸搬运	作业机时	物流管理	作业小时

④ 计算各物流作业成本动因分配率,计算结果见表 9-17。

表 9-17 物流作业成本动因分配率计算及结果一览表

物流作业	运输	装卸搬运	物流信息	物流管理
物流作业成本/元	50 400	44 880	21 704	14 928
成本动因量(单位)	1056	594	176	176
成本动因分配率	47.73	75.56	123.32	84.82

⑤ 计算供应物流、销售物流实际消耗的资源价值以及未消耗资源成本,计算结果见表 9-18。

表 9-18　供应物流、销售物流实际消耗资源价值及未消耗资源成本一览表

作业	成本动因分配率	实际耗用成本动因量/小时			未耗用成本动因量/小时	实际耗用资源/元		未耗用资源/元
		供应物流	销售物流	合计		供应物流	销售物流	
运输	47.73	462.00	475.20	937.20	118.80	22 051.26	22 681.30	5667.44
装卸搬运	75.56	231.00	297.00	528.00	66.00	17 454.36	22 441.32	4984.32
物流信息	123.32	84.00	85.00	169.00	7.00	10 358.88	10 482.20	862.92
物流管理	84.82	76.00	48.00	124.00	52.00	6446.32	4071.36	4410.32
合计						56 310.82	59 676.18	15 925.00

通过上述未耗用资源的计算,某运输公司可以发现在物流运作的过程中,哪些作业未满负荷运作,存在资源浪费现象,从而为资源的合理配置提供依据。但在企业对外提供的运输成本表中,不需反映未耗用资源的情况,只需反映资源在所有成本计算对象之间的分配情况。尽管如此,通过上述计算也可看出,在企业内部运输成本计算和管理的过程中,计算未耗用资源对企业运输成本分析和管理具有重要意义。

9.4　运输成本控制

9.4.1　运输成本控制概述

1. 运输成本控制的概念

所谓运输成本控制,是运输企业根据一定时期预先建立的成本管理目标,由成本控制主体在其职权范围内,在运输生产耗费发生以前和成本控制过程中,对各种影响成本的因素和条件采取的一系列预防和调节措施,以保证运输成本管理目标实现的管理行为。

2. 运输成本控制的作用

运输是物流系统中最重要的功能要素,实现了物流的空间功能和时间功能。在现代物流企业中,运输在其经营业务中占有主导地位,其成本在物流总成本中所占比重最大。

由于运输是物流系统中最重要的功能要素之一,物流合理化很大程度上依赖于运输合理化。运输合理与否直接影响着运输费用的高低,进而影响着物流成本的高低。

3. 运输成本控制需要注意的问题

(1)运输成本控制的过程是运用系统工程的原理对企业在生产经营过程中发生的各种耗费进行计算、调节和监督的过程,同时也是一个发现薄弱环节、挖掘内部潜力、寻找一切可能降低成本途径的过程。科学地组织实施物流成本控制,可以促进企业改善经营管理,转变经营机制,全面提高企业素质,使企业在市场竞争的环境下得以生存、发展和壮大。

(2)运输成本控制就是指以成本作为控制的手段,通过制定运输成本总水平指标值、

可比产品成本降低率以及成本中心控制成本的责任等,达到对运输经济活动实施有效控制的目的的一系列管理活动与过程。

(3) 运输成本控制是指降低运输成本支出的绝对额,故又称为绝对成本控制。运输成本降低还包括统筹安排运输成本、数量和收入的相互关系,以求收入的增长超过成本的增长,实现成本的相对节约,因此又称为相对成本控制。

(4) 运输成本控制是成本管理的一部分,运输成本控制的对象是运输成本发生的过程,包括运输服务提供过程、销售过程、物流过程、售后服务过程等所发生的成本控制。运输成本控制的结果应能使被控制的运输成本达到规定的要求。企业为使运输成本控制达到规定的、预期的成本要求,就必须采取适宜的和有效的措施,包括作业、成本工程和成本管理技术和方法。

(5) 开展运输成本控制活动的目的就是防止资源的浪费,使运输成本降到尽可能低的水平,并保持已降低的成本水平。

(6) 运输成本控制反对"秋后算账"和"死后验尸"的做法,提倡预先控制和过程控制。因此,运输成本控制必须遵循预先控制和过程控制的原则,并在运输成本发生之前或在发生的过程中去考虑和研究为什么要发生这项成本、应不应该发生、应该发生多少、应该由谁来发生、应该在什么地方发生、是否必要等,决定后应对过程活动进行监视、测量、分析和改进。

(7) 运输成本控制应是全面控制的概念,包括全员参与和全过程控制。

(8) 运输成本控制和成本保证的某些活动是相互关联的。

4. 运输成本控制的步骤

(1) 要了解所服务对象的需求。如何能以较高的服务水平达到客户的满意?这个问题很重要,很多时候企业往往会因为降低成本而降低对客户的服务水平,结果成本是下来了,企业的销售额也下来了,反而导致企业整体成本上升,以致竞争力的消失。因此,我们务必首先明确顾客服务要求,这些要求和标准是不允许有所降低的。

(2) 要了解运输成本的组成。企业的运输成本一般包括运营成本、人工成本、信息成本和管理成本等,各项成本一定要细化。

(3) 要了解业务的分布区域以及当前的服务、成本等。企业要了解客户源在哪里、他们的需求有哪些、量有多少,要对不同的运输方式的成本进行比较与分析,要对不同承运商服务、成本进行比较与分析等。

(4) 要考虑按照现在的客户布局,安排最佳的货物流向。企业要分析不同组合的成本与服务情况,确定运输网络、确定服务客户、确定商品的流向、确定经济库存分布、确定最佳的运输方式、确定最佳承运商。

(5) 将第(4)步细化成企业的业务流程与操作规范,同时制定各类监控、分析报表。企业应不断分析客户的需求,安排最佳的运输路线,不断分析成本的变化,不断考核各类承运商的服务水平、成本,做好各类费用的审核工作。

运输成本的降低是一个不断持续的过程,企业首先明确要做什么,然后知道会产生哪些费用,之后了解现状,再设计最佳的实现模式,最后加强监控,不断地完善优化。

5. 运输成本控制的方法

运输成本控制的方法，包括绝对成本控制法和相对成本控制法。

（1）绝对成本控制法。绝对成本控制法是把运输成本支出控制在一个绝对金额以内的成本控制方法。绝对成本控制从节约各种费用支出、杜绝浪费的途径进行运输成本控制，要求把运输生产过程发生的一切费用支出都列入成本控制范围。标准成本和预算控制是绝对成本控制的主要方法。

（2）相对成本控制法。相对成本控制法是通过运输成本与产值、利润、质量和功能等因素的对比分析，寻求在一定制约因素下取得最有经济效益的一种控制方法。

相对成本控制扩大了运输成本控制领域，要求企业在努力降低运输成本的同时，充分注意与成本关系密切的因素，诸如产品结构、项目结构、服务质量水平、质量管理等方面的工作，目的在于提高控制成本支出的效益，既减少单位产品成本投入，又提高整体经济效益。两种成本控制的比较见表9-19。

表9-19 运输成本控制比较

成本控制方法 比较项目	绝对成本控制	相对成本控制
控制对象	成本支出	成本与其他因素的关系
控制目的	降低成本	提高经济效益
控制方法	成本与成本指标之间的比较	成本与非成本指标之间的比较
控制时间	主要在成本发生时或发生后	主要在成本发生前
控制性质	属实施性成本控制	属决策性成本控制

6. 运输成本控制的原则

运输成本控制要贯彻以下几项原则。

（1）真实性原则。要求企业在物流成本计算中，资料来源完整可靠、各项数据准确真实、分配方法合理科学、计算符合规范，保证运输成本数据能真实反映企业在生产经营过程中运输作业的耗费水平。

（2）可比性原则。要求企业运输成本的内容和范围明确、固定，计算口径一致，以保证企业运输成本计算内容的可比性，便于企业运输成本在不同时期的对比分析。

（3）及时性原则。要求企业运输成本计算按惯例要求和有关规定，按成本报告期、运输成本耗费时间，及时准确地计算出企业当期运输实际成本。

（4）反馈性原则。要求企业运输成本计算，要便于划分运输责任中心，分解运输成本责任，做到各运输作业者既能明确自己所承担的责任，又能对自己所负责任履行情况及时得到信息反馈，以便随时检查并及时采取措施，调整它们的经营活动。

计算运输成本时，还要坚持从实际出发、逐步完善的原则，即企业的运输成本必须结合企业的具体情况，如企业的性质、规模、生产经营、管理人员业务素质、运输重点及水平等，确定自己不同的核算制度，做到有步骤、分阶段进行。

9.4.2 降低运输成本的方法

1. 优化运输系统

简化运输系统,减少运输环节,降低运输成本。对现有的运输资源进行合理的运输网络优化,降低运输的成本。

2. 减少不必要的运输环节

尽可能组织直达、直拨运输,使物资不进入中转仓库,越过一切不必要的环节,由产地直运销地或用户,减少二次运输。减少一切不必要的环节,主要包括以下几个方面。

(1) 缩短搬运距离。缩短搬运距离可以减少作业消耗,节省搬运时间。

(2) 减少装卸搬运次数。减少装卸搬运次数可以降低装卸搬运成本、加快运输速度、减少场地的占用和装卸搬运事故的发生。

(3) 选择恰当的作业机械和作业方式。根据物流速度、劳动强度、经济性来选择相应的搬运机械,根据货物的种类、性质、形状等确定散件、成组或集装箱等作业方式。

(4) 加强安全管理。加强搬运装卸作业的安全管理,防止和消除货物损坏及各种事故,可减少装卸搬运事故所带来的损失。

3. "四就"直拨运输

具体做法有就厂直拨、就站(码头)直拨、就库直拨、就车(船)直拨等,见表 9-20 所示。

表 9-20　物流运输"四就"直拨的具体形式

主要形式	含　义	具体形式
就厂直拨	物流部门从工厂收购商品,经验收后,不经过中间仓库和不必要的转运环节,直接调拨给销售部门或直接送到车站码头运往目的地	厂际直拨 厂店直拨 厂批直拨 用工厂专用线、码头直接发运
就车站直拨	物流部门对外地到达车站的货物,在交通运输部门允许占用货物的时间内,经验收后,直接分拨或发送到各销售部门	直接运往市内各销售部门 直接运往外埠要货单位
就仓库直拨	在货物发货时越过逐级的层层调拨,省略不必要的中间环节,直接从仓库拨给销售部门	对需要储存保管的货物就仓库直拨 对需要更新仓库的货物就仓库直拨 对常年生产、常年销售的货物就仓库直拨 对季节性生产、常年销售的货物就仓库直拨
就车船直拨	对外地用车、船运来的货物,经交接验收后,不在车站或码头停放,不入库保管,随即通过其他运输工具换装,直接运至销售部门	就火车直装汽车 就船直装火车或汽车 就大船过驳小船

4. 组织轻重配装

把实重货物和轻泡货物组装在一起,既可充分利用车船装载容积,又能达到装载重量,以提高运输工具的使用效率,降低运输成本。

5. 实行解体运输和拼装整车运输

对一些大笨重、不易装卸又容易碰撞致损的货物分别包装,缩小所占空间,并易于装卸和搬运,以提高运输装载效率,降低单位运输成本。在选择运输方式上,若能整车运输就不要选择零担运输,两者之间的运价相差很大。采取拼装整车的办法,即零担拼整车中转分运,有可能减少一部分运输费用,并节约社会劳动力。

6. 高效的堆码方法

根据车船的货位情况和不同货物的包装形状,采取各种有效的堆码方法,如多层装载、骑缝装载、紧密装载等,以提高运输效率。推进物品包装的标准化,逐步实行单元化、托盘化,是提高车船装载技术的一个重要条件。

7. 实施托盘化运输

托盘化运输即一贯托盘运输,就是把保管—运输—进货—保管形成一条龙工序,以托盘为基本用具不改变货物状态,始终一贯地用机械搬运装卸来处理货物。

8. 实施集装箱运输

安全、快捷、低价本身就是集装箱运输相对于传统运输方式的主要优点。集装箱运输也是单元化运输的一种形式,集装箱主要适用于大宗货物的长途运输。

9. 开展国际多式联运

国际多式联运是一种高效的运输组织方式,它集中了各种运输方式的特点,扬长避短、融会一体,组成连贯运输,达到简化货运环节、加速货运周转、减少货损货差、降低运输成本、实现合理运输的目的,比传统单一运输方式具有无可比拟的优越性。

在多式联运方式下,不论全程运输距离多远,不论需要使用多少种不同运输工具,也不论中途需要经多少次装卸转换,一切运输事宜由多式联运经营人统一负责办理。对货主来说,只办理一次托运,签订一个合同,支付一笔全程单一运费,取得一份联运单据,就履行全部责任,这样可以节约大量的手续费用及中转费用等。

10. 开展集运

集运也称时间合并,最基本的形式是将一个市场区域中到达不同客户的小批量运输结合起来,即自发集运。这种程序在进行运输时只是修正而不是间断自然的货物流动。当然,在整个市场上被装运到客户的数量是集运的基础。集运有三种方式。

(1) 自发集运。自发集运的基本形式是将一个市场区域中到达不同客户的小批量货物集中起来运输。可以将集运的货物送到一个中间集散点进行,以使货物有足够的运送量,也可以在某几个特定的日期进行货物的集运,还可利用第三方物流公司进行集运。

(2) 计划集运。计划集运就是将某一个时间段内的订单集中起来组织运输。计划集运虽然能有效地降低运输成本,但需要一段时间准备,会延误时间,降低服务水平。因此,计划集运需要与客户沟通,并对客户做出承诺,保证在预定之日完成送货任务。

(3) 共同运送。共同运送就是将货物装在同一条路线运行的车上,用同一辆车为更多的客户服务。提供共同运送的运输企业通常与货主有大批量送货的长期合同,为满足客户的需要可提供增值服务,如分类、排序、进口货物单据处理等。

11. 分区产销、合理运输

在组织物流活动中,对某种货物,使其一定的生产区固定于一定的消费区。根据产销情况和交通运输条件,在产销平衡的基础上,按近产近销的原则,使货物走最少的路程,组织货物运输。

这种形式的适用范围,主要是针对品种单一、规格简单、生产集中、消费分散,或生产分散、消费集中、调运量大的货物,如煤炭、木材、水泥、粮食、生猪、建材等。

要摸清物资产销情况、供应区域、运输路线和运输方式,作为制定合理调运方案的依据。划定物资调运区域,将某种物资的生产区基本上固定于一定的消费区。工业产品以生产地为中心,同靠近这一生产地的消费区的产销关系基本固定下来;农副产品以消费城市为中心,同附近的生产地的产销关系基本固定下来,以此形成一个合理的货物调运区域。

绘制合理的运输流向图。即在已制定的调运区域范围内,按照运程最近和产销平衡的原则,制定合理的运输流向图,把产、供、运、销的关系固定下来,作为交通、商业、物资和生产部门执行物资调拨和运输计划的依据。

12. 优化运输路线

由于不合理的运输,如重复运输、迂回运输等现象的存在,造成了运力浪费,增加了不必要的运输成本,而优化运输路线可减少不合理运输。优化运输路线是一个运输决策问题,其通过找到运输工具在公路网、铁路线、水运航道和航空线运行的最佳路线,以尽可能地缩短运输时间或运输距离来降低运输成本。优化运输路线的方法有线性规划法、图表分析作业法、表上作业法、节约里程法等,通过运用这些数学方法进行量化分析,选择最佳运输路线,以达到降低运输成本的目的。

13. 减少事故损失

在运输途中,有可能会出现货物丢失、货物变质甚至出现事故,这些都造成了运输成本不必要的增加。通常,减少事故的发生的做法有:在日常运输管理中,做好事故防范工作,如使用合格的司机,定期检查、修理运输工具等;积极购买保险,转移风险,如购买第三责任险、车辆损失险等。

综上所述,运输成本控制是一个全面、系统的工程,我们要建立全新的控制思想,从全局着眼,才能获得较好的经济效益,物流"第三利润源"的作用才能得到真正发挥。

小　　结

运输成本管理是物流系统设计和管理中的关键环节,运输成本占物流总成本的三分之一到三分之二。本章首先对物流成本的概念、构成、影响运输成本的主要因素和五种基本运输方式的运输成本构成和特点进行了详细的介绍,其次阐述了运输成本技术的方法,最后介绍了决定合理化运输的主要形式和如何降低运输成本的方法和措施。

复 习 思 考

一、填空题

1. 运输成本是指运输企业在营运生产过程中实际发生的与(　　)、(　　)等营运生产直接有关的各项支出。
2. 一般来讲,运输总成本包括货运、车队、燃料、设备维护、劳动力、保险、(　　)、

（　　）、（　　）、（　　）、跨国费用等。

3. （　　）是指在短期内虽不发生变化,但又必须得到补偿的那些费用。

4. （　　）是指决定提供某种特定的运输服务而产生的不可避免的费用(如回程费用)。

5. （　　）是影响运输成本的主要因素,它直接对劳动、燃料和维修保养等变动成本发生作用。

二、判断题

1. 固定成本是指在一段时间内所发生的费用,通常以一种可预计的、与某种层次的活动直接相关的形式而变化。（　　）
2. 联合成本是承运人代表所有的托运人或某个分市场的托运人支付的费用。（　　）
3. 大多数运输活动中存在着规模经济,运输量的大小也会影响运输成本。（　　）
4. 货物的疏密度把重量和空间方面的因素结合起来考虑。（　　）
5. 疏密度是非常重要的一个指标,货物运输时,需要承运人提供的可靠性越大,货物的运输成本就越高。（　　）
6. 铁路运输成本的特征是其固定成本的比重很大,变动成本相对较低。（　　）
7. 船舶运输中的固定成本主要包括运输设备和端点设备的投入和折旧等。（　　）
8. 船舶运输的变动费用主要是燃料费用和原材料费用,受运距的影响较大。（　　）
9. 管道运输变动成本主要包括动力成本和与泵站经营相关的成本。（　　）
10. 运输企业的完全成本的核算程序,主要是指成本的会计核算程序。（　　）

三、单项选择题

1. 运输总成本包括货运、车队、燃料、（　　）、劳动力、保险、装卸、逾期/滞留费用、税收、跨国费用等。
   A. 设备维护　　　B. 采购费用　　　C. 固定成本　　　D. 风险成本

2. 影响运输成本的因素:输送距离、（　　）、市场因素。
   A. 设备维护　　　B. 产品特征　　　C. 固定成本　　　D. 风险成本

3. 运输成本计算内容:①人工费。②（　　）。③一般经费。
   A. 产品数量　　　B. 产品特征　　　C. 维护费　　　D. 风险成本

4. 降低运输成本的方法:优化运输系统、减少不必要的运输环节、（　　）直拨运输、组织轻重配装、实行解体运输和拼装整车运输、高效的堆码方法、实施托盘化运输、实施集装箱运输、开展国际多式联运、开展集运、分区产销,合理运输。
   A. "一就"　　　B. "二就"　　　C. "三就"　　　D. "四就"

5. （　　）主要指从事运输业务的人员的费用。
   A. 人工费　　　B. 一般经费　　　C. 福利费　　　D. 津贴

6. 管道运输系统的基本设施包括管道、（　　）、泵站和管道运输控制中心。
   A. 仓库　　　B. 储存库　　　C. 油罐　　　D. 线路

7. 运输企业应以不同（　　）和不同厂牌的营运车辆作为成本计算对象。
   A. 车次　　　B. 线路　　　C. 燃料　　　D. 司机

8. （　　）就是将某一个时间段内的订单集中起来组织运输。

A. 共同集运　　　　B. 集中集运　　　　C. 自发集运　　　　D. 计划集运
9. (　　)控制方法,包括绝对成本控制法和相对成本控制法。
A. 运输成本　　　　B. 装卸成本　　　　C. 配送成本　　　　D. 加工成本
10. (　　)就是将货物装在同一条路线运行的车上,用同一辆车为更多的客户服务。
A. 共同集运　　　　B. 计划集运　　　　C. 自发集运　　　　D. 共同运送

四、简答题

1. 什么是运输成本?
2. 运输成本由哪些费用构成?
3. 影响运输成本的基本因素有哪些?
4. 简述降低运输成本的方法及措施。
5. 简述公路运输方式的成本构成及其特征。
6. 简述铁路运输方式的成本构成及其特征。
7. 简述水路运输方式的成本构成及其特征。
8. 简述航空运输方式的成本构成及其特征。
9. 简述运输完全成本核算程序。
10. 简述降低运输成本的方法。

五、案例分析

沃尔玛:降低运输成本的措施

沃尔玛在物流运营过程中,积极探索降低运输成本的各种方法。他们有时采用空运,有时采用船运,还有一些货物采用公路运输。在中国,沃尔玛全部采用公路运输,如何降低货车运输成本,是沃尔玛物流管理面临的一个重要问题。为此,他们主要采取了以下措施。

(1) 沃尔玛使用一种大货车,有大约16米的加长货柜,比普通集装箱运输车更长、更高,产品从车厢的底部一直装到最高,这样非常有助于节约成本。

(2) 沃尔玛的车辆都是自有的,司机也是公司员工。沃尔玛的车队大约有5000名非司机员工,还有3700多名司机。在车辆运营过程中,沃尔玛严格管理运输货车。他们认为,货车不出事故就是节省公司的费用,就是最大限度地降低物流成本。

(3) 沃尔玛采用全球定位系统对车辆进行定位。在任何时候,调度中心都可以知道这些车辆在什么地方、离商店有多远、还需要多长时间才能到达商店。时间估算可以精确到小时。这提高了整个物流系统的效率,有助于降低成本。

(4) 沃尔玛连锁商场的物流部门24小时不停运作,无论白天或晚上都能为货车及时卸货。另外,沃尔玛的运输车队利用夜间进行从出发地到目的地的运输,从而做到了当日下午进行集货、夜间进行异地运输、翌日上午即可送货上门,保证在15～18个小时内完成整个运输过程。这是沃尔玛在速度上取得优势的重要措施。

(5) 沃尔玛的物流系统能够确保商场所得到的是与发货单完全一致的产品。当沃尔玛的货车把产品运到商场后,商场可以把它整个卸下来,而不用对每个产品逐个检查。这样就可以节省很多时间和精力,加快了沃尔玛物流的循环过程,从而降低了成本。

(6) 沃尔玛的运输成本比供货厂商自己运输产品要低,所以厂商也使用沃尔玛的货车来运输货物,从而把产品从工厂直接运送到商场,大大节省了产品流通过程中的仓储成本和转运成本。

(资料来源:http://www.china wuliu.com cn/cflp/newss/content I/200907/769_30006.html.)

讨论

1. 合理化运输在沃尔玛的经营中发挥了什么作用?
2. 沃尔玛采取了哪些降低运输成本的措施?
3. 沃尔玛的成功经验给了我们什么启示?

第10章

运输合同与保险

【学习目标】

通过本章学习了解运输合同的内涵及特征,掌握运输合同的类型,掌握运输责任的划分,熟悉运输纠纷的类型,掌握解决运输纠纷的办法及过程。熟悉运输保险,掌握索赔和理赔的主要程序。

【本章要点】

本章主要介绍运输合同的内涵及特征、运输合同的分类、运输合同的内容、保险索赔理赔的业务程序,货运保单的样式及货运保险费和保险金额的计算方法。

保险条款不明确导致纠纷案

G公司以国际贸易术语CIF价格条件引进一套英国产"检测仪器",因合同金额不大,合同采用简式标准格式,保险条款一项只简单规定"保险由卖方负责"。仪器到货后,G公司发现仪器一部件变形,影响其正常使用。G公司向外商反映,并要求索赔,外商答复仪器出厂时经严格检验,有质量合格证书,非他们的责任。后经商检局检验认定:问题是由于运输途中部件受到震动、挤压造成的。G公司于是向保险代理索赔,保险公司认为此情况属"碰损、破碎险"承保范围,但G公司提供的保单上只保了"协会货物条款(C)",没保"碰损、破碎险",所以无法索赔偿付。G公司无奈只好重新购买此部件,既浪费了资金,又耽误了使用时间。

(资料来源:https://www.10000link.com/service/index.html.)

思考

1. 分析造成上述问题的原因。
2. 如何避免上述问题的发生?

10.1 货物运输合同

10.1.1 货运合同概述

1. 货运合同的含义

货物运输合同也叫货运合同,是指承运方根据托运方的具体要求,将货物安全、及时、完整运到指定的地点,并交付给托运人指定的收货方,托运方按约定付给运输费用的协议。其订立、变更及解除应遵守《中华人民共和国合同法》的规定。

2. 货运合同的特征

货物运输合同除具有合同普遍的法律特征外,还具有自身特征,如表 10-1 所示。

表 10-1　货运合同的个性特征

序号	特　　征	特征说明
1	明确当事人权利义务的协议	货运合同是当事人之间为了实现一定经济目的,明确相互权利义务关系而订立的协议,签订合同的当事人可以是法人,也可以是公民
2	标的是运送货物的行为	从表面上看,在货运合同履行中,货物从甲地转移到乙地,但是合同当事人的权利及义务关系,并不是围绕货物产生的,而是围绕着为他人运送货物的行为而产生的
3	具有标准合同的性质	大多运输合同的主要条款及各方权利义务都是国家授权交通运输行政管理部门以法规的形式统一规定,双方当事人无权自行变更。因此,货运合同往往被制成标准合同
4	当事人的特殊性	货运合同的收货人和托运人可以是同一人,但在大多数情况下不是同一人,而是第三人。因此,收货人虽然没有直接参与合同的订立,但他的权利和义务已经按有关法律、法规的规定明确地载明在合同中
5	双方有偿合同	承运人与托运人各承担一定的义务,互享一定的权利。承运人有权取得托运人支付的费用,而托运人有权要求承运人将其货物运送到指定地点

10.1.2　运输合同的分类

1. 按承运方式分类

按承运方式的不同,运输合同可分为铁路运输合同、公路运输合同、水路运输合同、海上运输合同、航空运输合同、管道运输合同及多式联运合同。

(1) 铁路运输合同。《中华人民共和国铁路法》(以下简称《铁路法》)第十一条规定,铁路运输合同是明确铁路运输企业与旅客、托运人之间权利与义务关系的协议。旅客车票、行李票、包裹票和货物运单是合同或者合同的组成部分。从该条规定可以看出,铁路运输企业为合同的一方当事人,即承运方;旅客、托运人为另一方当事人,即托运方和旅客。

(2) 公路运输合同。公路运输合同是以公路运输企业或者个人作为承运人的运输合同。公路运输承运人是经过批准取得公路运输经营权的企业或个体经营者。公路运输合同的基本形式一般是公路承运人提供的货物运单、货票、客票。当事人通过协商签订的书面合同也可以作为公路运输合同形式。公路运输与铁路运输相比,市场化程度高,当事人协商的余地也大得多。公路运输具有快捷、方便、门对门运输的特点,因此是现代交通的重要方式。

(3) 水路运输合同。水路运输合同是指以水路运输经营者作为承运人的运输合同。水路运输承运人既包括企业,也包括个人。水路运输是利用水资源进行生产活动,是最古老的交通运输方式,价格便宜。今天,在适合航运的河流地区,水路运输依然是人们经常使用的方式。水路运输合同的形式也是以船票、货物运单、托运单等单据体现的。当事人也可以签订规范的书面合同作为水路运输合同。

（4）海上运输合同。海上运输合同是指以海上运输经营者作为承运人的运输合同。海运在国际贸易活动中的地位和作用十分重要。海上运输主要是涉外运输。各国对海上运输十分重视，世界经济贸易组织通过协调，签订了不少公约来调整海上运输及贸易关系。这些公约都是从事海上运输应当遵守的基本依据。

海上运输合同形式一般都是要式合同，提单是船东签发的具有很强的法律约束力的提货凭证。当事人必须按照提单的有关规则，履行各自的义务。

（5）航空运输合同。航空运输合同是指以航空运输经营者作为承运人的合同。航空运输承运方只能是经过国家批准的航空运输企业，只有它们才能从事运输活动。航空运输合同形式是要式合同，客运方面以航空客票作为合同的基本凭证，但不是唯一凭证；货运方面以航空货物运单作为合同的初步证据，与运输的其他单据一起构成合同的全部内容。航空运输合同当事人的权利和义务主要由法律规定，在符合法律要求的前提下也可以另作约定。

2．按运输对象分类

按运输对象不同，运输合同可分为客运合同和货运合同。下面主要介绍货运合同。货物运输合同是指承托双方签订的，明确双方权利、义务关系，确保货物有效位移的，具有法律约束力的合同文件。

（1）货运合同按合同期限划分，可分为长期合同和短期合同。长期合同是指合同期限在一年以上的合同。短期合同是指合同期限在一年以下的合同，如年度、季度、月度合同。

（2）货运合同按货物数量划分，可分为批量合同和运次合同。批量合同，一般是一次托运货物数量较多的大宗货物运输合同。运次合同，一般是托运货物较少，一个运次就可以完成的运输合同。

所谓运次，是指完成一个包括准备、装载、运输、卸载四个主要工作环节在内的一次运输过程的完整循环。

（3）货运合同按合同形式划分，可分为书面合同和契约合同。书面合同是指签订正式书面协议书形式的合同。契约合同是指托运人按规定填写货物运输托运单或货单。这些单证具有契约性质，承运人要按托运单或货单要求承担义务，履行责任。

10.1.3 运输合同的内容及条款

由于运输货物种类、方式的不同，运输合同的内容就会不同，但各种运输合同均有共同的基本条款，缺少这些基本条款，运输合同的效力或履行就会存在问题。运输合同的主要条款包括以下几个方面。

1．货物的名称、性质、体积、数量及包装标准

托运人必须如实填写，货物名称不得谎报。需要说明货物规格、性质的，要在品名之后用括号加以注明。在运输合同中必须明确规定运输货物的实际数量，数量必须严格按照国家规定的度量衡制度确定标的物的计量单位。货物数量的计量办法，凡国家或有关主管部门有规定的,必须按规定执行;国家或主管部门没有规定的,由供需双方商定。对某些产品,必要时应在合同中写明交货数量和合理磅差、超欠幅度、在选自然减量等。

在运输合同中,当事人应根据货物的性质、重量、运输种类、运输距离、气候以及货车装载等条件,选择包装种类,如木箱、麻袋等。有国家包装标准或部包装标准(专业标准)的,按国家标准或部标准规定;无统一标准的,按当事人双方协商的暂行标准加以规定。

2. 货物起运和到达地点、运距、收发货人名称及详细地址

在运输合同中,托运人应完整准确地填写货物发运地和货物运送地的名称,其所属的省、市、自治区名也应清晰明确。收发货人的名称,是指发货单位或收货单位的完整名称。收货人或发货人的地址,即收货人或发货人所在地的详细地址。发货人在发送货物时,应详细填写发货人和收货人的名称及地址。

3. 运输质量及安全要求

需要运输的货物,要根据其性质、运输距离、气候条件等选择适合的包装,以及符合标准的车辆,以保证运输质量、减少运输途中的损失。为了运输安全,对于需要特殊照料的货物须派人押运。需要特殊照料的货物,是指活动物、需要浇水运输的鲜活植物、需生火加温运输的货物以及其他有特殊规定的货物。

4. 货物装卸责任和方法

由发货人组织装车的货物应按照有关规定的装载技术要求装载,并在约定的时间内装载完毕。发货人组织装货时,应认真检查货车的车门、车窗盖、阀等是否完整良好、有无机修通知或通行限制,还应认真检查车内是否清洁、是否有有毒物污染,并按合同规定的时间完成装货任务。收货人组织卸货时,应清查货物在途中的损失量,并按有关技术规定卸货,在合同规定的时间和地点安全卸货。发货人对货物装车时造成的损失承担责任,收货人对在货物卸车时造成的损伤承担责任。

5. 货物的交接手续

在货物装卸和运输过程中,合同双方当事人都应该按合同规定办好货物交接手续,做到责任分明。托运人应凭约定的装货手续发货。装货时,双方当事人应在场点件交接,并查看包装及装载是否符合规定标准,承运人确认无误后,应在托运人发货单上签字。

货物运达指定地点后,收货人和承运人应在场点件交接,收货人确认无误后,应在承运人所持的运费结算凭证上签字。如发现有差错,双方当事人应共同查明情况,分清责任,由收货人在运费凭证上批注清楚。

6. 批量货物运输起止日期

运送批量货物应详细地写明货物的起运日期和到达日期。在起运日期和到达日期填写的过程中,一定注意避免用"几天"这样的词语。例如,在合同中最好不要直接写"5 天内送达",应该写"从哪一天起 5 天内到达",或者直接用完整的年、月、日表示。

7. 年、季、月度合同的运输计划提送期限和运输计划的最大限量

托运人在交运货物时,应在合同商定的时间内,以文书或电报等方式向承运人提出履行合同的年、季、月度的运输计划,注明提送期限和运输计划的最大限度作为运输合同的组成部分。

8. 运杂费计算标准及结算方式

通常运输合同的运杂费由合同当事人自行协商确定。结算方式主要有逐笔结算、定期结算、定额结算等,具体采用哪一种方式可以由双方协商确定。逐笔结算指的是每完成一次运输任务结算一次费用。定期结算指承托双方协商一个结算时间,然后在这一固定的时间内进行运费的结算。定额结算是指当运费累计到一定金额后再进行结算。

9. 运输合同的变更与解除

(1) 运输合同变更与解除的概念。运输合同的变更,是指经合同双方同意,在法律允许的范围内对运输合同内容进行更改的法律行为。

运输合同的解除,是指合同有效成立后,基于当事人双方的意思表示,使特定的运输合同托运人与承运人之间的权利义务关系归于消灭的法律行为。

(2) 变更或解除的条件。合同变更与合同解除都改变了原合同关系,二者有许多相似之处。但是并不是在任何情况下,都能进行运输合同的变更或解除。运输合同变更或解除的条件主要有以下几个。

① 运输合同签订后,任何一方不得擅自变更或解除。如确有特殊原因不能继续履行或需变更时,需经双方同意,并在合同规定的时间内办理变更。如在合同规定的期限外提出,提出方必须负担已造成的实际损失。

② 涉及国家指令性计划的运输合同,在签订变更或解除协议前,须报下达计划的主管部门核准。

③ 因自然灾害造成运输线路阻断或执行政府命令等原因影响按时履行运输合同时,承运人应及时通知托运人提出处理意见。

④ 变更或解除运输合同,应当以书面形式(包括公函、电报、变更计划表)提出或答复。

10. 违约责任

承托双方在运输过程前明确自己应该承担的相应责任是运输任务完整执行的前提条件,也是承托双方最基本的行为指南。目前,对于承托双方责任的划分主要有以下内容。

(1) 托运方责任。在运输合同中,托运方承担的责任主要包括以下几个方面。

① 未按合同规定的时间和要求提供托运货物,托运方应偿付给承运方违约金。

② 由于在普通货物中夹带、匿报危险货物、错报笨重货物质量等而招致吊具断裂、货物摔损、吊机倾翻、爆炸、腐蚀等事故,托运方应承担赔偿责任。

③ 出于货物包装缺陷产生破损致使其他货物或运输工具、机械设备被污染腐蚀、损坏,造成人身伤亡的,托运方应承担赔偿责任。

④ 在托运方专用线或在港、站公用线、专用铁道自装的货物在到站卸货时,发现货物损坏、缺少,而在车辆施封完好或无异状的情况下,托运方应赔偿收货人的损失。

⑤ 罐车发运货物因未随车携带规格质量证明或化验报告,造成收货方无法卸货时方应偿付承运方邮车等存费及违约金等。

(2) 承运方责任。在运输合同中,承运方承担的责任主要包括以下几个方面。

① 不按合同规定的时间和要求配车(船)发运的,承运方应偿付托运方违约金。

② 承运方将货物错运到货地点或接货人,应无偿运至合同规定的到货地点或接货

人。如果货物逾期达到,承运方应偿付逾期交货的违约金。

③ 运输过程中货物灭失、短少、变质、污染、损坏,承运方应按货物的实际损失(包括包装费、运杂费)赔偿托运方。

④ 联运的货物发生灭失、短少、变质、污染、损坏,应由承运方承担赔偿责任的,由终点阶段的承运方向负有责任的其他承运方追偿。

⑤ 在符合法律和合同规定条件下的运输,由于下列原因造成货物灭失、短少、变质、污染、损坏的,承运方不承担违约责任:不可抗力,货物本身的自然属性,货物的合理损耗,托运方或收货方本身的过错。

11. 双方商定的其他条款

除合同中规定的基本条款之外,订立合同的双方还可以在其他条款里加注一些双方协定之外的内容,如双方未尽事宜的处理可以依据什么标准、合同条款的解释归属权、出现纠纷的解决方法等问题。

10.1.4　运输合同的订立

订立运输合同的程序,是当事人依法就运输合同的主要条款达成一致意见的过程,在实际运输往来中,一般经过要约和承诺两个主要步骤。

1. 要约

要约是当事人一方向他方提出订立运输合同的提议,也可称为订约提议。其中,发出要约的一方为要约人,要约发向的一方为受要约人或相对人。要约是一种法律行为。

(1) 要约应具备的条件:①要约应明确表示以要约内容订立运输合同的意思或愿望;②要约的内容应具体、肯定,涵盖合同的主要条款;③要约应送达受要约人;④要约应由特定的当事人作出。

(2) 要约的效力。要约的效力是指要约所引起的法律后果,分为对要约人的效力和对受要约人的效力两个方面。

要约生效后,对受要约人来说,只是取得承诺的资格,并没有承诺的义务,受要约人不为承诺,只是使合同不能成立,此外不负任何责任。而对要约人来说,要约人在要约的有效期内不得随意撤销或变更要约,并负有与对方订立运输合同的义务;若以特定物为合同标的时,不得以该特定物为标的同时向第三人发出相同的要约,或与第三人订立运输合同,否则应承担法律责任。要约的这一效力,即是要约的拘束力。

(3) 要约不生效或效力终止。要约发出后,遇有下列情况之一时即不发生效力或终止其效力。①要约被撤回。在要约生效前,要约人以比要约更快捷的方式通知受要约人,使得撤回要约的通知先于要约或与要约同时到达受要约人时,要约即不发生效力。这就是要约被撤回。②要约被拒绝。受要约人一旦作出不接受或不完全接受要约的通知,要约即被拒绝,这时要约的效力终止。③要约的有效期限届满。要约规定有效期限的,受要约人未承诺,要约即失去效力;要约未规定期限的,受要约人未在合理期限内作出承诺,要约失效。所谓合理期限,包括函、电往返和受要约人考虑是否承诺所需的时间。④其他情况。如果要约人是公民时,要约人死亡或丧失行为能力;如果要约人是法人时,要约人被撤销法人资格等,要约也会失去效力。

2．承诺

承诺是指受要约人向要约人作出的对要约完全同意的意思表示,也可称为接受提议。承诺也是一种法律行为。

（1）承诺应具备的条件：①承诺必须是由受要约人作出；②承诺的内容与要约的内容应完全一致；③承诺应在要约的有效期内作出；④承诺应送达要约人。

（2）承诺的效力。承诺的效力是指承诺所引起的法律后果。其效力在于合同成立,订立合同的阶段结束。如果国家法律规定或当事人双方约定,合同必须经过鉴证、公证或主管部门批准登记的,则履行有关手续后,合同方为成立。

（3）不发生法律效力的承诺。①承诺被撤回。承诺在生效前,可以撤回,但撤回的通知必须先于承诺或与承诺同时到达要约人。②承诺迟到。承诺在要约的有效期限届满后到达要约人时,称为承诺迟到,不发生效力。

10.2 运输责任划分

要保证运输合同的正确履行,避免运输纠纷的出现,或合理解决运输纠纷,必须分清托运人、承运人以及收货人各自的权利、义务和责任。

10.2.1 托运人的权利、义务和责任

1．托运人的权利

托运人最主要的权利是要求承运人按照合同规定的时间把货物运送到目的地。货物托运后,托运人需要变更到货地点或收货人,或者取消托运时,有权向承运人提出变更合同的内容或解除合同的要求,但必须在货物未运到目的地之前通知承运人,并按有关规定付给承运人所需费用。

2．托运人的义务

托运人的首要义务是按约定向承运人交付运杂费。否则,承运人有权停止运输,并要求支付违约金。托运人对托运的货物,应按照规定的标准进行包装,遵守有关危险品运输的规定,按照合同中规定的时间和数量交付托运货物。

3．托运人的责任

托运人未按合同规定的时间和要求提供托运的货物或应由托运人负责装卸的货物,超过合同规定装卸时间所造成的损失,或货物运抵到达地无人收货或收货人拒绝收货,造成承运人车辆放空、延滞及其他损失,托运人应负赔偿的责任。

由于托运人发生下列过错造成事故,致使承运人的车(船)及装卸机具和设备损坏、腐蚀或人身伤亡,以及造成第三者的物质的损失,应由托运人负赔偿责任。

（1）在普通货物中夹带、匿报危险品或其他违反危险品运输规定的行为。

（2）错报笨重货物重量、规格、性质等导致吊具断裂,货物摔损,吊机倾翻、爆炸、腐蚀等事故。

(3) 因货物包装缺陷产生破损,致使其他货物或运输工具、机械设备被污染腐蚀、损坏,造成人身伤亡;或因货物包装不良,而造成从外部无法发现的货物损坏。

(4) 未按规定制作图示、标志而造成货物或运输工具的损坏。

(5) 在托运人专用线或在港、站公用线、专用线自装的货物,在到站卸货时,车辆铅封完好或无异状的情况下发现的货损、货差。

(6) 不如实填写运单,错报、误填货物名称或装卸地点,造成承运人错送、驻货落空以及由此引起的损失;或因未随车附带规格质量证明或化验报告,造成收货人无法卸货引起的损失。

10.2.2 承运人的权利、义务和责任

1．承运人的权利

承运人有权向托运人、收货人收取运杂费用。如果收货人不交或不按时交纳规定的各种运杂费用,承运人对其货物有扣压权;查不到收货人或收货人拒绝提取货物,承运人应及时与托运人联系,在规定期限内负责保管并有权收取保管费用;对于超过规定期限仍无法交付的货物,承运人有权按有关规定予以处理。

2．承运人的义务

在合同规定的期限内,将货物运到指定地点,按时向收货人发出货物到达的通知。对托运的货物负责安全,保证货物无短缺、无损坏、无人为损坏。如有上述问题,承运人有赔偿义务。在货物到达以后,承运人在规定的期限内负责保管。

3．承运人的责任

承运人如果未按合同规定的要求和运输期限将货物运送到目的地,应负违约责任。由于承运人发生下列过错,致使托运人或收货人的货物损失,则由承运人负赔偿责任。

1) 承运人过错赔偿责任

(1) 逾期送达责任:不符合同规定的时间和要求配车(船)、发运,造成货物逾期送达。

(2) 错运错交责任:货物错运到货地点或接货人,造成货物延误送达。

(3) 货损货差责任:运输过程中货物灭失、短少、变质、污染、损坏。

(4) 故意行为责任:经核实确属故意行为造成的事故。

2) 不属于承运人过错赔偿责任

在符合法律和合同规定条件下的运输,由于下列原因造成的货物灭失、短少、变质、污染、损坏的,承运人不承担违约责任。

(1) 不可抗力。

(2) 货物本身的自然属性,如货物本身的自然性质变化等。

(3) 货物的合理损耗。

(4) 托运人或收货人本身的过错,如托运人违反国家有关法令,致使货物被有关部门查扣、弃置或作其他处理。押运人员责任造成的货物毁损或灭失。托运人或收货人过错造成的货物毁损或灭失。

10.2.3 收货人的权利、义务和责任

1. 收货人的权利

在货物运到指定地点后,收货人有以凭证领取货物的权利。必要时,收货人有权向到站或中途货物所在站提出变更到站或变更收货人的要求,以及签订变更协议的要求。

2. 收货人的义务

收货人的义务有：在接到提货通知后,按时提取货物,缴纳应付费用;超过规定提货时,应向承运人交付保管费。

3. 收货人的责任

(1) 若合同中规定收货人组织卸车(船),由于收货人的责任卸车(船)迟延,造成线路被占用进而影响承运人按时送达计划,或承运前取消运输,或临时计划外运输致使承运人违约造成其他运输合同不能落实的,收货人应承担赔偿责任。

(2) 由于收货人原因导致运输工具损坏的,收货人应按实际损失赔偿。

10.3 运输合同纠纷处理

托运人把货物交给承运人后,承运人会根据双方订立的合同和行业的惯例履行运输的义务,把货物安全、及时地送交收货人。无论是海运、公路运输、铁路运输还是航空运输,承运人都应认识到货运质量对企业发展的重要性。虽然加强货运质量管理在某种程度上可以防止运输纠纷的发生,但由于运输途中存在着各种情况,货运事故、运输纠纷难以完全避免。

10.3.1 运输纠纷的类型

运输纠纷既可能是因货损等各种原因造成货方的损失而引起的,也可能是因出货方的原因造成对承运人的损害而引起的,可归纳为以下几种情况。

1. 货物灭失纠纷

造成货物灭失的原因很多。例如,因承运人的运输工具(如船舶)沉没、触礁,或者飞机失事,车辆发生交通事故、火灾等;因政府法令禁运和没收、战争行为、盗窃等;因承运人的过失,如绑扎不牢导致货物落海等;当然也不排除承运人的故意,如恶意毁坏运输工具以骗取保险,或明知运输工具的安全性能不符合要求仍继续行驶而导致货物灭失等。

2. 货损、货差纠纷

货损包括货物破损、水湿、汗湿、污染、锈蚀、腐烂变质、虫蛀鼠咬等。货差即货物数量的短缺。货损、货差可能是由于托运方自身的过失造成,如货物本身标志不清、包装不良、交付承运的货物的质量、数量、性质与运输凭证不符等;也可能是由于承运人的过失造成,如装载不当、装卸操作不当、未按要求控制货物运输过程中的温度、载货舱室不符合载货要求、混票等。

3. 货物延迟交付纠纷

货物延迟交付的情况有：承运货物的交通工具发生事故,承运人在接受托运时未考

虑到本班次的载货能力而必须延误到下一班期才能发运，在货物中转时因承运人的过失使货物在中转地滞留，承运人为自身的利益绕航而导致货物晚到卸货地。

4. 单证纠纷

单证纠纷的情况有：承运人应托运人的要求倒签、预借提单，从而影响到收货人的利益，收货人在得知后向承运人提出索赔，继而承运人又与托运人之间发生纠纷；承运人（或其代理人）在单证签发时的失误引起承托双方的纠纷；此外，也有因货物托运过程中某一方伪造单证引起的单证纠纷。

5. 运费、租金等纠纷

这样的纠纷包括：因承租人或货方的过失或故意，未能及时或全额交付运费或租金；双方在履行合同过程中对其他费用，如滞期费、装卸费等发生纠纷。

6. 船舶、集装箱、汽车、火车及航空器等损害纠纷

这样的纠纷包括：因托运人的过失，对承运人的运输工具造成损害而引起的纠纷。

10.3.2 货运事故和违约处理

货运事故是指货物运输过程中发生的货物毁损或灭失。货运事故和违约行为发生后，承托双方及有关方应编制货运事故记录。货物运输途中，发生交通肇事造成货物损坏或灭失，承运人应先行向托运人赔偿，再向肇事的责任方追偿。

1. **货运事故处理的具体规定**

货运事故处理过程中，收货人不得扣留车辆，承运人不得扣留货物。由于扣留车、货而造成的损失，由扣留方负责赔偿。货运事故赔偿数额按以下规定办理。

（1）货运事故赔偿分限额赔偿和实际损失赔偿两种。法律、行政法规对赔偿责任限额有规定的，依照其规定执行；尚未规定赔偿责任限额的，按货物的实际损失赔偿。

（2）在保价运输中，货物全部灭失，按货物保价声明价格赔偿；货物部分毁损或灭失，按实际损失赔偿；货物实际损失高于声明价格的，按声明价格赔偿；货物能修复的，按修理费加维修取送费赔偿。保险运输按投保人与保险公司商定的协议办理。

（3）未办理保价或保险运输，且在货物运输合同中未约定赔偿责任的，按货物的实际损失赔偿。货物损失赔偿费包括货物价格、运费和其他杂费。货物价格中未包括运杂费、安装费以及已付的税费时，应按承运货物的全部或短少部分的比例加算各项费用核算。

（4）货物毁损或灭失的赔偿额，当事人有约定的，按照其约定；没有约定或约定不明确的，可以补充协议；不能达成补充协议的，按照交付或应当交付时货物到达地的市场价格计算。

（5）由于承运人责任造成货物灭失或损失，以实物赔偿的，运费和杂费照收；按价赔偿的，退还已收的运费和杂费；被损货物尚能使用的，运费照收。

（6）丢失货物赔偿后又被找回的，应送还原主，收回赔偿金或实物；原主不愿接受失物或无法找到原主的，由承运人自行处理。

（7）承托双方对货物逾期到达、车辆延滞、装货落空都负有责任时，按各自责任所造成的损失相互赔偿。

2. 货运事故处理程序

(1) 货运事故发生后,承运人应及时通知收货人或托运人。收货人、托运人知道发生货运事故后,应在约定的时间内,与承运人签注货运事故记录。收货人、托运人在约定的时间内不与承运人签注货运事故记录的,或者无法找到收货人、托运人的,承运人可邀请两名以上无利害关系的人签注货运事故记录。货物赔偿时效从收货人、托运人得知货运事故信息或签注货运事故记录的次日起计算。

在约定运达时间的 30 日后未收到货物,视为灭失,自 31 日起计算货物赔偿时效。未按约定的或规定的运输期限内送达交付的,为迟延交付。

(2) 当事人要求另一方当事人赔偿时,须提出赔偿要求书,并附运单、货运事故记录和货物价格证明等文件。要求退还运费的,还应附运杂费收据。另一方当事人应在收到赔偿要求书的次日起,于 60 日内给出答复。

(3) 承运人或托运人发生违约行为,应向对方支付违约金,违约金的数额由承托双方约定。

(4) 对承运人非故意行为造成货物迟延交付的赔偿金额,不得超过所迟延交付的货物全程运费数额。

10.3.3 纠纷与索赔的解决

承运人、托运人或收货人三方在履行货物运输合同中发生纠纷时,应及时协商解决。协商不一致时,任何一方均可向合同管理机关申请调解或仲裁,也可以直接向人民法院起诉。

1. 纠纷解决的方法

货物运输中产生纠纷以致引起诉讼的事时有发生。目前,我国解决运输纠纷一般有四种途径:当事人自行协商解决、调解、仲裁和诉讼。其中,诉讼和仲裁是司法或准司法解决。运输纠纷出现后,多数情况下,纠纷双方会考虑到多年或良好的合作关系和商业因素,互相退让,争取友好协商解决,同时为以后的合作打下基础。但也有的纠纷因分歧较大,无法友好协商解决,双方可以寻求信赖的行业协会或组织进行调解,在此基础上达成和解协议,解决纠纷。但还会有一部分纠纷经过双方较长时间的协商,甚至在行业协会或其他组织介入调解时仍然无法解决的,双方只能寻求司法或准司法途径解决。

(1) 仲裁。仲裁是指纠纷双方在纠纷发生前或纠纷发生后达成协议,将纠纷提交第三者作出裁决的一种解决纠纷的方法。仲裁是解决纠纷的一种重要方式,具有当事人自愿、程序简便、迅速等特点。仲裁主要分为两种:机构仲裁和临时仲裁。如果纠纷双方在纠纷发生后一致同意就该纠纷寻求仲裁,或在双方订立运输合同时选择仲裁作为纠纷解决方式时,可以就该纠纷申请仲裁。仲裁申请人向约定的仲裁机构提出仲裁申请,并按仲裁规则指定 1 名或多名仲裁员。仲裁员通常是与该行业有关的商业人士或专业人士。

仲裁员根据仲裁规则对该纠纷作出的裁决对双方都具有约束力,而且只要是仲裁过程符合仲裁规则,则该裁决是终局的。仲裁员具有该行业的专业知识、经验和相应的法律知识,因此所作出的裁决通常符合商业精神。仲裁速度较快,费用也低于法院诉讼。

仲裁的主要问题包括仲裁协议的时效性、仲裁程序的合法性、仲裁的司法监督等。目前,我国调整仲裁的法律主要有1994年颁布的《中华人民共和国仲裁法》。

由于仲裁的裁决是终局的,因此根据仲裁裁决执行是解决纠纷的最后一步。在我国,仲裁裁决相对容易得到执行,而我国仲裁裁决在国外执行和外国仲裁裁决在我国执行则相对复杂。目前,关于仲裁裁决在国外执行的公约是《承认与执行外国仲裁裁决的公约》(《纽约公约》),我国于1986年12月加入了该公约。我国与加入该公约的其他国家之间的仲裁裁决的执行应依据公约的规定进行,我国与没有加入该公约的国家之间的仲裁裁决执行是按对等原则进行的。

(2)诉讼。诉讼是指法院在双方当事人和其他诉讼参与人参加下,审理和解决纠纷(案件)的活动,以及由这些活动中所产生的诉讼法律关系。如果承、托双方未对纠纷的解决方法进行约定,或事后无法达成一致的解决方法,则通过法院进行诉讼是解决纠纷最终的途径。按照我国的诉讼程序,由一方或双方向有管辖权的法院起诉,然后由法院根据适用法律和事实进行审理,最后作出判决。如果某一方乃至双方对一审判决不服,可以根据诉讼法进行上诉、申诉。通常,由法院诉讼解决纠纷,既耗时又费钱。

2. 索赔时效和诉讼时效

如果各种纠纷必须诉之于司法或准司法机构,则索赔时效和诉讼时效是一个重要概念。索赔时效是指合同双方彼此之间依据法律规定要求赔偿损失的时间范围。诉讼时效则是指合同双方权利人行使权利、维护自身利益的法定的提起诉讼的时间范围。在此期限内,权利人如不行使其权利,就会丧失请求法院依诉讼程序强制义务人履行义务的权利。

规定时效是为了促进当事人及时行使自己的权利,早日消除不确定的法律关系。如果一方当事人超过时效才行使自己的诉讼请求和索赔要求,则通常会丧失胜诉权。

(1)公路运输的索赔时效。公路运输纠纷中,承、托双方彼此之间要求赔偿的时效,是从货物运抵到达地点的次日起算,不超过180日。赔偿要求应以书面形式提出,对方应在收到书面赔偿要求的次日起180日内处理。违约金、赔偿金应在明确责任后10日内偿付,否则按逾期付款处理。任何一方不得用扣发货物或扣付运费来充抵。

(2)铁路运输的索赔时效。铁路运输纠纷中,承运人同托运人或收货人相互间要求赔偿或退补费用的时效期限为180日(要求铁路支付运到期限违约金为60日)。托运人或收货人向承运人要求赔偿或退还运输费用的时效期限,从下列日期起算。

① 货物灭失、短少、变质、污染、损坏,为车站交付货运记录的次日。

② 货物全部灭失未编有货运记录的,为运到期限满期的第16日,但鲜活货物为运到期限满期的次日。

③ 要求支付货物运到期限违约金,为交付货物的次日。

④ 多收运输费用,为核收该项费用的次日。

⑤ 承运人向托运人或收货人要求赔偿或补收运输费用的时效期限,由发生该项损失或少收运输费用的次日起算。

⑥ 承运人与托运人或收货人相互提出的赔偿要求,应自收到书面赔偿要求的次日起30日内(跨及两个铁路局以上运输的货物为60日内)进行处理,答复赔偿要求人。索赔的一方收到对方的答复后,如有不同意见,应在接到答复的次日起60日内提出。

(3)水路运输的索赔时效。水路运输纠纷中,承运人与托运人或收货人彼此之间要求赔偿的时效,从货运记录交给托运人或收货人的次日起算不超过180日。赔偿要求应以书面形式提出,对方应在收到书面赔偿要求的次日起60日内处理。但在海上运输纠纷中,我国《中华人民共和国海商法》规定,就海上货物运输向承运人要求赔偿的请求权,时效期间为1年,自承运人交付或者应当交付货物之日起计算;在时效期间内或者时效期间届满后,被认为负有责任的人向第三人提起追偿请求的,时效期间为90日,自追偿请求人解决原赔偿请求之日起计算;有关航次租船合同的请求权,时效期间为2年,自知道或者应当知道权利被侵害之日起计算。承托双方相互索取各项违约金、滞纳金或滞期费的索赔时效,按有关具体规定办理。

(4) 航空运输的索赔时效。航空运输纠纷中,托运人或收货人要求赔偿时,应在填写货运事故记录的次日起180日内,以书面形式向承运人提出,并随附有关证明文件。承运人对托运人或收货人提出的赔偿要求,应在收到书面赔偿要求的次日起60日内处理。

对于航空运输的索赔时效,《华沙公约》分成货物损害和货物延迟的情况区别对待。前者的索赔时效是7天,后者的索赔时效是14天。但《海牙议定书》对此作了全面的修改,将货物损害索赔时效延长至14天,将货物延迟的索赔时效延长至21天。

10.4 运 输 保 险

10.4.1 运输保险概述

1. 运输保险概念

运输保险是指在运输过程中基于运载工具或货物产生的财产保险、责任保险。运载工具或货物在由托运人所在地至收货人所在地整个运输、装卸和储存的过程中,可能会遇到各种难以预料的风险从而遭受损失。为了能得到一定的经济补偿,就需要在事先办理运输保险。

2. 运输保险的作用

在货物运输的过程中因存在自然灾害、人为因素、战争等种种原因,发生货损货差在所难免。货物运输保险则可以帮助当事人将损失降到最小,所以,作为物流中的重要环节,货物运输更是离不开保险。

企业可以把保险费支出列入成本。如果货物在运输途中遭受损失.企业可以获得保险公司的经济补偿,减少灾害的损失,有利于企业经营活动的正常进行。

3. 运输保险的特征

货物运输保险简称货运险,是针对流通中的商品而提供的一种保险保障,是以运输过程中的货物作为保险标的,当保险标的在运输过程中由于灾难事故造成被保险的损失时,由保险公司提供经济补偿的一种保险业务。开办这种保险,是为了使运输中的货物在水路、铁路、公路和联合运输过程中,因遭受保险责任范围内的自然灾害或意外事故所造成的损失能够得到经济补偿,并加强货物运输的安全防损工作,以利于商品的生产和商品的流通。货物运输是财产保险的一种。同一般财产保险相比具有自己的特点,见表10-2所示。

表 10-2 货物运输保险的特点

序号	特 点	特 点 说 明
1	被保险人的多变性	承保的运输货物在运送保险期限内可能会经过多次转卖,因此最终保险合同保障受益人不是保险单注明的被保险人,而是保单持有人
2	保险利益的转移性	当保险标的物的所有权发生转移时,所附载的保险利益也随之转移
3	保险标的的流动性	货物运输保险所承保的标的,通常是具有商品性质的动产,并不是固定在一个地方,也没有严格的地域限制
4	承保风险的广泛性	由于运输工具和方式的不同,标的物在运输过程中不断移动,既有运输过程,也有储藏、存仓等待的过程,因此涉及的风险自然更多。所以,货物运输保险的范围较广,既包括海上、陆上和空中风险,自然灾害和意外事故风险,还包括动态和静态风险等
5	承保价值的定值性	承保货物在各个不同地点可能出现的价格有差异,因此货物的保险金额可由保险双方按约定的保险价值来确定
6	保险合同的可转让性	货物运输保险的保险合同通常随着保险标的、保险利益的转移而转移,无须通知保险人,也无须征得保险人的同意。保险单可以用背书或其他习惯方式加以转让
7	保险利益的特殊性	普通财产保险的标的物都在被保险人的直接照看和控制之下,然而,货物运输保险则不同,货物一般是交由承运人负责。一经起运,保险责任便开始了,且标的物完全在承运人的控制之下
8	合同解除的严格性	货物运输保险属于航次保险,《保险法》《海商法》规定,货物运输保险从保险责任开始后,合同当事人不得解除合同

10.4.2 运输保险的业务

1. 确定保险金额

保险金额是保险人承担赔偿或者承担保险责任的最高限额,是计算保险费用的基础。一般是根据货价、运费、保险费以及预期利润等保险价值确定的。

货物的保险价值是保险责任开始时,货物在起运地的发票价格或者非贸易商品在起运地的实际价格以及运费和保险费的总和。保险金额由保险人与被保险人约定,保险金额不得超过保险价值;超过保险价值的,其超过部分无效。

2. 确定保险险别

投保险别的恰当确定可以保证标的物能够获得充分的经济保障并节省保险费开支。要做到这一点,保险人主要应该坚持两个原则:一是保障的充分性,即选择投保险别时要考虑货物在运输途中可能遇到的各种风险;二是保险费用的节约,即在选择投保险别时,要考虑尽可能地节约费用,不投不必要的险别。因此,选择投保险别时要考虑货物的性质、包装、运输工具、路线、季节等很多有规律的因素。

一般在货运投保中,保险人应首先选择基本险别中的一种,然后根据需要加保某些其他附加险。

3. 开具保险单据

保险单据是保险人与被保险人之间签订的保险证明文件,反映了两者之间的权利和义务关系,也是保险人的承保证明。保险单据主要有保险单、联合凭证和预约保单三种。

(1) 保险单。即通常所说的大保单,也是使用最多的一种保险单据,是保险人承保一个指定运程内一批货物的运输保险单据,具有法律效力,对双方当事人均有约束力。

(2) 联合凭证。也称联合发票,是保险和发票结合的比保险单更为简化的保险单证,这种单证只有我国采用并且只限于港澳等地区的少数客户。

(3) 预约保单。又称预约保险合同,它是保险人和被保险人之间订立的合同,其目的是为了简化保险手续,且使货物一经起运即能获得保障。

10.4.3 与运输相关的保险

1. 海上保险

海上保险是以海上财产,如船舶、货物,以及与之有关的利益,如租金、运费,以及与之有关的责任,如保赔责任等作为保险标的的保险。具体有海洋船舶保险、海洋货物运输保险、海上石油开发保险、保障和赔偿保险等。

2. 货物运输保险

货物运输保险是以运输途中的货物作为保险标的的保险,保险人对运输途中的各种保险货物因保单承保风险造成的损失负赔偿责任。

它分为海洋货物运输保险、陆上货物运输保险、航空货物运输保险、邮包运输保险等。

3. 火灾保险

火灾保险是以各种处于固定地点,或存放于固定地点处于静止状态的物质财产,以及有关的利益作为保险标的,以保险标的发生火灾损失作为保险事故的保险。

4. 运输工具保险

运输工具保险是以各类运输工具作为保险标的的保险。保险人对各种运输工具因保单中规定的承保风险造成的损失负赔偿责任。该类保险险种繁多。例如汽车保险是以汽车、驾驶员和乘客及第三者责任为保险对象的保险,具体可分为车辆损失险、第三者责任险、盗抢险、车上责任险、玻璃破碎险、自然损失险等。飞机保险是以飞机、机上乘客及第三者责任为保险对象的保险,通常分为机身险、乘客意外伤害险、第三者责任险等。船舶保险可分为国内船舶保险和海上船舶保险等。国内船舶保险是以各种非远洋航行的船舶,即内河、湖泊及近海的各种船舶为保险对象的保险。船舶保险分为船舶损失险、乘客意外伤害险等。铁路车辆保险是以在铁路上运行的机车及车辆作为保险标的的保险。

10.4.4 海上货物风险

海运货物保险保障的范围包括海上风险、海上损失与费用以及外来原因所引起的风险损失。国际保险市场对上述各种风险与损失都有特定的解释。

1. 风险

海运保险是各类保险中发展最早的一种,这是由于商船在海洋航行中风险大,海运事故频繁所致。海上运输货物的风险主要分为海上风险和外来风险。

(1) 海上风险。海上风险又称为海难,一般是指船舶或货物在海上运输过程中发生的或随附海上运输所发生的风险,包括自然灾害和意外事故两种。

在保险业务中,海上风险有特定内容。

① 自然灾害是指不以人的意志为转移的自然界力量所引起的灾害,如雷电、洪水、流冰、地震、火山爆发、海啸、浪击落海以及其他人力不可抗拒的自然灾害。这些灾害在保险业务中都要有特定的含义,如在我国现行的海运货物保险条款的基本险条款中,不包含浪击落海这项风险。

② 意外事故是指由于偶然的、难以预料的原因造成的事故,如船舶搁浅、触礁、碰撞、爆炸、火灾、沉没、失踪或其他类似事故。

需要指出的是,按照国际保险市场的一般解释,海上风险并非局限于海上发生的灾害和事故,那些与海上航行有关的发生在陆上或海陆、海河或与驳船相连接之处的灾害和事故,例如地震、洪水、水灾、爆炸等海险,以及与驳船或码头碰撞等风险,也属于海上风险。

(2) 外来风险。外来风险是指除海上风险以外的由于其他外来原因引起的风险。外来风险又可分为一般外来风险和特殊外来风险两种。例如淡水雨淋、短量、偷窃、污损、渗漏、破碎、受潮、受热、串味、锈损和钩损等为一般外来风险,战争、罢工和交货不到、拒收等则为特殊外来风险。

2. 损失和费用

海上损失简称海损,是指被保险货物在海运过程中,由于海上风险所造成的损坏或灭失。它通常表现为两种形式:一种是货物本身的损失或灭失,另一种是为营救货物而支出的费用。按各国保险业的习惯,海上损失和费用也包括与海运相连接的陆上或内河运输中所发生的损失和费用。一般按其损失的程度可分为全部损失或部分损失。

(1) 全部损失。全部损失简称全损,是指整批或不可分割的一批被保险货物在运输途中全部遭受损失。全部损失又分为实际全损和推定全损。

实际全损是指被保险货物全部灭失,或完全变质,或不可能归还给被保险人。例如载货船舶失踪,经过一定时间(例如两个月)后仍没有获知其消息,视为实际全损。被保险货物在遭受到实际全损时,被保险人可按其投保金额获得保险公司的全部损失赔偿。

推定全损是指被保险货物在运输途中受损后,实际全损已经不可避免,或者为避免发生实际全损所需支付的费用与继续将货物运抵目的地的费用之和超过保险价值,也就是恢复、修复受损货物,并将其运送到原定目的地的费用,将超过在该目的地的货物价值。

(2) 部分损失。部分损失是指不属于实际全损和推定全损的损失。

3. 外来风险的损失

外来风险的损失是指除海上风险以外由于其他各种外来风险所造成的损失,外来风险的损失包括下列两种类型。

(1) 一般外来风险所造成的损失。这类风险损失通常是指由偷窃、短量、破碎、雨淋、受潮、受热、发霉、串味、污损、渗漏、钩损和锈损导致的。

(2) 特殊外来风险所造成的损失。这主要是指由于军事、政治、国家政策法令和行政措施等原因所致的风险损失,如战争、罢工、交货不到等特殊的外来风险造成的损失。

10.4.5 我国货运货物保险的险别及保险类型

保险险别是指保险人对风险和损失的承保责任范围。我国货物运输保险险别,按照能否单独投保,可分为基本险和附加险两类。基本险可以单独投保,而附加险不能单独投保,只有在投保基本险的基础上才能加保附加险。

1. 基本险

我国的保险公司所规定的基本险别包括平安险、水渍险和一切险。

1) 责任范围

(1) 平安险。该保险负责赔偿以下情形下的损失。

① 货物在运输途中由于恶劣气候、雷电、海啸、地震、洪水自然灾害造成整批货物的全部损失或推定全损。当被保险人要求赔付推定全损时,须将受损货物及其权利委付给保险公司。被保险货物用驳船运往或运离海轮的,每一驳船所装的货物可视做一个整批。

② 由于运输工具遭受搁浅、触礁、沉没、互撞、与流冰或其他物体碰撞,以及失火、爆炸等意外事故造成货物的全部或部分损失。

③ 在运输工具已经发生搁浅、触礁、沉没、焚毁等意外事故的情况下,货物在此前后又在海上遭受恶劣气候、雷电、海啸等自然灾害所造成的部分损失。

④ 在装卸或转运时由于一件或数件整件货物落海造成的全部或部分损失。

⑤ 被保险人对遭受承保责任内危险的货物采取抢救而支付的合理费用,但以不超过该批被救货物的保险金额为限。

⑥ 运输工具遭遇海难后,在避难港由于卸货所引起的损失以及在中达港、避难港由于卸货、存仓以及运送货物所产生的特别费用。

⑦ 共同海损的牺牲、分摊和救助费用。

⑧ 运输契约订有"船舶互接责任"条款时,根据该条款规定应由货方偿还船方的损失。

(2) 水渍险。除包括平安险的各项责任外,该保险还负责被保险货物由于恶劣气候、雷电、海啸、地震、洪水等自然灾害所造成的部分损失。

(3) 一切险。除包括平安险的各项责任外,该保险还负责被保险货物在运输途中由于外来原因所致的全部或部分损失。

2) 除外责任

该保险对下列损失不负赔偿责任。

(1) 被保险人的故意行为或过失所造成的损失。

(2) 属于发货人责任所引起的损失。

(3) 在保险责任开始前,被保险货物已存在的品质不良或数量短少。

(4) 被保险货物的自然损耗、本质缺陷、特性以及市价跌落、运输延迟所引起的损失或费用。

(5) 海洋运输货物战争险条款和货物运输罢工险条款规定的责任范围和除外责任。

3) 责任起讫

(1) 该保险负"仓至仓"责任,自被保险货物运离保险单所载明的起运地仓库或储存处所开始,直至该项货物到达保险单所载明目的地收货人的最后仓库或储存处所,或被保险人用作分配、分派或非正常运输的其他储存处所为止。如未抵达上述仓库或储存处所,则以被保险货物在最后卸载港全部卸离海轮后满60天为止。如在上述60天内被保险货物需转运到非保险单所载明的目的地时,则以该项货物开始转运时终止。

(2) 由于被保险人无法控制的运输延迟、绕道、被迫卸货、重行装载、转载或承运人运用运输契约赋予的权限所做的任何航海上的变更或终止运输契约,致使被保险货物运到非保险单所载明目的地时,在被保险人及时将获知的情况通知保险人,并在必要时加缴保险费的情况下,该保险仍继续有效,保险责任按下列规定终止。

被保险货物如在非保险单所载明的目的地出售,保险责任至交货时为止,但不论任何情况,均以被保险货物在卸载港全部卸离海轮后满60天为止。

被保险货物如在上述60天期限内继续运往保险单所载原目的地或其他目的地时,保险责任仍按上述第(1)款的规定终止。

4) 被保险人的义务

被保险人应按照以下规定的应尽义务办理有关事项,如因未履行规定的义务而影响保险人利益时,保险公司对有关损失有权拒绝赔偿。

(1) 当被保险货物运抵保险单所载明的目的港(地)以后,被保险人应及时提货。当发现被保险货物遭受任何损失时,应立即向保险单上所载明的检验、理赔代理人申请检验;如发现被保险货物整件短少或有明显残损痕迹,应立即向承运人、受托人或有关当局(海关、港务当局等)索取货损货差证明。如果货损货差是由于承运人、受托人或其他有关方面的责任所造成,应以书面方式向他们提出索赔,必要时还须取得延长时效的认证。

(2) 对遭受承保责任内的危险的货物,被保险人和保险公司都可迅速采取合理的抢救措施,防止或减少货物的损失。被保险人采取此项措施,不应视为放弃委付的表示;保险公司采取此项措施,也不得视为接受委付的表示。

(3) 如航程变更或发现保险单所载明的货物、船名或航程有遗漏或错误时,被保险人应在获悉后立即通知保险人并在必要时加缴保险费,该保险才继续有效。

(4) 在向保险人索赔时,必须提供下列单证:保险单正本、提单、发票、装箱单、磅码单、货损货差证明、检验报告及索赔清单,如涉及第三者责任,还须提供向责任方追偿的有关函电及其他必要单证或文件。

(5) 在获悉有关运输契约中"船舶互撞责任"条款的实际责任后,应及时通知保险人。

5) 索赔期限

保险索赔时效,从被保险货物在最后卸载港全部卸离海轮后起算,最多不超过2年。

2. 附加险

附加险是对基本险的补充和扩大。在海运保险业中,投保人除了投保货物的上述基本险别外,还可根据货物的特点和实际需要,酌情再选择若干附加险别。目前,我国各商业保险公司《海洋运输货物保险条款》中的附加险有一般附加险和特殊附加险。

1) 一般附加险

一般附加险所承保的是由于一般外来风险所造成的全部或部分损失。一般附加险不能作为一个单独的项目投保,而只能在投保平安险或水渍险的基础上,根据货物的特性和需要加保一种或若干种一般附加险。

一般附加险的种类主要包括以下几种。

(1) 偷窃提货不着险。在保险有效期内,保险货物被偷走或窃走,以及货物运抵目的地以后整体丢失未交的损失,由保险公司负责赔偿。

(2) 淡水雨淋险。货物在运输中,由于淡水(包括船上淡水舱、水管里的水以及汗水等)、雨水、雪溶所造成的损失,保险公司都应负责赔偿。

(3) 短量险。它负责保险货物数量短少和重量损失。保险公司必须要查验外包装是否有异常现象,如破口、破袋、开缝等。对散装货物,往往将装船和卸船重量之间的差额作为计算短量的依据。

(4) 混杂、玷污险。它负责保险货物在运输过程中混进了杂质所造成的损失,以及保险货物因为和其他物质接触而被玷污所造成的损失。

(5) 渗漏险。它负责流质、半流质的液体物质和油类物质,在运输过程中因为容器损坏而引起的渗漏损失。

(6) 碰损、破碎险。碰损主要是对金属器皿、搪瓷品等货物而言,破碎则主要是对易碎性货物而言。

(7) 串味险。它负责易感染异味的货物与散发气味的货物堆放在一起所受的损失。

(8) 受热、受潮险。它负责受热易变质的货物堆放在热源附近,或受潮易变质的货物堆放在甲板等易受潮的舱位而造成的损失。

(9) 钩损险。它负责保险货物在装卸过程中由于使用手钩、吊钩等工具所造成的损失。

(10) 包装破裂险。它负责在装卸搬运或运输过程中,由于货物包装破损造成的损失。

(11) 锈损险。保险公司负责保险货物在运输过程中因为生锈而造成的损失。

2) 特殊附加险

特殊附加险属于附加险类,但不属于一切险的范围之内。

(1) 战争险。战争险负责赔偿那些直接由于战争、类似战争的行为和敌对行为、武装行为或海盗行为所致的损失,以及由此所引起的捕获拘留、扣留、禁止、扣押所造成的损失,各种常规武器(包括水雷、鱼雷、炸弹)所致的损失,以及由上述责任范围而引起的共同海损的牺牲、分摊和救助费用,但不负责赔偿使用原子或热核武器造成的损失。

战争险的保险责任起讫以水上危险为限,即自货物在起运港装上海轮或驳船时开始,直到目的港卸离海轮或驳船为止。如果不卸离海轮或驳船,则从海轮到达目的港的当日午夜起算满 15 天后,保险责任自行终止。如在中途港转船,不论货物是否在当地卸货,保险责任以海轮到达该港或卸货地点的当日午夜起算满 15 天为止,再装上续运海轮时恢复有效。

(2) 罢工险。罢工险赔偿的范围通常是被保险货物由于罢工或工潮暴动等,因人员的行动或任何人的恶意行为所造成的直接损失,以及上述行动或行为所引起的共同海损的牺牲、分摊和救助费用。不赔偿的范围包括:罢工期间由于劳动力短缺或不能使用劳动力所造成的被保险货物的损失,因罢工引起的动力或燃料缺乏使冷藏机停止工作所致的冷藏货物的损失,因无劳动力搬运货物使货物堆积在码头被淋湿而产生的损失。

罢工险对保险责任起讫的规定与其他海运货物保险险别一样采取"仓至仓"条款。按国际保险业惯例,已投保战争险后另加保罢工险,不另增收保险费。如仅要求加保罢工险,则按战争险费率收费。

(3) 黄曲霉素险。对被保险货物因运输过程和保管不当致使标的物所含黄曲霉素超过进口国的限制标准被拒绝进口、没收或强制改变用途而遭受的损失,保险公司负责赔偿。

(4) 货物不到险。对不论由于何种原因,从被保险货物装船离开船舷时开始,不能在预定时间抵达目的地的日期起 6 个月内交货的,负责按全损赔偿。

(5) 舱面险。被保险货物存放舱面时,除按保险单所载条款外,被风浪冲击落水在内的损失,由保险人负责。

(6) 进口关税险。当被保险货物遭受保险责任范围以内的损失,而被保险人仍须按完好货物的价值运完全程时,保险公司对损失部分货物的进口关税负责赔偿。

(7) 拒收险。对被保险货物在进口港被进口国的政府或有关当局拒绝进口或没收,按货物的保险价值负责赔偿。

(8) 货物运抵到中国香港或中国澳门存仓火险责任扩展条款。被保险货物运抵目的地中国香港或中国澳门卸离运输工具后,如直接存放于保单载明的过户银行所指定的仓库,本保险对存仓火险的责任至银行收回押款解除货物的权益为止,或运输险责任终止时起满 30 天为止。

10.4.6 陆上运输货物保险条款

1. 两个基本险别

(1) 陆运险。对被保险货物在运输途中遭受暴风、雷电、地震、洪水等自然灾害,或由于陆上运输工具遭受碰撞倾覆或出轨,如有驳运过程,则包括驳运工具搁浅、触礁、沉没;或由于遭受隧道坍塌、崖崩或火灾、爆炸等意外事故所造成的全部或部分损失,负责赔偿。

(2) 陆运一切险。除包括上述陆运险的责任外,对在运输中由于外来原因造成的短少、短量、偷窃、渗漏、碰损、破碎、钩损、生锈、受潮、受热、发霉、串味、污损等全部或部分损失负赔偿责任。

在投保上述任何一种基本险别时,经过协商还可加保附加险。

2. 除外责任

陆上运输货物保险与海洋运输货物保险条款中的规定相同。

3. 保险责任的起讫

保险责任的起讫也是"仓至仓"。如未进仓,以被保货物到达最后卸载车站满 60 天为止。如加保了战争险,其责任起讫自货物装上火车时开始,至目的地卸离火车时为止;如货物不卸离火车,以火车到达目的地的当日午夜起满 48 小时为止;如在中途转车,不论货物在当地卸载与否,以火车到达中途站的当日午夜起满 10 天为止;如货物在 10 天内重新装车续运,保险责任继续有效。

10.4.7 航空运输货物保险条款

1. 两个基本险别

(1) 航空运输险。对被保货物在运输途中遭受雷击、火灾、爆炸,或由于飞机遭受恶劣气候或其他危难事故而被抛弃,或由于飞机遭受碰撞、倾覆、坠落或失踪等意外事故所造成的全部或部分损失,负责赔偿。

(2) 航空运输一切险。除包括上述航空运输险的责任外,还对由于外来的原因所造成的全部或部分损失负责赔偿。

在投保上述任何一种基本险别时,经过协商还可以加保附加险。

2. 除外责任

航空运输货物保险与海洋运输货物保险条款中的规定相同。

3. 保险责任的起讫

保险责任的起讫也是"仓至仓"。如未进仓,以被保货物在最后卸载地卸离飞机后满30天为止。如加保了战争险,其责任起讫自被保货物装上飞机时开始,到目的地卸离飞机为止;如不卸离飞机,以飞机到达目的地的当日午夜起满15天为止;如在中途港转运,以飞机到达转运地的当日午夜起满15天为止,装上续运的飞机时保险责任继续有效。

10.4.8 进出口货物运输保险业务流程

1. 确定保险金额

保险金额系指保险人承担赔偿或者给付保险责任的最高限额,也是保险人计算保险费的基础。保险金额是根据保险价值确定的,保险价值一般包括货价、运费、保险费以及预期利润。

1) 确定保险价值

货物的保险价值是保险责任开始时货物在起运地的发票价格或者非贸易商品在起运地的实际价格以及运费和保险费的总和。保险金额由保险人与被保险人约定,保险金额不得超过保险价值;超过保险价值的,超过部分无效。

2) 计算

在国际货物买卖中,凡按 CIF 或 CIP 条件达成的合同一般均按规定保险金额,而且,保险金额通常还需在发票金额的基础上增加一定的百分率,即所谓"保险加成"。这是由国际贸易特定需要决定的,如果合同对此未作规定,按《2000 年通例》和《跟单信用证统一惯例》规定,卖方有义务按 CIF 或 CIP 的价格的总值另加 10% 作为保险金额。这部分增加的保险金额就是买方进行这笔交易所支付的费用和预期利润。如果买方要求按较高金额投保,而保险公司也同意承保,卖方也可接受,但因此而增加的保险费在原则上应由买方承担。

(1) 保险金额的计算公式

$$保险金额 = CIF(或 CIP)价 \times (1 + 保险加成率) \tag{10-1}$$

由于保险金额一般是以 CIF 或 CIP 价格为基础加成确定的,因此,在仅有货价与运费(即已确定 CFR 或 CPT)的情况下,CIF 或 CIP 价可按下列公式计算。

$$CFR(CPT) = CIF(CIP) / [1 - 保险费率 \times (1 + 投保加成率)] \tag{10-2}$$

(2) 保险费计算公式

$$保险费 = 保险金额 \times 保险费率 \tag{10-3}$$

按 CIF 投保,计算公式为

$$\text{保险费} = \text{CIF 价} \times (1 + \text{投保加成率}) \times \text{保险费率} \qquad (10\text{-}4)$$

$$\text{保险费} = \text{CIF 价} - \text{CFR 价} \qquad (10\text{-}5)$$

为简化计算程序，中国人民保险公司制定了一份保险费率常用表，将CFR(或CPT)价格直接乘以表内所列常项，便可算出CIF(或CIP)价格。

【难点例释 10-1】 某外贸公司按 CIF 价格条件出口一批冷冻食品，合同总金额为1万美元，保险费率为0.4%，加一成投保平安险，问：保险金额及保险费各为多少？

【解】 代入公式(10-1)，保险金额 = 10 000×(1+10%) = 11 000(美元)

代入公式(10-3)，保险费 = 11 000×0.4% = 44(美元)

2. 保险险别约定

按 FOB 条件成交时，运输途中的风险由买方承保，保险费由买方负担。按 CIF 或 CIP 条件成交时，运输途中的风险本应由买方承保，但一般保险费则约定由卖方负担，因货价中包括保险费。买卖双方约定的险别通常为平安险、水渍险、一切险三种基本险别中的一种。如果约定采用英国伦敦保险协会货物保险条款，也应根据货物特性和实际需要约定该条款的具体险别。在双方未约定险别的情况下，按惯例，卖方可按最低的险别投保。

在 CIF 或 CIP 货价中，一般不包括加保战争险等特殊附加险的费用，因此，如果买方要求加保战争险等特殊附加险时，其费用应由买方负担。

3. 办理投保和交付保险费

出口合同采用 CIF 或 CIP 条件时，保险由出口企业办理。出口企业在向当地的保险公司办理投保手续时，应根据买卖合同或信用证规定，在备妥货物并确定装运日期和运输工具后，按规定格式逐笔填制投保单，具体列明被保险人名称、被保险货物的名称、数量、包装及标志、保险金额、起讫地点、运输工具名称、起航日期、投保险别，送交保险公司投保并交付保险费。投保人交付保险费，是保险合同生效的前提条件。保险费率是计算保险费的依据。目前，我国出口货物保险费率按照不同商品、不同目的地、不同运输工具和不同险别分别制定为"一般货物费率"和"指明货物加费费率"两大类，前者适用于所有的货物，后者仅指特别指明的货物。

保险公司收取保险费的计算方法如下：

$$\text{保险费} = \text{保险金额} \times \text{保险费率}$$

如果系按 CIF 或 CIP 加成投保，上述公式可改为

$$\text{保险费} = \text{CIF 或 CIP 价} \times (1 + \text{投保加成率}) \times \text{保险费率}$$

进口货物保险费率有进口货物保险费率和特约费率两种。

4. 取得保险单据

保险单据是保险人与被保险人之间订立保险合同的证明文件，它反映了保险人与被保险人之间的权利和义务关系，也是保险人的承保证明。当发生保险责任范围内的损失时，它又是保险索赔和理赔的主要依据。

1) 保险单据种类

(1) 保险单

保险单俗称大保单，是使用最广的一种保险单据。货运保险是承保一个指定航程内

某一批货物的运输保险的单据。它具有法律效力,对双方当事人均有约束。

(2) 联合凭证

联合凭证,亦称联合发票,是一种发票和保险相结合的比保险单更为简化的保险单证。保险公司将承保的险别、保险金额以及保险编号加注在投保人的发票上,并加盖印戳,其他项目均以发票上列明的为准。这种单证只有我国采用,并且仅限于港澳地区的少数客户。

2) 预约保单

预约保单又称预约保险合同,它是被保险人与保险人之间订立的合同。订立这种合同的目的是为了简化保险手续,又可使货物一经起运即可取得保障。合同中规定承保货物的范围、险别、费率、责任、赔款处理等条款,凡属合同约定的运输货物,在合同有效期内自动承保。

3) 保险单填报内容

(1) 被保险人名称:要按照保险利益的实际有关人填写。

(2) 标记:应该和提单上所载的标记符号相一致,特别要同刷在货物外包装上的实际标记符号一样,以免发生赔案时,引起检验、核赔、确定责任的混乱。

(3) 包装数量:要将包装的性质,如箱、包、件、捆以及数量都写清楚。

(4) 货物名称:要具体填写,一般不要笼统地写纺织品、百货、杂货等。

(5) 保险金额:通常按照发票CIF价加成10%～20%计算,如发票价为FOB带保险或CFR,应将运费、保费相应加上去,再另行加成。需要指出的是,保险合同是补偿性合同,被保险人不能从保险赔偿中获得超过实际损失的赔付,因此溢额投保(如过高的加成、明显偏离市场价格的投保金额等)是不能得到全部赔付的。

(6) 船名或装运工具:海运需写明船名,转运也需注明,联运需注明联运方式。

(7) 航程或路线:如到目的地的路线有两条,要写上自××经××至××。

(8) 承保险别:必须注明,如有特别要求,也在这一栏填写。

(9) 赔款地点:除特别声明外,一般在保险目的地支付赔款。

(10) 投保日期:应在开航前或运输工具开行前。

(11) 其他注意事项如下。

① 投保申报情况必须属实。

② 投保险别、币制与其他条件必须和信用证上所列保险条件的要求相一致。

③ 投保险别和条件要和买卖合同上所列保险条件相符合。

④ 投保后发现投保项目有错漏,要及时向保险公司申请批改,如保险目的地变动、船名错误以及保险金额增减等。

5. 提出索赔

当被保险的货物发生属于保险责任范围内的损失时,投保人可以向保险人提出赔偿要求。按国际贸易术语E组、F组、C组包含的八种价格条件成交的合同,一般应由买方办理索赔。按D组包含的五种价格条件成交的合同,则视情况由买方或卖方办理索赔。

被保险货物运抵目的地后,收货人如发现整件短少或有明显残损,应立即向承运人或有关方面索取货损或货差证明,并联系保险公司指定的检验理赔代理人申请检验,提出检验报告,确定损失程度;同时向承运人或有关责任方提出索赔。属于保险责任的,可填写索赔清单,连同提单副本、装箱单、保险单正本、磅码单、修理配置费凭证、第三者责任方的签证或商务记录以及向第三者责任方索赔的来往函件等向保险公司索赔。

索赔应当在保险有效期内提出并办理,否则保险公司可以不予办理。

10.4.9 保险的理赔与索赔

1. 运输保险的理赔应遵循的基本原则

1) 保险合同为依据的原则

事故发生后,是否属保险责任范围、是否在保险期限内、保险赔偿金额多少、免赔额的确定、被保险人自负责等均依据保险合同确定的责任。

2) 合理原则

保险人在处理保险赔偿时,要以保险合同为依据并注意合理原则,因为保险条款不能概括所有情况。

3) 及时原则

保险的主要职能是提供经济补偿。保险事故发生后,保险人应迅速查勘、检验、定损,将保险赔偿及时赔付给被保险人。

2. 在索赔工作中被保险人应做好的工作

1) 损失通知

当被保险人获悉或发现被保险的货物已遭损失,应立即通知保险公司或保险单上载明的保险公司在当地的检验、理赔代理人,并申请检验。

2) 向承运人等有关方面提出索赔

被保险人或其代理人在提货时发现被保险的货物整件短少或有明显残损痕迹,除向保险公司报损外,还应立即由承运人或有关当局索取货损货差证明。

3) 采取合理的施救、整理措施

被保险货物受损后,被保险人应迅速对受损货物采取必要合理的施救、整理措施,防止损失的扩大。被保险人收到保险公司发出的有关采取防止或者减少损失的合理措施的特别通知的,应按照保险公司的通知要求处理。

4) 备妥索赔单证

被保险货物的损失经过检验,并办妥向承运人等第三者责任方的追偿手续后,应立即向保险公司或其代理人提出赔偿要求。提出索赔时,除应提供检验报告外,通常还须提供其他的单证,包括:保险单或保险凭证正本,运输单据(包括海运单、海运提单等),发票,装箱单或重量单,向承运人等第三者责任方请求赔偿的函电及其他必要的单证或文件,货损货差证明,海事报告摘录,列明索赔金额及计算依据,以及有关费用的项目和用途的索赔清单。

3. 索赔和理赔的主要程序

(1) 损失通知。当发生保险事故或保险责任范围内的损失时,被保险人应立即通知保险人或其代理人。损失通知是保险理赔的第一项程序。

(2) 查勘检验。保险人或其代理人获悉损失通知后应立即开展保险标的的损失的查勘检验工作。保险事故或损失发生在国外,查勘检验常由保险人的代理或委托人进行。查勘检验作为保险理赔的一项重要内容,主要包括事故原因、救助工作、第三者责任取证、勘察报告和检验报告制作等。检验是理赔实务中一项十分重要的工作,它确定保险标的损失的责任归属、施救措施的合理性等。在货物运输保险中,凡属保险责任的货损,收货人必须及时向承保的保险公司申请进行联合检验。

(3) 核实保险案情。保险人收到代理人或委托人的检验报告后,还应向有关各方收集资料,并加以核实、补充和修正赔案的材料。

(4) 分析理赔案情,确定责任。保险人应判断原因是否属保险责任、是否发生在保险期限内、索赔人是否具有可保利益,审查有关单证,如保险单证、事故检验报告、保险事故证明、保险标的的施救和修理等方面文件。

(5) 计算赔偿金额,支付保险赔偿。保险赔偿的计算,保险人通常依据索赔清单。保险赔偿的计算可以由保险人自身进行,也可由其代理人计算或委托海损理赔人理算。

小　　结

本章介绍运输合同概述,铁路、海上、航空、陆路和管道货运保险的条款内容及险别种类,运输责任划分、运输合同纠纷解决及运输保险,阐述了货物运输保险的业务流程,保险索赔理赔的业务程序,货运保单的样式及货运保险费和保险金额的计算方法。

复 习 思 考

一、填空题

1. 按承运方式的不同,运输合同可分为(　　)、(　　)、(　　)、(　　)、(　　)及多式联运合同。
2. (　　)合同是指承托双方签订的,明确双方权利、义务关系,确保(　　)的,具有法律约束力的合同文件。
3. (　　)是指托运人按规定填写货物运输(　　)或(　　)。
4. (　　)生效后,对受(　　)人来说,只是取得承诺的资格,并没有承诺的义务,受(　　)人不为承诺,只是使合同不能成立,此外不负任何责任。
5. (　　)合同是指以水路运输经营者作为承运人的运输合同。

二、判断题

1. 托运人是以旅客或物品运输为业务,并以此而取得报酬或运费的人,包括运输企业与从事运输服务的个人。(　　)
2. 旅客运输合同是旅客的车票,行李运输合同是行李票,包裹运输合同是包裹票,货物运输合同是货物运单。(　　)
3. 铁路运输合同是以公路运输企业或者个人作为承运人的运输合同。(　　)
4. 海上运输合同是指以海上运输经营者作为承运人的运输合同。(　　)

5. 海上运输合同形式一般都不是要式合同,提单是船东签发的具有很强的法律约束力的提货凭证。(　　)
6. 航空运输承运方只能是经过国家批准的航空运输企业,只有它们才能从事运输活动。(　　)
7. 所谓批次,是指完成一个包括准备、装载、运输、卸载四个主要工作环节在内的一次运输过程的完整循环。(　　)
8. 约定条款是法律允许合同双方可以协商、合意订立的条款。(　　)
9. 明示条款是运输单证中未予记载但又是运输合同组成部分的条款。(　　)
10. 法律规定是运输合同的默示条款,即不论一方或双方当事人是否对这种条款知悉和同意,默示条款均有效力。(　　)

三、单项选择题

1. 货运合同的当事人往往涉及第三者,即除了托运人和承运人之外,一般还有(　　)。
   A. 货主　　　　　B. 收货人　　　　C. 承运人　　　　D. 船公司
2. 《中华人民共和国铁路法》(以下简称《铁路法》)(　　)规定,铁路运输合同是明确铁路运输企业与旅客、托运人之间权利与义务关系的协议。
   A. 第11条　　　B. 第12条　　　C. 第13条　　　D. 第14条
3. (　　)合同是指托运人按规定填写货物运输托运单或货单。
   A. 口头　　　　　B. 书面　　　　C. 契约　　　　D. 其他
4. (　　)条款是法律规定的运输合同中必须具备的条款,若缺乏这些条款,运输合同便不成立或可能不成立。
   A. 口头　　　　　B. 协议　　　　C. 约定　　　　D. 法定
5. (　　)是当事人一方向他方提出订立运输合同的提议,也可称为订约提议。
   A. 协议　　　　　B. 要约　　　　C. 习惯　　　　D. 约定
6. (　　)最主要的权利是要求承运人按照合同规定的时间把货物运送到目的地。
   A. 托运人　　　　B. 收货人　　　　C. 承运人　　　　D. 船公司
7. (　　)是指受要约人向要约人作出的对要约完全同意的意思表示,也可称为接受提议。
   A. 法定　　　　　B. 协议　　　　C. 约定　　　　D. 承诺
8. 货运事故处理过程中,(　　)不得扣留车辆,承运人不得扣留货物。
   A. 托运人　　　　B. 收货人　　　　C. 承运人　　　　D. 船公司
9. 在约定运达时间的(　　)日后未收到货物,视为灭失。
   A. 30　　　　　B. 35　　　　C. 40　　　　D. 45
10. 公路运输的索赔时效。公路运输纠纷中,承、托双方彼此之间要求赔偿的时效,从货物运抵到达地点的次日起算,不超过(　　)日。
    A. 150　　　　B. 180　　　　C. 210　　　　D. 240

四、简答题

1. 什么是运输合同?
2. 运输合同有何特征?

3. 运输合同的内容有哪些？
4. 简述货运事故处理程序。
5. 简述纠纷解决的方法。
6. 什么是运输保险？运输保险有何作用？
7. 运输保险有哪些？
8. 外来风险的损失有哪些？
9. 简述陆上两个基本险别。
10. 简述航空两个基本险别。

五、案例分析

合同纠纷谁之错？

某飞机制造厂通过某进出口公司在 A 国发动机制造厂购买 50 台 WLC/1/5 型发动机，分装成 10 箱，由 A 国发动机制造厂在 8 月 21 日以国际联运方式在 B 站办理了到站为中国某地，收货人为某飞机制造厂的托运手续，并按合同约定付清了发动机的运送及换装费用。货物于当日发出，C、D、E 等站各方在换装交接时都没有异议。同年 9 月 29 日，货物到达我国二连浩特口岸站，中蒙铁路工作人员办理交接时发现 1880 号运单项下 10 箱货物短少一箱，箱号 21，系 WLC/1/5 型发动机，证实短少责任在蒙古铁路方面。二连浩特口岸站当即做成商务记录，随后其余 9 箱货物继续运输。同年 10 月 10 日到达某地站后，某地站经核对，货物状态与二连浩特口岸站商务记录一致，原告向飞机制造厂支付了运输费用之后，持运单及商务记录向被告铁路局提出赔偿请求。被告根据《国际货协办事细则》的规定将全部索赔资料寄至乌兰巴托铁路局，蒙铁未明确答复。时过 6 个月，原告在未得到处理结果的情况下，向铁路运输中院提起诉讼，要求赔偿损失 100 万元。

(资料来源：https://www.10000link.com/about/index.html。)

讨论

1. 该合同纠纷解决过程正确吗？
2. 案例中赔偿责任如何界定？

第 11 章 运输管理信息系统

【学习目标】

通过本章学习了解公路运输信息系统的有关概念、特征,公路运输信息系统业务流程及相关信息,水路运输系统功能、货代系统功能、船运业务相关流程和相关信息。通过本章学习,懂得如何将物流运输信息进行整合管理。

【本章要点】

本章主要介绍公路运输信息系统、水路运输系统、货代系统、船运代理系统。

贝克的船舶运输

船舶运输是贝克啤酒出口营业的最主要运输方式。贝克啤酒厂邻近不来梅港,是其采纳海运的最大优势。凭借全自动化设备,专用集装箱可在 8 分钟内灌满啤酒,15 分钟内完成一切发运手续。每年,贝克啤酒经由海运方式发往美国一地的啤酒就达 9000TEU。之所以选择海运方式,贝克啤酒诠释为"环保运输方式"。欧洲甚至世界规模陆运运输的堵塞和污染日益严重,贝克啤酒选择环保的水运方式不仅节约了运输成本,还为自己贴上了"环保"的金色印记,用绿色提高了企业的无形资产价值。

(资料来源:http://wenku.baidu.com/view.)

思考

1. 请分析贝克的货运特点。
2. 船舶运输有哪些好处?

11.1 公路运输管理信息系统

11.1.1 公路运输管理信息系统概述

1. 概述

运输管理信息系统是指为提高运输企业的运输能力、降低物流成本、提高服务质量而采取现代信息技术手段建立的管理信息系统。它是多个专门信息系统的集合,从而实现运输方式(或承运人)的选择、路径的设计、货物的整合与优化,以及运输车辆线路与时间的选择。运输信息管理系统主要是货物的追踪管理和车辆的运行管理。

2．运输信息

运输有水路、公路、铁路、航空、管道运输五种方式,每种运输方式的作业流程和信息系统有较大的差别。但是,总体来看,对于水路、公路、铁路、航空四种运输方式,运输作业可分为集货承运、运送、送达交付三个环节。运输信息是指在运输业务三个环节所发生的信息,主要的基础信息是产生并证明运输活动发生、完成的各种单据。例如,公路运输信息息如表 11-1 所示。

表 11-1 公路运输信息

装车单	要求到达时间	停车位置	收货地点	货物名称	件数	重量	路线要求
发票号	送货单位名	车辆类型	车辆数量	配载方案	制单日期	品名	规格
车辆信息	车牌	执行订车单	停车地点	总载重	数量	型号	
库场运输号	出库加工日期	加工入库日期	出库验收日期	装货时间	交货日期	物资码	
运输单	运输日期	司机信息	客户明细	费用信息	联系人电话	送货方式	
运输结算	运输费用	回单	发票	客户明细	运输价格查询		

3．公路运输信息管理的内容

(1) 接单。公司主管从客户处当面接收(或传真接收)运输发送计划。公路运输调度部门从客户处接收出库提货单证、核对单证。

(2) 登记。运输调度部门在登记表上分配送货目的地,分配收货客户标定提货号码。司机(指定人员及车辆)到运输调度中心拿提货单,并在运输登记本上确认签收。

(3) 调用安排。填写运输计划,填写运输在途、送到情况,追踪反馈表,电脑输单。

(4) 车队交接。根据送货方向、重量、体积,统筹安排车辆,报运输计划给客户处,并确认到厂提货时间。

(5) 提货发运。按时到达客户提货仓库,检查车辆情况,办理提货手续,提货、盖好车棚、锁好箱门,办好出厂手续,电话通知收货客户预达时间。

(6) 在途追踪。建立收货客户档案,司机及时反馈途中信息,与收货客户电话联系送货情况,填写跟踪记录,有异常情况及时与客户联系。

(7) 到达签收。电话或传真确认到达时间,司机将回单用 EMS 或 FAX 传真回公司,签收运输单,定期将回单送至客户处,将当地市场的情况及时反馈给客户。

(8) 回单。按时准确到达指定卸货地点货物交接,百分之百签收,保证运输产品的数量和质量与客户出库单一致，了解送货人对客户产品在当地市场的销售情况。

（9）运输结算。整理好收费票据，做好收费汇总表交至客户，确认后交回结算中心。结算中心开具发票，向客户收取运费。

公路运输信息管理的内容涉及工具、运送人员、货物装车以及运输过程各业务环节的信息集成管理，见图11-1。

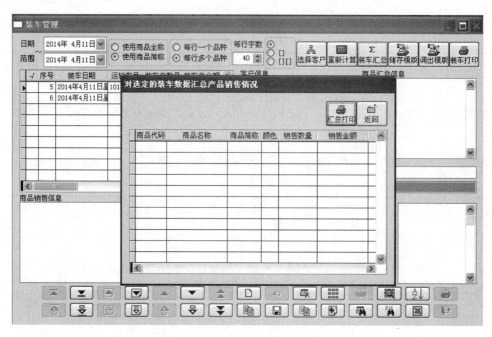

图 11-1　公路运输信息管理

11.1.2　公路货物运输方式

公路货物运输方式主要有以下几种。

1. 整车运输

整车运输指托运人一次托运货物的数量、性质、形状和体积在3吨以上的货物运输。

2. 零担运输

零担运输指托运人一次托运量在3吨以下或不满一整车的少量货物的运输。

3. 集装箱运输

集装箱运输是指将货物集中装入规格化、标准化的集装箱内进行运输的一种形式。

4. 联合运输

联合运输是指货物通过两种或两种以上运输方式，或需要同时运输两次以上的运输。联合运输实行一次托运、一次收费、一票到底、全程负责。

11.1.3　公路运输管理信息系统的业务流程分析

物流公司接到订单后，进行以下工作：检查订单是否全部有效、确认订单是否完全、收货受理、车辆调度、运输管理、入库管理、仓储管理及配送、财务结算。物流运输作业的全过程,一般分为三个阶段,即业务受理、调度、过程管理/查询。这三个阶段又分为七个环节:业务受理、车辆调度、资源管理、运输过程管理、客户管理、财务结算及决策支持。见图 11-2。

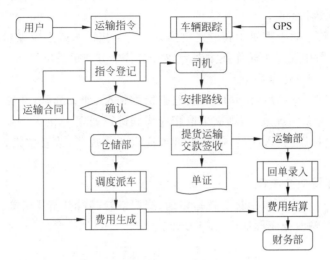

图 11-2　运输作业流程

1. 零担运输业务流程

公路运输中,最常见的是汽车零担运输。零担运输一般为定线路发运,零担运输相关业务流程如图 11-3 所示。

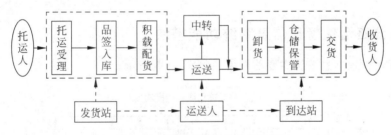

图 11-3　零担运输相关业务流程

(1) 受理托运。零担货物承运人根据营运范围内的线路、站点、运距、中转车站的装卸能力、货物的性质及受运限制等业务规则和有关规定接受托运零担货物,办理托运手续。受理托运时,必须由托运人认真填写托运单,承运人审核无误后方可承运。

(2) 过磅起票。零担货物受理人员在收到托运单后,应及时验货过磅,认真点件交接,做好记录,按托运单编号填写标签及有关标志,填写零担运输货票并收取运杂费。

(3) 仓库保管。零担货物在仓库的存放时间较短,维护保养工作较少,主要应控制货物的出入库效率和库内存放货位的管理。仓库的货位一般可划分为待运货位、急运货位、到达待交货位。货物进出仓库要严格执行照单入库或出货,做到以票对货,票票不漏,货票相符。

(4) 配载装车。按车辆容载量和货物的形状、性质进行合理配载,填制配装单和货物交接单。填单时应按货物先远后近、先重后轻、先大后小、先方后圆的顺序填写,以便按单顺次装车,对不同到达站和中转的货物要分单填制。整理后的各种随货单证分附于交接清单后面。按单核对货物堆放位置,做好装车标记,按交接清单的顺序和要求点件装车。

(5) 车辆运行。零担货运班车必须严格按期发车,按规定线路行驶,在中转站要由值班人员在行车路单上签证。

(6) 货物中转。对于需要中转的货物需以中转零担班车或沿途零担班车的形式运到规定的中转站进行中转。中转作业主要是将来自各个方向仍需继续运输的零担货物卸车后重新集结待运,继续运至终点站。

(7) 到站卸货。到站后,由仓库人员检查货物情况,如无异常,在交换单上签字加盖业务章。如果有异常情况发生,则应采取相应措施进行处理。

(8) 货物交付。货物入库后,通知收货人凭提货单提货,或者按指定地点送货上门,并做好交货记录。

2. 集装箱运输业务流程

集装箱运输业务主要包括接受托运申请、提取空箱、装箱、箱货交接、办理交接手续等业务,其基本的运输业务流程如图 11-4 所示。

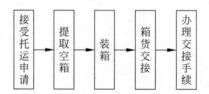

图 11-4　集装箱运输业务流程

11.1.4　公路运输管理信息系统功能模块

公路货运管理信息系统主要功能模块如图 11-5 所示。

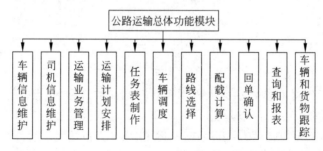

图 11-5　公路运输信息管理系统功能结构图

1. 车辆信息维护

对运输车辆的信息,主要包括车辆的一些基本属性,如载重大小、运行年限、随车人员的要求以及是否监管车辆等,进行日常的管理维护,随时了解车辆的运行状况,以确保在运输任务下达时有车辆可供调配。

2. 司机信息维护

对驾驶员的基本信息进行管理,以随时跟踪驾驶员的情况,并对驾驶员的学习情况、违章记录、事故情况、准驾证件以及其他证件进行管理。同时可以考核驾驶员的业务素质,以保证驾驶员队伍的稳定和发展。在驾驶员的管理中,还需要对驾驶员的出勤情况进行管理,以便在任务安排时可以自动判断其在任务当日是否能够正常地出勤,还是因有其他情况不能担当此任务。

3. 运输业务管理

登记客户需要进行运输的货物信息,以便合理地安排运输计划。客户的一个委托为一笔业务,可能有三种情况。第一是这笔业务是由其他操作流程转过来的,比如可能是客户在报关、国际货运代理时就同时需要提供运输服务的。第二是由物流公司自行承接的业务,即由销售人员直接与客户交流的结果。第三是由合作伙伴提供的货源信息,如当我们把货物运抵目的地后,正好合作伙伴需要将某些货物带回。信息沟通顺畅,可以减少车辆的空载率,进一步降低物流成本,从而可以更好地吸引客户。

4. 运输计划安排

根据客户的要求安排运输计划,客户的一笔业务可以安排一次运输计划,也可以安排几次运输计划,这就需要根据实际情况做出合理的安排。运输任务的大小、客户时间要求的限制等,都是安排运输计划所要考虑的因素。

5. 任务表制作

根据运输计划,将运输计划分解成一笔一笔的任务,如将计划分解成一个一个的原子任务。这样在安排车辆时就可以根据地点、时间、车班情况进行优化与组合,同时还将选择最优的运行线路,达到较高的车辆利用率和效益。对已经由计算机自动制作出来的任务表,还可以对一些不合常理的地方进行修改。

根据已经生成的任务表制作派车单,并及时地将派车单交给当班的驾驶员,实施运输计划。

6. 车辆调度

对于可调度的所有运输工具,包括自有车辆、协作车辆以及临时车辆,先由系统根据订车单的要求进行筛选。筛选条件有订车类型(大陆牌、港牌等)、货物重量和体积、车辆当前地点、闲忙状态等,供操作员进行选择。该功能还可以维护所有运输工具的信息。

7. 路线选择

系统根据车辆当前的地点、装货地点、目的地、运输线路的要求,结合地图信息和当前交通状况,智能选择和优化运输线路。操作员查询、修正和确认推荐路径后,将其打印出来交给司机。

8. 配载计算

系统根据货物情况、货箱情况和车辆情况,自动计算生成配载方案。操作员确认后,将其打印出来一并交给司机带往装货地点供操作员参考。

9. 回单确认

驾驶员把货物送至目的地并驾车回场后,将客户收货确认带回,输入本次执行任务后的一些信息,如行程、油耗、台班数、货物有无损坏和遗失以及是否准点到达等。这些数据将作为数据统计分析的基础。

10. 查询和报表

各种车辆运营情况、派车情况、任务完成情况以及月度统计报表的处理,如图11-6所示,这是企业营运分析所必需的功能。

图 11-6　公路运输信息管理处理功能

11. 车辆和货物跟踪

智能化调度信息网是为了适应大容量、大范围、数字化、网络化的交通车辆调度和综合信息服务而开发的平台系统,它以GPS全球卫星定位网、GSM全球个人通信和SMS短消息网、FLEX高速寻呼网、Internet互联网为基础,采用数据分析和智能化决策支持、GIS地理信息系统等技术,具有车辆调度、监控、反劫防盗、报警、移动综合信息服务等功能。

智能化交通车辆调度和综合信息服务的基本原理是,利用GSM的短消息功能和数传功能将目标的位置和其他信息传送至主控中心,在主控中心进行地图匹配后显示在GIS监视器上。主控中心能够对移动车辆的准确位置、速度和状态等必要的参数进行监控和查询,从而科学地进行车辆调度和管理,实现对车辆的实时动态跟踪,提高交通效率。当移动车辆在紧急情况或其安全受到威胁的情况下,它可以向主控中心发送报警信息,从而及时地得到附近交通管理或保安部门的支援。

11.2　水路运输系统

11.2.1　水路运输系统功能

海运出口运输工作,在以CIF或CFR条件成交的情况下,由卖方安排运输,其业务流程如下。

1. 审核信用证中的装运条款

为使出运工作顺利进行，在收到信用证后，必须审核证中有关的装运条款，如装运期、结汇期、装运港、目的港、是否能转运或分批装运以及是否指定船公司、船名、船籍和船级等；有的要求提供各种证明，如航线证明书、船籍证等。

2. 备货报验

根据出口成交合同及信用证中有关货物的品种、规格、数量、包装等的规定，按时、按质、按量地准备好应交的出口货物，并做好申请报验和领证工作。冷藏货要做好降温工作，以保证装船时符合规定温度要求。在我国，凡列入商检机构规定的"种类表"中的商品以及根据信用证、贸易合同规定由商检机构出具证书的商品，均需在出口报关前填写"出口检验申请书"申请商检。有的出口商品需鉴定重量，有的需进行动植物检疫或卫生、安全检验的，都要事先办妥，取得合格的检验证书。做好出运前的准备工作，货证都已齐全，即可办理托运工作。

3. 托运订舱

编制出口托运单，即可向货运代理办理委托订舱手续。货运代理根据货主的具体要求按航线分类整理后，及时向船公司或其代理订舱。货主也可直接向船公司或其代理订舱。当船公司或其代理签出装货单，订舱工作即告完成，就意味着托运人和承运人之间的运输合同已经缔结。

4. 保险

货物订妥舱位后，属卖方保险的，即可办理货物运输险的投保手续。保险金额通常是以发票的 CIF 价加成投保（加成数根据买卖双方约定，如未约定，则一般加 10% 投保）。

5. 货物集中港区

当船舶到港装货计划确定后，按照港区进货通知并在规定的期限内，由托运人办妥集运手续，将出口货物及时运至港区集中，等待装船，并做到批次清、件数清、标志清。要特别注意与港区、船公司以及有关的运输公司或铁路等单位保持密切联系，按时完成进货，防止工作脱节而影响装船进度。

6. 报关工作

货物集中到港区后，把编制好的出口货物报关单连同装货单、发票、装箱单、商检证、外销合同、外汇核销单等有关单证向海关申报出口，经海关关员查验合格放行后方可装船。

7. 装船工作

在装船前，理货员代表船方，收集经海关放行的货物装货单和收货单，经过整理后，按照积载图和舱单，分批接货装船。装船过程中，托运人委托的货运代理应有人在现场监装，随时掌握装船进度并处理临时发生的问题。装货完毕，理货组长要与船方大副共同签署收货单，交与托运人。理货员如发现有缺陷或包装不良的货物，应在收货单上批注，并由大副签署，以确定船货双方的责任。但作为托运人，应尽量争取不在收货单上批注以取得清洁提单。

8. 装船完毕

托运人除向收货人发出装船通知外,还可凭收货单向船公司或其代理换取已装船提单,这时运输工作即告一段落。

9. 制单结汇

将合同或信用证规定的结汇单证备齐后,在合同或信用证规定的议付有效期限内,向银行交单,办理结汇手续。

11.2.2 水运系统主要功能模块

水运系统的功能模块,如图 11-7 所示。

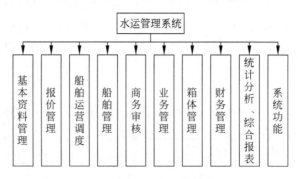

图 11.7 水运系统功能模块图

1. 基本资料管理

因基本资料类项目太多,为便于管理,又将其分为七个小类。

(1) 基本代码类。区域、船公司区域、国家、省份、港口、码头、计量单位、泊位。

(2) 人事资料类。部门、员工、职务、船员信息。

(3) 业务类。报关方式、运输方式、运输条款、提单类型、保险条款。

(4) 合作公司类。公司性质、合作公司基本资料、合作公司的资信、协议类型、协议(合同)。

(5) 财务类。结算方式、付款方式、货币(汇率)、计费单位、费用项目。

(6) 船务类。船舶类型、航线、租船方式、船舶规范、船东资料。

(7) 箱体类。箱体类型、箱体尺码、箱体性质。

2. 报价管理

(1) 底价管理。港口费用、船租费用、拖车费用、油费、海运费、代理费、航线底价。

① 港口费用。针对不同的港口有不同的费用项目和不同的费用金额,主要因素有港口、船舶、柜型、费用项目、费用金额。

② 船租费用。不同的船东、不同的船舶及不同的租用方式有不同的报价,建立此底价资料库有利于寻求市场的最优报价。

③ 拖车费用。运输地、拖车公司、柜型是主要考虑的因素。

④ 油费。不同时期、不同型号及不同的公司有不同的油价。

⑤ 海运费。公共支线的单趟海运费。

⑥ 代理费。各港口操作员的代理费用有不同的提成方法,也是底价管理的一个重要因素。

⑦ 航线底价。一条航线单航次的成本底价,有了这个底价(估算值)就可大致估算出持箱量,并可进一步决定航线的箱量投入和单箱成本。

(2) 报价管理。代理报价、市场报价(指以后成立市场部的对外报价)。

代理报价是指代理客户的运费收入,市场报价是指定货的运费报价。

3. 船舶运营调度

(1) 港口柜量估算。根据各港口(码头)卸、装柜量的分析及将运柜量的分析,可以大致判定有可能有空柜调至的码头,这有助于编制船期。

(2) 历史航线平均箱量。查询、统计各航线历史的箱量流通状况来确定下周船期该航线的箱量。

(3) 下周船期表制作。系统调用本周的船期表作为下周船期表的蓝本,操作人员根据自身的经验合理地编制下周期的船期并录入计算机,计算机可以判断一些简单的逻辑错误。

(4) 配载规则的定义。

① 装货港最大数目。

② 卸货港最大数目。

③ 中转港最大数目。

④ 中转港停靠码头最远距离。

⑤ 中转港停靠码头最近距离。

⑥ 最低的装货箱量。

⑦ 最低的卸货箱量。

⑧ 最低的装卸箱量。

⑨ 是否可变更船期表。

⑩ 是否可用街外船(公共支线)。

⑪ 全部箱量最迟应完成的时间。

⑫ 是否可以拆票。

⑬ 是否可变更已配载好的计划。

另外加上一些固定的逻辑,如船的吨位,同一时间段里不能有同一艘船跑两条航线,上一航次的目的港应与下一航次的起运港一致。

(5) 配载。根据各操作点提供的预配载列表,结合船期表及单航次成本及码头的现时状况等多方面因素,调取存盘。

(6) 配载的调整。在实际操作中因各种原因无法按原定配载计划配载,这时就需要对配载计划进行调整,但调整以不违背实际情况为准,系统可以判断一些简单的逻辑错误。

(7) 船期表的调整。驳船因为相对灵活,且各种因素调整船期表的情况也比较多,但船期表在调整时又往往是交织互联的,所以本系统提供两种方法修改船期表。

① 取消原船期表重新生成一份船期表(根据配载计划),这种方法适合大面积变更。

② 在原来的船期表中更改,这时系统将检索整个船期表和配载计划是否有冲突。如有冲突,则提示用户;如是致命错误,则不允许修改。

(8) 配载计划的核销。操作部实际装船后完成装卸事实记录,根据此记录列表与原来的配载计划由计算机实现自动核销。人工审核确认后产生滞留货物清单,对滞留货物的处理有两种方法:一种是合并到下班航次(调整下班航次配载计划重新配载),另一种方法是配上公共支线船(街外船管理)。其中,滞留货物包括进口大船按期到达的箱体,部分箱体可能因特殊原因取消(如海关不放行、大船发生事故)。此部分箱体的处理就是取消,因不用做统计,也不再配载。

(9) 应收/应付款的录入。各项操作分别产生不同的应收/应付,计算机可以根据费率的计算公式计算出一个预估数,人工可以在此基础上进行修改,确认后(可增加费用项目)交于商务部审核(此应收/应付为预结费用)。

4. 船舶管理

(1) 船舶起租、退租记录。主要记录起租、退租的合同内容,包括起租时间(退租时间)、租船期、租船方式、租船船名(船名编号)、租船租金等内容。

(2) 船舶动态。船舶在租用期间里航行事实记录,包括每个航次的详细航行、等候、停滞、装货、卸货时间的记录,还包括停航、事故、维修的记录。

(3) 船舶供给记录。主要指燃油的供给,也可能有其他项目的补给,只要公司需要管理的补给(如水、清洁)项目,与公司财务支付相关的补给款项均在此记录。

(4) 船舶出租登记。包括船的程租、期租和部分舱位的期租、程租并对应的应收/应付记录。需要注意的是,在此记录已出租的舱位或船舶或航次,在配载计划中将不再参与配载,特别是部分舱位出租后,配载计划就不能对此舱位再次配载。

(5) 船舶的即时分布图。随时掌握公司所有自营船的动态,这是一个查询功能,数据从船舶动态表中提取。

(6) 船舶的证件管理。营运批文等证件规定了船舶可以航行的范围,在此明细到公司已开辟各航线所覆盖的各个码头,每艘船能够停靠的码头都是有具体规定的(主要在于配载的不会出错,确保船舶的安全营运)。登记各种证书的有效期及年审日期,及时办理(或监督船东办理)好各种证件和批文。

5. 商务审核(财务审核)

(1) 应收/应付的账目审核。主要针对调度、操作、市场(待建)输入的应收/应付费用明细进行审核确认,由此可以预结各条航线,甚至每个航次的运营成本和利润,有利于及时纠正可能导致公司亏损的营运错误。

(2) 合作公司账单的审核。包括应收对象的发票(操作部开)审核、应付对象的账单的审核,审核确认后就不可再次更改,直接移交财务进行实收、实付。

(3) 实收、实付的审核(核销)。当财务将实收、实付的凭证录入后,商务部针对此凭证进行应收/应付账的核销(销账)。

(4) 成本的核算。将租金、油费、港口驶费(包括在港口发生的杂费)等综合成本核算到每只船、每个航线甚至具体到每个航次中(航次的成本可以不精确)。

6. 业务管理

(1) 放舱。将大客户的订舱信息录入计算机,并根据客户要求放舱给客户,调度根据此汇总信息进行调度。

(2) 订舱。向外发送订舱信息,当公司经营的船舶无法完成承运任务时,再向外订舱由其他船公司承运部分或全部航程。

(3) 派车。对门到门的服务则有委托派车业务,发送派车信息到车队,由车队完成拖车业务。

(4) 报关。如有委托报关,就有发送报关信息的需要。

(5) 提单打印。如果是自揽货需要打印提单,则可以定义本公司自己的提单格式并打印。

(6) 舱单打印。这里的舱单可能是滞后的,因为许多情况是在装船后才能得到实际的舱单,数据从提单、装卸事实和订舱信息中提取。

(7) 装卸事实记录。记录实际装船的箱量信息。

7. 箱体管理、财务管理

这两部分基本上是通用模式,没有特殊要求,发票格式以驳船运输公司的发票格式为准。

(1) 箱体管理。箱体管理主要是指 SOC 箱的管理(包括非返箱点和自揽货的箱体)。箱体管理的主要目的就是对箱体的跟踪,箱体跟踪有两层意义。

相对箱体的拥有人来说,箱体的跟踪,主要是指公司代理船东的箱体需要对船东有一个明确的箱体跟踪报告,说明箱体是于何时、何地、以何种方式交于公司管理,又于何时、何地、以何种方式交返给船东的。这份清单是一份收/付费的主要凭证。

相对码头来说,箱体的跟踪,不但是为了更好地掌握箱体的即时状况,更多的是为了方便与码头之间的费用结算。一个箱体的任何一个变动都可能发生费用,而箱体的任何作业又必须由公司开出码头作业单通知码头协助完成。

另外一个重要的跟踪就是超期使用费的管理,船东的免费期、码头的堆期、客户的免费期超出期限均会产生相应的超期使用费,前两项是应付,后一项是应收。根据这些目的,我们可以将箱体的管理分为:进出场的管理、码头堆场的管理、船东箱体的跟踪、箱体的动态跟踪(码头、船东两方的结合,对箱体的全面掌握)、箱体堆存报告(包括可用空箱体报告、待出口重箱体报告、待拆箱体报告、待返箱体报告)、箱体超期报告(包括超期未提箱体报告、超期未返箱体报告)。

(2) 财务管理。根据财务管理的通用模式,系统的财务管理分:凭证录入、凭证核销、发票打印(包括国家正式发票的套打,公司 DEBET NOTE、CREDITNOTE,也可以自定义发票格式)、对账单(可按时间段、业务类型、应收/应付和对象等条件来选择打印对账单)、冲账(冲账的功能就是计算机自动对同个核算对象的应收和应付进行对冲)。

以上所列功能均包括多币种的处理,多币种的处理原则可以根据不同公司定义不同的模式,最大限度地满足客户实际财务的需要。

8. 统计分析、综合报表

此部分具体格式项目及各项目的计算方式留待下一步确认,包括已提供的报表、需要新增的报表均在此列,报表的格式及增加新的报表在开发期的前 30 天内均可以修改(新增报表的数据项目需是数据库有的,或者是可以计算出的项目)。

9．系统功能

(1) 编码规则。各种各样的表单均需要有一个唯一的标识,这个编码规则定义了不同的表单,计算机自动产生流水号的规则,用户不能删除及新增编码规则,只能修改规则内容项目。

(2) 日志管理。日志管理包括两种信息。

① 根据某件事情(如增加了一个订舱信息)查询事件的操作者(录入订舱信息的人)。

② 统计某个操作者在某一段时间内全部的操作事件。

(3) 工作计划表。以记事本的形式,把一些工作计划记录在此,即时系统将提示用户。

(4) 内部信息发送及选择。主要用于建立公司内部的计算机办公系统。

(5) 导入、导出数据。导入、导出可以是当前窗口的数据(或文件)的导入、导出,也可以是整个数据库的导入、导出。与数据备份恢复有本质的区别,数据备份恢复是指覆盖性质的,而导入、导出是合并式的性质(或叫分布式的数据库系统)。

(6) EDI 转换。由驳船运输公司提供 EDI 报文格式,按此格式进行数据的转换。

11.3 货运代理信息系统

货运代理管理信息系统(forwarder management information system),是对托运单、操作(订舱、派车、报关)、提单、财务结算、EDI 的信息数据进行分析和处理的管理信息系统。

货运代理是物流业的雏形,也是现代物流的重要组成部分,其工作效率及服务水平取决于其信息化的程度。

11.3.1 货运代理管理信息系统业务介绍

1．出口货运代理业务流程

出口货运代理业务流程如图 11-8 所示。

1) 接受客户委托

(1) 揽货人员在对客户报价时,必须核实相关运价、运输条款、船期,在确定有能力接受委托的情况下,如实告知客户完成此次委托所需时间和船期,并按公司对外报价表向客户报价。如果所报价格低于本公司公布运价,则按公司《运价管理规定》执行。

(2) 当客户接受报价并同意委托时,揽货人员或客户服务人员有责任向客户提供该公司的空白集装箱货物托运单,也可接收客户自己的托运单,但此类托运单应包括该公司托运单的主要条款。如果托运单上无

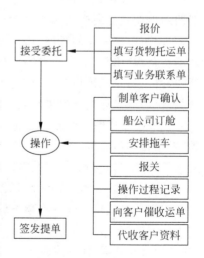

图 11-8 货运代理业务流程

运价,则需将有关书面报价附于其后(对合约客户、公司的老客户已在电话中确认的运价可不在托运单上显示)。

同时要求客户在托运单上签字、盖章(境外客户、托运私人物品的非贸易订舱者签字即可)。如果客户不能及时提供内容详细的托运单,则必须在装船前补齐,否则由此产生的费用由客户负责。

(3) 接受客户的委托后,揽货人员应详细填写业务联系单的有关内容(直接向市场部客户服务人员订舱的委托不用填写)。揽货人员在通知客户服务人员订舱的同时,把业务联系单和上述客户订舱资料交给客户服务人员。

(4) 对不符合本控制程序的订舱委托,客户服务人员可以拒绝接受订舱,并有义务向部门经理汇报。

2) 操作过程

(1) 一旦接受客户订舱,应尽快安排向船公司订舱及安排拖车、报关事宜(客户自拖、自报除外),并从拖车公司那里获取箱号、封条号。

(2) 尽快按委托书要求制单,并传真给客户确认。如有需要,还应将目的港代理打印在提单上,并在货物装船前完成单证校对工作。

(3) 认真填写操作过程记录,对需换单转船、电放的委托应有记录,并提供给相关部门。

(4) 客户服务人员将计费人员已经签字盖章的收费单交给客户,揽货人员有责任及时向客户催收运费或按照合同规定,定期向客户催收运费。

(5) 客户服务人员应及时通知报关行等分承包方,退回有关资料,如出口退税核销单、报关手册等。这些资料需退还给客户,揽货人员有责任对客户服务人员给予提醒。

(6) 当客户或揽货人员询问二程船信息时,客户服务人员应给予提供。

3) 提单签发

提单签发人员必须核实货物已装船离港,验证运费收取满足合同(协议)中运费支付条款后,才能签发此次委托所对应的提单。

4) 特殊货物

(1) 承接大型物资的运输,应有相关人员对运输线路进行实地考察,确保有能力承接的情况下,才可接受委托,并委派合格的专业承包方实施服务。

(2) 对冷藏货物的运输,应委派合格分承包方检验冷藏集装箱温度是否符合顾客要求,船上有无可供电源和插座等,拖集装箱时安排符合要求的拖车实施服务。

(3) 对危险品的运输,要求客户必须提供完整的危险品适运资料。这些资料包括:发货人详细名称、地址、电话,目的港应急联络人、危险品货物安全适运申报单、适运证及装箱证明书,简明应急措施。委派合格分承包方,用危险品专用拖车做陆路运输,在货物上贴危险品标志。

2. 进口货运代理业务流程

进口货运代理业务分为船舶到港前的准备工作和船舶到港后的准备工作,然后是审查提单等有关单证、签发提货单给收货人提货,最后,还要做好每一航次船的文件归档工作。进口货运代理业务程序,如图11-9所示。

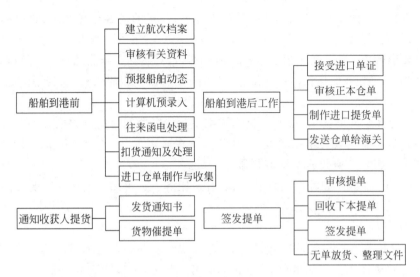

图 11-9 进口货运代理业务流程

1) 船舶到港前的资料准备及计算机初步录入工作

主要包括建立航次档案、初步审核相关资料、预报船舶动态、计算机预录入、往来函电处理、扣货通知的处理、进口舱单制作或收集。

2) 船舶到港后的资料核对及提货单准备工作

主要包括进口舱单、提单等资料的接收,正本舱单的审核,制作进口提货单,进口电子舱单发送海关、分船名、航次打印进口登记台账,并按船公司分类归档,以方便客户办理进口提货手续。

3) 通知收货人办理提货手续

主要包括发到货通知、货物催提通知。

4) 审单及签发提货单

主要包括提单审核、正本提单的回收、签发提货单、无单放货、归档与船公司(或客户)沟通。

11.3.2 货运代理业务分析

所谓国际货运代理(简称货代)业,是指接受进出口货物收货人、发货人的委托,以委托人的名义或以自己的名义,为委托人办理国际货物运输及相关业务并收取服务报酬的行业。货代企业可以作为代理人从事货运代理业务,接受进出口货物收货人、发货人或其代理人的委托,以委托人名义或以自己的名义办理有关业务,收取代理费或佣金;也可以作为独立经营人从事国际货运代理业务,接受进出口货物收货人、发货人或其代理人的委托,签发运输单证、履行运输合同并收取运费及服务费。货代企业在合法的授权范围内接受货主的委托并代表货主办理订舱、仓储、报关、报检、报验、保险、转运,以及货物的交接、调拨、监装、监卸、集装箱拼装、拆箱,国际多式联运,除私人信函外的国际快递,缮制有关单证,交付运费,结算、交付杂费等业务。

货代企业遵循安全、迅速、准确、节省、方便的经营方针,为进出口货物的收货人、发货人或其代理人服务,其业务范围广泛,主要有以下几种表现形式。

1. 代表发货人(出口商)并为其提供服务

货代企业可代表发货人(出口商)并为其提供服务,主要内容包括以下几方面。

(1) 选择运输线路、运输方式和适当的承运人。

(2) 向选定的承运人提供揽活、订舱。

(3) 提供货物并签发有关单证。

(4) 研究信用证条款和相关的政府规定。

(5) 包装。

(6) 储存。

(7) 称重和量尺码。

(8) 安排保险。

(9) 办理报关及单证手续,并将货物交给承运人。

(10) 外汇交易。

(11) 支付运费及其他费用。

(12) 抽取已签发的正本提单,并交付发货人。

(13) 安排货物转运。

(14) 通知收货人货物动态。

(15) 记录货物灭失、短少、损毁等情况。

(16) 协助收货人向有关责任方进行索赔。

2. 代表收货人(进口商)并为其提供服务

货代企业还可以代表收货人(进口商)并为其提供服务,主要内容包括以下几方面。

(1) 报告货物动态。

(2) 接受审核所有与运输有关的单据。

(3) 提货和付运费。

(4) 安排报关和支付税费及其他费用。

(5) 安排运输过程中的仓储。

(6) 向收货人交付已结关的货物。

(7) 协助收货人储存或分拨货物。

3. 作为多式联运经营人

货代企业还可以作为多式联运经营人,收取货物并签发多式联运提单,承担承运人的风险责任,对货主提供一揽子的服务。在发达国家,货代企业常常扮演运输组织者的角色,作用巨大,因此有不少货代企业主要从事国际多式联运业务。在发展中国家,由于交通基础设施较差、有关法律法规不健全以及货代企业的素质普遍不高等原因,国际货代在作为多式联运的经营人方面发挥的作用有限。

4. 提供其他服务

货代企业还可以提供除以上服务形式之外的其他服务,如根据客户的特殊需要进行监装、监卸、货物混装和集装箱拼装拆箱、运输咨询服务等。

5. 提供特种服务

货代企业可以提供特种货物装卸、挂运输服务及海外有关运输服务。大多数货代公司都会向大客户提供集陆路运输、仓储、海运、空运、报关等一体化的服务。为了满足航空、铁路、公路、海运等全方位地代理货物托运、接取、送达、订舱、配载、联运服务等多项业务需求,向客户提供"门到门""一票到底"的服务。

一套优秀的货代管理系统不但可以出色地完成货代业务所有信息的管理和维护,提供对运输工具的调度管理,对货物进行实时跟踪,而且能够实现数据的一致性,使得各子系统高效地共享数据,提高工作效率,从而提高货代企业的经济效益。

6. 货运企业和货代企业

实际上,人们把航空公司、船运公司等从事货运业务的企业,称为运输业者,或叫作货运企业;将居于运输业者和货主之间,从事货运代理业务的企业,称为货代企业,也被称作中介企业。

特别是在航空运输中,货运代理企业十分活跃,航空公司和货主基本不直接订合同,而是由货代企业把多个货主的货物集中起来,汇总处理。

11.3.3 货运代理业务信息系统的功能结构

下面首先介绍完整的货代管理系统所具备的各个模块及其功能,然后根据业务划分管理系统的功能结构,并对其组成进行详细说明。

货运代理业务管理系统的结构如图 11-10 所示。

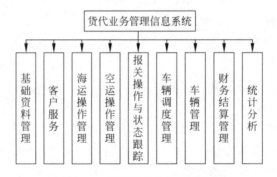

图 11-10 货运代理业务管理系统

1. 基础资料管理

此模块为确保系统运行提供最基本的资料管理和维护功能,此部分的资料不允许用户频繁改动。该模块主要包括以下一些功能。

(1) 客户及合作企业(分承包方)资料的维护。

(2) 客户付款信用期和信用额度的定义。

(3) 港口、国家、区域、航线的维护(系统提供预设)。

(4) 成本运价率及销售价的维护。

(5) 应收应付费用的定义。

(6) 业务编号、操作单证自动编码以及编码规则的自定义。

(7) 系统代码自定义。
(8) 提供 EDI 数据接口。

2．客户服务

此模块主要包括以下一些功能，如图 11-11 所示。
(1) 客户资料和服务记录查询。
(2) 客户正发生业务的动态跟踪。
(3) 公司运价底价、销售价及客户历史报价查询。

图 11-11　客户服务模块功能

(4) 客户分类条件（新客户、老客户、争取发展客户、潜在客户、已丢失客户）自定义，及客户分类的动态重整。
(5) 业务员访客记录及成功率分析。
(6) 报价制作平台及报价单及时发送。
(7) 客户投诉及处理反馈。
(8) 市场计划及实施情况跟踪。

3．海运操作管理

海运操作管理是货运代理的主要业务之一，此模块应具备如下功能。
(1) 支持海运出口（整柜、拼箱）、海运进口（整柜、分拨）。
(2) 支持订舱、二程（这里指由中转港到目的港。从起运港到中转港叫一程）、装箱、提单制作、陆运委托、出入舱通知、报关（委托、预录入报关单）、三检等。
(3) 支持操作流程的自定义、状态自定义以及跟踪提示。

（4）支持多种单证（托单、HB/L、MB/L 报关单、装箱单、舱单等、出入境检验检疫单、账单、各种通知单、统计报表）的多种输出方式（打印、传真、电子邮件等）。

（5）提供"所见即所得"单证制作平台，可直接在屏幕上对单证进行编辑。

（6）单证制作平台中，继承处理特殊码头和超常码头品名。

（7）操作过程中，费用明细自动生成及维护。

（8）可制作我方、对方多种账单。

（9）支持普通账单、代理账单、拼柜利润分配的灵活处理。

（10）提供相关文件如发票、核销单等的状态跟踪，支持对原件的即时扫描。

（11）支持操作界面自定义，可进行批量化的业务处理。

（12）即时显示工作日志。

4．空运操作管理

空运业务管理子模块的功能如下。

（1）支持空运出口、空运进口操作。

（2）支持订舱、总分运单制作、接货运货委托、出入舱通知、报关（委托、预录入报关单）等功能。

（3）支持操作流程的自定义、状态自定义以及跟踪提示。

（4）支持多种单证（托单、航空运单、报关单、装箱单、舱单、各种通知单、统计报表）的多种输出方式（打印、传真、电子邮件等）。

（5）提供"所见即所得"单证制作平台，可直接在屏幕上对单证进行编辑。

（6）费用明细自动生成及维护。

（7）可制作我方、对方多种账单。

（8）支持操作界面自定义，可进行批量化的业务处理。

5．报关操作与状态跟踪

进出口报关是货运代理的主要业务，报关操作及状态跟踪的业务需求如下。

（1）支持海运进口、海运出口、空运进口、空运出口，适用于本口岸、外口岸清关等各种报关业务。

（2）可自定义业务流程，支持相应工作状态的自定义跟踪及预警。

（3）自动提取客户手册（加工贸易手册）与免表（进出口货物免征税证明）的申报商品及数量，自动对手册、免表申请数量扣除，申报数量不足时及时提醒，提供保函的自动预警。

（4）报关单输入时自动提取海关代码。

（5）提供内陆运输、货物出入仓库的一体化管理。

（6）对公司外部及内部流转的各种报关文件进行自动跟踪。

（7）对各种单证（报关单证、每日通关信息查表、查验信息表等）提供多种输出方式（打印、传真、电子邮件等）。

（8）提供"所见即所得"单证制作平台，可直接在屏幕上对单证进行编辑。

（9）操作过程中，费用明细自动生成及维护。

（10）可实现"一票到底"及分岗位的流水化操作。

6. 车辆调度管理

受理客户委托,辅助完成全过程的业务操作,即时查询各个车辆的运行情况,为调度提供依据,实现车辆的日常调度和车辆运行情况跟踪。此模块主要包括如下功能。

(1) 运价(公司底价和销售底价)查询。

(2) 询价管理,包括客户基本资料新增、本次询价、询价历史、价格查询选择及询问价格输出。

(3) 由询价直接委托操作。

(4) 集装箱运输委托。

(5) 派车单制作。

(6) 车辆调度操作。

(7) 车辆动态查询。

(8) 国际货物基本信息与车辆管理委托信息以 XML 形式导入、导出。

7. 车辆管理

此模块主要包括以下功能。

(1) 车队、车辆、司机基本资料管理与维护。

(2) 车辆配件更换登记及历史分析。

(3) 车辆维修登记及历史分析。

(4) 车辆违章事故登记及历史分析。

(5) 车辆相关费用登记及历史分析。

(6) 提供自定义汇总报表。

8. 财务结算管理

财务结算子模块主要功能如下。

(1) 提供单票审核、单账管理、发票管理、费用核销、实际收付查询、文件跟踪等。

(2) 实现客户(结算对象)应收应付账的统计与管理,费用更改及历史查询。

(3) 自动提醒客户的结算信用期以及超期客户和相应费用。

(4) 自动生成发票,并对发票的领用进行管理和统计。

(5) 支持相同结算对象不同账单抬头的对账单生成及措施。

(6) 支持账单的销账,自动记录销账明细。

(7) 汇差损益、汇兑损益、银行费用的自动计算。

(8) 自由定义界面显示的内容与格式,自定义报表输出的内容与格式。

(9) 拼箱、拼板成本分担及利润的自动计算。

(10) 支持多币种账单及多次、多币种核销。

9. 统计分析

(1) 灵活的统计方案设计工具,可设计各种业务及财务统计报表。

(2) 提供动态的统计项目选项及平台化的企业管理工具。

(3) 支持表格形式和图形方式的统计结果显示。

(4) 与 MS Office 之间实现数据交换,制作专业报表。

(5) 自由定义报表显示和输出格式。

11.4 船舶代理信息系统

11.4.1 船舶代理业务流程

1. 概述

船舶代理是指船舶代理机构或代理人接受船舶所有人（船公司）、船舶经营人、承租人或货主的委托，在授权范围内代表委托人（被代理人）办理与在港船舶有关的业务、提供有关的服务或完成与在港船舶有关的其他经济法律行为的代理行为。接受委托人的授权，代表委托人办理在港船舶有关业务和服务，并进行与在港船舶有关的其他经济法律行为的法人和公民，则是船舶代理人。

2. 船舶代理类型

船舶代理企业可以接受与船舶营运有关的任何人的委托，业务范围非常广泛，既可以接受船舶公司的委托，代办班轮船舶的营运业务和不定期船舶的营运业务，也可以接受租船人的委托，代办其所委托的有关业务。由于船舶的营运方式不同，而且在不同营运方式下的营运业务中所涉及的当事人又各不相同，各个当事人所委托代办的业务也有所不同，因此，根据委托人和代理业务的不同，船舶代理可分为班轮代理和不定期船代理两大类。

在班轮代理的实务中，代理人办理订舱、收取运费工作，为班轮船舶制作运输单据，代签提单，管理船务和集装箱工作，代理班轮公司就有关费率及班轮公司营运的事宜与政府主管部门和班轮公司进行合作。总之，凡班轮公司自行办理的业务都可通过授权，由船舶代理人代办。班轮公司为使自己所经营的班轮运输船舶能在载重和舱容上得到充分利用，力争做到满舱满载，除了在班轮船舶挂靠的港口设立分支机构或委托代理人外，还会有委托订舱代理人，以便广泛地争取货源。订舱代理人通常与货主和货运代理人有着广泛和良好的业务联系，因而能为班轮公司创造良好的经营效益，同时能为班轮公司建立起一套有效的货运程序。相对于班轮代理商而言，另一种代理方式称为不定期船代理，其业务也很广泛。例如，代表不定期船东来安排货源、支付费用、进行船务管理、选择、指派再代理人并向再代理人发出有关指示等。

无论是班轮代理还是不定期船代理，其代理业务都是一项范围相当广泛的综合性业务，一般可归纳为以下几个方面。

1）船舶进出港口服务

主要工作包括：船舶进出港口和水域的申报手续，安排引水、泊位，办理有关海关、港监、边检对进出港船舶要求的手续，办理有关检疫的手续，如卫生检疫、灭鼠消毒、预防接种、进出口动植物和商检检疫等手续，船舶动态跟踪等。

2）组织货运、客运及相关服务

主要工作包括：代签提单、运输合同，代办接受订舱业务，办理货物的报关手续，承揽货物、组织货载，办理货物、集装箱的托运和中转，联系安排装卸货物，装卸情况跟踪，办理申请理货及货物监护、监卸、衡量、检验，办理申请验舱、熏舱、洗舱、扫舱，洽谈办理货物理赔，代收运费，代收代付款项，办理船舶速遣费与滞期费的计算与结算，代售客票、办理乘客上下船舶的手续等。

3. 集装箱管理服务

主要工作包括：集装箱的进出口申报手续,联系安排装卸、堆存、运输、拆箱、装箱、清洗、熏蒸、检疫,集装箱的建造、修理和检验,集装箱的租赁、买卖、交接、转运、收箱、发箱、盘存,签发集装箱交接单证等。

4. 船舶及船员综合服务

主要工作包括：船舶检验、修理、烤铲、油漆、熏蒸、洗舱、扫舱以及淡水、饮食、物料等供应船舶备件的转递,办理船员登岸及遣返手续等,洽购船用物资,代办船员护照、领事签证,联系申请海员证书,安排船员就医、调换、遣返、参观旅游、交通车、船接送,申请银行服务,港口运作情况、政府政策规定及当地市场信息等的咨询服务等。

11.4.2 船舶代理信息系统业务流程分析

船代公司在整个船代业务进行的过程中基本上是与托运人、船东、收货人三种当事人往来,围绕各个不同的当事人,船代公司主要处理进出口代理以及与进出口代理相关发生的各种业务。船舶代理的业务主要包括：船代进出口单证,箱量管理,船舶配载；管理船代理发生的各项业务费用,提供审核、结算、核销、制作凭证等功能,代理委托方到港船舶各项业务,办理单证；代理委托方到港船舶港使费结算统计,生成各相关的报表和资料；为集装箱主管理各港口、码头、堆场的在场资料及其动态,为集装箱经营人提供准确的资料,支持集装箱调度和配箱。

船舶代理业务的整个流程如图 11-12 所示。其中每个具体的业务都以船期为主线,共用基础数据,业务之间其他的方面联系较弱。因此,船舶代理管理信息系统可以根据其业务的不同,相应设计出不同业务的各个子系统。各子系统都有自己所要求的输入单据,然后生成自己需要输出的报表,从而完成整个船舶代理。

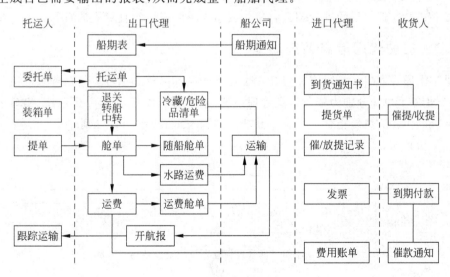

图 11-12 船舶代理业务流程

(1) 委托单：在该系统中是货主(代)委托船代运输货物的书面单据。

(2) 装箱单：是货物的装箱明细表，在该系统中是描述提单、集装箱、货物对应关系的单据。

(3) 退关：已申报出口的货物经海关验查后，因故未能装入出境运输工具，出具的单据。

(4) 转船：由于某种原因，在装运港到卸货港的海运过程中，将货物从一船卸下并再装上另一船的运输方式。

(5) 中转：货物当前所在的船不能把货物运到目的地，在中间某一港口转到另一条船上运到目的地。

(6) 提单：用以证明海上货物运输合同和货物已经由承运人接收或已装船，以及承运人保证据以交付货物的单证。提单中载明的向记名人交付货物，或者按照指示交付货物，或者向提单持有人交付货物的条款，构成承运人据以交付货物的保证，提单在业务联系、费用结算、对外索赔等方面都有重要的作用。

(7) 承运人：接受委托，从事货运运输或者部分运输的人或是组织，在本系统中指船公司。

(8) 收货人：货物的接收者，有权提取货物的人。

(9) 托运人：将货物交给与海上货物运输有关的承运人。

(10) 到货通知书：通知收获人或被通知人货物已到达的书面单据。

(11) 申报单：船舶要停靠某一港口时，向港口所在的管理机关提出的书面申请材料，有进出口申请书、货物申报单、船用物品申报单、船只申报单、船舶检疫申报单、危险品申报单等。

(12) 催/放提：催提单和放提单。

(13) 电放行为：船东在得到托运人指示后，在收回其已签发的提单情况下，用电话或传真形式指令其在目的港代理人将货物放给提单中所标的收货人的行为。

11.4.3 船舶代理信息系统功能

船舶代理管理信息系统主要包括六个业务子系统以及必不可少的财务系统接口。其中，六个业务子系统分别为船务信息管理系统、航次结算系统、出口单证系统、出口运费系统、进口单证系统、集装箱管理系统。其功能结构与组成如图11-13所示。

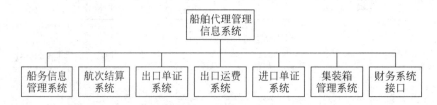

图 11-13 船舶代理管理信息系统的功能结构与组成

1. 船务信息管理系统

通常船务信息管理系统是对船舶的进出口申报、船舶委托方、船舶装卸货、船舶的各种动态、船舶基础资料及有关船舶的各种数据进行管理的综合信息管理系统,其主要功能模块见表 11-2。根据不同的用户级别,可以访问不同层次的菜单项。用户可以查看、删除、修改或添加新记录,对各种不同的数据进行查询、统计,在菜单可打印各种需要的报表,管理菜单为管理信息系统提供了快捷明了的方式。用户如果在使用过程中遇到问题的话,可以通过系统的"帮助"功能得到恰当的帮助或提示。

表 11-2 船务信息管理系统的主要模块功能

功能模块	功 能 特 点
文件模块	登录系统后,在文件菜单中通过鼠标进行选取、确认即可进行关闭窗口、打印设置、重新登录、退出等操作
业务处理模块	围绕船务信息管理的各项业务,实现制作委托确认单,委托方管理,登记船舶规范,登记航次、委托方、货物,制作抵港单,制作申报单,制作船舶通知单,制作进口计划报表,制作靠泊单,制作动态单,船舶计划调度,制作离港单等操作
报表模块	针对业务流程,生成各种报表,并进行操作管理,包括船舶动态表、装卸事实记录、装货准备就绪通知单、卸货准备就绪通知单等
查询统计模块	提供各种查询统计的方法,包括船舶基础台账、按委托方查询代理船舶、按时间查询代理船舶、按时间或货类统计代理货量及组合查询等
管理模块	提供用户管理、应用管理机组应用管理、权限管理及基础代码管理等

2. 航次结算系统

航次结算系统是船舶代理企业进行船舶往来费用分配、船舶费用输入、船舶代理费和杂费制作、船舶使用费结账及账单打印和相关查询的管理信息子系统,它主要完成航次结算的全部业务流程,其主要模块功能见表 11-3。

表 11-3 航次结算系统的主要模块功能

功能模块	功 能 特 点
文件模块	登录系统后,在文件菜单中通过鼠标进行选取、确认即可进行关闭窗口、打印设置、重新登录、退出等操作
船期模块	将船务系统的有关船名、航次数据引入到本系统,并可以修改相关数据,这些数据是制作各种账单的主要依据
结算模块	针对航次结算的业务,进行各种录入费用、制作账单等操作,包括按船名、航次录费用,按收费方录费用,批费用汇总打印,制作凭证,制作代理账单,制作杂费账单,制作航次账单,航次账单管理,预售船舶备用金录入,港口使用费估算等
查询模块	提供各种查询统计操作。进行往来对账单查询,航次账单查询,代理费账单查询,港口使用费查询,杂费账单查询,委托方欠费查询,代理费统计,制作船舶使费汇总表、费用支付统计表、航次结船准期率、催款通知单、结船未结船清单等操作
管理模块	提供用户管理、组管理、应用管理及组应用管理、权限管理并对基础代码进行管理等,还可以进行财务接口方案定义及格式定义

3. 出口单证系统

出口单证系统是用于处理海运代理出口单证的软件系统，对海运代理业务中可能发生的各种出口单证业务情况进行处理。其主要功能模块如表 11-4 所示。

表 11-4 出口单证系统的主要模块功能

功能模块	功能特点
文件模块	登录系统后，在文件菜单中通过鼠标进行选取、确认即可进行关闭窗口、打印设置、重新登录、退出等操作
船期模块	用户可以对船期表各项内容进行数据录入、修改、删除、查询和打印等操作。该模块对船代码、离港时间等数据项进行校验，并支持多承运人的海运操作模式
单证模块	用户可以针对业务进行各种单证操作，包括对委托单的操作，浏览订舱数据，进行整箱或拼箱操作，按提单号录入海运费用，按船名、航次将某票提单退关或转储，将两个船名、航次间的提单互转重新配载，录入某船名、般次的中转信息，编辑、打印和管理电放提单信息，导入 EDI 报文，导入订舱报文，导入装箱报文，处理船图报文等
报表模块	对各种报表单据进行处理、打印等操作，包括打印场站数据。对某一航次的预配集装箱信息进行统计，制作开航报表，制作并打印各种单据，包括提单、托运单、水路运单、装箱单、集装箱清单、随船舱单、冷藏品清单、危险品清单、货代委托数据清单、转集装箱清单、通用报表等
查询模块	提供各种查询统计操作，进行组合条件查询、自定义查询。主要查询功能包括：单船箱号、箱量查询，单船分港箱量统计，单船货主、箱量统计，按航线、箱主、航次统计箱量，单船挂靠港查询，按提单号查询，按箱号查询，按时间段查询箱量，按港口查询，按货代查询，特价号执行情况
EDI 导入/输出	为减少录入工作量、避免录入错误、方便各分散系统间交换数据，系统可以采用 EDI 实现数据交换。涉及的格式有 COSCOEDl3.1 报文、交通部报文、OOCI 报文、海关 EDI 报文，涉及的单证有订舱数据、装箱数据、船图数据、报关数据、COSCO 约定报文、OOCI 约定报文
管理模块	提供用户管理、组管理、应用管理及组应用管理、权限管理及基础代码管理，还可以进行场站收据格式维护、提单格式维护、通用格式维护

另外，该系统提供了"无限制"提单格式报表，即用户可定义、修改、删除和维护提单格式，还提供了强大的查询和统计报表功能，用户可按各种组合条件对所需数据进行处理。

4. 出口运费系统

出口运费系统是针对出口货物运费结算业务而编制的。系统可以实现与账务处理系统平滑接口，同时提供了多种操作方法，如菜单命令、导航工具条、快捷键等。

该系统包括输入船名航次、输入船舶费用、费用审核、发票制作、费用核收、应收账龄分析、生成财务接口数据、信息查询、发票打印等功能，见表 11-5。

表 11-5 出口运费系统的主要模块功能

功能模块	功能特点
文件模块	登录系统后,在文件菜单中通过鼠标进行选取、确认即可进行关闭窗口、打印设置、重新登录、退出等操作
船期模块	用户可以对船期表各项内容进行数据录入、修改、删除、查询和打印等操作。在船期表中可输入船期的基本信息,包括船名、航次、航线、预抵时间、抵港时间、离港时间等,在此可以输入此航次下的多委托方信息
费用模块	用户针对业务可以进行各种费用的录入、审核,并生成发票及进行发票管理和控制;还可进行发票费用核收、应收账龄分析,并根据发票信息生成财务接口数据,而且可以进行手工发票管理
报表模块	对各种报表单据进行处理、打印等操作,包括海运费结算表,应收费用明细表,应付费用明细表,费用分类统计表,箱量、货量及收入统计表,发票清单,应收账龄清单,手续费汇总表,月度揽货明细表,集装箱部运费明细表,国内代理出口运费结算清单,国内代理出口运费结算汇总清单,内贸线收运费清单
管理模块	包括权限管理、修改口令、应收账龄初始余额、财务接口方案定义、财务接口格式定义及基础代码管理等系统管理功能。基础代码管理包括货名代码、货类代码、承运人代码、客户代码、港口代码、运费代码、国家代码、船舶规范、装箱方式等

另外,该系统提供了"无限制"提单格式报表,即用户可定义、修改、删除和维护提单格式;还提供了强大的查询和统计报表功能,用户可按各种组合条件对所需数据进行处理。

速遣费、滞期费

如果按约定的装卸时间和装卸率提前完成装卸任务,使船方节省了船舶在港的费用开支,船方将其获取的利益的一部分给租船人作为奖励,叫速遣费。

如果在约定的允许装卸时间内未能将货物装卸完,致使船舶在港内停泊时间延长,给船方造成经济损失,则延迟期间的损失,应按约定每天若干金额补偿给船方,这项补偿金叫滞期费。

按惯例,速遣费一般为滞期费的一半。滞期费和速遣费通常约定为每天若干金额,不足一天,按比例计算。

5. 进口单证系统

进口单证系统可完成提货单数据(包括托运信息、货物信息、装箱信息、运费信息等)的录入、修改,可记录催提、放提等情况,可打印到货通知书、提货单、提单、舱单等报表,并可按各种条件查询系统信息。该系统设有灵活的报表格式调整功能,无限级的权限设置,其主要模块功能见表 11-6。

表 11-6　进口单证系统的主要模块功能

功能模块	功　能　特　点
文件模块	登录系统后,在文件菜单中通过鼠标进行选取、确认即可进行关闭窗口、打印设置、重新登录、退出等操作
船期模块	用户可以对船期表各项内容进行数据录入、修改、删除、查询和打印等操作,包括船名、航次、航线、预抵时间、抵港时间、离港时间、承运人等数据
单证模块	用户可以针对业务进行各种单证操作,包括对提货单的操作,对装箱情况、到付运费、催提情况、放提情况的操作,对进口船图、电子船图管理,进行校验数据,生成理货船图等操作
报表模块	对各种发票、到货通知单、提单、舱单、进口货物清单、随船舱单、运费舱单、装箱清单,按提单号打印箱号,对未放提清单、签单费发票、到付运费发票等各种报表单据进行处理、打印等操作
查询模块	提供各种查询统计的方法,进行按提单号查询、按箱号查询、按货名查询、按唛头查询、签单费查询、到付运费查询等
管理模块	提供用户管理、组管理、应用管理及组应用管理、权限管理及基础代码管理,还可进行站场收据格式维护、提单格式维护、通用格式维护

6. 集装箱管理系统

集装箱管理系统是一个对不同船公司、不同集装箱公司箱体动态进行跟踪的管理系统。从卸船动态开始,对拆空、转移堆场、重新装箱、装船,最后到卸船,形成一个循环往复的过程。该系统主要对本地的业务管理进行强化处理,提供方便快捷的查询和数据丰富的报表。直接制作和打印设备交接单和滞期费,从进出口单证和堆场报文中直接导入数据,极大地减少了用户输入的数据量,同时提高数据准确性。对不同用户实现权限管理,有利于多用户分工操作。其主要模块功能如表 11-7 所示。

表 11-7　集装箱管理系统的主要模块功能

功能模块	功　能　特　点
文件模块	登录系统后,在文件菜单中通过鼠标进行选取、确认即可进行关闭窗口、打印设置、重新登录、退出等操作
动态处理模块	在此菜单下,可进行船名航次登记,动态批量输入、动态单箱输入、多箱动态修改删除、当前历史动态转换等处理
EIR 管理模块	管理 EIR(equipment interchange receipt,设备交接单)。用户可对进口设备交接单、出口设备交接单进行修改、查询、打印等操作
费用模块	对滞期费计算以及对滞期费查询
查询报表模块	提供各种查询统计的方法,进行单箱动态查询、综合查询、动态逻辑校验、通用查询、月报、周报、盘存报、盘存校验、超期箱报等
通信模块	进口单证数据转入、出口单证数据转入、堆场数据转入
管理模块	提供用户管理、组管理、应用管理及组应用管理、权限管理及基础代码管理,还可进行站场收据格式维护、提单格式维护、通用格式维护

7．财务接口

财务接口是针对船舶代理业务系统与账务处理系统平滑接口而编制的。该接口包含在业务系统的出口运费系统和航次结算系统中，支持多种账务处理系统（如用友、金蝶等）。财务接口包括接口方案定义、接口格式定义、制作凭证等功能。

财务接口的模块功能介绍如下。

1) 财务接口方案定义

在接口方案定义中，可进行财务接口方案的增加、删除、修改等操作。

2) 财务接口格式定义

在接口格式定义中，可选择各种输出文件类型和定义输出文件首行记录的具体内容、定义文件各字段的类型和长度。

3) 制作凭证

在业务系统中，可依据业务数据生成接口凭证数据，并按要求保存在指定的目录下。接口文件可以是文本文件或数据库表格文件。

小　　结

公路货运信息管理涉及货物跟踪管理、货运车辆运行管理和现代物流实时跟踪管理过程中要了解的货运信息。由于不同公路货运方式的业务流程有一定的差异，其货运信息的类别和量也有一定的差异，因此要根据企业业务需要开发适合企业运输的信息系统。

水路运输系统的应用与否，直接影响物流企业的竞争能力。通过案例使我们了解到水路运输系统的基本功能和作用，了解水路运输作业流程和信息处理要求。

船舶代理信息管理涉及船务信息、航次结算信息、出口单证信息、出口运费信息、进口单证信息、集装箱信息等方面。这部分内容以泛华讯船舶代理管理系统系列软件为例，详细介绍了此类软件的功能及其在实际业务中的应用状况，有助于对船舶代理运营中的信息管理有一个清晰的认识。

复 习 思 考

一、填空题

1．（　　）主要是货物的追踪管理和车辆的运行管理。

2．运输有（　　）、（　　）、（　　）、（　　）、（　　）五种方式。

3．公路货物运输方式主要有：（　　）、（　　）、（　　）、（　　）。

4．（　　）运输一般为定线路发运。

5．根据已经生成的任务表制作（　　），并及时地将派车单交给当班的（　　），实施运输计划。

二、判断题

1．智能化交通车辆调度和综合信息服务的基本原理是，利用 GSM 的短消息功能和

数传功能将目标的位置和其他信息传送至主控中心,在主控中心进行地图匹配后显示在GIS监视器上。( )

2. 货物订妥舱位后,属卖方保险的,即可办理货物运输险的投保手续。( )
3. 如是自揽货需要打印提单,则可以定义本公司自己的提单格式并打印。( )
4. 内部信息发送及选择。主要用于建立公司内部的计算机办公系统。( )
5. 装车是在接到订单后,将货物按特性进行分类,以分别采取不同的配送方式和运输工具。( )
6. 车辆配载要解决的问题是安排什么类型、吨位的配送车辆进行最后的送货。( )
7. 通知收货人办理提货手续,主要包括:发到货通知、货物催提通知。( )
8. 根据客户的配送顺序先后,将货物依"先送先装"的顺序进行货物的装车作业。( )
9. 接受客户的委托前,揽货人员应详细填写业务联系单的有关内容(直接向市场部客户服务人员订舱的委托不用填写)。( )
10. 审单及签发提货单主要包括:提单审核、正本提单的回收。( )

三、单项选择题

1. ( )、公路、铁路、航空四种运输方式,运输作业可分为集货承运、运送、送达交付三个环节,运输信息是指在运输业务三个环节所发生的信息,主要的基础信息是产生并证明运输活动发生、完成的各种单据。
   A. 水路　　　　B. 管道　　　　C. 太空　　　　D. 汽车
2. ( )运输业务主要包括接受托运申请、提取空箱、装箱、箱货交接、办理交接手续等业务。
   A. 水路　　　　B. 集装箱　　　C. 零担运输　　D. 整车运输
3. 对运输车辆的信息,主要包括车辆的一些基本属性,如载重大小、运行年限、随车人员的要求以及是否( )等。
   A. 监押车辆　　B. 监控车辆　　C. 监督车辆　　D. 监管车辆
4. ( )系统根据货物情况、货箱情况和车辆情况,自动计算生成配载方案。
   A. 数量计算　　B. 重量计算　　C. 车辆数量　　D. 配载计算
5. ( )是由基本费率和附加费(如果有规定的话)两个部分构成的。所以,一些港口如果只查到基本费率,不一定是实际计算运费的完整单价。
   A. 数量计算　　B. 重量计算　　C. 班轮运费　　D. 配载计算
6. 货代企业还可以作为多式联运经营人,收取货物并签发多式联运提单,承担承运人的风险责任,对货主提供( )的服务。
   A. 一揽子　　　B. 全程　　　　C. 分段　　　　D. 部分
7. ( )可以提供特种货物装卸、挂运输服务及海外有关运输服务。
   A. 托运人　　　B. 货代企业　　C. 承运人　　　D. 船公司
8. 根据委托人和代理业务的不同,船舶代理可分为( )代理和不定期船代理两大类。
   A. 租船　　　　B. 定期　　　　C. 班轮　　　　D. 航次

9. (　　)是货物的装箱明细表。
   A. 提单　　　　　B. 退单　　　　　C. 报关单　　　　　D. 装箱单
10. (　　)由于某种原因,在装运港到卸货港的海运过程中,将货物从一船卸下并再装上另一船的运输方式。
    A. 转船　　　　　B. 中转　　　　　C. 转仓　　　　　D. 过船

四、简答题

1. 什么是运输管理信息系统?
2. 简述公路货物运输方式。
3. 公路运输管理信息系统的主要功能模块有哪些?
4. 什么是货运代理管理信息系统?
5. 货运信息主要包括哪些内容?
6. 货运代理业务管理系统有哪些功能?
7. 水路运输系统有哪些功能?
8. 什么是船舶代理?
9. 船舶代理管理信息系统的主要功能模块有哪些?
10. 简述集装箱管理系统。

五、案例分析

沃尔玛的配送运输

沃尔玛是全球最大的零售商,其集中配送中心是相当大的,而且都位于一楼,使用一些传送带,让这些产品能够非常有效地流动,处理不需要重复进行,都是一次性的。沃尔玛所有的系统都是基于一个UNIX的配送系统,并采用传送带,采用非常大的开放式的平台,还采用产品代码,以及自动补发系统和激光识别系统。沃尔玛由此节省了相当多的成本。其配送中心的职能如下。

(1) 转运。沃尔玛把大型配送中心所进行的商品集中以及转运配送的过程叫转运,大多是在一天当中完成进出作业。

(2) 提供增值服务。沃尔玛配送中心还提供一些增值服务。例如在服装销售前,需要加订标签,为了不损害产品的质量,加订标签需要在配送中心采用手工进行比较细致的操作。

(3) 调剂商品余缺,自动补进。每个商品都需要一定的库存,比如软饮料、尿布等。在沃尔玛的配送中心可以做到这一点,每一天或者每一周他们根据这种稳定的库存量的增减来进行自动的补进。这些配送中心可以保持8000种产品的转运配送。

(4) 订单配货。沃尔玛配送中心在对于新开业商场的订单处理上,采取这样的方法:在这些新商场开业之前,沃尔玛要对这些产品进行最后一次的检查,然后运输到这些新商场,沃尔玛把它称为新商场开业的订单配货。

沃尔玛公司作为全美零售业年销售收入位居第一的著名企业,素以精确掌握市场、快速传递商品和最好地满足客户需要著称。这与沃尔玛拥有自己庞大的物流配送系统并实施了严格有效的物流配送管理制度有关,因为它确保了公司在效率和规模成本方面的最大竞争优势,也保证了公司顺利地扩张。沃尔玛现代化的物流配送体系,表现在以下几个方面:设立了运作高效的配送中心、采用先进的配送作业方式、实现配送中心自动化运行及管理。沃尔玛物流配送体系的运作具体表现为:注重与第三方物流公司形成合作伙伴关系,挑战"无缝点对点"物流系统、自动补发货系统、零售链接系统。

(资料来源:NOS供应链实训软件的素材库,作者进行整理。)

讨论

1. 为什么沃尔玛能做到"每日低价"?难道仅仅是因为其规模大吗?
2. 沃尔玛的配送运输给我们带来了什么启示?

参 考 文 献

[1] 王海兰,赵雷.集装箱运输管理实务[M].北京:电子工业出版社,2014.
[2] 孙瑛,韩杨,刘娜.物流运输管理实务[M].北京:清华大学出版社,2011.
[3] 许淑君,尹君.运输管理[M].上海:复旦大学出版社,2011.
[4] 申纲领.物流运输管理[M].北京:北京大学出版社,2010.
[5] 梁金萍.物流运输管理[M].北京:机械工业出版社,2010.
[6] 计国君,蔡远游.运输管理[M].厦门:厦门大学出版社,2012.
[7] 余洁.运输管理[M].北京:电子工业出版社,2012.
[8] 张理,刘志萍.物流运输管理[M].北京:清华大学出版社,2012.
[9] 李联卫,李敏.物流运输管理实务[M].2版.北京:化学工业出版社,2012.
[10] 吴毅洲.运输管理实务[M].2版.北京:人民交通出版社,2012.
[11] 刘艳霞.物流运输管理[M].北京:机械工业出版社,2018.
[12] 刘丽艳,刘文歌.物流运输管理实务[M].北京:清华大学出版社,2012.
[13] 阎子刚.物流运输管理实务[M].北京:高等教育出版社,2011.
[14] 王海兰.运输管理实务[M].上海:上海财经大学出版社,2012.
[15] 金延芳.物流运输管理实务[M].广州:华南理工大学出版社,2008.
[16] 秦明森.物流运输与配送管理实务[M].北京:中国物资出版社,2006.
[17] 张旭凤.运输与运输管理[M].北京:北京大学出版社,2004.
[18] 丰毅,潘波.物流运输组织与管理[M].2版.北京:机械工业出版社,2008.
[19] 刘小卉.运输管理学[M].上海:复旦大学出版社,2005.
[20] 日通综合研究所.物流手册[M].北京:中国物资出版社,1986.
[21] 徐丽群.运输物流管理[M].北京:机械工业出版社,2017.
[22] 邓汝春.运输管理实战手册[M].广州:广东经济出版社,2007.
[23] 秦英,刘东华.物流运输组织与管理实务[M].北京:科学出版社,2008.
[24] 孟于群.国际货物运输物流案例集[M].北京:中国商务出版社,2005.
[25] 韩彪.交通运输学[M].北京:中国铁道出版社,2008.
[26] 杨家其.现代物流与运输[M].北京:人民交通出版社,2005.
[27] 张理.物流管理导论[M].北京:北京交通大学出版社,2009.
[28] 杨庆云.物流运输管理[M].北京:中国轻工业出版社,2006.
[29] 张远昌.物流运输与配送管理[M].北京:中国纺织出版社,2004.

教师服务

感谢您选用清华大学出版社的教材！为了更好地服务教学，我们为授课教师提供本书的教学辅助资源，以及本学科重点教材信息。请您扫码获取。

❯❯ 教辅获取

本书教辅资源，授课教师扫码获取

❯❯ 样书赠送

物流与供应链管理类重点教材，教师扫码获取样书

 清华大学出版社

E-mail: tupfuwu@163.com
电话: 010-83470332 / 83470142
地址: 北京市海淀区双清路学研大厦 B 座 509

网址: http://www.tup.com.cn/
传真: 8610-83470107
邮编: 100084